Alfred Hillebrandt

Das altindische Neu- und Vollmondsopfer in seiner einfachsten Form

Alfred Hillebrandt

Das altindische Neu- und Vollmondsopfer in seiner einfachsten Form

ISBN/EAN: 9783743484009

Hergestellt in Europa, USA, Kanada, Australien, Japan

Cover: Foto ©Lupo / pixelio.de

Manufactured and distributed by brebook publishing software (www.brebook.com)

Alfred Hillebrandt

Das altindische Neu- und Vollmondsopfer in seiner einfachsten Form

DAS
INDISCHE NEU- UND VOLLMONDSOPFER
IN SEINER EINFACHSTEN FORM

MIT BENUTZUNG HANDSCHRIFTLICHER QUELLEN
DARGESTELLT

VON

DR. PHIL. **ALFRED HILLEBRANDT,**
PRIVATDOCENT IN BRESLAU.

JENA
VERLAG VON GUSTAV FISCHER
VORMALS FR. MAUKE
1879.

HERRN PROFESSOR Dr. STENZLER

ZUR FEIER SEINES GOLDENEN DOCTORJUBILÄUMS

AM 12. SEPTEMBER 1879

ALS ZEICHEN DER VEREHRUNG.

Der in den folgenden Blättern enthaltene Versuch, eine Opferhandlung des vedischen Śrautarituals darzustellen, ist meines Wissens der erste in dieser Ausführlichkeit unternommene und ich hoffe, dass dieser Umstand in Verbindung mit den grossen Schwierigkeiten des herbeigezogenen, zum Theil nur handschriftlich vorliegenden Materials mich nicht vergeblich um Nachsicht gegenüber den mannigfachen Schwächen meiner Arbeit bitten lassen wird.

Es ist nicht schwer in dem weiten Kreise der indischen Litteratur interessantere Themen zu finden als rituelle Studien. Aber dieser Gesichtspunkt muss gegenüber der hervorragenden Stellung, welche das Opfer im Denken und Leben der alten Inder einnimmt, in den Hintergrund treten. Die Hauptfrage, welche mich zu einer Beschäftigung mit dem Opferceremoniell veranlasste, war die nach dem den vedischen Liedern zugrunde liegenden Ritual, da dieselbe nach keiner Richtung hin entschieden werden kann, so lange nicht die wichtigsten Opfer klar vor unsern Augen liegen. Die Darśapûrṇamâsa-ishṭi freilich wird zu ihrer Beantwortung relativ am wenigsten beitragen können, aber dennoch wird es schwerlich einer Rechtfertigung bedürfen, warum ich gerade sie gewählt. Sie bietet nämlich ein bewegteres Bild als das Agnyâdhâna oder das Agnihotra, ohne doch so complicirt zu sein wie ein Somaopfer. Ausserdem bildet sie die Grundform für eine ganze Reihe anderer Ishṭi's, so dass ihre Bearbeitung als der nothwendige Ausgangspunkt für alle weiteren Darstellungen angesehen werden muss.

Bei dem rein rituellen Interesse, welches ich verfolgte, habe ich Gesichtspunkte anderer Art bei Seite gelassen. Die Einleitung, welche meiner Abhandlung vorausgeht, enthält demnach keine Erörterung aller sich an das Neu- und Vollmondsopfer etwa anknüpfenden Fragen, seien sie spekulativer, astronomischer oder andrer Natur, sondern nur, wie ihr Name sagt, eine Reihe einzelner bei der Bearbeitung sich mir ergebender Bemerkungen.

Ausgeschlossen habe ich das Manenopfer, welches in einer sorgfältigen Abhandlung von Donner bereits vorliegt, sowie eine Anzahl kleiner Spenden, wie das Darśaśrâddha, die Spende an die Mütter, welche ich in den von mir benützten Theilen der Śrauta-Sûtren nicht erwähnt fand. Durch die Hinzufügung einer Beschreibung und Zeichnung des Opferplatzes (Seite 187 ff.) hoffe ich manchen Wünschen entgegen zu kommen.

Ich sage zum Schluss noch den Herren, welche sich meiner Arbeit wohlwollend angenommen haben, Herrn Geheimrath v. Böhtlingk, Professor Bühler, Dr. Garbe, Dr. Rost, Geheimrath Stenzler, Professor Thibaut, Professor Weber sowie dem Kgl. Preussischen Cultusministerium und der Kgl. Baierischen Hof- und Staatsbibliothek zu München meinen ergebensten Dank.

Gross-Nädlitz bei Breslau, im September 1879.

Alfred Hillebrandt.

Einleitende Bemerkungen.

Der Name „Neu- und Vollmondsopfer‘ bezeichnet zwei selbständige Opfer, von denen das erstere beim Neumond, das andere beim Vollmond dargebracht wird (cf. Kâtyâyana Śrauta Sûtra 1, 7, 4 mit Comm.; Âpastamba Śr. S. bei Müller, ZdDMG. IX, LVI. No. 62. 63. Hiraṇyakeśin Śr. S. 1, 3).

Die Hauptspenden bestehen beim Vollmonds- und dem ohne ein Sâṃnâyya (d. i. einer Spende aus saurer und süsser Milch) dargebrachten Neumondsopfer aus zwei Kuchen, welche aus Reis- oder Gerstenmehl hergestellt werden, und einer Butterspende, dem s. g. Upâṅśuyâja. Der Kuchen, welcher zuerst dargebracht wird, gehört in beiden Fällen Agni, der ihm folgende Upâṅśuyâja nach einigen Vishṇu, nach andern Prajâpati, nach andern Agni-Soma, worüber man S. 84, $_4$; 99, $_4$; 111 vergleiche; der zuletzt geopferte zweite Kuchen beim Neumondsopfer Indra-Agni, beim Vollmondsopfer Agni-Soma [1]). An die Stelle des zweiten Kuchens kann bei der Darśa-ishṭi eine Milchspende aus saurer und aus süsser Milch treten. Es ist nicht ganz in das Belieben eines Opferers gestellt, welcher Form er den Vorzug geben will. Kât. 4, 2, 45. 46 sagt, dass ein Somaopferer ein Sâṃnâyya darbringen solle, ein anderer aber nach Wunsch verfahren könne. Âpastamba schreibt (No. 75. 76. 78 seiner Paribhâshâ's) das Sâṃnâyyaopfer nur für einen Somaopferer, für einen andern nur das Kuchenopfer vor. Es ist dies ein dogmatischer Unterschied, welchem hohes Alter zuerkannt werden muss. Schon Taittirîya-Saṃhitâ 2, 5, 5, 1 wendet sich auf's heftigste gegen den, welcher ohne ein Somaopfer gebracht zu haben ein Sâṃnâyya opfert und bezüchtigt einen solchen des Diebstahls.

1) Bei Âpastamba erleidet diese Vorschrift in sofern eine Einschränkung, als für einen Brâhmaṇa, der nicht mit Soma opfert, das Puroḍâśaopfer an Agni-Soma wegfällt. (Paribhâshâ's No. 77). Allgemein ist diese Vorschrift offenbar nicht. Bei Kât. finde ich sie gar nicht erwähnt und Hir. sagt: *nâsomayâjino brâhmaṇasyâgnîshomîyaḥ puroḍâśo vidyata ity ekeshâm.*

Den entgegengesetzten Standpunkt vertritt das Śatapatha-Brâhmaṇa (1, 6, 4, 11), indem es diejenigen bekämpft, welche einem Nicht-Somaopferer ein Sâṃnâyya zu spenden verbieten. In den Sûtren haben diese Differenzen — ich weiss nicht, ob vielleicht in Folge einer späteren Redaction — schon eine Abschwächung erfahren. Âp. Śr. S. 1, 14 fügt hinter *nâsomayâjî saṃnayet* die mildernden Worte *saṃnayed vâ* hinzu; Bhâradvâja erkennt eine Gleichberechtigung beider Meinungen mit den Worten an: „*nâsomayâjî saṃnayed iti vijñâyate | saṃnayed ity ekeshâm* (1, 15)." Hir. sagt 1, 12: „*nâsomayâjî saṃnayet | atho khalv âhuḥ kâpeyâḥ saṃneyam evâsomayâjî neti*", wenn die Handschrift hier correct ist.

Der Gott, welchem diese Spende aus Dadhi und Payas gebracht wird, ist Indra oder Mahendra. Nach Kât. (cf. 4, 2, 25 und Comm. sowie den Comm. zu 1, 8, 35) darf man beim ersten Mal sich für den einen oder andern entscheiden, doch muss dem erwählten dann zeitlebens geopfert werden. Mir ist nicht bekannt, ob die Vâjasaneyins noch nähere Unterschiede machen. Sicher thun es die Taittirîya's. Bei Âp. 1, 14 heisst es: „*nâgataśrîr mahendraṃ yajeta trayo vai gataśriya ity uktam, aurvo gautamo bhâradvâjas te 'nantaraṃ somejyâyâ mahendraṃ yajeran | yo vâ kaścit.* Hir. 1, 12: *aindraṃ sâṃnâyyaṃ someneshṭvâ mahendraṃ yajetâpi vâ saṃvatsaraṃ dvau vendram ishṭvâ 'gnaye vratapataye 'shṭâkapâlaṃ nirupya kâmaṃ mahendraṃ yajeta | aurvo gautamo bhâradvâjaḥ śuśruvân grâmaṇî râjanya iti sarvatra kâmaṃ mahendraṃ yajet.* Für Bhâr. reicht meine Handschrift nicht aus; er schliesst 1, 15 mit den Worten: *tasmâd yaḥ kaścana someneshṭvâ mahendraṃ yajeteti vijñâyate.* Weiteres siehe bei Mânava (Paddh. S. 308, 12); Taitt. Saṃh. II, 5, 4, 4. 5 u. II, 5, 5, 1; Stenzler zu Âśv. Gṛih. S. 1, 10, 4; Weber, Ind. Stud. 10, 20. 150.

Diese Spenden sind der s. g. *âvâpa,* die Einlage. Dieselbe steht mit ihrer Opfer für Opfer modificirbaren Veränderlichkeit im Gegensatz zu den feststehenden Nebengliedern, welche auch bei den Vikṛiti's des Darśapûrṇamâsaopfers wiederkehren, und wird zwischen den beiden Âjyabhâga's und der Agni-Svishṭakṛit-Spende eingeschoben: *antareṇâjyabhâgau svishṭakṛitaṃ ca yad ijyate tam âvâpa ity âcaxate | tat pradhânaṃ tadaṅgânîtarâṇi* sagt Śâṅkh. 1, 16, 1. Der Einlage v o r a n gehen die beiden Buttergüsse (âghârau), die fünf Prayâja's, welche der Reihe nach den Samidh's (1.), Narâśaṅsa resp. Tanûnapât (siehe S. 94) (2.), den Iḍ's (3.), dem Barhis (4.), Agni zugleich mit Soma, Agni, Vishṇu resp. Prajâpati resp. Agni-Soma (siehe S. 99, 1), Agni-Soma resp. Indra-Agni resp. Indra oder Mahendra (5.) (siehe S. 99) dargebracht werden, und wie erwähnt die beiden Agni und Soma angehörenden Butterantheile (âjyabhâgau). Dem Âvâpa folgt die Spende an Agni Svishṭakṛit, dieser die drei Anuyâja's, welche der Reihe nach dem Barhis, Narâśaṅsa, Agni Svishṭakṛit gehören, ferner die vier Patnîsaṃyâja's an Soma, Tvashṭṛi, Devânâṃ patnîḥ [1]) und Agni Gṛihapati (bei einigen noch einzelne andere, sobald der Opferer gewisse Wünsche hegt), ausserdem das Samishṭayajus [2]).

In diesen Haupt- und Nebenspenden stimmen alle Sûtren und Prayoga's, die ich eingesehen habe, aufs genaueste überein [3]); die einzige Ausnahme macht Baudhâyana, wenn ich richtig vermuthe, dass er bei einem Sâṃnâyyaopfer ausser der Milch noch die Darbringung eines Kuchens vorschreibt [4]). Die Uebereinstimmung ist zwischen ihnen indess noch viel grösser; sie erstreckt sich wie die folgende Darstellung hinreichend darthut, mit wenigen Ausnahmen [5]) auf viele Einzelhandlungen und nur in der Ausführung und Reihenfolge dieser einzelnen Handlungen ist öfter eine Verschiedenheit zu verzeichnen; ich sehe dabei natürlich von den redactionellen Unterschieden ab [6]). Es ergibt sich daraus der sichere Schluss, dass alle Schulen auf eine und zwar schon völlig entwickelte Form des Neu- und Vollmondsopfers zurückgehen.

---

1) Es ist wohl richtiger die ved. Form „devânâṃ patnîḥ" als „d. patnyaḥ" (cf. S. 151 u. s.) zu wählen, da der Name gewissermassen ein Citat zu sein scheint.

2) Ich nenne hier nur die hauptsächlichsten der die Pradhâna's einschliessenden Nebenspenden; ausser ihnen gibt es noch die Prâyaścitta's und dann sehr viele einzelne Juhotispenden, die zu nennen nicht lohnt.

3) cf. Kât. 2, 3, 20. 21; 4, 2, 36. 10. Âp. l. c. 73. 75. Hir., welcher einen elf- oder zwölfscherbigen Kuchen für Indra-Agni ins Belieben stellt, 1, 3. Für Bhâr., dessen Paribhâshâ's ich nicht besitze, ergibt sich die Uebereinstimmung aus dem Ceremoniell selbst.

4) cf. Seite 113, Anm. 1 a. E.

5) So z. B. fallen bei Kât. die pârvaṇau homau weg, welche die andern Sûtren angeben und wohl aus den Gṛihyasûtren herübergenommen haben; Kât. erwähnt nur vier Patnîsaṃyâja's, während die andern einige mehr in's Belieben des Opferers stellen, u. s. w.

6) Ich rechne dahin die grössere Knappheit der Ausdrucksweise Kâtyâyana's und eine stellenweis strengere Durchführung des Paribhâshâprincips. Dass z. B. der Adhvaryu drei Hände voll Reis mit dem Mantra, eine aber leise nehmen soll (S. 24), ist von Kât. seiner allgemeinen Giltigkeit wegen schon 1, 7, 24 gesagt und darum s. l. nicht wiederholt. Die andern Śâkhâ's dagegen führen dies besonders an dem betreffenden Orte aus. Die Art, wie die

Weiter lässt sich zeigen, dass auch schon die Brâhmaṇa's eine im allgemeinen gleich vollkommene Ausbildung des in Rede stehenden Opfers kennen. Zusammen sind die Spenden vom Śat. Brâhm. z. B. 11, 2, 6, 10 für das Vollmondsopfer aufgezählt: *tâ ekaviṅśatir âhutayaḥ | dvâv âghârau pañca prayâjâ dvâv âjyabhâgâv âgneyaḥ puroḍâśas tad daśâ 'gnîshomîya upâṅśuyâjo 'gnîshomîyaḥ puroḍâśo 'gniḥ svishṭakṛid iḍâ trayo 'nuyâjâḥ sûktavâkaś ca śaṃyorvâkaś câtha yad evâdaḥ patnîsaṃyâjeshu sampragṛihṇâti samishṭayajuś ca.* Śat. Brâhm. 11, 4, 1, 4: *sa vai gautamasya putra vṛito janaṃ dhâvayet | yo darśapûrṇamâsayor ashṭau purastâdâjyabhâgân vidyât pañca madhyato havirbhâgân shaṭ prâjâpatyân ashṭâ uparishṭâdâjyabhâgân.* Die acht purastâdâjyabhâgâḥ sind 11, 4, 1, 10 erklärt als: *dvâv âghârau pañca prayâjâ âgneya âjyabhâgo 'shṭamaḥ;* die fünf mittleren havirbhâga's als: *saumya âjyabhâgaḥ — âgneyaḥ puroḍâśo 'gnîshomîya upâṅśuyâjo 'gnîshomîyaḥ puroḍâśo 'gniḥ svishṭakṛit;* die sechs prâjâpatya's 11, 4, 1, 11 als: *prâśitraṃ ceḍâ ca | yac câgnîdha âdadhâti brahmabhâgo yajamânabhâgo 'nvâhâryaḥ;* die acht hinterdrein folgenden Âjyabhâga's als: *trayo 'nuyâjâś catvâraḥ patnîsaṃyâjâḥ samishṭayajur ashṭamam.*

Die weitere Uebereinstimmung des Rituals bei Kâtyâyana und im Śat. Brâhm. lässt sich auch für die Einzelheiten leicht darthun, wenn man die Kapitel des letzteren mit Rücksicht auf die Handlung disponirt und dann der unten nach Kât. gegebenen Darstellung des Opfers gegenüberstellt. Einige Proben mögen dies zeigen.

Śat. Brâhm. 1, 1, 1: Antritt der Observanz; der Opferer steht ostwärts gewendet zwischen Gârhapatya und Âhavanîya; Berühren der Wasser; ausschliessliches Reden von wahren Dingen (1—6 vgl. dazu unten S. 5); Essen von Baumfrüchten etc., Liegen an einem Agâra (7—12; vgl. S. 14); praṇîtâpraṇayana (Eingiessen, Setzen derselben hinter das Gârhapatyafeuer, Heranführen hinter das Âhav.), zwischen dem Âhav. und den Praṇîtâ's ist kein Weg (11—21; vgl. S. 19) 1, 1, 2, 1 ff. Nehmen des Śûrpa und der Agnihotrahavaṇî, Erwärmen derselben (1—3; vgl. S. 22); Herangehen zum Wagen oder zu der Schüssel (4—8; vgl. S. 22); Berühren von

---

Feuer zu umstreuen, ist von Kât. schon allgemein durch 1, 7, 25. 26 angegeben, die übrigen führen dies besonders aus etc. Ferner rechne ich dahin, dass Kâtyâyana das Vollmondsopfer zu Grunde legt, die Abweichungen des Neumondsopfers dagegen besonders verzeichnet, während Âpastamba etc. gleich mit dem Neumondsopfer beginnt und dann beide Opfer gleichzeitig behandelt u. a. m.

Dhur, Îshâ, Hinaufsteigen, Blicken auf das Havis, Hinauswerfen des nicht Zugehörigen; Anfassen mit *„yacchantâṃ pañca"*, Erfassen des Havis für die betreffende Gottheit, Berühren des Restes, Blicken nach Osten, Hinabsteigen (10—22; vgl. S. 23 ff.); Hinstellen des Havis hinter Âhavanîya resp. Gârh. (vgl. S. 25) u. s. w.

Śat. Brâhm. 1, 9, 1: Aufforderung zum Sûktavâka: ishitâ daivyâ etc.; der Hotṛi vollzieht dasselbe mit den Worten: „dies vollzog sich glücklich" etc. und schliesst mit: „Agni nahm das Opfer an und erfreute sich"; dann weiter je nach der Gottheit (1—10; vgl. S. 142); es folgt der Segensspruch etc.; Śaṃyuvâka (24 ff. cf. S. 147). 1, 9, 2, 1 flg. Patnîsaṃyâja's: Besonderer Weg für den Adhvaryu, um dieselben darzubringen; vier Gottheiten (Soma, Tvashṭṛi, Devânâṃ patnîḥ, Agni Gṛihapati); Butter ist der Stoff; sie werden leise dargebracht (1 — 13); schliessen mit einer Iḍâ aus Butter (14; vgl. S. 159); Salben des Vedahalmes in der Juhû, im Sruva, in der Sthâlî (16; vgl. S. 159); Nachwerfen des Halmes, Berühren (17; vgl. S. 160); Zwiegespräch von Adhvaryu und Agnîdh, schliessend mit śaṃyor brûhi (18; vgl. S. 160); Spende für agnir adabdhâyur aśîtamaḥ (20; vgl. S. 160); Auflösen des Veda (21—23 vgl. S. 162; zwei Juhoti's und die Pishṭalepa-âhuti sind nicht genannt); Streuen desselben (24; vgl. S. 165); samishṭayajus (25; vgl. S. 168); Darbringung des Barhis (29; vgl. S. 169); Ausgiessen der Praṇîtâ's 32 ff.; vgl. S. 170); Opfer der Phalîkaraṇa's an die Raxas (34. 35; vgl. 171). 1, 9, 3, 1 ff.: Ausgiessen eines vollen Gefässes und Auffangen des Wassers mit einem Añjali (1—6; vgl. S. 171); die drei Vishṇuschritte auf der Erde, dem Luftraum und Himmel (8—12; vgl. S. 171); Blick nach Osten und auf die Sonne (13—16; vgl. S. 172); Wendung nach dem Sonnenpfad (17; vgl. S. 173); Verehren des Gârhapatya (18. 19; vgl. S. 173); Wendung nach dem Sonnenpfad (20; vgl. S. 173); Nennung des Namens des Sohnes 21; vgl. S. 173); Verehren des Âhavanîyafeuers (22; vgl. S. 174); Aufgeben der Observanz (23; vgl. S. 174) etc.

Für das Taittirîya Brâhmaṇa verweise ich auf die „contents of the third book of the Taittirîya Brâhmaṇa" in dem Anhange zu der Ausgabe in der Bibl. Ind. S. 4—22; S. 25—27; S. 33 ff.

In die Lieder des Ṛigveda hinein habe ich die Spuren des Opfers nicht verfolgt. Dass der Name Neu- und Vollmondsopfer in ihnen sich nicht findet, ist kein Beweis, dass die Form der Havisopfer denselben noch nicht bekannt war; denn die Darśapûrṇamâsa-ishṭi ist kein dem Neumond oder Vollmond gebrachtes

Opfer. Zwar folgen in den Śâkhâ's des schwarzen Yajurveda den Hauptspenden zwei einfache Butteropfer, die „pârvaṇau homau", an die beiden Mondphasen; diese aber können in keiner Weise als Mittelpunkt des Opfers angesehen werden, sondern haben eine ebenso untergeordnete Stellung wie etwa die Pishṭalepa-âhuti, und eine niedere als die Anuyâja's, die Patnîsaṃyâja's u. a. Dies geht schon daraus hervor, dass Kâtyâyana sie gar nicht nennt. Man könnte vermuthen, dass sie erst später in das Ritual aufgenommen und vielleicht den Gṛihya-sûtren entlehnt wurden; denn bei Darbringungen, welche stets an bestimmten Tagen des Monats wiederkehrten, mochte sich das Bedürfniss geltend machen, auch eine Spende für die Genien dieser Tage damit zu verbinden. Ein Bedürfniss dieser Art kann man wenigstens schon aus den Worten des Śat. Brâhm. 11, 2, 4, 8 herauslesen: *tad âhuḥ | yan na pûrṇamâsâyeti havir gṛihyate na darśâyeti havir gṛihyate na pûrṇamâsâyânubrûhi na darśâyânubrûhi na pûrṇamâsaṃ yaja na darśaṃ yajety atha kenâsya darśapûrṇamâsâv ishṭau bhavata iti sa yaṃ manasa âghârayati mano vai pûrṇamâs tena pûrṇamâsaṃ yajaty atha yaṃ vâca âghârayati vâg vai darśas teno darśaṃ yajaty eteno hâsya darśapûrṇamâsâv ishṭau bhavataḥ.*

Unter solchen Umständen wird man meiner Ansicht nach gut thun, zunächst die vedischen Lieder mit Rücksicht auf die Opfer für Opfer wiederkehrenden Momente hin zu prüfen, den Individualitäten der einzelnen Opfer, den speciellen Götternamen und Zeiten etc. erst später sein Augenmerk zuzuwenden. Dass manches, z. B. die die Yâjyâverse einleitende Formel *ye yajâmahe* sich auf iranischem Boden wiederfindet, ist bekannt; dass Kuchenopfer schon der arischen Zeit angehörten, kann man wenigstens aus der Darunceremonie der Iranier (cf. Haug, Arda Viraf I, 147 Anm., Essays [2] 285. 407) und der Puroḍâśaceremonie der Inder folgern. Aber man soll meiner Ansicht nach nicht erwarten im Ṛigveda stets adäquate Ausdrücke für die einzelnen Episoden und Vorgänge der Opfer zu finden, wie Ludwig, welcher eine Anzahl von bestimmten Ausdrücken und Namen in seiner „Mantralitteratur" in sehr verdienstlicher Weise gesammelt hat, und andre anzunehmen scheinen. Bei der Neigung der indischen Dichter, die Dinge mit möglichst mannigfachen Namen zu belegen und mehr zu umschreiben als direct zu nennen, wird sich manches in Anspielungen und dichterische Umhüllungen versteckt haben, was dem mit dem Ritual vertrauten Inder herauszufinden nicht so viel Mühe als uns gekostet haben dürfte [1]).

Ich weiss natürlich wohl, dass die Bearbeitung eines Havisopfers nicht allein zu diesem Ziele führen kann, von viel grösserer Bedeutung dürfte eine Darstellung des Agnishṭoma sein. Aber die Darstellung des Darśapûrṇamâsa ist der nothwendige Ausgangspunkt für alle weiteren Versuche der Art und ich glaube, wir werden um so sicherer zum Ziele kommen, auf je breiterer Grundlage wir bauen.

Zum Neumond gehören wie zum Vollmond zwei Tage, der fünfzehnte oder letzte Tag der einen Monatshälfte und der sechzehnte oder erste Tag der andern. Jener gilt als der wichtigere; dieser, die s. g. pratipad, als der unwichtigere (Comm. zu Kât. 2, 1, 1) [2]) von beiden Tagen.

Die Feier des Vollmondsopfers kann sich über beide Tage erstrecken oder auf einen, den zweiten, beschränken. Im ersten Fall wird ein Theil der einleitenden Ceremonien, das Entnehmen und Nachlegen der Feuer am fünfzehnten Tage vollzogen, an welchem der Opferer sich zugleich gewisse unten näher beschriebene Beschränkungen aufzuerlegen hat. Er muss schon diesen Tag als einen Fasttag betrachten d. h. er darf nur gewisse Speisen geniessen (vgl. S. 4, Anm. 2; S. 14), darf nur die Wahrheit reden, muss sich des Beischlafs enthalten, die zur Pratipad hinüberführende Nacht an einem Agâra auf dem Boden zubringen u. a. Am sechzehnten Tage früh opfert er das Agnihotra und mit der Brahmanwahl beginnt die weitere Opferhandlung.

Bringt er die Pûrṇamâsa-ishṭi nur an einem Tage dar, so findet auch das Herausnehmen nnd Nachlegen der Feuer an demselben Tage wie die weiteren Theile der Ishṭi statt. Das Essen der Fastenspeise, der Baumfrüchte etc., das Uebernachten an einem Agâra fällt dagegen, da die Veranlassung dazu fehlt, weg. Kât. gibt 2, 1, 16. 17 die Erlaubniss das Opfer an einem Tage darzu-

1) Ich habe versucht ṚV. 5, 2, 1—6 ZdDMG. XXXIII, 248 in diesem Sinne aus dem Ritual heraus zu erklären und sehe in diesem Liede eine dichterische Beschreibung der Eventualität, dass beim Agnimanthana kein Feuer zum Vorschein kommt.

2) Ich bemerke, dass meine Sammlungen auf Vollständigkeit keinen Anspruch machen.

bringen mit zwei Sûtren, welche in verschiedener Weise interpretirt werden. I. „(beim Vollmondsopfer geschieht) an demselbigen Tage früh (was sonst an zwei Tagen zu vollziehen ist)". Bei dieser Auffassung kann man offenbar nach Belieben die ein- oder zweitägige Form wählen. Indirect folgt dies aus der Angabe des Commentars, dass bei einigen die Alternative genau bestimmt sei *(vyavasthitavikalpo 'yam iti kecit)*; er sagt auch in welcher Weise, indem er einen Ausspruch Kâtyâyana's citirt: *sandhiś cet saṃgavâd ûrdhvaṃ prâk paryâvartanâd raveḥ sâ paurṇamâsì vijñeyâ sadyaskâlavidhau tithir iti,* demzufolge also ein und derselbe Tag für das Opfer vorgeschrieben ist, sobald die Vereinigung der beiden Mondphasen nach dem Saṃgava (d. i. nach Mahâdeva nach dem zweiten Fünftel des Tages) und vor Mittag eintritt. Diese Art des Vollmonds erwähnt auch Âpastamba (Paribh. No. 66) als Eigenthümlichkeit der Vâjasaneyins (cf. Max Müller, l. c. LVII und Müller's Erklärung dazu). Eine darauf bezügliche Angabe Mahâdeva's (Kât. S. 173, 2) ist mir nur theilweis verständlich.

Betrachtet man beide Sûtren als eins, so ergibt sich eine zweite Interpretation. Nach dem Commentar muss man dann nämlich übersetzen: II. „oder an dem nämlichen Tage (ist alles zu vollziehen, wenn) früh (der Fall des Fastens an dem zweiten Tage eintritt)". Verstehe ich dies nach dem Commentar recht, so werden dann alle Ceremonien allein am 16. Tage vollzogen, wenn man den zweiten Tag als Fasttag wählt[1]). Âpastamba, mit welchem Bhâradvâja 1, 1 und Hiraṇyakeśin 1, 3 a. E. übereinstimmen, siehe bei Müller l. c. S. LVII Paribh. 64. 65.

Ich kenne keine Angabe, nach der die Möglichkeit auf einen Tag beschränkt zu werden auch für das Neumondsopfer bestünde. Für das mit einem Sâṃnâyya gebrachte ist es wegen der zweimaligen Melkung gewiss nicht anzunehmen und auch für die andre Form, da ja das Manenopfer am Nachmittag des ersten Tages stattfinden und diesem das Agnipraṇayana sowie das Agnyanvâdhâna vorangehen muss, sehr unwahrscheinlich.

1) Nach Kât. 2, 1, 1 kann man beliebig den ersten oder zweiten Tag fasten.

Was die Darstellung selbst anlangt, so ist das Neu- und Vollmondsopfer von mir in der Weise behandelt worden, dass ich Kâtyâyana's Sûtra in den Vordergrund stellte und die Ansichten der andern Sûtraverfasser anmerkungsweise daran anknüpfte. Dies schien sich mir besonders darum zu empfehlen, weil auf diese Weise die Reihenfolge der Handlungen sich leichter veranschaulichen und dadurch eine grössere Uebersichtlichkeit der Ceremonie erzielen liess als wenn ich alle Śâkhâ's im Text einander gegenübergestellt hätte.

Die Art und Weise, wie ich Kâtyâyana benützte und benützen musste, bedarf einiger erklärender Worte. Die grosse Knappheit seines sich häufig auf blosse Andeutungen beschränkenden und ausführliche Beschreibungen gänzlich vermeidenden Sûtrastils, welcher knapper und präciser als bei den übrigen Verfassern ist, wurde bei ihm ermöglicht durch die zahlreichen im ersten Buch enthaltenen Paribhâshâ's. Wollen wir ihn zur Darstellung einer Ceremonie verwerthen, so müssen wir diese in umfassender Weise herbeiziehen. Ein Beispiel möge dieses Verfahren bei den Śrautasûtra's erläutern.

Kât. 3, 3, 23 sind die beiden Hauptspenden, der Kuchen an Agni und Agni-Soma nur mit den Worten: *havirbhyâṃ ca (carati)* vorgeschrieben. Aus den Paribhâshâ's ist dazu folgendes zu ergänzen: 1) aus 1, 9, 13. 15 die Formel *amushmâ anubrûhi* für die Anuvâkyâ und *amuṃ yaja* für die Yâjyâ; denn im Hotṛisûtra sind Anuvâkyâ- und Yâjyâverse genannt. 2) aus 1, 9, 8 ist zu entnehmen, dass er Butter unterzubreiten und darüber zu giessen, aus 1, 9, 11, dass er die Stellen, wo er den Kuchen abgeschnitten, wieder zu übergiessen hat. 3) aus 3, 1, 17, welchen Weg der Adhvaryu nehmen muss, um zur Opferstelle zu gehen. 4) aus 1, 2, 6, dass er stehend, und aus 1, 9, 18. 19, dass er gleichzeitig mit oder nach dem Vashaṭkâra die Spende ins Feuer schütten soll.

Es ist klar, dass die Sûtra's bei solch präciser Fassung dem praktischen Bedürfniss weder genügen noch überhaupt auf dasselbe berechnet sein können; vielmehr sind sie lediglich construirte wissenschaftliche Systeme, in welchen die bei den einzelnen Handlungen zur Anwendung kommenden Vorschriften einheitlich verschmolzen wurden. Bei einer praktischen Darstellung war darum auf Commentare und Leitfäden, welche die wissenschaftliche Darstellung wieder in die Praxis umsetzen, eingehend Rücksicht zu nehmen und ich habe den von Weber publicirten Commentar sowie die Paddhati, die sich mir als zuverlässig erwiesen, ganz ausgenützt. Sie gehen in vielen Fällen auf die Paribhâshâ's zurück. deren Regeln sie jedesmal am gegebenen Ort specialisiren. Wo ich dies erkannte, habe ich fast durchweg das betreffende Sûtra Kâtyâyana's in einer Anmerkung hinzugefügt. In andern Fällen stützen sie sich auf die Lehren andrer Sûtren, die sie nicht immer gegensätzlich behandeln, sondern gleich Kâtyâyana, der selbst auf andre Sûtren Rücksicht nahm, bisweilen als eine Art von Ergänzung zu Kâtyâyana betrachtet zu haben scheinen. Dies ist dann meist aus den Citaten aus Âp. und anderen zu erkennen. Dort wo ich ihre Quellen nicht zu finden vermochte, habe ich mich dennoch ihrer anderwärts bewährten Führung anvertraut, weil ich bei so schwierigen Stoffen mit der Möglichkeit, dass mir etwas entgangen sein könne, zu rechnen hatte. Um in diesen Fällen die Controle zu erleichtern bezüglich dessen was Kâtyâyana oder seinen Exegeten gehört, habe ich zu jeder Handlung das betreffende Sûtra in einer Anmerkung übersetzt hinzugefügt. Wie mit Kâtyâyana gegenüber Âpastamba etc. bin ich mit Âśvalâyana gegenüber Śâṅkhâyana verfahren, so dass das von mir construirte Neu- und Vollmondsopfer mit wenig Ausnahmen sich aus den Vorschriften des Kâtyâyana (für Adhvaryu, Âgnîdhra, Brahman) und des Âśvalâyana (für den Hotṛi) zusammensetzt; für die Ausmessung der Vedi war ich auf Baudhâyana zurück zu gehen genöthigt, da mir andre Śulva-Sûtra's nicht zugänglich gewesen sind.

Was die herbeigezogenen übrigen Sûtrabücher, welche ich in dem folgenden Verzeichniss der von mir benützten Handschriften aufgezählt habe, anbetrifft, so war es selbstverständlich nicht möglich, alle ihre Einzelheiten und Abweichungen anzuführen. In Fällen, wo die Handlungen bei allen dieselbe ist, habe ich mich oft begnügt, nur das Citat hinzusetzen um dadurch anzudeuten, dass der behandelte Vorgang bei ihnen der Hauptsache nach derselbe ist. Dies Verfahren habe ich auch dann häufig beobachtet, wenn ein Sûtra von dem vorher citirten sich nur durch eine längere oder kürzere Fassung unterschied.

Aus Handschriften habe ich die betreffenden Abschnitte folgender Werke copirt:

1) Âpastamba Śrauta Sûtra, India Office No. 1651. Gut und mit wenig Fehlern geschriebene Papierhandschrift von 227 Blättern. Enthält das DP-opfer auf 47 Seiten (Khâṇḍa I—III, 17: Adhvaryu u. Âgnîdhra; III, 18 bis zu Ende: Brahman. IV. Yajamâna). Collationirt mit

2) Âpastamba Śrauta Sutra, IO. No. 1733. Weniger gut und nicht fehlerfrei. 79 Blätter, die Seite zu 9 Zeilen. Das DP schliesst auf Blatt 59. Ferner collationirt mit

3) Âpastamba Śrauta Sûtra, IO. Nr. 30 der Burnell'schen Sammlung (No. 70 in „a catalogue of Vedic manuscripts"). Palmblätterhandschrift in Granthacharakteren. Mit einzelnen Zusätzen, die vielleicht auf eine andre Redaction hindeuten. Enthält das DP auf Blatt 1—19ᵇ.

Herr Dr. Garbe hatte die Güte, meine Citate aus Âpastamba nach seiner in Angriff genommenen Ausgabe desselben mit Rudradatta's Commentar zu revidiren. Ich benütze diese Gelegenheit, ihm noch besonders meinen Dank dafür zu sagen.

Citirt mit Âp.

4) Baudhâyana Śrauta Sûtra, Eigenthum der Kgl. Hof- und Staatsbibliothek zu München No. 163 des Haug'schen Catalogs. Blatt 1—19. (Adhvaryu, Âgnîdhra). Einen Yajamâna- und Brahmanabschnitt besitze ich nicht.

Citirt mit Baudh.

5) Bhâradvâja Śrauta Sûtra, ebendort. No. 54. Blatt 1—47 Adhvaryu, Âgnîdhra, Brahman, Yajamâna. Stellenweis sehr fehlerhaft.

Citirt mit Bhâr.

6) Hiraṇyakeśin Śrauta Sutra, ebendort, No. 38. Blatt 1—13. Adhvaryu, Âgnîdhra, Yajamâna (in keinem besonderen Abschnitt behandelt) Brahman. Blatt 5 und 6 verbunden.

Citirt mit Hir.

7) Śâṅkhâyana Śrauta Sûtra IO. No. 1734. Enthält 107 Blätter, die Seite zu 8 Zeilen. Saṃvat 1734. Blatt 1—14. (Ich besitze nur den Hotṛi). Collationirt mit

8) Śâṅkhâyana Śrauta Sûtra. Münchener Hof- und Staatsbibliothek No. 36 des Haug'schen Catalogs.

Citirt mit Śâṅkh. — Prayoga's:

9) Darśapûrṇamâsahautraprayoga zu Âśvalâyana. IO. No. 1993. Schön und correct geschrieben. Enthält auf 13 Blättern 24 Seiten.

Citirt mit H.

10) Zwei Darśapûrṇamâsaprayoga, einer zu Âpastamba, einer zu Baudhâyana IO. No. 50 der Burnell'schen Sammlung, (No. XCII in Burnell's Catalog) nicht vollständig. Papierhandschrift in Granthacharakteren.

Citirt mit Aᵃ und Aᵇ.

11) Darśapûrṇamâsaprayoga IO. No. 1743. 59 Blätter, die Seite zu 9 Zeilen. Ziemlich gut, aber incorrect geschrieben. Ausserordentlich werthvoll dadurch, dass er alle vier Priester behandelt. Fügt 58ª ff. noch das Âgrayaṇaopfer hinzu. Sein Hotṛiritual scheint weder Śâṅkh. noch Âśv. zur Voraussetzung zu haben. Sonst schliesst er sich an Baudh. an.

Citirt mit B_1.

12) Darśapûrṇamâsaprayoga IO. 121 C. 28 (?) Blätter. Mit zwei andern Handschriften zusammengebunden. Ziemlich correct. Behandelt Adhvaryu, Âgnîdhra, Yajamâna, schliesst sich Baudh. an und stimmt darum mit No. 11 oft wörtlich überein. Enthält zum Schluss noch einige Angaben über den Opferplatz mit vielen Citaten. Doch ist der Text so incorrect, dass ich ihn nicht abdrucken zu lassen wage, so wünschenswerth dies auch gewesen wäre.

Citirt mit B_2.

Dies sind die Handschriften, welche ich zum Theil sehr eingehend benützt habe. Einige andere, nur gelegentlich herbeigezogene, habe ich hier nicht genannt.

Ich weiss wohl, dass damit die Litteratur, welche mir zugänglich gewesen wäre, bei weitem nicht erschöpft ist und sowohl Sûtra's als besonders Commentare viel zahlreicher hätten zugezogen werden können. Ich habe auch das Mânava Śrauta Sûtra (Haug No. 53), freilich nur oberflächlich, durchgesehen, genauer einen Commentar zum Mânava Śrauta Sûtra, welchen ich Bühler's Güte verdanke, an einzelnen Stellen die Vaijayantî Śrauta-Vyâkhyâ zu Hiraṇyakeśin (Haug No. 39), ebenso den Âśvalâyana Śrauta Sûtra Siddhântabhâshya Vol. I (Haug No. 160); zuletzt erhielt ich noch durch Dr. Rost's Freundlichkeit Bhavasvâmin's Commentar zu Baudhâyana IO. No. 1678, und 196 der Burnell'schen Sammlung (No. LXXXVIII in „a catalogue" etc.)), aber ich habe nicht die Ueberzeugung gewinnen können, dass der bei ausführlicher Benützung dieser Werke zu erzielende Gewinn im Verhältniss zu der aufgewandten Zeit und Mühe stehen würde, zumal schon jetzt meine Arbeit an Kleinlichkeiten überreich ist und der Commentar zu Kâtyâyana sowie die Paddhati der Hauptsache nach ausreichen.

Andrerseits glaubte ich nicht, mich auf die gedruckten Quellen allein beschränken zu dürfen, trotzdem mir der geringe Gewinn, den oft lange Arbeit brachte, mehr wie einmal diesen Gedanken nahe legte. Bei einer ersten rituellen Arbeit trat aber die Frage: „sind die verschiedenen Sûtrabücher wirklich durch eine grosse

Kluft bezüglich der Vorschriften über die einzelnen Handlungen getrennt oder werden wir uns, wenigstens für die nächste Zukunft, auf ein oder zwei der wichtigsten derselben beschränken können?", entgegen und diese konnte ich nur durch die Gegenüberstellung der Sûtren beantworten. Mich hat dies Verfahren zu der Ansicht geführt, dass ein Sûtra zur Darstellung einer Handlung genügen würde und am geeignetsten scheint mir Baudhâyana.

Indess gibt es einen zweiten Weg, der uns leichter und schneller zur Einsicht in das Ritual führen wird; nämlich die Herausgabe von Prayoga's, Opfermanuale, welche immer nur ein Opfer als eine in sich abgeschlossene Einheit darstellen und in allen ihren Einzelheiten verfolgen. In Anbetracht des geringen Ansehens, in welchem diese Litteraturgattung steht, habe ich diesmal nicht gewagt diesen Weg einzuschlagen, aber soweit mein Material reichte, habe ich beständig die Frage nach ihrem Werth oder Unwerth im Auge gehabt und bin zu der Ueberzeugung gekommen, dass sie allein den Ausgangspunkt für jeden, der die Opfertechnik kennen zu lernen wünscht, bilden muss. Man hält die Prayoga's im allgemeinen für sehr jung und ich will nicht bestreiten, dass sie, wenigstens in ihrer gegenwärtigen Fassung, einer alten Zeit nicht angehören. Mir scheint es aber zu weit gegangen, wollen wir sie allesammt erst aus den Sûtren hergestellt betrachten; denn die Sûtra's bezeichnen selbst das Ende einer langen Entwicklungsperiode; ihrer Abfassung muss die Ausbildung der einzelnen Ceremonien und ganz gewiss auch die litterarische Fixirung derselben vorangegangen sein. Solche Schriften können aber nicht wesentlich von den Prayoga's verschieden gewesen sein. Wenn wir sehen, dass die Prayoga's z. Th. auf's genaueste mit den Sûtren übereinstimmen, nur praktischer angeordnet sind als sie, wenn wir andrerseits annehmen müssen, dass die Sûtren auf alte Opfertractate zurückgehen, so liegt der Schluss sehr nahe, dass die Prayoga's directe Nachkommen solch alter Opfertractate sind, welche in gelehrter Beziehung zwar hinter der aus ihnen abstrahirten systematischen und darum mehr wissenschaftlichen Sûtra-Darstellung zurücktraten, aber für die Praxis völlig unentbehrlich blieben, da auch ein Inder nach Kât. z. B. allein schwerlich je ein Opfer bringen konnte.

Ich möchte die Prayoga's in zwei Gruppen theilen, von denen die eine diejenigen umfasst, welche nur die Functionen einzelner Priester oder Priestergruppen darstellen, die andre die, welche alle Priester berücksichtigen. Die letztere ist für uns allein von hervorragendem Werthe, da sie uns über den Verlauf des ganzen Opfers aufklärt. Mir sind drei Beispiele davon bekannt. Das eine zum Agnishṭoma, ist das bei Haug (Catalog No. 117) verzeichnete, das andre ist das von mir oben unter No. 11 erwähnte und sehr eingehend benützte. An seiner Herausgabe hindert mich leider die Fehlerhaftigkeit der Handschrift. Das dritte ist bei Haug unter No. 91 verzeichnet und gehört zum Darśapûrṇamâsaopfer.

Zum Schluss setze ich hierher die das Opfer einleitende Priesterwahl, die ich nicht in den Text aufgenommen habe, weil sie weder in den Paribhâshâ's, noch in den auf das Neu- und Vollmondsopfer bezüglichen Theilen der Sûtren steht. Es scheint mir am zweckmässigsten, Prayoga B_1 zu diesem Zwecke anzuführen: athâhitâgnikaraṇîyayor darśapûrṇamâsayoḥ prayogakramo 'bhidhîyate | yathoktânvâdhânadine prâtar agnihotraṃ hutvâ yajamânaḥ śmaśrûpapaxakeśalomâni vâpayitvâ kṛitanakhanikṛintananavanîtâbhyañjanâñjanaḥ pavanamantrâcamanamantraproxaṇâdyanantaraṃ vapanâbhyañjanetarakarmabhir adhvaryuṇâ saṃskṛitayâ patnyâ saha darbhâsane darbhân dhârayamâṇaḥ pâścâttyabhâge gârhapatyasya prañmukha upaviśya prâṇân âyamya japati | yâḥ purastât — ârabhe | devâ gâtuvida ityâdy — enad dhṛidaye nivishṭam ityantaṃ japitvâ | amâvâsyâyâṃ svargakâma âmâvâsyena havishâ yaxya iti trir upâṅśu trir uccair vadet | evaṃ paurṇamâsyena havishâ yaxya iti [1]) tan ma ṛidhyatâṃ | tan me samṛidhyatâṃ tan me sampadyatâṃ kâma iti yajamânenokte 'dhvaryvâdayas tat ta ṛidhyatâm — kâma iti pratibrûyuḥ || oṃ tatheti yajamânaprativacanam || tato yajamâno devatâsaṅkalpaṃ karoti | âmâvâsyaṃ haviḥ | vrîhimayaḥ puroḍâśo dravyam | aindraṃ mâhendraṃ vâ dadhipayaś ca | agnîshomâv âjyabhâgau | agniḥ prajâpatir .... [2]) pradhânadevatâḥ | indrasthâne mahendro vâ | asomayâjina indrasthâna indrâgnî | pañca prayâjâs trayo 'nuyâjâś catvâraḥ patnîsaṃyâjâḥ | evamâtmakena sâṅgopâṅgena karmaṇâ śvo yaxye | asmin karmaṇy adhvaryuṃ tvâm ahaṃ vṛiṇe || bhavishyâmîti prativacanaṃ || tato viharaṇapaxa âyatanopalepanâgniviharaṇânantaraṃ yajamâno 'dhvaryur vânvâdhânaṃ kuryât.

---

1) am Rande: yathâkâma.
2) Nicht deutlich; es muss wohl indraḥ heissen.

B_2 ist viel ausführlicher, weil er all die auf das Reinigen, Sprengen etc. bezüglichen Mantren ausführlich angibt: âhitâgnir anvâdhânadine prâtar agnihotraṃ hutvâ śmaśrûpapaxakeśalomanakhâni vâpayitvâ kritasnânanavanîtâbhyañjano 'rhavâsâḥ snâtaiḥ patnyadhvaryvâdibhiḥ [1]) saha pratyekaṃ saptabhiḥsaptabhir darbhapiñjûlair mukhaṃ nâbhiṃ gulphau ca saṃmrijya darbhân samuccitya proxyodañ nirasyati | tat pavanam âpo hi shṭheti tisribhis trir apaḥ pibed vyâhritibhir mukham unmrijed etad vâ viparîtaṃ tan mantrâcamanaṃ || tataḥ śeshaṃ samâpya mantraproxaṇaṃ karoti; es folgt jetzt eine Reihe von Versen zu diesem Zweck, hinter denen es dann weiter heisst: iti mantraproxaṇaṃ kritvâ pavanâdibhir adhvaryuṇâ saṃskritayâ patnyâ saha vedyutkarâv antareṇa praviśya gârhapatyasya paścâd darbhân âstîrya teshu daxiṇataḥ patny uttarataḥ svayaṃ taduttarataḥ snâtâ varaṇûrhâḥ praxâlitânârdramalina [2])śvetavâsasaḥ [3]) pavanâdisaṃskritâ ritvija ity | evaṃ prâñmukha [4]) upaviśya patnyâ saha darbhân dhârayamânaḥ prâṇân âyamya japati ' yâḥ purastât — ârabhe | devâ gâtuvido — prayujyatâm, darauf folgt wieder eine Reihe von Versen, welche schliesst mit enad dhridaye nivishṭaṃ, und daran knüpft sich in wenig verschiedener Weise die Erklärung. welches Opfer er vollziehen will, der devatâsaṅkalpaḥ und die Adhvaryuwahl. Am Ende derselben heisst es: bhavishyâmîty uktvâ tîrthena praviśya jaghanena gârhapatyam upaviśya japati ' idâ devahûr — prayujyatâm; hierauf folgt die Herausnahme der Feuer.

Ziemlich ausführlich, vom dem vorstehenden aber etwas verschieden ist Pray. A^b; A^a hingegen äusserst kurz gefasst. Die Einladeformel bei ihm lautet: asyâm ishṭyâm adhvaryuṃ tvâṃ vriṇîmahe | vrito 'smi karishyâmîty adhvaryuḥ. Auch bei ihm folgt jetzt die Herausnahme der Feuer.

---

1) Mscr. "yavâ".
2) Mscr. malinaḥ.
3) Mscr. ⁿvâsasaḥ | pavⁿ.
4) Mscr. ritvijaḥ | ity evaṃ prâñmukham upaviśya.

I. Theil.

Einleitende Ceremonien.

Am Morgen des ersten Tages sind nach dem Agnihotraopfer auf dem Âhavanîyakhara die 5 sog. bhûsaṅskâra's, welche den Boden zur Aufnahme des Feuers vorbereiten, zu vollziehen. Mit Darbha's kehrt der Adhvaryu dreimal den Khara ab und zwar so, dass er im Osten oder Norden schliesst; dann salbt er denselben dreimal mit Kuhmist, zieht auf ihm mit dem Sphya drei Linien in der Ausdehnung des Khara, entweder nach Osten gerichtet, die erste im Süden, die letzte im Norden oder nach Norden gerichtet, die erste im Osten, die letzte im Westen, nimmt aus ihnen mit Ringfinger und Daumen den Staub und besprengt sie dreimal mit Wasser. In derselben Weise sind auf dem Khara des Daxiṇafeuers diese 5 saṅskâra's zu vollziehen[1]).

Hierauf werden aus dem Gârhapatyafeuer die beiden andern Feuer entnommen. Indem der Adhvaryu erwägt (manasi saṃkalpya): „für die {Neumonds-/Vollmonds-} Ishṭi entnehme ich aus dem Gârhapatya den Âhavanîya" nimmt er mit einer Scherbe etc. (karparâdinâ) Feuer aus dem Gârhapatya und setzt es östlich auf den Âhavanîyakhara; in derselben Weise bringt er das Feuer auf den Daxiṇakhara[2]).

---

1) Diese Bhûsaṅskâra's, welche Âśv. Gṛ. S. 1, 3, 1 bei der Bereitung des Opferplatzes, Pâr. Gṛ. S. 1, 1, 2 „bei der Verrichtung des häuslichen Kochens im Topfe" erwähnt sind, habe ich nach dem Vorgang des Comm. zu Kât. Śr. S. 2, 1, 3 und nach der Paddh. S. 175 hier aufgenommen weil die zu Grunde liegende praktische Bedeutung, welche Stenzler („commentationis de domesticis Indorum ritibus particula" Gratulationsschrift der Bresl. Phil. Fac. 1860) ihnen wie ich glaube mit Recht beilegt, dieselben überall nothwendig macht.

2) Die Entnahme der Feuer ist durch Kât. 1, 3, 26 vorgeschrieben: pratikarmoddharaṇam aprasaṅge. Bei jeder Opferhandlung findet die Entnahme des Feuers statt, wo nicht eine Anlehnung obwaltet. cf. auch 1, 3, 27; Weber, Ind. Stud. 9, 217; Müller, Z. d. D. M. G. IX, LXXVII No. 157 der

Das jetzt folgende Nachlegen des Feuers wird nach Kât. vom Adhvaryu oder Opferer[1]) auf verschiedene Weise vollzogen. Der es Vollziehende nimmt nämlich 6 Scheite in die Rechte, hält den Sphya in der Linken[2]) und

I. sagt: „Glanz sei mir, o Agni, wenn man dich ruft; möchten wir, die deinen Körper entflammen, gedeihen; neigen sollen sich mir die 4 Weltgegenden; möchten wir mit dir als Sieger alle Schlachten gewinnen“ (R̥V. 10, 128, 1) und legt am Ende des Spruches[3]) ein Scheit in das Âhavanîyafeuer; leise ein zweites; ebenso werden zwei Scheite in das Gârhapatya- und drittens in das Daxiṇafeuer gelegt[4]). Oder

---

Âpastamba-Sûtra's. Âpastamba erwähnt es ferner zu Anfang des DP.-Opfers: 1, 1, 1: prâtar agnihotraṃ hutvâ 'nyam âhavanîyaṃ pranîyâ 'gnîn anvâdadhâti | na gataśriyo 'nyam agniṃ praṇayanti. Hir. 1, 4, 1: prâtar agnihotraṃ hutvânugamayitvâ 'gnihotrikam apoddhr̥itya vodita âditye gârhapatyâd âhavanîyam uddhr̥itya etc. Bhâr. 4, 3, 1 ya evaisho 'gnihotrâya praṇîtas taṃ gr̥ihṇîyâd ity âśmarathyo 'nyaṃ praṇîyety âlekhanaḥ. Prayoga A[a] âhavanîyârtham agnim uddhr̥itya nidhâya tûshṇîṃ daxiṇâgniṃ praṇîya tûshṇîm âhavanîyaṃ praṇayati. B_1 Fol. 2: viharaṇapaxa âyatanopalepanâgniviharaṇânantaram etc. B_2 Fol. 3[b] ähnlich wie A[a].

1) Kât. 2, 1, 2: „Das Nachlegen des Feuers (vollziehen) Adhvaryu oder Opferer“. 3) „Mit „Glanz sei ...“ legt er ein Scheit in das Âhavanîyafeuer“. 4) „leise ein zweites“ 5) „ebenso in die beiden andern Feuer.“ 6) „Oder mit den Mahâvyâhr̥iti's so, dass er im Osten (d. h. beim Âhav.) schliesst“. 7) „Oder leise nach der Reihenfolge (des Anlegens)“.

2) Nach Kât. 1, 10, 7?

3) Nach Kât. 1, 3, 5: mantrântaiḥ karmâdiḥ sâṃnipâtyo 'bhidhânât „mit dem Ende des Mantra muss der Anfang der Handlung zusammenfallen, weil dieselbe durch jenen bezeichnet wird. Vâtsya's 1, 3, 6 andre Ansicht ist durch 1, 3, 7 bekämpft. Müller l. c., Sûtra 44. Bhâr. 2, 2: mantrântaiḥ karmâdîn saṃpâtayet.

4) Die andern Sûtra's weichen hier nicht unwesentlich ab. Baudh. 1, 1: candramasaṃ vâ 'nirjñâya saṃpûrṇaṃ vâ vijñâyâ 'gnîn anvâdadhati | trîṇi kâshṭhâni gârhapatye 'bhyâdadhâti | trîṇy anvâhâryapacane | trîṇy âhavanîye. Âp., Hir., Bhâr. sind viel ausführlicher. Der Adhvaryu flüstert zuvor: devâ gâtuvido gâtuṃ yajñâya vindata manasaspatinâ devena vâtâd yajñaḥ prayujyatâm iti japitvâ mamâgne varco vihaveshu (T. S. 4, 7, 14[a]) ity âhavanîyam upasaminddhe | uttarayâ (i. e. mama devâ etc. T. S. 4, 7, 14[b]) gârhapatyam | uttarayâ (i. e. mayi devâ dravinam ib. [c]) anvâhâryapacanaṃ | tisr̥ibhis tisr̥ibhir vottamâṃ tu japet | âhavanîye vâdadhyât | vyâhr̥itibhir anvâdhânam eke samâmananti. Âp. setzt also zwei andere Arten des Anlegens für zwei des Kât. ein. Dass unter tisr̥ibhis tisr̥ibhir T. S. 4, 7, 14[a—c, d—f, g—i] zu verstehen sind, machen Prayoga A[b], B_1 und B_2 gewiss, da sie dieselben anführen. Aehnlich Bhâr. 4, 1: mamâgne — astviti pûrvam agni(m) (?) gr̥ihṇâti tûshṇîm itarau | dvitîyayâ gârhapatyaṃ | tr̥itîyayânvâhâryapacanam etc. | Hir. I, 4: mamâgne — ityanvâdadhâti | utta-

II. er legt mit bhûr zuerst in das Gârhapatyafeuer ein Scheit, ein zweites leise; mit bhuvaḥ eins in das Daxiṇafeuer, leise ein zweites; mit svar eins in das Âhavanîyafeuer und ebenfalls ein zweites leise; oder

III. leise zwei zugleich in das Gârhapatyafeuer; dann ebenso in das Âhavanîya- und dann in das Daxiṇafeuer[1]).

Der Opferer, welcher sich an diesem Tage des Fleisches und des Beischlafes enthalten muss[2]), und sein Kopf- und Barthaar

rayâ g⁰ | uttarayâ daxiṇâgnim | sarvâbhir vâ 'havanîyam | avaśishṭâ vikalparthâḥ | vyâhṛitibhir anvâdadhâtîty ekeshâm. Zu bemerken ist noch, dass Âp. in dem den Opferer behandelnden Buch (IV) hier eine Anzahl vom Opferer zu sprechender Verse anführt (4, 1), die auch der Comm. zum T. Br. als dem Opferer angehörig bezeichnet: agniṃ gṛihṇâmi suratham etc.; vasûn rudrân âdityân etc.; imâm ûrjaṃ pañcadaśîm etc. (T. Br. 3, 7, 4, 3) bis paurṇamâsaṃ havir idam eshâṃ mayy âmâvâsyaṃ havir idaṃ eshâm mayîti yathâliñgam âhavanîye 'nvâdhîyamâne japati | antarâgnî paśavo etc. (T. Br. 3, 7, 4, 4) ity antar agnî tishṭhan japati, iha prajâ viśvarûpâ etc., iha paśavo viśvarûpâ etc. (T. Br. 3, 7, 4, 4. 5) iti gârhapatyam (anumantrayate?) || 1 || ayaṃ pitṛiṇâm agnir etc. (T. Br. 3, 7, 4. 5) iti daxiṇâgnim | ajasraṃ tvâ sabhâpâlâḥ etc. (ib.) iti sabhyam | annam âvasathîyam etc. (ib. 3, 7, 4, 6) ity âvasathyam | idam aham agnijyeshṭhebhyo vasubhyo yajñaṃ prabravîmi, id. ah. indrajyeshṭhebhyo rudrebhyo y. prabravîmi, id. ah. varuṇajyeshṭhebhya âdityebhyo y. pr. ity anvâhiteshu japati. Hir. 1, 4 erwähnt dieselben Verse (mit Ausnahme des letzten) unmittelbar hinter den oben citirten Worten über die Feueranlegung; hinter den ersten drei Versen fügt er hinzu: iti tisṛibhir âhavanîyam | hinter iha paśavo viśvarûpâ — mânîshayâ: iti dvâbhyâṃ gârhapatyam | sonst wie bei Âp.; nur sagt er hinter âvasathyam: iti vaitâbhiḥ. Ich möchte aus diesen letzten zwei Worten (vorausgesetzt, dass die Handschrift hier correct), sowie daraus, dass der Yajamâna nicht genannt ist, vermuthen, dass auch mit diesen 3, 2, 1 Versen der Adhv. das Âhavanîya - Gârhapatya - Daxiṇafeuer anlegen darf; anvâdadhâti wäre wohl die passendste Ergänzung. Bhâr. hat diese Verse wie Âp. im Yajamâna-Abschnitt; einige auf den Opferer bezügliche Worte vorher vermag ich aber leider nicht zu lesen: yâjamânam eke agnyanva dîryâjamânâni (!) yajamâna upatishṭhante 'gniṃ gṛihṇâmi suratham etc. Vielleicht treten nach ihm diese Verse ein, wenn der Opferer nicht der Adhv. anlegt. Sehr beachtungswerth ist Prayoga A^a, der dem Âpastambaritual folgt, weil er die daselbst dem Opferer zugeschriebenen Verse stets mit Nennung des Opferers hinter denen des Adhv. anfügt: mamâgne etc. bis jayema | âhavanîyam upasaminddhe | yajamânaḥ | agniṃ gṛihṇâmi suratham etc. (die 3 Verse) bis mayi — âhavanîye 'nvâdhîyamâne japati. Sonst wörtlich wie Âp. — Prayoga B_1 u. $_2$. erwähnen dies nicht. — Unverständlich ist mir die Nennung des Sabhya- und Âvasathyafeuers an dieser Stelle.

1) Die Paddh. S. 175 erwähnt hier, dass überall zur Zeit der Anwendung am Anfange eines Mantra om zu sagen sei. cf. auch Comm. zu Kât. 2, 1, 3.

2) Ich erwähne dies in der von Kât. gebrauchten Reihenfolge. Kât. 2, 1, 8: „An dem Tage soll er Fleisch und Beischlaf vermeiden". 9) „Kopf- und

ohne den Haarschopf scheeren lassen kann, isst am Vollmondsopfer am Nachmittage die Fastenspeise, während beim Neumondsopfer das am Nachmittag [1]) beginnende Manenopfer diesem Essen voraus (Paddh. S. 307, 2 v. u.) geht [2]).

Während beim Vollmondsopfer nach dem Essen die Observanz angetreten werden kann, hat beim Neumondsopfer vorher [3]) erst noch das Abschneiden eines Zweiges stattzufinden, für den Fall, dass eine Spende aus süsser und saurer Milch (sâṃnâyya) stattfindet; wird eine solche nicht dargebracht, so fällt das Abschnei-

---

Barthaar lässt er scheren oder nicht, ohne die Śikhâ." So übersetze ich wörtlich und komme dadurch zu einer vom Comm. abweichenden Auffassung, welche auch Karka (Paddh. 175, 5 v. u.) hat. Nach Bhartṛiyajña's Ansicht ist das Scheren obligat. Ob man die Śikhâ schert oder nicht, ist ins Belieben gestellt. Im Mânava heisst es, dass der Opferer Kopfhaar und Bart scheren lässt; die rechts befindlichen Kopfhaare, die links befindlichen Nägel (?) lässt er auf sich zu vom kleinen Finger an putzen; nicht die Achselhöhlen und die Gattin nur die Nägel. Bhâr. 4, 1, 1 parvaṇi yaj° keśaśmaśru vâpayate. | Âp. 4, 1: parvâṇi ca keśaśmaśru vâpayate ['py] alpaśo lomâni vâpayata iti vâjasaneyakam.

1) Als Nachmittag wird, wie ich dem Comm. zu Kât. 4, 1, 1 entnehme, der zweite Theil des halbirten oder der 3. Theil des dreigetheilten Tages angesehen. Nach Mahâdeva ist es der 4. Theil des in 5 Theile getheilten Tages.

2) Kât. 2, 1, 10: „Am Nachmittage essen die beiden (Opferer und Gattin) die mit Sarpis versehene Fastenspeise ohne sich satt zu essen." Âp. 4, 2: paurṇamâsâyopavatsyantau nâtisuhitau bhavataḥ | amâsham amâṅsam âjyenâśnîyâtâṃ | tadabhâve dadhnâ payasâ vâ. Bhar. 4, 3 jâyâpatî sarpirmiśram aśnîyâtâṃ yad anyan mâshebhyo mâṅsâcca. In den von mir copirten Theilen des Hir. und Baudh. finde ich keine nähere Angabe. Ausführlich dagegen sind die Angaben des Comm. zu Kât. 2, 1, 10, der aus Baudh. (Dharmasûtra's?): „sarvam evaitad ahaḥ kauśîdhânyaṃ vivarjayed anyatra tilebhyaḥ" citirt und noch mehr finden sich die Fastenspeisen in der Paddh. specifizirt, auf welche ich mich begnüge zu verweisen.

3) Dies ist daraus zu entnehmen, dass sie Kât. 4, 2, 5, vorgeschrieben ist, während 1—4 von dem Zweige handeln. Hinter dem Essen der Fastenspeise dagegen ist sie nach Paddh. S. 307, Z. 1. 2 v. u. — Es scheinen aber sehr verschiedene Ansichten geherrscht zu haben. Nach Baudh 1, 1 schneidet er den Zweig für den „vratopetasya" ab und das Manenopfer erwähnt Baudh. erst, nachdem der Adhvaryu die Kälber fortgetrieben, die Kühe herzugebracht, das Barhis abgeschnitten, Idhma, Veda angefertigt hat, aber vor dem Anfertigen des Upavesha, des Śâkhâpavitra. Âp. bespricht auch diese beiden noch vorher und handelt unmittelbar hinter dem Manenopfer von dem Abendagnihotra, der Abendmelkung und den Vorbereitungen dazu. Bhâr. stimmt im Wesentlichen mit dieser Anordnung überein; Hir. behandelt das Manenopfer erst am Ende des Neu- und Vollmondsopfers 2, 17—20 vor den Vorschriften über den Brahman (Fol. 12ᵃ—13ᵃ). Vgl. Seite 5, Anm. 2.

den des Zweiges weg, da die Kälber zur Gewinnung der Milch nicht weggetrieben zu werden brauchen. Bei einem mit einem Sâṃnâyya dargebrachten Neumondsopfer schneidet also der Adhvaryu mit dem Spruch: „dich zur Speise“ oder „ich schneide dich zur Speise“ oder „dich zur Labuug“ oder „ich schneide dich zur Labung“ von einem Śamî- oder Palâśabaum einen nach Nordost oder Ost oder Nord gestreckten Ast, der viel Laub und keine dürre Spitze hat, ab [1]); nach der Ansicht einiger schneidet er ihn mit „ishe tvâ“ ab und glättet ihn mit „ûrje tvâ“. — Der Opferer kann nach Kât. jetzt seine Observanz antreten. Er nimmt den Sphya, geht zwischen Gârhapatya und Daxiṇa hindurch hinter das Âhavanîyafeuer, wobei er sein Gesicht nach Osten richtet. Indem er auf das Feuer blickt und mit der Rechten die Wasser berührt tritt er die Observanz an. Dies geschieht mit dem Spruch: „o Agni, Herr des Gelübdes, das Gelübde will ich antreten; möchte ich das können; möchte sich mir das vollenden“ oder mit: „hier wandle ich von der Unwahrheit zur Wahrheit“ [2]). Von hier ab

1) Kât. 4, 2, 1: (Weiss man:) morgen geht er nicht auf, oder ist (der Mond) nicht gesehen worden, so schneidet (der Adhvaryu) einen Parṇa- oder Śamîzweig ab mit „dich zur Speise“ oder „dich zur Labung“. Zu Kât. 4, 2, 1 bemerke ich, dass auch Baudh. den Namen parṇa, dagegen Âp., Bhâr., Hir. den spätern Ausdruck palâśa haben. 2. „ich schneide“ kann bei ihnen gesagt werden, weil beide einer Ergänzung bedürfen. 3. oder „saṃnamayâmi“ beim folgenden. Mit diesem Sûtra 3 wird für urje tvâ eine andere Ergänzung vorgeschrieben und damit auf eine andre Verwendung hingewiesen. Wie nämlich der Comm. angibt, beruht die beliebige Verwendung beider Sprüche nur auf der Lesung der Mâdhyandina-Śâkhâ; nach der Kâṇva-Śâkhâ dagegen wird „ûrje tvâ“ mit der ev. Ergänzung von saṃnamayâmi bei dem Abstreifen des Laubes verwandt: ûrje tvety anumârshṭiti śâkhântarât. Âp. 1, 1, a. E. fasst alle Möglichkeiten zusammen: ishe tvorje tveti tâm âchinatty apiveshe tvety âchin° ûrje tveti saṃnamayaty anumârshṭi vâ. Hir. 1, 4: ishe tveti śâkhâm âchin° ûrje tveti saṃn° anum° vâ. Kât. 2, 1, 4 „einen dicht belaubten, ohne dürre Spitze, einen nach NO gestreckten oder irgend einen andern“. — Baudh. 1, 1 charakterisirt den Zweig so: sâ yâ prâcî vodîcî vâ bahuparṇâ bahuśâkhâpratiśushkâgrâ bhavati. Âp. 1, 1 ausführlich, wie immer; — bahuparṇâṃ bahuśâkhâm apratiśushkâgrâm asushirâṃ | yaṃ kâmayetâpaśuḥ syâd ity aparṇâṃ tasmai śushkâgrâm âhared apaśur eva bhavati | yaṃ kâmayeta paśumântsyâd iti bahuparṇâṃ tasmai bahuśâkhâm âharet... Bhâr. nicht so ausführlich. Hir. fügt noch abînâm hinzu. Nach allen dreien nimmt er den Zweig nach dem Abschneiden mit imâṃ prâcîm etc. T. Br. 3, 7, 4, 8. — anyatamâm wird in seiner allgemeinen Bedeutung vom Comm. in der oben angegebenen Weise beschränkt. —

2) Kât. 2, 1, 11: durch die hinteren beiden Feuer gegangen, hinter dem Âhavanîya nach Osten gewandt stehend, auf das Feuer blickend tritt er, nach-

darf er nur Wahres reden und dies gilt als ein Glied der Opferhandlung (zum Unterschied von den auf das Individuum bezüglichen Handlungen wie Scheren etc. Kât. 2, 1, 12). Es folgt [1])

dem er die Wasser berührt hat mit: „Agni, des Gelübdes Herr..“ oder mit „hier ich..“ (V. S. 1, 5) das Gelübde an, von da ab die Wahrheit redend.“ Wir haben also hier diese Reihenfolge: Agnyanvâdhâna (a); [beim Neumond ev. Abschneiden des Zweiges für den ein Sâmn. Spendenden]; Vratopâyanîya-essen (b); vratopâyana (c); auch hier sind andere Ansichten. Âp. 4, 2 sagt: aśanam (b), agnyanvâdhânam (a), vratopâyanam (c) ityeke; c, b, a ityeke; a c b ityeke. — Bhâr. lässt a c b weg und setzt dafür a b c ityeke. — Ich bemerke aber, dass auch Kât. das Gelübde nicht unbedingt hier vorschreibt. 4, 2, 6 (nach dem Abschneiden des Zweiges) heisst es „oder wie es gesagt ist“, z. B. 2, 8, 21 nachdem die Opferspeisen fertig gemacht sind. Âp. selbst schreibt vor: 4, 2: barhishâ pûrṇamâse vratam upaiti | vatseshv apâkṛiteshv amâvâsyâyâm | praṇîtâsu praṇîyamânâsv âsanneshu vâ havihshu vratam upaitîty ubhayatra sâdhâraṇam. Das Gelübde selbst ist viel ausführlicher bei ihm beschrieben: payasvatîr oshadhaya ity apa âcâmaty upaspṛiśati vâ | apareṇâhavanîyaṃ daxiṇâtikrâmati | esha evâta ûrdhvaṃ yajamânasya sañcaro bhavati || 2 || daxiṇenâhavanîyam avasthâya vratam upaishyan samudraṃ manasâ dhyâyati | atha japaty agne vratapate vrataṃ carishyâmîti brâhmaṇaḥ | vâyo vratapata âditya vratapate vratânâṃ vratapata vrat⁰ car⁰ râjanyavaiśyau | sarvâu vâ brâhmaṇaḥ | athâdityam upatishṭhate samrâḍ asi vratapâ asi vratapatir asi tat te prabravîmi tacchakeyaṃ tena śakeyaṃ tena râdhyâsam iti | yady astamite vratam upeyâd âhavanîyam upatishṭhann etad yajur japet. Nicht allzu sehr und namentlich nur in der Anordnung verschieden hiervon ist Bhâr. Es scheint mir daher mehr von Interesse die Angaben von Prayoga B_1 und $_2$ anzuführen, welche den Antritt der Observanz hinter dem Nachlegen des Feuers vorschreiben, und vor dem Abschneiden des Zweiges, das Essen aber als beliebig vor dem Anlegen oder nach dem Verbergen des Zweiges hinstellen. Nach dem Anlegen sagt B_1 âhavanîyasyottaradeśe tishṭhann upatishṭhate (T. S. 4, 7, 14k) tato 'gnîn parisamûhya yajamânaḥ patnî ca gandhapushpâdibhir alaṃkurvâte | yajamâna utkarâhavanîyayor madhyena prapadyâgreṇâhavanîyaṃ parîtyâhavanîyasya daxiṇapaścime deśe svâyatana upaviśya darbhahastaś culukodakaṃ brâhmyena (?) tîrthena pibati: payasvatîr etc. (T. S. 1, 5, 16g) ity sakṛin mantreṇa pvis tûshṇîm | âcamanaśeshaṃ samâpya âhavanîyaṃ parishicya samidha âdadhâti agne vratapate etc. (T. Br. 3, 7, 4) svâhâ | agnaye vratapataya idaṃ | vâyo vratapate (T. Br. 3. 7, 4)) svâhâ | vâyave vrat⁰ id⁰ | âditya vratapate (T. Br. 3, 7, 4) svâhâ | âdityâya vrat. id. | vratânâṃ vratapate (T. Br. 3, 7, 4) svâhâ | vrâtânâṃ vrat. id. | âhavanîyaṃ punaḥ parishiñcati | athâdhvaryuḥ pavanâdibhiḥ saṅskṛito jaghanena gârhapatyam upaviśya japati iḍâ devahûrityâdi | asidam âdâya ... folgt das Abschneiden des Zweiges, das Forttreiben der Kälber, das Essen. B_2 weicht nur unwesentlich ab. A^a stimmt in der Hauptsache mit Âp. überein. —

1) Kât. 4, 2, 7: die Kälber mit den Müttern zusammengelassen habend, berührt er mit „vâyavastha“ das Kalb mit dem Zweige. 8) und „upâyavastha“ (fügen) einige (hinzu). Das Berühren hat nach Mahâd. den Zweck die Kälber

bei einem Neumondsopfer auf dieses, wenn ein Sâṃnâyya gespendet wird, das Wegtreiben der Kälber wegen der Abendmelkung. Nachdem er die Mütter mit den Kälbern zusammen gelassen hat, sagt er: „Winde seid ihr" oder „Winde seid ihr; herbeikommend (?) seid ihr", und berührt das Kalb mit dem vorhin abgeschnittenen Zweige und treibt sie damit fort. Nachdem er die Kühe von den Kälbern entfernt, sagt er: Gott Savitṛi treibe euch an zum besten Werke; lasset ihr unantastbaren für {Indra / Mahendra}[1] den Antheil schwellen; nicht möge über euch, die ihr reich an Nachkommen, frei von grossem oder kleinem Ungemach sein möget, ein Dieb die Herrschaft gewinnen, nicht ein Bösewicht; bleibet fest bei eurem Herren und zahlreich" und berührt eine von den Kühen mit dem Zweige[2]). Hierauf sagt der Adhvaryu „des Opferers Vieh schütze" und verbirgt auf der Ost- oder Vorderseite des Âhav. oder Gârh. den Zweig[3]).

---

abzusondern. Baudh. sagt daher 1, 1 auch tayâ (śâkhayâ) vatsân apâkaroti. Ebenso Âp. Bhâr. Hir. — „vatsam": nach Uvaṭa wird nur ein Kalb, nach Karka, dem Comm. und der Paddh. jedes berührt. Die Zahl derselben ist, wie Âp. etc. angeben, 6; diese Zahl führen auch der Comm. u. Paddh. an, berechtigt durch die 6 Kühe, welche nach Kât. 4, 2, 22. 26. 29 gemolken werden. — Als Mittel zum Wegtreiben gibt Âp. an: tayâ (śâkhayâ) shaḍ avarârdhyân vatsân apâkaroti darbhair darbhapuñjîlair vâ.

1) Der Opferer hat die Wahl zwischen Indra u. Mahendra, da die Milchspende sowohl diesem als jenem dargebracht werden kann (Kât. 4, 2, 10). Für wen er sich aber beim ersten Mal entschieden hat, dem muss er sie zeitlebens darbringen; nur zu Anfang ist es beliebig. cf. Kât. 4, 5, 25. Etwas specieller ist die Auffassung der andern Śâkhâ's. Siehe Weber, Ind. Stud. 10, 150 u. oben die Einleitung.

2) Kât. 4, 2, 9: Mit „Gott euch . ." (V. S. 1, 1) berührt er von den Müttern eine, nachdem er sie getrennt hat. — Baudh. 1, 1: athaishâṃ mâtṛîḥ prerayati devo vaḥ etc. T. S. 1, 1, 1c—f; dhruvâ asmin ib. g iti yajamânam îxate. Âp. ist wieder ausführlicher. devo vaḥ s. prârp. iti śâkhayâ gocarâya gâḥ prasthâpayati | prasthitânâm ekâṃ śâkhayopaspṛiśati darbhair darbhapuñjîlair vâ 'pyâyadhvam a. indrâya devabhâgam ity eke samâmananti | mahendrâyety eke — | śuddhâ apaḥ suprapâṇe pibantîḥ śatam indrâya śarado duhânâḥ (ṚV. 6, 28, 7) rudrasya hetiḥ pari vo vṛiṇaktv iti prasthitâ anumantrayate | dhruvâ asmin gopatau syâta bahvîr iti yajamânasya gṛihân abhiparyâvartate. Hir. fast wörtlich gleich. Auch Bhâr.' Abweichungen sind nur unbedeutend. 1, 2: ekâṃ śâkhayopaspṛiśati tathaiva gâḥ prasthâpayati devo vaḥ s. p. ś. karmaṇe âpyâyadhvam aghnyâ indrâya devabhâgam iti — ekâṃ śâkhayopaspṛiśati | prasthitâ anumantrayate śuddhâ etc.

3) Kât. 4, 2, 11: Mit „des Opferers Vieh schütze" (V. S. 1, 1) verbirgt er vor einem der beiden Agnyagâra's (purastât = purastâtpradeśe pûrvabhâge vâ

Nachdem der Adhvaryu leise den unteren Theil des Zweiges über einen Aratni lang abgeschnitten (Comm.) und den oberen

Comm.) den Zweig. Baudh. 1, 1 athaitâṃ śâkhâm (?) agreṇâhavanîyaṃ paryâhṛitya pûrvayâ dvârâ prapâdya jaghanena gârhapatyam agnishṭhe 'nasy uttarârdhe vâgnyagârasyodgûhati etc. Âp. 1, 2, 8. Bhâr. 1, 2 a. E. Hir. 1, 5.

In Uebereinstimmung mit der in der T. S. obwaltenden Reihenfolge der Yajus folgt bei Baudh. 1, 2 jetzt das Abschneiden des Barhis; ebenso bei Âp., Bhâr., Hir., welche sich von dem ersteren durch viel grössere Ausführlichkeit und einige Gebräuche, von denen ich mich einiges anzudeuten begnügen muss, unterscheiden; Baudh. setze ich ganz hierher: 1) atha jaghanena gârhapatyaṃ tishṭhann asidaṃ vâśvaparśuṃ vâdatte, devasya tvâ savituḥ prasave 'śvinor bâhubhyâṃ pûshṇo hastâbhyâm adada iti. 2) âdâyâ 'bhimantrayate yajñasya ghoshad asîti. Bei Âp. ist als drittes Instrument eine Rippe eines Zugthieres anadutparśu genannt, welche mit jenen beiden vorher nördlich vom Gârhapatya niedergelegt ist, aber leise genommen werden muss. 3) gârhapatye pratitapati T. S. 1, 12[b] (Ap.: na parśum) iti triḥ. 4) athâhavanîyam abhipraiti ib.[e] bis jushṭam iti. 5) iha barhir âsada iti vediṃ pratyavexate. 6) atha tâṃ diśam eti yatra barhir vetsyan manyate. 7) darbhastambaṃ parigṛihṇâti yâvantam alaṃ prastarâya manyate devânâṃ parishûtam asîti. 8) athainam ûrdhvam (asidena Pray.) unmârshṭi varshavṛiddham asîti. 9) asidenopayachati 1, 1, 2 fg iti. 10) âchinatty âchettâ ib. h iti. 11) âchedanâny abhimṛiśati devabarhiḥ śatavalśaṃ viroheti. 12) sahasravalśâ vi vayaṃ ruhemety âtmânaṃ pratyabhimṛiśati. 13) sarvaśa evainaṃ stambaṃ lunoti. 14) kṛitvâ prastaraṃ nidadhâti pṛithivyâḥ saṃpṛicaḥ pâhîti. 15) tûshṇîm ata ûrdhvam ayujo mushṭîn lunoti trîn vâ pañca vâ sapta vâ nava vaikâdaśa vâ yâvato vâlaṃ manyate. 16) atha trir anvâhitaṃ kṛitvâpasalair âveshṭayati. 17) adityai râsnâsîti tad udîcînâgraṃ nidhâya tasmin prastaram abhisambharati T. S. 1, 1, 2[1] iti. 18) saṃnahyatîndrâṇyai saṃnahanam iti. 19) granthiṃ karoti pûshâ te granthiṃ grathnâtv iti. 20) sa te mâ sthâd iti paścâtprâñcam upagûhati. 22) athainad udyachata indrasya tvâ bâhubhyâm udyacha iti. 23) śîrshann adhinidhatte bṛihaspater mûrdhnâ harâmîti. 23) ety urvantarixam anvihîty. 24) etyottareṇa gârhapatyam anadhaḥ sâdayati devaṅgamam asîti. 25) tad upariva nidadhâti yatra guptaṃ manyate. — — 28) tathaiva trir anvâhitaṃ śulbaṃ kṛitvaikaviṅśatidârum idhmaṃ saṃnahyati yat krishṇorûpam etc. T. Br. 3, 7, 4, 8 bis susaṃbhṛiteti. Hierauf bespricht er die Anfertigung des Veda dann der Vedi, welche nach Einigen beim Neumond hier gemacht wird, dann als am Nachmittage vollzogen das Manenopfer; siehe oben S. 4 Anm. 3. Âp. lässt vor demselben noch den Upavesha und das Śâkhâpavitra anfertigen (Âp. 1, 2—6; 7—10 Manenopfer; 11 etc. Vorbereitungen zur Abendmelkung.) Es scheint mir demnach, dass auch hier verschiedene Zeitpunkte angenommen werden. Während bei Kât. das Abschneiden des Zweiges erst nach dem Śrâddha (cf. Paddh. S. 307, 2 v. u.) geschieht, also Nachmittag, scheint bei Baudh., Âp. etc. dieses sowie das Anfertigen des Prastara, des Idhma, Veda, bei Âp. auch des Upavesha Vormittag, vor dem Manenopfer stattzufinden. Ich bemerke, dass auch der sehr sorgfältig dem Gange der Handlung folgende Prayoga B_1 ganz wie Baudh. das Manenopfer zwischen Anfertigung des Veda und des Upavesha etc. stellt. Aa wieder wie Âp. —

Theil einen Prâdeśa oder darüber belassen (Paddh.) macht er aus jenem unteren Theil, welchen er ringsum ausschneidet, den einen Aratni oder einen Prâdeśa grossen und wie eine Hand gestalteten Upavesha mit den Worten „Vesha bist du“ [1]). An dem einen Prâdeśa grossen übrig gelassenen Zweig befestigt er das aus zwei oder drei Kuśahalmen, welche mit einer Spitze versehen sind, bestehende Pavitra mit dem Spruch: „für Vasu bist du ein Pavitra“[2]).

Ueber die Ansicht betreffs der am Neumond für die Herstellung der Vedi geltenden Zeit siehe unten.

1) Kât. 4, 2, 12. 13. „Aus dem unteren Theil macht er mit „vesho 'si“ den „upavesha“; „bei einem Sâṃnâyya wegen der Verbindung mit dem Zweige“. — Der Upavesha dient zum Ansetzen der Kapâla's; da er nun aber aus dem zum Wegtreiben der Kälber verwendeten und darum nur im Falle der Darbringung eines Sâṃnâyya abgeschnittenen Zweige angefertigt wird, so fällt er nach Sûtra 13 sonst weg. Mit 4, 2, 14 stellt indess Kât. neben dieser Ansicht die zweite auf: „oder wegen des Ansetzens (der Kapâla's) bei beiden (wo ein Sâṃnâyya und kein S. eintritt)“, d. h. da der Upavesha zum Ansetzen der Kapâla's dient, so kann er in beiden Fällen gemacht werden, sowohl wenn man ein S. als wenn man keines darbringt. Da bei der zweiten Eventualität kein Zweig da ist, so wird er nach Kât. 1, 3, 36 aus Varaṇaholz gemacht. — Ueber seine Form cf. Comm. zu Kât. Śr. S. 1, 3, 36 S. 60; Baudh. 1, 3, 1. 2: athaitasyai śâkhâyai parṇâni prachidyâ (Msk.: parṇa vipra°?) 'greṇa gârhapatyam | athainâm adhastât parivâsya jaghanena gârhapatyaṃ sthavimad upaveshâya nidadhâti. — Âp. 1, 6 antarvedi śâkhâyâḥ palâśâny asarvâṇi praśâtya mûlataḥ śâkhâṃ parivâsyopaveshaṃ karoty upavesho 'si yajñâya tvâm — bhavâsi na iti (T. Br. 3, 7, 4, 13). Hir. ebenso; Bhâr. 1, 6: yayâ śâkhayâ vatsân apâkaroti tasyâ antarvedi palâśânâm ekadeśaṃ praśâtayati mûlataḥ parivâsya tam upaveshaṃ karoti.

2) Kât. 4, 2, 15. 16. Mit „Vasu's Pavitra ...“ (V. S. 1, 2) befestigt er das Pavitra an demselben (dem Zweige), 2 Kuśahalme; oder dreifach. Baudh. 1, 3, 3: athâsyâḥ prâdeśamâtraṃ pramâya darbhanâḍiḥ praveshṭya tat trivṛicchâkhâpavitraṃ karoti trivṛit palâśe darbhaḥ etc. T. Br. 3, 7, 4, 11. — Âp. 1, 6: tṛitîyasyai — âdada T. Br. 3, 7, 4, 1 iti parivâsanaśakalam âdâya prajñâtaṃ nidadhâti trivṛid darbhamayaṃ pavitraṃ kṛitvâ vasûnâṃ pavitram asîti śâkhâyâṃ śithilam avasajati mûle mûlâny agre 'grâṇi na granthiṃ karoti trivṛit palâśe darbha — havyaśodhane T. Br. 3, 7, 4, 11 iti kriyamâṇe [śâkhâpavitre] yajamâno 'numantrayate. Hir. 1, 8. Bhâr. 1, 6. Nach dem Comm. zu 4, 2, 16: „navabhis triguṇaiḥ triguṇam“ einige, andere „veṇyâkâram“; Mahâd: kuśatrayasya rajjvâkâraṃ kṛitvâ vâ badhnâti; veṇîm iti karkaḥ; navakuśaveṇîm iti śrî anantaḥ. — Nach Karka geschieht das Machen des Upavesha und Anbinden des Pavitra vor dem Verbergen des Zweiges. — Pray. B_1. tasyâḥ śâkhâyâ madhye dviguṇâṃ triguṇâṃ vâ rajjuṃ prâdeśamâtrîṃ mûlâgravyatyayena baddhvâ śâkhayâ saha veṇîṃ karoti.

NB. An dieser Stelle, d. h. nach Anfertigung all dieser Geräthe erfolgt bei Âp. Bhâr. die Erklärung des Manenopfers. Demnach scheint alles vorige Vormittags nach diesem Ritual gewesen zu sein.

Das Abendagnihotra, welches jetzt zu bringen ist, muss der ein Sâṃnâyya Opfernde diese Nacht sowohl Abends als den nächsten Morgen mit einem Yavâgû [1]) genannten Decoct und und zwar selbst [2]) und an demselben Vihâra [3]) vollziehen. Ist es geopfert, so folgt das Melken der Kühe. Es wird nach Baudh. 1, 3, 4 zunächst nördlich vom Gârhapatya Grass gestreut und darauf vier Gefässe dohana, pavitra und die „sâṃnâyyatapanyau sthâlyau" gestellt, dieselben besprengt und während Baudh. (s. u.) erst die Sthâlî ans Feuer stellt etc. sagt nach Kât. vorher der Adhvaryu (zum Melker): upasṛishṭâṃ me prabrûtât, „melde mir sie (mit dem Kalbe) zusammengelassen! Melker: upasṛishṭâ [4])!

---

1) Kât. 4, 2, 17: „Mit Yavâgû das Agnihotraopfer für den ein Sâṃnâyya spendenden diese Nacht." Âp. 1, 11, 1. — Hir. 1, 8. Bhâr. 1, 11. Die Yavâgû, welche ich nur bei Âp. und Kât. erwähnt finde, ist nach dem Comm. zu Kât. = taṇḍulaiḥ śithilapakvâ. Karka ebenso: „taṇḍulaśithilapakvâ". Andere „viraladravâ". Smṛiticandrikâkâra: alpataṇḍulacûrṇamiśraṃ dravarûpam annam. Dhûrtasvâmin: peyâ. Ueber den Zweck ihres Gebrauchs s. u. —

2) Kât. 4, 15, 35. 36. — Âp. 1, 11, 1; Bhâr. 1, 11 svayaṃ yajamânaḥ.

3) Kât. 1, 3, 26 tritt hier nicht ein, da hier Prasaṅga ist. cf. den Comm. zu 1, 3, 26.

4) Kât. 4, 2, 18: Ist (das Agnihotra geopfert) so sagt er: upasṛishṭâm prabrûtât. 19) Ist geantwortet, so erfolgt das Nehmen der Sthâlî mit „Himmel bist du" (V. S. 1, 2.) 20) Mit „Mâtariśvan's" (V. S. 1, 2) setzt er an. 21) Mit „Vasu's Pavitra . ." (V. S. 1, 3) legt er auf die Sthâlî das Pavitra mit der Spitze nach Norden oder nicht. Baudh. 1, 3, 4 ausführlicher und in etwas anderer Reihenfolge: atha sâyaṃ hute 'gnihotra uttareṇa gârhapatyaṃ tṛiṇâni saṃstîrya teshu catushṭayaṃ sâdayati dohanaṃ pavitraṃ sâṃnâyyatapanyau sthâlyâv iti. 5) athainâny adbhiḥ proxati śundhadhvam etc. T. S. 1, 1, 3ᵃ iti triḥ. 6) atha jaghanena gârhapatyam upaviśyopaveshenodîco 'ṅgârân nirûhati. 7) mâtariśvano gharmo 'sîti teshu sâṃnâyyatapanîm adhiśrayati dyaur asi pṛithivy asi — hrâs T. S. 1, 1, 3ᶜ⁻ᵉ. 8) tasyâṃ prâcînâgraṃ śâkhâpavitraṃ nidadhâti T. S. 1, 1, 3ᶠ. 9) tad anvârabhya vâcaṃyama âste. 10) atha gâ âyatîḥ pratîxata etâ âcaranti T. Br. 3, 7, 4, 14. 11) athâhopasṛishṭâṃ me prabrûtâd iti. 12) upasṛishṭâṃ prâhuḥ. Âp., welcher wieder viel vollständiger ist, zeigt im Wesentlichen dieselbe Reihenfolge; lässt dagegen das in Baudh. 1, 3, 10 gelehrte, welches er vor dem Erhitzen der Gefässe und dem in Baudh. 6 vorgeschriebenen hat, an dieser Stelle weg. Da ich nicht Alles anführen kann beschränke ich mich auf einzelne Auszüge: 1, 11, 4: hute sâyam a. sâyaṃdohaṃ dohayati. 5) agnîn paristîryâgnim agnî vâ, sâṃnâyyapâtrâṇi praxâlyotta-

Adhvaryu ergreift mit „Himmel bist du, Erde bist du“ (V. S. 1, 2) die Sthâlî und setzt sie mit: „Mâtariśvan's Gharma bist du; alles enthältst du; sei fest durch die höchste Wohnung; nicht biege dich, nicht biege sich dein Opferherr“ (V. S. 1, 2) am Gârhapatyafeuer[1]) (auf welchem er, den andern Śâkhâ's zufolge, mit dem Upavesha die Kohlen nordwärts geschafft hat) an. Hierauf legt er das Pavitra unter Recitirung des Spruch's „Vasu's Pavitra bist du, das hundertfaches enthaltende; Vasu's Pavitra bist du, das tausendfaches enthaltende“ (V. S. 1, 3) mit der Spitze nach Osten oder Norden[2]) auf die Sthâlî und sagt zum Melker: „Milk die Kuh“ und schweigt von da ab[3]). Der Melker, welcher kein Śûdra sein darf, milkt in eine Holzgelte[4]) die zuerst weggetriebene Kuh und giesst[5]) dann mit dem Melkkübel die Milch über das Pavitra in die vom Opferer angefasste Sthâlî, während dessen der Adhvaryu flüstert: „Gott Savitṛi reinige dich mit Vasu's hundert-

---

reṇa gârhapatyaṃ darbhân saṃstîrya dvaṃdvaṃ nyañci prayunakti kumbhîṃ śâkhâpavitram abhidhânîṃ nidâne dârupâtraṃ dohanam ayaspâtraṃ dârupâtraṃ vâpidhânârtham agnihotrahavaṇîm upaveshaṃ ca — 12, 5 (nach dem ausführlich vorgeschrieben was bei Baudh. nur mehr angedeutet): adityai râsnâsîty abhidhânîm âdatte 6. trayastrinśo 'si — T. Br. 3, 7, 4, 12 °tâm ity âdîyamânâm abhimantrayate yajamânaḥ. 7) pûshâsîti vatsam abhidadhâti. 8) upasṛishṭâṃ me prabrûtâd iti saṃpreshyati. 9) upasṛijâmîty âmantrayate. 10) ayakshmâ vaḥ T. Br. 3, 7, 4, 15 — bhavantîr iti vatsam upasṛijati. 11) gâṃ copasṛishṭâṃ vihâraṃ cântareṇa mâ saṃcârishṭhâ iti (so liest C) saṃpreshyati — 13) upasîdâmîty âmantrayate. 14) ayaxmâ vaḥ prajayâ — dogdhopasîdati. Bhâr. hat eine abweichende Reihenfolge, welche aber in den Thatsachen mit Âp. im Wesentlichen übereinstimmt. Auch Hir. Darstellung unterscheidet sich wesentlich nur durch die Anordnung und Einzelheiten.

1) Dass das Gârhapatyafeuer zu nehmen ist, ergibt sich aus Kât. 1, 8, 34. Doch kann er nach 36 sich auch für das Âhavanîyafeuer entscheiden. Es gilt aber das oben für die Wahl von Indra resp. Mahendra Gesagte auch hier. cf. S. 7. Anm. 1.

2) So ist es vom Comm. u. Paddh. angegeben. Nach 1, 7, 25? — Der Comm. erwähnt, dass Einige das Pavitra nachdem sie es vom Zweige losgelöst, auf die Ukhâ legen und nach dem Melken es wieder befestigen.

3) Kât. 4, 2, 22 „schweigend lässt er von einem Nicht-śûdra melken“. Âp. 1, 12, 15 „na śûdro duhyâd | duhyâd vâ“. Aus dem Caus. ist der oben nach Vorgang des Comm. u. Paddh. in den Text gesetzte Befehl zu entnehmen. Bei Baudh. Bhâr. Hir. finde ich dies nicht.

4) Paddh. — Âp. 1, 12, 16 dârupâtre.

5) Baudh. 1, 3, 14: purastât pratyagânayantam — Prayoga B_1 fol. 11^a: ayaṃ vedyutkarâv antareṇa prapâdya sthâlyâṃ dugdhaṃ purastâtpratyaṅmukhaṃ siñcantaṃ parikarmiṇaṃ pṛichati.

faches enthaltendem, gut reinigendem Pavitra"[1]) (V. S. 1, 3.) Laut zum Melker: „Welche molkst du"[2])?

Melker: „die NN." (Kuhname im Accus.)[3]).

Adhvaryu: „Diese enthält alles Leben"[4]) (V. S. 1, 4.) „Upasṛishṭâm me prabrûtât." Melker: „upasṛishṭâ"[5]). A. „Milk die Kuh".

Melker: milkt die zweite Kuh und es geschieht dann wie oben.

Adhvaryu flüstert: „Gott Savitṛi — Pavitra". Laut: „Welche molkst du"?

Melker: „die NN."

Adhvaryu: „alles wirkt diese".

Dies wiederholt sich ein drittes Mal; der Melker nennt den Namen der dritten Kuh und der Adhvaryu entgegnet: „alles erhält diese".

Hierauf werden die folgenden Kühe gemolken, so viel der

---

1) Kât. 4, 2, 23. Während (der Opferer) die Sthâlî angefasst hält, flüstert (der Adhvaryu): "Gott dich" (V. S. 1, 4) beim Eingiessen der Milch. Âp. lässt, wenn ich ihn recht verstehe, 1, 13, 6 mit „devas tvâ etc." den Adhvaryu die Milch eingiessen; über vergossenes spricht er den Mantra T. S. 1, 1, 3g. Auch der Opferer ist betheiligt, da er vor dem Melken durch den Melker über die hinzugelassene Kuh ayaxmâ vaḥ prajayâ saṃsṛijâmi, beim Melken über dieselbe „duhyamânâm" dyauś cemam — dadhâtviti T. Br. 3, 7, 4, 15, über das Geräusch des Strömens (dhâraghosham): utsaṃ duhanti kalaśam — dadhâtviti T. Br. 3, 7, 4, 16 spricht. Während Âp. ausdrücklich 1, 12, 17: upasṛishṭâṃ duhyamânâṃ dhâraghoshaṃ ca yajamâno 'numantrayate sagt, finde ich bei Hir. den Opferer bei diesen Versen nicht erwähnt; auch bei Bhâr., welcher nicht so ausführlich wie Âp. ist, nicht; doch wage ich daraus keinen Schluss zu ziehen. Baudh. 1, 3, 13: upasṛishṭâṃ prâhur dohyamânâm anumantrayate: hutastoko huto drapso 'gnaye bṛihate nâkâya svâhâ dyâvâpṛithivîbhyâm iti.

2) Kât. 4, 2, 24: „welche molkst du" ist die Frage; ebenso Baudh. Âp. Bhâr. Hir.: kâm adhuxaḥ pra ṇo brûhîndrâya (mahendrâya) havir indriyam. Bei letzteren ist die Reihenfolge etwas verschieden.

3) Kât. 4, 2, 25 sagt nur „prokte" Baudh. „amûm itîtaraḥ pratyâha. Hir. amûṃ yasyâṃ devânâṃ manushyâṇâṃ payo hitam iti pratyâha. Âp. amûm iti nirdiśati yasyâm etc. Bhâr. amûṃ yasyâm etc. iti nâma gṛihṇâti. Pray. B_1: gaṅgâṃ yasyâṃ devân° m° p° h° — nachher: gaṅgâśabdasthâne kramâd yamunâṃ sarasvatîm iti.

4) Kât. 4, 2, 25: Wenn geantwortet ist, sagt (der Adhvaryu) „alles Leben enthält diese" 26. Ebenso die beiden andern Kühe Mantra für Mantra mit den beiden folgenden. (V. S. 1, 4 b. c.) Nach Baudh. Bhâr. Âp. Hir. wird bei der 2. „sâ viśvavyacâḥ", bei der 3. „sâ viśvakarmâ" gesagt.

5) Pray. $B_{1.2}$: evam uttarayor dohayor upasṛishṭâm me prabrûtâd ity âdiśamânam (?) Baudh. selbst führt dies einzeln aus.

Opferer besitzt oder nur drei [1]). Der Modus ist derselbe wie vorher, nur dass der Adhvaryu seine Stimme frei lässt und der Opferer die Sthâlî nicht mehr anfasst. Ist die letzte resp. sechste gemolken, so giesst der Adhvaryu etwas Wasser in den Melkkübel, wäscht denselben, sagt: „Mischet euch ihr ṛitareichen mit der Woge, ihr süssesten, mischend mit Süssigkeit die Milch ihr lieblichen, zum Gewinne von Reichthum" und giesst das Spülwasser mitten in die Milch in der Sthâlî [2]).

Hierauf schafft der Adhvaryu den am Feuer stehenden Milchtopf nach Norden, sagt den Mantra: „als {Indra's / Mahendra's} Antheil mache ich dich mit Soma gerinnen" und bringt dadurch, dass er die vom Agnihotra des Morgens oder des vorhergehenden Abends übrig gebliebene saure Milch in denselben giesst, die darin befindliche Milch zum Gerinnen [3]).

---

1) Kât. 4, 2, 27. Der (Adhvaryu) mit freigelassener Stimme lässt die folgenden melken, ohne dass angefasst wird. 28) Soviel sein eigen sind wegen der Berechtigung (?) (sie zu melken.) 29—31) Oder drei (weil bei einer Dreizahl der durch „uttarâḥ" geforderte Plural festgesetzt ist, also) wegen der Nothwendigkeit, weil diese Zahl dem Anfang gemäss und in der Śruti gelehrt ist.

2) Kât. 4, 2, 32: das Reinigungswasser giesst er hinein mit: „mischet euch ihr an ṛita etc." — Baudh. 1, 3, 23. tisṛishu dugdhâsu vâcaṃ visṛijate bahudugdhîndrâya (resp. mahendrâya) devebhyo — kalpatâm T. Br. 3, 7, 4, 16. 24) visṛishṭavâg ananvârabhya tûshṇîm uttarâ dohayitvâ dohane 'pa ânîya sañxâlanam ânayati sampṛicyadhvam — sâtaye. Âp. 1, 13, 10. Bhâr. 1, 14, 1. Hir. 1, 11, 1.

3) Kât. 4, 2, 33: Nachdem er (vom Feuer die Sthâlî) weggeschafft hat salbt er mit dem Rest des früh (oder vorher) geopferten mit „Indra's dich". Es sind hier nach dem Comm. verschiedene Ansichten; je nach dem prâg auf den vorhergehenden Tag oder den Morgen bezogen wird. Manche nehmen dieses, manche jenes, manche beides. Baudh. 1, 3, 25: athainat taptvodagvâsya śîtîkṛitvâ tiraḥ pavitraṃ dadhnâtanakti somena tvâtanacmîndrâya dadhîti. 26) yâvatâ mûrchayishyan manyate tâvatâ mûrchayishyan manyate tâvad ânayati (?) 27) agnihotroccheshaṇam abhyâtanakti yajñasya saṃtatir asi yajñasya tvâ saṃtatim anusaṃtanomîti (cf. dazu Baudh. 1, 1, 1: sa purastâd eva havirâtañcanam upakalpayate). Âp. 1, 13, 12: ekasyâ dvayos tisṛiṇâṃ vaikâhe dvyahe tryahe vâ purastâd upavasathâd âtañcanârthaṃ dohayitvâ saṃtatam abhiduhanty opavasathât tena śîtabudhnam âtanakti somena — dadhîti dadhnâ | yajñasya — anusaṃtanomîty agnihotroccheshaṇam anvavadhâyâ, 'yaṃ payaḥ T. Br. 3, 7, 4, 17 — nirmita iti parivâsanaśakalam anvavadadhâti. cf. dazu das Citat im Comm. zu Kât. 4, 2, 33. Hir. 1, 11, 5. pûrvedyur dugdhaṃ dadhi havirâtañcanam ekasyâ dvayos tisṛiṇâṃ vaikâhe dvyahe tryahe vâ saṃtatam abhidugdham opavasathâd bhavati somena tvâ tanajmîti tena śîtaṃ budhnaṃ (?) kṛitvâ dadhnâtanaktîndrasya tvâ bhâgaṃ — agnihotroccheshaṇam ânayati —

Mit einem nicht aus Thon bestehenden Gefässe [1]), welches nach oben gerichtet ist und Wasser enthält, deckt der Adhvaryu sodann die Milch in der Sthâlî zu, stellt dieselbe mit „Vishṇu, die Opfergabe schütze“ an einen wohlverwahrten Platz und mit dem Zweige vollzieht er in obiger Weise wegen der Morgenmelkung die Entfernung der Kälber [2]). Es können jetzt die Feuer umstreut werden, (s. u.) und dann der Opferer fasten. Hat der Opferer Abends noch etwas zu essen Lust, so geniesst er etwas von Baumfrüchten und wilden Pflanzen [3]). Die Nacht, welche hinüber zu der Pratipad führt, bringt er mit seiner Frau unten auf dem Boden am Gârhapatya- oder Âhavanîyafeuer zu;

Bhâr. 1, 14, 3: śîtaṃ budhnaṃ kṛitvâ dadhnâtanakti somena bis dadhîti — agnihotroccheshaṇam ânayati —; agnihotroccheshaṇam ânîya dadhy ânayed ity âśmarathyaḥ | dadhy ânîyâgnihotroccheshaṇam ity âlekhanaḥ. Es ist also in diesen Sûtra's eine doppelte Mischung sowohl mit dem Ueberrest des Agnihotra als mit saurer Milch besonders vorgesehen. Zu diesem Zweck heisst es bei Âp. 1, 10, 2 beim Agnihotra: agnihotroccheshaṇam âtañcanârthaṃ nidadhâti. Mânava (cf. Comm. zu Kât.) lässt ein Kloss vom Ueberrest des am Abend dieses Tages geopferten Yavâgû hineinthun. Aus Kât. selbst kann ich nichts annehmen was für den Gebrauch der Yavâgû hier spräche.

1) Kât. 4, 2, 34: er deckt zu mit einem wasserenthaltenden, nicht aus Lehm bestehenden Gefässe. Baudh. 1, 3, 28: udanvatâ kaṅsena vâ camasenâpidadhâty adas tamasi — pariśrate T. Br. 3, 7, 4, 17. Âp. 1. 14, 2: âpo havishshu jâgṛita yathâ deveshu asmin yajñe yajamânâya jâgṛitety ayaspâtre dârupâtre vâpa ânîyâ 'das tamasi — pariśerate tenâpidadhâti | amṛinmayaṃ — mâtigur T. Br. 3, 7, 4, 14 iti yajamâno japati, yadi mṛinmayenâpidadhyât triṇaṃ kâshṭhaṃ vâpidhâne 'nupravidhyet. Bhâr. 1, 14 a. E. Hir. 1, 11 a. E.

2) Kât. 4, 2, 35: mit „o Vishṇu die Opfergabe“ (V. S. 1, 4) (die Sthâlî) niedergesetzt habend (so verbinde ich wegen der andern Śâkhâ's) vollzieht er das Wegtreiben der Kälber in voriger Weise. Baudh. 1, 3, 31: taduparîva nidadhâti yatra guptaṃ manyate vishṇo havyaṃ raxasvety etasmin kâle darbhaiḥ — vatsân apâkaroti. Âp. 1, 14, 5 vishṇo h. r. ityanadho nidadhâti. 6) imau parṇam bis raxasi T. Br. 3, 7, 4, 18 prajñâtaṃ śâkhâpavitraṃ nidadhâti. 7) tayaiva śâkhayâ darbhair vâ — vatsân apâkaroti. Bhâr. 1, 15 fügt noch hinzu apivâ 'parâhṇa evobhayor dohayor vatsân apâkuryât. Hir. 1, 11, a. E.: — sâṃnâyyaṃ gârhapatyadeśa upari nidadhâti. 1, 12, 1: anyâṃ śâkhâm âhṛitya tenaiva kalpena tayâ darbhair vâ prâtardohâya v. ap.

3) Ich füge dies hier an, weiss aber nicht genau ob dies der Zeit nach correct ist. — Kât. 2, 1, 13 von Bäumen (wie Râjâdana, Mango etc.), wilden Pflanzen (Śyâmâka, Nîvâra etc.) soll er geniessen oder nicht. Bhâr. Âp. etwas ausführlicher 4, 4 resp. 4, 3. Âp.: âraṇyaṃ sâyamâśe 'śnâty amâsham amâṅsam apivâ kâmam âmârgâd âmadhuna âprâśâtikâd apo vâ na vâ kiṃcit | na tasya 'sâyam aśnîyâd yena prâtar yaxyamânaḥ syât | âraṇyâyopavatsyann apo 'śnâti vâ jañjabhyamâno brûyâd mayi daxakratû iti.

ein Lager (âstaraṇa) ist dabei, wie der Comm. sagt, nicht verboten[1]).

NB. Wird das Vollmondsopfer nur an einem, dem Pratipadtage vollzogen, so geschehen alle die bisher dargestellten Nebenceremonien wie Anlegen, Nachlegen des Feuers etc. an demselben Tag, wie die andern Ceremonien; das Essen der Fastenspeise sowie der wilden, das Liegen an einem Agâra fällt natürlich dann fort; alles andere wie Scheren u. s. w. dagegen bleibt (Comm.) (Dass nach einigen die Wahl, ob man alles an demselben Tage oder nicht vollzieht, ins Belieben gestellt ist, habe ich in der Einleitung bemerkt[2]).

Am Pratipadtage wird früh zuerst das Agnihotra in demselben Vihâra von dem Opferer selbst und zwar mit Javâgû geopfert. Noch bevor die Sonne aufgegangen, lässt er sodann das Neumondsopfer, nach Sonnenaufgang das Vollmondsopfer sich entwickeln[3]). Wie die Paddh. angibt, werden zuerst 6 Sitze bereitet, eine Angabe, die von Kât. allerdings nicht bestätigt wird, aber vielleicht von ihm durch die allgemeine Verordnung 1, 10, 3 ersetzt werden soll, da ja die einzelnen Sitze nachher gebraucht werden.

Zwei Sitze sind für die Brahmanwahl, einer für den Opferer und einer für den Brahman, nördlich vom Vihâra aufzustellen,

---

1) Kât. 2, 1, 14: an der Behausung des Âhavanîya findet das Schlafen statt unten. 15. Oder an der des Gârh.; Âp. Bhâr. ib.; cf. Paddh. S. 176, 20 wonach die Harisvâmins diese Beschränkung der Speise und des Lagers nur für den Fall, dass das Gelübde angetreten ist, vorschreiben.

2) Kât. 2, 1, 16 „Oder an dem nämlichen Tage" 17. „früh". Man kann indess beide Sûtra, deren Bedeutung ich nach dem Comm. oben angegeben habe, in eins zusammen fassen „oder an dem nämlichen Tage früh" d. h. nach dem Comm.: wenn früh der Fall des späteren Fastens eintritt, dann ist an demselben Tage Alles zu vollziehen. — Hierzu sei noch Einiges aus anderen Sûtren bemerkt: Âp. 1, 13: agnyanvâdhânaṃ vatsâpâkaraṇam idhmâbarhir vedo — paristaraṇaṃ ca pûrvedyur amâvâsyâyâṃ | paurṇamâsyâṃ tv anvâdhânaparistaraṇopavâsâḥ | sadyo vâ sadyaskâlâyâṃ sarvaṃ kriyate. Bhâr. 1, 6, 1: śvobhûta idhmâbarhishî vratopete paurṇamâsyâṃ kuryât | pûrvedyur evâmâvâsyâyâṃ | yathâkâmî paurṇamâsyâm ity apare (?). Hir. 1, 12 nach dem Umstreuen des Feuers: etat kṛitvopavasaty amâvâsyâyâṃ | paurṇamâsyâṃ tu pûrvedyur agnyanvâdhânam agniparistaraṇaṃ ca | śvobhûta idhmâbarhir vedaṃ ca karoti | sadyo vâ sarvaṃ kriyate || 12 || sadyaskâlâyâm uparishṭâd vedakarmaṇo 'gnîn paristṛiṇâti. Kât. dagegen lässt den Veda erst (s. u.) nach dem Herausnehmen der Butter herstellen, also stets am eigentlichen Opfertage.

3) So die Paddh. Ebenso Âp. Hir.

mit Darbha bestreut; einer südlich vom Âhavanîya für den Brahman, ein zweiter dahinter für den Opferer; ebenso nördlich vom Gârhapatya einer für den Adhvaryu und nördlich vom Âhavanîya ein zweiter. Diese beiden dienen zum Führen der Praṇîtâwasser [1]).

Der Opferer, welcher nördlich vom Vihâra mit dem Gesicht nach N. sitzt, hält mit der Linken den Sphya und fasst mit der Rechten das rechte Knie des ostwärts sitzenden Brahman und sagt: „o Brahman aus dem Gotra NN, mit dem Brahmanennamen NN, mit der {Neumonds-/Vollmonds-} Ishṭi wollen wir opfern. Du Herr der Erde, Herr der Welt, der grossen Schöpfung Herr, zum Brahman wählen wir dich [2])“.

Der Brahman, welcher sich gebadet, den Mund gespült hat und mit der Opferschnur behangen ist [3]), flüstert: Ich bin der Herr der Erde, der Herr der Welt, der grossen Schöpfung Herr. Bhûr Bhuvaḥ Svar! O Gott Savitṛi hier wählt er dich den Bṛihaspati zum Brahman; dies künde ich dem Geiste, der Geist der Gâyatrî, Gâyatrî der Trishṭubh, Trishṭubh der Jagatî, Jagatî der Anushṭubh, A. dem Prajâpati, P. den Viśve Devâḥ; Bṛihaspati ist der Brahman der Götter, ich der der Menschen.“ Darauf sagt er: „o Vâcaspati, das Opfer schütze“ [4]). Nachdem er so gesprochen hat, geht er von diesem Platze vor oder hinter dem Âhavanîya vorbei nach Süden zu [5]) dem dort aufgestellten Sitz.

---

1) Prayoga B_1 hat eine andere Reihenfolge, die wohl die der zum schwarzen Yajurveda gehörigen Śâkhâ's ist: Abwaschen der Hände, ev. Umstreuen des Feuers, Hinstellen der Gefässe, Wahl des Brahman, Streuen der Pṛishṭhyâ, Führen der Praṇîtâ's.

2) Kât. 2, 1, 19: Nachdem er das Agnihotra geopfert, wählt er als Brahman einen ausgezeichneten Brahmanen mit: O Herr der Erde — dich. 20. Der Gewählte flüstert: Ich bin der Herr der Erde — der Menschen. Âp. 3, 1. Bhâr. 3, 1. Hir. Âp. Bhâr. haben keinen bedeutenden Unterschied. — Aus dem Yajamânaabschnitt cf. Âp. 4, 4, 1 devâ deveshu — yuvaṃ (T. Br. 3, 7, 5) japitvâ śvobhûte brahmâṇaṃ vṛiṇîte bhûpate bhuvanapate mahato bhûtasya pate brahmâṇaṃ tvâ vṛiṇîmaha ity uktvâ 'pareṇâhavanîyaṃ daxiṇâtikramyopaviśati, pûrvo brahmâ 'paro yajamânaḥ.

3) Âśv. Śr. S. 1, 12, 2. Kât. 1, 7, 24. Müller, l. c. Sûtra 58.

4) Kât. 2, 1, 20: „o Vâcaspati, das Opfer schütze“ sagt er; Âp. 3, 18 setzt dafür „o Bṛihaspati“. Anders wendet Âśv. den Mantra an; siehe [5]).

5) Hinter (oder vor) dem Âhavanîya vorbei geht er nach Süden. Kât. 2, 1, 21. Âp. 3, 18. yajñaṃ gopâyety uktvâpareṇâhavanîyaṃ daxiṇâtikramya. Bhâr. 3, 14 ebenso. Âśv. dagegen 1, 12, 8: nachdem er mit zusammenge-

Nördlich von diesem mit dem Gesicht nach Osten hingetreten blickt er auf den Sitz mit dem Mantra: „o Ahi daidhishavya, von hier will ich hinauftreten; setze dich auf den Sitz dessen, der einfältiger ist als wir [1]).“ Dann wirft er von dem Brahmansitz einen Halm in die Nirṛiti(SW)gegend hinaus mit: Weggeschleudert ist das Unheil mit dem, welchen wir hassen.“ Mit dem Mantra: „hier sitze ich auf dem Sitze Bṛihaspati's, auf das Geheiss des Gottes Savitṛi; dies künde ich Agni, dies Vâyu, dies der Erde“, lässt er sich, das Gesicht auf das Âhavanîyafeuer gerichtet, auf den Brahmansitz nieder [2]).

Von hier ab muss der Brahman bis zum Befehl für die Anuyâja's (3, 5, 1) schweigen oder erst von dem Herumgeben des Antheils (3, 4, 28) an. Sollte er aus Versehen ein weltliches Wort reden, so muss er zur Sühne einen Mantra an Vishṇu murmeln; dasselbe gilt vom Adhvaryu [3]). Hier kann der Opferer die Observanz antreten (2, 2, 5).

---

schlagenen Händen und Daumen vor dem Âh. herumgegangen, lasse er sich im Süden auf das Kuśagras nieder. (Diese Art die Hände zusammenzulegen ist fest bestimmt. Der Comm. sagt, mit der linken Hand soll er die rechte Handfläche ergreifen, mit der rechten den linken Daumen.) Âśv. 1, 12, 9: „Bṛihaspati, Brahman wird sich auf den Brahmansitz setzen. O Bṛihaspati, das Opfer schirme“ flüstere er, nachdem er sich niedergelassen.

1) Kât. 2, 1, 22: mit „ahe daidhishavya ..“ blickt er auf den Brahmansitz.

2) Kât. 2, 1, 23: Vom Brahmansitz wirft er einen Halm herunter mit: „Heruntergeworfen ist das Unheil mitsammt dem, welchen wir hassen.“ 24) „Hier sitze ich auf Bṛihaspati's Sitze, geheissen von Gott Savitṛi; dies künde ich dem Agni, das dem Vâyu, das der Erde.“ 2, 2, 1: (damit) lässt er sich auf das Âhav. blickend nieder. Etwas anders bei Âp. 3, 18: nirastaḥ parâgvasuḥ saha pâpmaneti brahmasadanât tṛiṇaṃ nirasyedam arvâgvasoḥ sadane sîdâmi prasûto etc. Bhâr. 3, 14 ebenso. — Śâṅkh Śr. S. 4, 6, 5: samânaṃ hotrâ tṛiṇanirasanam. 1, 6, 6: hotṛishadanâcchushkaṃ tṛiṇaṃ ubhayataḥ pratichidya daxiṇâparam avântaradeśaṃ nirasyâpa upaspṛiśyâśushkam udagagraṃ nidhâyedam aham arvâvasoḥ sadasi etc. cf. auch Paddh. S. 177, l. Z. Was den Sitz selbst anlangt, so besteht er nach dem Comm. aus dem Holz des Crataeva Roxb. und hat seine Front nach Osten. — Etwas anders ist die Reihenfolge in Pray. B_1 fol. 12ᵇ 13ᵃ. Der Brahman geht, idâ devahûr geflüstert habend, zwischen Vedi und Utkara heran, vor dem Âhav. herum und südlich vom Âhav. mit dem Gesicht nach Norden stehend tritt er an seinen Platz heran mit „namo brahmaṇe etc.“, wirft einen Halm weg, setzt sich, blickt auf Himmel und Erde, sagt „bhûr bhuvaḥ suvar ka idaṃ brahmâ bhavishyati sa idaṃ br. bh. etc.“ und wird erst jetzt gewählt.

3) Kât. 2, 2, 2: (der Brahman) soll seine Stimme zurückhalten bis zum Befehl für die Anuyâja's. 3) Oder vom Herumgeben des Antheils an. 6) Sollte

Advaryu nimmt die aus Varaṇaholz bestehende Camasakufe in die Linke, giesst ,mit einem in der Rechten befindlichen Wassergefäss selbst Wasser hinein, stellt mit der Rechten die Kufe nördlich vom Gârhapatya nieder, und unmittelbar darauf fasst er die Kufe oder das Wasser mit dem Yajus: „bhûtas tvâ bhûta karishyâmi [1])“ an. Hierauf sagt er: „o Brahman, die Wasser will ich hinführen! Opferer schweige [2])“!

Brahman gibt den Befehl für die Praṇîtâ's; (leise:) „führe hin; das Opfer, die Götter mache gedeihen; auf des Himmelsgewölbes Rücken sei der Opferer; wo der 7, wohl handelnden Ṛishi's Welt, dorthin bringe Opfer und Opferer, (laut:) om 3 praṇaya [3])“.

---

er sich vergessen, so murmle er einen Mantra an Vishṇu. 7) Und der Adhvaryu. — Mahâd. nennt als solchen Mantra die Ṛic: uru vishṇu oder das Yajus: vishṇo havyaṃ raxa. — Âp. 3, 18: karmaṇi karmaṇi vâcaṃ yachati | mantravatsu vâ karmasu | yâthâkâmî tûshṇîkeshu | yadi pramatto vyâhared vaishṇavîm ṛicaṃ vyâhṛitiśca japitvâ vâcaṃ yachet. Bhâr. 3, 16 fügt noch hinzu: praṇîtâsu praṇîyamânâsu vâcaṃ yachaty â havishkṛitaḥ | purushavâcaṃ yachatîti vijñayate. Er führt noch eine Anzahl andere Ansichten an, für welche mir die Handschrift nicht immer ausreicht. Hir. 2, 8 fügt ausser dem Âpastamba entsprechenden noch: api vâ sâmidhenîshu prayâjânuyâjeshu ca vâcaṃ yachati hinzu.

1) Kât. 2, 3, 1: nördlich vom Gârhapatya die Wasserschale hingesetzt habend fasst er mit bhûtas tvâ bhûta karishyâmi an. Baudh. 1, 4: uttareṇa gârhapatyam upaviśya kaṅsaṃ vâ camasaṃ vâ praṇîtâpraṇayanaṃ yâcati tasmiṅs tiraḥ pavitram apa ânayann âhabr. — Âp. 1, 16, 2: vânaspatyo 'si devebhyaḥ śundhasveti praṇîtâpraṇayanaṃ camasam adbhiḥ praxâlayati | tûshṇîṃ kaṅsaṃ mṛinmayaṃ ca — 4. apareṇa gârhapatyaṃ pavitrântarhitaṃ camasaṃ nidhâya tasmin ko vo gṛihṇâti sa vo gṛihṇâtu kasmai vo gṛihṇâmi tasmai v. g. poshâya va ity apa ânayati | apo gṛihṇan grahîshyaṅśca pṛithivîṃ manasâ dhyâyati | upabilaṃ camasaṃ pûrayitvâ proxaṇîvad utpûyâbhimantrya brahmaṇu apaḥ — Bhâr. 1, 18, 1 ff. Hir. 1, 14, 1.

2) Kât. 2, 3, 2. Er sagt: o Brahman, die Wasser will ich hinführen, o Opferer schweige. — Nach Kât. 2, 3, 5 „mit Messing-, Holz- oder Thongefässen (führt man) je nachdem man, der Zahl nach, eine Behexung, Brahmavarcasa, eine Stütze wünscht“ werden. Gefässe aus verschiedener Masse dazu verwandt. Âp. 1, 16, 3: kaṅsena praṇayed brahmavarcasakâmasya mṛinmayena pratishṭhâkâmasya godohanena paśukâmasya. Bhâr. 1, 17. Hir. 1, 14, 2.

3) Kât. 2, 2, 8: Mit „führe, das Opfer — om 3 praṇaya“ befiehlt er die Praṇîtâ's. 9) Auf diese Weise, wenn er angeredet ist, mit dem omlaut. Âśv. Śr. S. 1, 12, 12: Hat er gehört „o Br., die Wasser will ich führen“, so gebe er, nachdem er bhûr bhuvaḥ svar! von Bṛihaspati angetrieben“ gemurmelt hat stets mit om praṇaya die Erlaubniss. 13) Je nach der Handlung jedoch sind die Anweisungen zu geben. 14) Vom Praṇava ab laut. 15) Oder hinter dem Praṇava. 16) Von da ab sitzt er schweigend bis zum Ausrufen des Havishkṛit. Âp. 3, 19, 1. Bhâr. 3, 17, 1. Hir. 2, 21 ebenso wie Kât.

Adhvaryu nimmt aus der Nähe des G. die Kufe und nördlich vom Âhavanîya stellt er ausserhalb der Vedi (Comm. u. Paddh.)[1]) die Praṇîtâkufe in gleicher Linie mit dem Âhavanîya in dessen Nähe auf die Darbha's mit dem Mantra: „Wer stellt dich hin (sthâpayati Mahîdh.)? Der stellt dich hin. Für wen stellt er dich hin? Dem stellt er dich hin“ nieder, bedeckt dieselbe mit Darbha, und es ist zwischen Âhav. und Praṇîtâ's nicht zu gehen erlaubt[2]).

Hierauf umstreut Opferer oder Adhvaryu die Feuer mit Darbhagras und zwar so, dass er im Osten[3]) beginnt und beim Daxiṇafeuer schliesst, wobei die Spitzen der Gräser nach Osten und Norden gerichtet sind. Der von der Paddh. angegebene Modus ist dieser: er umstreut zunächst das Âhav. Feuer im Osten, die Spitzen der Gräser nach Norden gerichtet, dann im Süden, die Spitzen der Gräser nach Osten gerichtet, dann im Westen, die Spitzen der Gräser nach Norden gerichtet, schliesslich im Norden[3]), die Spitzen der Gräser nach Osten gerichtet. Ebenso geschieht die Umstreuung des Gârhapatya und Daxiṇa[4]).

---

1) Paddh. „bahirvedi“. d. h. ausserhalb des Platzes, an dem nachher die Vedi hergestellt werden soll.

2) Kât. 2, 3, 3: nachdem er die Erlaubniss erhalten, setzt er (die Kufe) nördlich vom Âhav. grade gegenüber (samprati = nâhavanîyam atikramya na câprâpya) nieder mit: „Wer dich“ (V. S. 1, 6). 4) Nicht sollen sie dazwischen gehen. Âp. 1, 16, 9. ko vaḥ praṇayati sa vaḥ praṇayatv apo devîḥ praṇayâmi yajñaṃ saṃsâdayantu naḥ | iraṃ madantîr ghṛitapṛishṭhâ udâkuh sahasraposhaṃ yajamâne nyañcatîr iti samaṃ prâṇair dhârayamâṇaḥ sphyenopasaṃgṛihyâvishiñcan harati | pṛithivîṃ ca manasâ dhyâyati | ko vo yunakti etc. ity uttareṇâhavanîyam asaṃspṛishṭâ darbheshu sâdayati | neñgayanti nelayanty â saṃsthâtor | darbhair abhichâdya saṃviśantâṃ daivîr viśaḥ devayajyâyâ iti sapavitreṇa pâṇinâ pâtrâṇi saṃmṛijya. Bhâr. 1, 18, 6. Hir. 1, 14 a. E. einiges Unwesentliche abgerechnet, gleich. Baudh. 1, 4, ebenfalls: prasûtaḥ samaṃ prâṇair dhârayamâṇo 'vishiñcan hṛitvottareṇâhavanîyaṃ darbheshu sâdayitvâ darbhaiḥ prachâdya. cf. dazu aus dem Opfererabschnitt Âp. 4, 4: bhûśca kaśca vâkca — ârabha iti (yajamânaḥ) praṇîtâḥ praṇîyamânâ anumantrayate. Bhâr. 4, 5.

3) Kât. 1, 7, 25. 26.

4) Kât. 2, 3, 6: mit Darbha die Feuer umstreut habend im Osten zuerst —; ausführlicher ist Âp. 1, 13: — saṃpreshyati: paristṛiṇîta paridhattâgnim — loka (T. Br. 3, 7, 6) iti paristaraṇîm etâm eke samâmananty udagagraiḥ prâgagraiś ca darbhair agnîn paristṛiṇâty udagagrâḥ paścât purastâc ca. Bhâr. 1, 11 bestimmt die Richtung so: pûrvâñ (aṃ?) câparau ca prâgagrair darbhair apivodagagrâḥ paścât purastâc ca bhavanti | daxiṇaḥ paxa uparishṭâd bhavaty adhastâd uttaraḥ. (?) Hir. 1, 12: darbhair agnîn paristṛiṇâty âhavanîyaṃ paristîrya gârhapatyam atha daxiṇâgniṃ | gârhapatyaṃ vâ paristîrya d. athâhavanîyam Baudh. 1, 4: âhav.

Hierauf stellt der Adhvaryu oder Opferer[1]) nördlich oder westlich vom Gârhapatya oder Âhavanîya, je nachdem er dort oder hier kocht (s. o.), nach einer vorausgegangenen Unterstreuung[2]) von Darbha die Opfergefässe in der Reihe, wie sie gebraucht werden, paarweise nieder. Dabei wird der Modus befolgt, dass er im Norden oder wenn dies unmöglich im Osten schliesst, sobald er sie im Norden (mit den Spitzen im Osten) niedersetzt, dagegen im Osten resp. Norden, sobald er sie im Westen (mit den Spitzen nach Norden)[3]) niedersetzt. Für das Neumondsopfer, an dem kein Sâṃnâyya geopfert wird, und das Vollmondsopfer sind folgende Gefässe anzusetzen: a) Śûrpa und Agnihotrahavaṇî, b) Sphya und 19 (20) Kapâla's für zwei Kuchen zu 8 und 11 (12) Scherben, c) Śamyâ und Kṛishṇâjina, d) Ulûkhala und Musala, e) Dṛishad und Upalâ. Die übrigen Geräthe, welche das Sûtra mit arthavac ca anzudeuten sich begnügt, werden vom Comm. und Paddh. so angegeben: f) jenachdem er einen Wagen oder eine Schüssel, Reis oder Gerste nimmt: α) Wagen und Reis β) Wagen und Gerste γ) Schüssel und Reis δ) Schüssel und Gerste. g) die Pavitrachedana's und die beiden Pavitra, h) der aus Varaṇa bestehende Upavesha oder Dhṛishṭi und das zum Mischen dienende Wasser, i) Âjyasthâlî und Âjya, k) das als Veda dienende Kuśa-

---

evâgre purastât paristṛiṇâty atha daxiṇato 'tha paścâd athottarata evam (?) anvâhâryapacanam etc. —; ich bemerke, dass aber die Reihenfolge der bisher behandelten Vorgänge in den anderen Sûtren wiederum abweichend ist. Das Umstreuen (a) kann Abends nach dem Fortjagen der Kälber stattfinden oder am andern Morgen vor jeder weiteren diesem Opfer zugehörigen Handlung; hierauf wäscht früh der Adhvaryu die Hände (b) und mit dem Spruch yajñasya saṃtatir asi etc. wird vom Gârhapatya an bis zum Âhavanîya, leise im Süden und Norden, eine ununterbrochene Linie aus Ulapagras gestreut, (c); darauf Bereitung des Sitzes für Opferer und Brahman (d), Streuen von Gras und Hinsetzen der Gefässe (e); Anfertigen zweier Pavitra's (f), Eingiessen und Hinführen der Wasser (g) Bhâr. 1, 16 ff. a b e c f g. Hir. 1, 13: a b c d e f g. Baudh. b a e c f g lässt d hier weg, und nennt die Linie c die pṛishṭhyâ, Bhâr. nennt sie prâcî (cf. Baudh. Śulva Sûtra Pandit IX Seite 296). Der Prayoga B_1 welcher den Brahman an seiner Stelle mit einflicht, während die Sûtra's ihm nur ein besonderes Capitel widmen, stellt die Handlung so dar: Agnihotra; b. a (eventuell), d, e, Brahmanwahl, c f g.

1) Kât. 2, 3, 6: mit Gras die Feuer umstreut habend im Osten zuerst, setzt er (d. Adhvaryu) paarweis die Gefässe zusammen. 7) Oder der Opferer. Śûrpa und Agnihotrahavaṇî — Upalâ und was erforderlich. 9) Westlich oder nördlich vom Kochfeuer.

2) So alle Sûtra's ausser Kât.

3) Diese Anordnung ergiebt sich aus Kât. 1, 7, 25.

bündel und die als Daxiṇâ dienenden Anvâhârya-taṇḍula's; l) Darbhagras und Abhri, m) Idhma und Barhis, n) Sruva und Juhû, o) Upabhṛid und Dhruvâ, p) Wisch und 2 Prâśitraharaṇa, q) das Śṛitâvadâna und die für 2 Kuchen dienende Kuchenschüssel (2 nach Karka etc., andre tadeln dies)[1]. r) Yoktra und Yûnakuśa's, s) die 3 Paridhi's und der mit Kuśa bestreute Hotṛisitz, t) Iḍâpâtrî und Shaḍavatta, v) Antardhânakaṭa und Pûrṇapâtra. Zuletzt wird auch noch die zum Schluss des Opfers verwendete Samidh hingelegt. Die in s) genannten Paridhi's werden nur dann separat hingelegt, wenn das Idhmabündel aus 18 Scheiten besteht; sind aber nach einigen in dasselbe 21 gebunden, so werden davon die Paridhi's genommen (cf. Kât. Śr. S. 1, 3, 19, 20). Im Vorstehenden ist die eine Form, die Gefässe anzusetzen, angewandt, in der Reihe nämlich, wie ein jedes Gefäss zuerst mit der Hand zu einer auszuführenden Ceremonie aufgenommen wird. Der Commentar unterscheidet hiervon den Viniyogakrama,

---

1) Die Paddh. sagt bei q „das Śṛitâvadâna und die für beide Kuchen dienende, eine Kuchenschale"; bei p dagegen „was zum Abwischen dient" hier, 2 Prâśitraharaṇa. Der Comm. dagegen verbindet p: „die beiden Prâśitraharaṇa und das Sṛitâvadâna". Weiter sagt er: „2 Kuchenschalen" sagen die Karka's etc. Einige meinen das sei unschicklich, da nur eine Schale in dem eignen Sûtra und dem anderer Śâkhâ's beim Hinsetzen, Erwärmen, Unterbreiten etc. gelehrt wird. Auch das ist unpassend, wenn sie von einer Nichttrennung der Iḍâpâtrî und Pishṭapâtrî sprechen, da eine Verschiedenheit der beiden in anderen Śâkhâ's gelehrt ist so im Taitt. (Baudh. s. u.) Der Comm. meint, dass nur bei bestimmten Vikṛiti's zwei Kuchenschüsseln seien.

Etwas anders ist nun Baudh. 1, 4 Angabe: b a c d e, dann aber Juhû und Upabhṛit, Sruva und Dhruvâ, Prâśitraharaṇa u. Iḍâpâtra, Mexaṇa u. Pishṭodvapanî, Praṇîtâpraṇayana (bei Kât. fällt dies natürlich weg, da nach ihm vor dem Ansetzen der Gefässe das Hinführen der Wasser stattfindet dies demnach schon verwendet ist) und Âjyasthâlî, Veda und Dârupâtrî, Yoktra und Vedaparivâsana, Dhṛishṭi und Idhmapravraścana, Anvâhâryasthâlî und Madantî yâni cânyâni pâtrâṇi tâny evam eva dvaṃdvaṃ sâdya etc. Âp. 1, 15: uttareṇa gârhapatyâhavanîyau darbhân saṃstîrya dvaṃdvaṃ nyañci pâtrâṇi prayunakti daśâparâṇi daśa pûrvâṇi sphyaśca kapâlâni ceti yathâsamâmnâtam aparâṇi prayujya sruvaṃ juhûm upabhṛitaṃ dhruvâṃ vedaṃ pâtrîm âjyasthâlîṃ prâśitraharaṇam iḍâpâtraṃ praṇîtâpraṇayanam iti pûrvâṇi tâny uttareṇâvaśishṭâny anvâhâryasthâlîm aśmânam upaveshaṃ prâtardohapâtrâṇîti | praṇîtâpraṇayanaṃ pâtrasaṃsâdanât pûrvam eke samâmananti. Bhâr. 1, 16: — daśâparâṇi daśa pûrvâṇi b a c d e upalâṃ cety uttareṇa gârhapatyam n o prâśitraharaṇaṃ câjyasthâlîṃ ca vedaṃ pâtrîṃ praṇîtâpraṇayanaṃ ceḍâpâtraṃ cety uttareṇâhavanîyaṃ yathopayâtam avaśishṭâny antataḥ prâtardohapâtrâṇi Hir. 1, 12. — Einzelnes über die betreffenden Geräthe s. an den Stellen ihres Gebrauchs.

welchen Karka u. a. empfehlen, bei dem aber nach dem Comm. ein Zweck nicht sichtbar ist, da z. B. beim Nehmen des Havis Schüssel und Stoff, beim Herausnehmen der Butter Sthâlî und Âjya räumlich von einander entfernt sind. Ich verstehe aber nicht, warum die Paddhati vor der fast ganz gleichen Anordnung der Gefässe sagt: âsâdayati viniyogakrameṇa.

Von dieser Aufstellung beim Vollmonds- und dem Neumondsopfer mit 2 Kuchen unterscheidet sich die bei der mit einem Sâṃnâyya verbundenen Neumondsfeier insofern, als an Stelle der 20 Kapâla's nur 8 (nämlich nur zu dem Kuchen für Agni) aufgestellt werden, der Upavesha nicht aus Varaṇaholz, sondern wie oben beschrieben aus dem Zweige gemacht wird, vor dem Veda die 4 Melkgefässe: Gelte und Niyojana, Śâkhâpavitra und die Sthâlî zusammen anzusetzen sind und eine Schale für einen Kuchen.

Hierauf stellt [1]) der A. den mit dem Havis beladenen Wagen, welcher mit einem Jochband (yugayoktra) verbunden und von einem Riemen umgeben (varatrâpariveshṭitam) ist, hinter dem Gârhapatya mit der Deichsel nach Osten auf; sagt „euch (nehme ich) für die Handlung, euch zur Vollendung" und nimmt Śûrpa und Agnihotrahavaṇî [2]), von wo ab er bis zum Herausnehmen (âvapana) des Havis oder bis zum Anruf des Havishkṛit schweigt. Er sagt: „Verbrannt ist ein jedes Raxas, verbrannt ein jeder Arâti" oder „niedergebrannt ist das Raxas, niedergebrannt die Arâti's" und macht damit beide im Gârhapatya heiss [3]), unmittelbar nach dem Aussprechen des Mantra berührt er die Wasser [4]), dann geht er mit dem Spruch „dem weiten Luftraum wandle ich nach" zu dem Wagen [5]), lässt sich in der Nähe des Vorderwagens nieder, berührt

---

1) Dies ist aus 2, 3, 12 zu entnehmen.

2) Kât. 2, 3, 10 nachdem er mit „euch zur Handlung" (V. S. 1, 6) Śûrpa und Agnihotrahavaṇî genommen hat, schweigt er. Baudh. 1, 4 — âdatte daxiṇenâgni°havaṇîṃ savyena śûrpaṃ veshâya tveti. Âp. 1, 17, 1 vânaspatyâsi daxâya tvety agnihotrahavaṇîm âdatte veshâya tveti śûrpam. Bhâr. 1, 18 a. E. devasya tvâ savituḥ prasave 'śvinor b. pûshṇoḥ h. âdade vâuaspatyâsîty a. âd. etc. Hir. 1, 15, 1.

3) Kât. 2, 3, 11 Heissmachen (derselben) mit: „pratyushṭam . ." oder „nishṭaptam . ." (V. S. 1, 7). Baudh. 1, 4. Âp. 1, 17, 2. Bhâr. 1, 18 a. E. Hir. 1, 15, 2.

4) Kât. 1, 10, 14.

5) Kât. 2, 3, 12: Er geht mit „dem weiten Luftraum . ." (V. S. 1, 7) zu dem hinter dem Kochfeuer (Gârh. oder Âhav.) mit allem Zubehör stehenden Wagen. Âp. 1, 17, 2 nach dem Erhitzen beider Gefässe im Âhav. oder Gârh.: yajamâna havir nirvapsyâmîty âmantrayate 4) pravasaty agne h. nirvaps. 5) urv antarixam

die südliche, dann die nördliche Dhur (das Zugstück am Joch) oder nur die eine von beiden mit dem Mantra: Dhur bist du, schädige den Schädigenden, schädige den, der uns schädigt und den, welchen wir schädigen“ [1]); darauf berührt er hinter der das Niederfallen des Wagens hindernden Stütze der Deichselspitze die die hintere Deichsel, indem er flüstert: „du bist am besten für {den Gott (ev.) / die Götter} führend, gewinnend, spendend, am angenehmsten (ihnen, sie) am besten rufend [2]); nicht krumm bist du, das havis haltend, sei fest, biege nicht; nicht biege dein Opferherr“, steigt hinten um den Wagen nach Süden gegangen mit dem Mantra „Vishṇu besteige dich“ über das südliche Rad hinauf [3]) blickt mit „sei weit dem Winde“ auf die Haviskörner [4]) (Gerste resp. Reis) und wirft, was etwa von Gras, Erdtheilen etc. in das Havis gefallen ist, mit: „weggetrieben ist das Raxas“ zugleich hinaus;

---

anvihiti śakaṭâyâbhipravrajati. 6) apareṇa gârhapatyaṃ prâgîshaṃ udagîshaṃ vâ naddhayugaṃ śakaṭam avasthitaṃ bhavati vrîhimad yavamad vâ | Bhâr. 1, 19, 1 yajamânam âmantrayate yajamâna havir nirv° oṃ nirvapeti yajamânaḥ pratyâha. 2) yadi yajamânaḥ pravased agne havir nirvapsyâmîti brûyât. 3) apareṇa gârhapatyaṃ prâgîshaṃ śakaṭam avasthâpya — Hir. 1, 15, 3 ff.

1) Kât. ib. 13: mit „Dhur bist du ..“ (V. S. 1, 8) geschieht die Berührung der Dhur; dhûr: yugasya prântau dhûḥśabdenocyete yau anaḍutskandhayor upari nidhîyete. Mahâd. yugaśamyântarâladeśaḥ. Mahîdh. balîvardavahanayogyaṃ yugapradeśaṃ. Baudh. 1, 4: atha jaghanena gârhapatyam agnishṭham ano bhavati tasyottarâṃ dhuram abhimṛiśati dhûr asi — dhûrvâma etc. Âp. 1, 17, 7. Bhâr. 1, 19, 3. Hir. 1, 15, 6.

2) Kât. ib. 14 mit „der Götter ..“ (V. S. 1, 8. 9) berührt er hinter der Stütze die Deichsel (Scholiast kastambhî śakaṭasyâdhaḥpatanaṃ vârayitum îshâgrottambhanâ methî upastambhanî). — Baudh. 1, 4: ano 'bhimantrayate: tvam devânâm — hvâr iti. Âp. 1, 17, 8. Hir. ib. tvaṃ devânâm iti savyâm îshâm âlabhya. Âp. hat uttarâm.

3) ib. 15. Mit „Vishṇu dich ..“ (V. S. 1, 9) geschieht das Hinaufsteigen. Baudh. 1, 4 atha vishṇoḥ kramo 'sîti daxiṇam axapâliṃ kramitvâbhyâruhya — Âp. 1, 17, 9 vishṇus tvâkraństeti savye cakre daxiṇaṃ pâdam atyâdhâyâhrutam asi havirdhânam ity ârohati. Bhâr. 1, 19, 4. Hir. 1, 15, 6. 7.

4) Kât. 2, 3, 16: Er blickt mit: „weit dem Winde“ (V. S. 1, 9) auf die Haviskörner. Baudh. 1, 4: °ruhya praüge śûrpaṃ nidadhâti śûrpe srucaṃ sruci (?) pavitre 'tha puroḍâśîyân prexate mitrasya T. S. 1, 1, $4^{1\,k}$. Âp. 1, 17, 10 uru vâtâyeti parîṇâham apachâdya mitrasya — prexa iti puroḍâśîyân pr. Bhâr. 1, 19, 6 ff.: mitrasya — prexa iti parîṇahaṃ prexate | uru vâtâyety apachâdyântaḥ śakaṭa upaviśya — Hir. 1, 15, 8 ff. mitrasya tveti parîṇahaṃ prexate | uru vâtâyeti parîṇaho dvâram apachâdayati | mitrasya tveti puroḍâśîyân parînahaṃ (Msc. überall î) ca prexate | ûrjaṃ dhatsveti puroḍâśîyân abhimṛiśati payo mayi dhehîty âtmânaṃ pratyabhimṛiśati.

ist nichts solches da, so fasst er mit demselben Mantra das havis an[1]); hierauf berührt er die Wasser und mit „fassen sollen die fünf (Finger)" fasst er das havis an[2]); dann legt er in die Linke den Śûrpa, legt darüber die Oeffung nach oben die Agnihotrahavaṇî und wirft mit „auf Gott Savitṛi's Geheiss, mit den Armen der Aśvins, mit Pûshans Händen ergreife ich dich, Agni erwünscht" dreimal eine Handvoll Körner hinein[3]), eine vierte leise[4]). Darauf hat der A. das genommene havis in den Śûrpa zu werfen und zwar, um keine Vermischung mit dem jetzt noch herauszunehmenden eintreten zu lassen, auf die rechte Seite.

Bringt man nun kein Sâṃnâyya dar, so werden in derselben Weise vier Hände für den {Indra-Agni (Neumond) / Agni-Soma (Vollmond)} zu spendenden Kuchen[5]) herausgenommen, nur wird für „Agni erwünscht" natürlich „Indra-Agni" resp. „Agni-Soma erwünscht" gesagt und die Quantität abgesondert auf die Nordseite im Śûrpa geworfen.

---

1) Kât. 2, 3, 17: mit „weggeschlagen .." (V. S. 1, 9) wirft er andres hinaus. 18: Wird nichts gefunden, so berühre er. Baudh. 1, 5: uru vâtâyeti tṛiṇaṃ vâ kiṃśârum vâ nirasya (?). Âp. 1, 17, 11: nirastaṃ raxo nirasto 'ghaśaṅsa iti yad anyat puroḍâśîyebhyaḥ tan nirasyorjâya vaḥ payo mayi dhehîty abhimantrya — Hir. 1, 15, 11 (tṛiṇaṃ loshṭam vâ).

2) Kât. 2, 3, 19: mit „erfassen sollen .." (V. S. 1, 9) fasst er an; s. folg. Anm.

3) ib. 20: mit „auf des Gottes .." (V. S. 1, 10) erfasst er den dem Agni gehörigen in vier Handvollen. Baudh. 1, 5: athâpa upaspṛiśya daśahotâraṃ vyâkhyâya havir nirvapsyâmîti yajamânam âmantrya pavitravatyâgnihotrahavaṇyâ nirvapati devasya — Âp. 1, 17, 11: śûrpe pavitre nidhâya tasminn agnihotrahavaṇyâ havîṅshi nirvapati | tayâ vâ pavitravatyâ | vrîhîn yavân vâ yach. pañceti mushṭiṃ gṛihîtvâ sruci mushṭim opya devasya tvety anudrutyâgnaye jushṭaṃ nirvapâmîti — Bhâr. 1, 19 (Forts. zu oben Anm. 7), upaviśya daśahotâraṃ vyâkhyâya yach. tvâ pañceti vrîhîn yavân vâgnihotrahavaṇyâṃ mushṭîn opya tiraḥ pavitraṃ śûrpe nirvapati devasya — agnaye jushṭaṃ nirv. — Hir. 1, 15, 11: dasahot. v. śûrpe pavitre nidhâya yachantâṃ pañca gopîthâya vo nârâtaya iti mushṭiṃ pûrayitvâ srucy opya devasya tveti pavitrântarhite caturo mushṭîn nirvapati. cf. hierzu aus dem Opferer-Abschnitt Âp. 4, 4: yajamâna havir nirvapsyâmîty ucyamâna oṃ nirvapety anujânâti | agniṃ hotâram iha tam huva iti havir nirupyamâṇam abhimantrayate | tad uditvâ vâcaṃ yachati. Bhâr. 4, 6, 1. 2.

4) Dies ist bei Kât. schon in den Paribhâsha's 1, 7, 10. 12, bei den andern aber hier besonders erwähnt.

5) Kât. 2, 3, 21. 22; 4, 2, 36. Âp. 1, 18, 1. Bhâr. 1, 19, 10. Hir. 1, 15, 13. 14. Auffallend ist mir, dass Baudh. im Gegensatz zu allen genannten ausser der Herausnahme für Indra-Agni asaṃnayataḥ noch von einer für Indra resp. Mahendra spricht für den ein sâṃnâyya spendenden. Ebenso Pray. B 1 u. 2 u. A*. Da indess in diesen 4 Handschriften überall auch der Kuchen für

Das, was auf dem Wagen vom havis übrig geblieben, berührt er mit: „(ich lasse dich übrig) einem wirklichen Wesen, nicht einem Unhold“ [1]). Auf dem Wagen niedergelassen blickt er mit: „den Glanz möchte ich erblicken“ nach Osten [2]) und steigt mit dem Mantra: „fest sollen sein die Wohnungen auf der Erde“ vom Wagen herab [3]). Nach Norden in die Nähe des Gârhapatya geht er darauf mit dem Spruch: „dem weiten Luftraum wandle ich nach“ [4]) und stellt die im Śûrpa befindlichen Havis' hinter das Gârhapatya- (resp. Âhavanîya-)feuer [5]) mit: „In der Erde Nabel setze ich dich in Aditi's Schoss; o Agni schütze die Opfergabe“.

Indra Vaimṛidha an derselben Stelle erwähnt ist, welcher nach dem Vollmondsopfer in besondrem Opfer dargebracht wird (Kât. 4, 5, 24), so vermuthe ich, bezieht sich auch die Erwähnung von Indra auf eine besondere Spende, welche der ein Sâṃnâyya spendende am Schluss des Neumondsopfers etwa darzubringen hat, oder welche wenigstens auf dasselbe Ritual gestützt zur Erreichung eines Wunsches zu einer Zeit geopfert wird. Siehe jedoch den Nachtrag.

1) Kât. 2, 3, 23: Mit „einem Wesen dich ..“ (V. S. 1, 11) geschieht das Berühren des Restes. Nach Comm. zu 1, 3, 3 Seite 47 ist hier eine Ergänzung nöthig. Der Comm. zu 1, 3, 3 und Karka suppliren: pariśeshayâmi. Mahâd: abhimṛiśâmi; bhûtaśabdena devâdîny ucyante. Baudh. 1, 5. Âp. 1, 18, 1: idaṃ devânâm iti niruptâu abhimṛiśatîdam u naḥ sahety avaśishṭân sphâtyai tvâ nârâtyâ iti niruptân evâbhimantryedam ahaṃ nir varuṇasya pâśâd ity upanishkramya — cf. 2). Bhâr. 1, 20, 1: idaṃ devânâm iti niruptân abhimṛiśati | idam u naḥ saheti yato 'dhinirvapati 2. sphâtyai tvâ iti havir âdâyopanishkrâmatîdam ahaṃ nir v. p. Hir. 1, 15, 14 ff. — idam ahaṃ nir varuṇasya pâśâd iti puroḍâśîyâu âdâya pariṇaha upaniḥsarpati.

2) Kât. 2, 3, 24: Mit „svar ...“ (V. S. 1, 11) blickt er nach Osten. — Nach dem Comm. um die durch Hemmung des Blicks entstandene Müdigkeit zu beseitigen. Baudh. 1, 5: âhavanîyam îxate T. S. 1, 1, 4p. Âp. 1, 18, 1: svar abhivyakhyam iti prâñ prexate. 2) suvar abhivikhyesham iti sarvaṃ vihâram anuvîxate vaiśvânaraṃ jyotir ity âhavanîyaṃ svâhâ dyâvâpṛithivîbhyâm iti skannân abhimantrya — Bhâr. 1, 20, 3: havir abhivîxate T. S. 1, 1, 4p. Hir. 1, 15, a. E. u. 16, 1: suvar abhivikhyesham iti sarvaṃ yajñam anuvîxate vaiśv. jyotir ity âhavanîyaṃ parîxate.

3) Kât. 2, 3, 25: mit „fest sollen sein ..“ (V. S. 1, 11) steigt er herab. Anders Baudh. 1, 5: atha gṛihân anvîxate dṛiṅhantâṃ duryâ dyâvâpṛithivyor iti. Âp. 1, 18, 3 — dṛiṅhantâṃ duryâ dyâvâpṛithivyor iti pratyavaruhya Bhâr. 1, 20, 4. Hir. 1, 16, 3.

4) Kât. 2, 3, 26: er geht mit „dem weiten Luftraum ...“ fort (V. S. 1, 11). Baudh. 1, 5: athainân âdâyopottishṭhaty urv antarixam anvihîti. Âp. 1, 18. 3. Bhâr. 1, 20, 5. Hir. 1, 16, 5.

5) Kât. 2, 3, 27: er stellt (den Śûrpa) hinter das Kochfeuer mit „in der Erde Nabel dich ..“ (V. S. 1, 11). Baudh. 1, 5: uttareṇa gârhapatyam upasâdayaty adityâs tvopasthe sâdayâmîti | gârhapatyam abhimantrayate 'gne havyaṃ raxasveti. Âp. 1, 18, 4. Bhâr. 1, 20, 6. apareṇâhavanîyam etc. 7. paridadâty

Die Ceremonie kann auch an einer Schüssel (pâtrî)[1]) anstatt am Wagen vollzogen werden, welche in diesem Falle dort, wo sonst der Wagen steht, die Spitze nach O. oder N. zur Aufstellung kommt, unter sie ist mit der Spitze nach O. oder N. der Sphya zu legen. Der A. nimmt in derselben Weise Śûrpa und Agnihotrahavaṇî, geht mit „dem weiten Luftraum wandle ich nach" in ihre Nähe, die drei Mantra's aber, welche beim Berühren der Dhur, der Deichsel, beim Besteigen des Wagens gesagt werden, flüstert er an der Oeffnung der Pâtrî[2]) ohne Unterbrechung, nachdem er die vordere Seite derselben berührt hat. Hinter der Pâtrî niedergelassen (oder im Norden, Süden je nach dem Opfer) vollzieht er mit dem Gesicht nach Osten hingewendet in derselben Weise wie oben das Anblicken des Havis, das Hinauswerfen des Verunreinigenden resp. das Berühren, berührt die Wasser, fasst das Havis an, nimmt es, berührt den Rest, blickt nach Osten und während er beim Wagen mit: „fest sollen sein" etc. herabsteigt[3]), steht er hier mit diesem Mantra auf und nach Norden gegangen, stellt er hinter dem Kochfeuer den Śûrpa nieder.

Hierauf schneidet der Adhvaryu mit Kuśagräsern, welche die Stelle eines Messerchens vertreten, zwei oder drei Kuśahalme, welche von gleicher Länge (1 Prâdeśa) sind, die Spitze nicht abgebrochen und keine zwischenständigen Schösslinge haben, mit dem Mantra: „zwei Pavitra seid ihr, dem Vishṇu gehörig" ab[4]).

---

agne havyaṃ raxasvâgnishomau havyaṃ raxayâmîndrâgnî havyaṃ raxayamîti yathâdevatam .. (?) agne havyaṃ raxasveti vâ. Hir. 1, 16, 6. 7 — agne havyaṃ raxasveti yathâdevataṃ paridadâti.

1) Kât. 2, 3, 28: Oder an der Pâtrî, welche auf den Sphya gelegt ist. Baudh. 1, 5; citirt in der Paddh. Seite 192, Z. 1—3. Âp. 1, 18, 5: yadi pâjryâṃ nirvaped daxiṇataḥ sphyam upadhâya tasyâṃ sarvâñ śakaṭamantrân tapet. Bhâr. 1, 19 a. E. u. Hir. 1, 15, 14 wie Âp. dem Inhalt nach.

2) Kât. 2, 3, 29: Die Mantra's für die Dhur, Îshâ und das Aufsteigen flüstert er an der Mündung der Pâtrî. — anantarâyam (Śat. Br. 1, 1, 2, 8) avichedam. Ist kein Platz zum Sitzen, so ist, nachdem er hinter der Schale heran gegangen im Süden das Nehmen des Havis von ihm, nach Osten sitzend, zu vollziehen; denn das Gehen zwischen Pâtrî und Gârhapatya ist nicht bestimmt. Âp. siehe vor. Anm.

3) Kât. 2, 3, 30: mit „fest sollen sein .." (V. S. 1, 11) erfolgt das Aufstehen.

4) Kât. 2, 3, 31: zwei Kuśahalme von gleicher Länge, deren Spitze nicht abgebrochen und die keine zwischenständigen Sprossen haben, schneidet er mit Kuśa's ab mit: „zwei Pavitra seid ihr .." (V. S. 1, 12). 32: oder drei. — (Der Mantra wird nicht geändert.) Baudh. schon 1, 4 nach dem Ansetzen der

Er giesst sodann in die mit Grannen versehene, nicht gereinigte Agnihotrahavaṇî Wasser, sagt den Mantra: „auf Savitṛi's Geheiss reinige ich euch mit unversehrtem Pavitra, mit Sûrya's Strahlen" und reinigt dann mit den beiden Pavitra's das Wasser [1]). Die Reiniger werden jetzt in die in der Agnihotrahavaṇî befindlichen Sprengwasser gestellt; der Adhvaryu bringt die mit den gereinigten Wassern gefüllte Agnihotrahavaṇî in die Linke und indem er den Spruch sagt: „o göttliche Wasser, führet dieses Opfer heut allem voraus, voraus den Opferherrn, der trefflich spendet, den Opferherrn, der nach den Göttern strebt, ihr die ihr voran geht, die ihr zuerst trinkt" setzt er mit der Rechten die in der Linken befindlichen nach oben in Bewegung [2]). „Besprengt seid ihr" sagt er und besprengt sie mit einem Theil von ihnen mit der Hand [3]). Darauf fragt er den Brahman: „o Brahman, das havis will ich sprengen."

Der Brahman flüstert: „sprenge; mache das Opfer, die Götter gedeihen; — (wie oben) — und Opferer; (laut:) oṃ 3 proxa."

Der Adhvaryu nimmt aus der Agnihotrahavaṇî Wasser mit der Hand und besprengt die beiden im Śûrpa befindlichen Havis, das erste mit: „Agni erwünscht besprenge ich dich", das zweite „Indra-Agni" (resp. „Agni-Soma") erwünscht besprenge ich dich" [4]). Mit dem Yajus „seid rein für die Opferhandlung, für die Götterverehrung; was Unreine von euch entfernten (d. h. durch ihre Berührung etc. unbrauchbar machten), das mache ich an euch rein" besprengt er sodann die Opfergefässe [5]) einzeln oder, wie Andere

---

Gefässe, dem Streuen der Prishṭhyâ und vor dem Führen der Wasser. Siehe Seite 19, Anm. 4; ebenso Âpastamba etc.

1) Kât. 2, 3, 33: In die havirgrahaṇî (= Agnihotrahavaṇî) Wasser gethan habend, reinigt er mit beiden mit: Savitṛi euch .. (V. S. 1, 12). 34. Diese sind der Platz für die beiden. Baudh. 1, 6. Âp. 1, 19, 1 saśûkâyâm agnihotrahavaṇyâm apa ânîya etc. Bhâr. 1, 20, 10. Hir. 1, 16, 8.

2) Kât. 2, 3, 35: (die Agnihotrah°) in die Linke gebracht habend, schüttelt er mit der Rechten sie empor mit: „die göttlichen Wasser .." (V. S. 1, 12) Baudh. 1, 6.

3) Kât. 2, 3, 36: Mit „besprengt seid ihr" (V. S. 1, 13) geschieht deren Besprengung. Baudh. 1, 6 adbhir evâpaḥ proxati proxitâḥ stha p. stheti triḥ.

4) Kât. 2, 3, 37: und das havis (besprengt er) mit: „Agni dich, Agni-Soma dich" 38. Je nach der Gottheit anders. Baudh. 1, 6. (devasya tvâ savituḥ prasave 'śvinor bâhubhyâṃ pû° hast° beginnt bei ihm der Spruch). Âp. 1, 19, 1: devasya tvety anudrutyâgnaye vo j. proxâmîti yathâdevataṃ havis triḥ proxan nâgnim abhiproxed, yaṃ dvishyât tasyâbhiproxet. Bhâr. 1, 20, 12 ff. Hir. 1, 16, 9.

5) Kât. 2, 3, 39: die Gefässe mit „zum göttlichen .." (V. S. 1, 13) Baudh.

meinen, auf einen Haufen gebracht alle zugleich [1]) nachdem er sie nach andern Śâkhâ's aufwärts gestellt hat; einmal mit dem Mantra, zweimal leise nach andern Śâkhâ's. Ist dieses vollzogen, so stellt der Adhvaryu die Sprengwasser auf einen Platz, wo kein Weg ist [2]), also zwischen Praṇîtâ's und Âhavanîya [3]) oder zwischen Gârhapatya und Âhavanîya [4]).

Der Adhvaryu ergreift jetzt mit der Hand unter Recitirung des Spruchs: „ein Fell bist du" das schwarze Antilopenfell [5]); von den Gefässen abseits gegangen, um sie nicht wieder zum Opfer unbrauchbar zu machen, schüttelt er das Fell einmal mit dem Yajus: „abgeschüttelt ist das Raxas, abgeschüttelt die Arâti's" [6]) berührt die Wasser [7]) und breitet das Fell mit beiden Händen nördlich vom Gârhapatya oder in der Utkara-Gegend hin, den Hals nach Westen, die Haare nach oben [8]), mit dem Spruch: „Aditi's Fell bist du; Aditi erkenn zu eigen dich" [9]). Ohne dass die Linke

---

1, 6: uttânâni pâtrâṇi proxati śundhadhvam daivyâya k. d. iti triḥ. Âp. 1, 19, 3: pâtrâṇi paryâvṛitya ś. d. k. iti triḥ proxya Bhâr. 1, 20, 16. Hir. 1, 16, 11.

1) So der Comm.: pâtrâṇy ekatra râśîkṛitya proxaṇaṃ kartavyam. Karka jedoch wünscht die Besprengung Gefäss für Gefäss. Auch die Paddh. nennt dies passender.

2) Kât. 2, 3, 40: Wo man nicht geht, dorthin stellt er die (in der Agnihotrahavaṇî befindlichen) Sprengwasser nieder. Baudh. 1, 6: atiśishṭâḥ proxaṇîr nidhâya. Âp. 1, 19, 4: proxaṇîśesham agreṇa gârhapatyaṃ nidhâya. Bhâr. 1, 20, 17 — sarvâbhiḥ proxed ity âlekhanaḥ.

3) Kât. 2, 3, 4.

4) Kât. 1, 8, 23. Nach Karka ist dieser aber nicht gemeint.

5) Kât. 2, 4, 1: Mit „ein Fell bist du" (V. S. 1, 14) geschieht das Nehmen des Fells der schwarzen Antilope. Bhâr. 1, 21, 1: sâvitreṇa kṛishṇâjinam âdâya. Âp. 1, 19, 5: devasya tvâ savituḥ prasava iti k. âd. Hir. 1, 16, 12. vâtasya vrâjir asîti k âdatte devasya tveti vâ.

6) Kât. 2, 4, 2: Weggegangen von den Schalen schüttelt er es ab mit „abgeschüttelt ist . ." (V. S. 1, 14). Anders kann apetya nicht gefasst werden; so nehmen es die Harisvâmins, während Karka es auf ein apanayanaṃ kṛishṇâjinasya bezieht und der Comm. es mit atinîya, paraṃnîtvâ wiedergibt. Baudh. 1, 6, 7 siehe im Comm. zu Kât. 2, 4, 3. Bhâr. 1, 21, 1: utkare trir avadhûnoty ûrdhvagrîvaṃ bahirviśasanam avadhûtaṃ raxaḥ etc. Âp. 1, 19, 5. Hir. 1, 16. 13.

7) Kât. 1, 10, 14.

8) pratyaggrîva ist gesagt, prâggrîva Kât. 1, 10, 4 aufzuheben. uttaraloma ist aus Sûtra 1, 10, 4 zu entnehmen.

9) Kât. 2, 4, 3: den Hals nach Westen breitet er (das Fell) hin mit: „Aditis Fell . ." (V. S. 1, 14). Baudh. 1, 6, 8 siehe Comm. zu Kât. 2, 4, 3. Bhâr. 1, 21, 2: uttareṇa vihâraṃ pratîcînagrîvam uttaralomâstṛiṇâty adityâs tvag asîti. 3 — pratîcîṃ bhasadaṃ pratisamasyanti. Ap. 1, 19, 6: adityâs — uttareṇa gârhapatyam utkaradeśe vâ pratîcînagrîvam utt° upastṛiṇâti. 7. purastâtpratîcîṃ bhasadam upasamasyati. Hir. 1, 16, 14. 15.

das Fell loslässt, nimmt die Rechte den Mörser (Ulûkhala), und setzt ihn auf das Fell, wobei „ein Fels bist du, vom Baume stammend, zu eigen erkenn dich das Fell der Aditi", oder „ein (Soma-) Stein bist du von breiter Grundlage, zu eigen erkenn dich das Fell der Aditi" gesagt wird [1]). Die beiden im Şûrpa befindlichen Havis' wirft der Adhvaryu sodann zusammen, während die Linke den Mörser hält, mit Hilfe des Śûrpa in den Mörser. Als Spruch wird dabei gesagt: „Agni's Körper bist du, der Stimme Lösung; die Götter zu erfreuen ergreife ich dich, (o Havis") [2]). Adhvaryu und Opferer lassen hier oder nachher mit havishkṛit ihre Stimme frei [3]). Jetzt nimmt mit dem Spruch: „ein gewaltiger (Soma-)Stein bist du, vom Baume stammend" der Adhvaryu den Stössel [4]), stellt ihn mit: „bereite hier den Göttern dieses havis; in guter Bereitung bereite es" in den Mörser [5]) und stösst damit die Körner [6]). Während er die Hülsen abschlägt, ruft er dreimal die Gattin oder den Âgnîdhra mit: „o Havisbereiter komme" [7]) heran.

1) Kât. 2, 4, 4: Ohne dass das Fell von der Linken losgelassen wird, setzt er den Mörser nieder mit: „ein Fels bist du .." oder „ein (Soma)Stein bist du" (V. S. 1, 14). 5: „dich ...." ist bei beiden (der Rest des Mantra's). Baudh. 1, 6, 9 tasminn ulûkhalam adhyûhaty T. S. 1, 1, 4[1]. Bhâr. 1, 21, 4: anutsṛijan kṛishṇâjinam ulûkhalam abhivartayaty adhishavaṇam asi vânaspatyam iti. Âp. 1, 19, 8. Hir. 1, 16, 16.

2) Kât. 2, 4, 6: Das havis wirft er hinein mit: „Agnis Körper bist du .." (V. S. 1, 15). Baudh. 1, 6, 10. Bhâr. 1, 21, 5: anutsṛijann ulûkhalam havir âvapaty agnes tanûr asi etc. trir yajushâ tûshṇîm caturtham. Âp. 1, 19, 9. Hir. 1, 16, 17.

3) Kât. 2, 4, 7—9.

4) Kât. 2. 4, 11: Mit „ein grosser Stein .." (V. S. 1, 15) ergreift er den Stössel. Bhâr. 1, 21, 6. Âp. 1, 19, 10. Hir. 1, 17, 1: adrir asi vânaspatya iti || 16 || musalam âdatta ûrdhvajñûr (?) asi vânaspatya iti vâ.

5) Kât. 2, 4, 12: Mit „hier dies .." (V. S. 1, 15) stellt er ihn hinein. Baudh. 1, 6, 11.

6) Dies steht nicht in einem Sûtra, wird aber von dem Comm. gesagt; der Grund für ihn ist ataḥ im Sûtra 14: „von hier ab stösst die Gattin oder der andere" und die Lehre anderer Schulen s. folg. Anm.

7) Kât. 2, 4, 13: „Havishkṛit komme .." (V. S. 1, 15) ruft er dreimal (Âgnîdhra oder Gattin) heran. Baudh. 1, 6, 12: atha havishkṛitam âhvayati havishkṛid ehi havishkṛid ehîti trir. Bhâr. 1, 21, 6: — havishkṛitam trir âhv. havishkṛid ehîti brâhmaṇasyâdraveti râjanyasyâgahîti vaiśyasya. 7) avahanty ava raxo divaḥ sapatnam vadhyâsam iti. Âp. 1, 19, 10 fügt noch havishkṛid âdhâveti śûdrasya | prathamam vâ sarveshâm | ava raxo divaḥ sapatnam vadhyâsam ity avahanti. Hir. 1, 17, 2: ava raxo divaḥ sapatnam vadhyâsam iti trir avahanty (?) apahatâ yâtudhânâ apahato 'ghaśaṅsa iti vâ. 3. havishkṛid ehîti trir avaghnan havishkṛitam âhvayati | anavaghnan vâ | 'draveti râjanyasyâgahîti vaiśyasya.

[Prayoga B_2 lässt hier die Wahl des Âgnîdhra vollziehen: 'yajamânaḥ snânâdicatushṭhayasaṅskṛitam âgnîdhraṃ vṛiṇîte: asmin karmaṇi tvâm aham âgnîdhraṃ vṛiṇe || âgnîdhro bhavishyâmi || tîrthena praviśya jaghanena gârhapatyam upaviśya japati: idâ devahûr manur yajñanîr etc. — madantu || âdhvaryus tam âha: uccaiḥ samâhantavai || âgnîdhraḥ śamyayâ dṛishadupale samâhanti ||.]

Während er ruft, schlägt gleichzeitig der

Âgnîdhra nördlich vom Vihâra niedergelassen mit dem Zapfen (Śamyâ) zweimal den Bodenstein, einmal den Oberstein, um sie scharf zu machen, mit dem jedesmal (?) zu wiederholenden Mantra: „Ein Hahn bist du (den Asuras), süsszungig (den Göttern); sprich Speise und Labsal zu; durch dich möchten wir in jedem Zusammentreffen siegen“ [1]).

Von hier ab vollzieht die Gattin oder der Âgnîdhra das Enthülsen [2]). Sind die Körner enthülst, so nimmt der Adhvaryu oder nach Mahâd. die Gattin oder der Âgnîdhra mit der Hand den Śûrpa indem er sagt: „durch Regen bist du gewachsen“ [3]); schafft mit dem Spruch: „es umfange dich das im Regen gewachsene“ das enthülste havis aus dem Mörser heraus und thut es leise in den Śûrpa [4]). Mit dem Mantra: „beseitigt ist das Raxas, beseitigt sind die Arâti's“ reinigt er dasselbe mit dem Śûrpa und lässt die abgesonderten Hülsen zu Boden fallen (Comm.), worauf er die Wasser berührt. Die enthülsten Körner scheidet er sodann von den noch unenthülst gebliebenen mit dem Spruch: „Vâyu sondre euch“; die enthülsten stellt er dann hin (nidhâya), die andern aber

1) Kât. 2, 4, 15: während er heranruft, schlägt der andere unter Recitirung des Spruchs „ein Hahn bist du ..“ (V. S. 1, 16) auf Dṛishad und Upalâ dreimal mit der Śamyâ; zweimal auf die Dṛishad, einmal auf die Upalâ. Baudh. 1, 6, 13 (Forts. zu oben havishkṛidehîti trir) uccaiḥ samâhantavâ iti ca. 14. atha dṛishadupale ravenoccaiḥ samâhantîsham âvadorjam âvada dyumad vadata vayaṃ saṅghâtaṃ jeshmeti. Âp. 1, 20, 1: uccaiḥ samâhantavâ iti (scil. adhvaryuḥ) sampreshyati. 2. kuṭarur asi madhujihva ity âgnîdhro 'śmânam âdâyesham âvadorjam âvadeti dṛishadupale samâhanti dvir dṛishadi sakṛid upalâyâm. 3. triḥ saṃcârayan navakṛitvaḥ sampâdayati. 4. sâvitreṇa vâ śamyâm âdâya tayâ samâhanti. Bhâr. 1, 21, 8: prâdurbhûteshu taṇḍuleshûccaiḥ samâhantavâ ity âgnîdhraṃ preshyati. 9. kuṭarur asi etc. Hir. 1, 17, 4 ff.

2) Kât. 2, 4, 14: von hier (vom Haviskṛitrufen ab) schlägt die Gattin oder ein andrer ab.

3) Kât. 2, 4, 16; Âp. 1, 20, 5. Baudh. 1, 6, 15. Bhâr. 1, 22, 1 (śûrpam vaiṇavam aishîkaṃ nalamayaṃ vâ). Hir. 1, 17, 9.

4) Kât. 2, 4, 17: mit: „dich ....“ (V. S. 1, 16) nimmt er das Havis heraus. Baudh. 1, 6, 16. Âp. 1, 20, 6. Bhâr. 1, 22, 2. Hir. 1, 17, 10. 11.

wirft er wieder in den Mörser, vollzieht wieder das Enthülsen, nimmt das Havis heraus, thut es in den Śûrpa und sondert wiederum die Hülsen ab. Alle Hülsen wirft er darauf mit dem Mantra: „fortgeschlagen ist das Raxas, fortgeschlagen (sind) die Arâti's" auf den Utkaraplatz [1]) und berührt die Wasser. Darauf wirft er die im Śûrpa befindlichen Körner in die Schale und sagt darüber den Mantra: „Gott Savitṛi mit goldner Hand ergreife euch mit unversehrter Hand [2])", indem er die Körner berührt oder anblickt (Paddh.).

Es folgt hierauf das dreimal auszuführende Phalîkaraṇa, welches nach den andern Śâkhâ's von der Gattin oder einem dritten zu vollziehen ist. Mahâdeva erklärt dies als ein Bringen des havis in den Mörser, Enthülsen, Herausnehmen, Reinigen, Absondern, Entfernen der Kaṇa's (ähnlich die Paddhati); demnach wäre das

1) Die Darstellung, welche ich hier gegeben, weicht von der bei Kât. gegebenen Reihenfolge insofern ab, als Kât. das Wegwerfen der Hülsen vor der Absonderung der Enthülsten und Unenthülsten beschreibt; Kât. ib. 18) mit „beseitigt ist ..." (V. S, 1, 16) reinigt er. 19) mit „fortgeschlagen ist ..." (V. S. 1, 16) wirft er die Hülsen weg. 21) Mit „Vâyu euch ..." (V. S. 1, 16) sondert er ab. Es scheint hiernach, als ob das Wegwerfen der Hülsen noch ein zweites Mal stattzufinden hätte. Ich habe indess der Angabe des Comm. zu 20 und der Paddh. vor meiner Vermuthung den Vorzug geben zu müssen geglaubt. Mahâd. fasst das Absondern (vivecana) nicht wie der Comm. als eine Unterscheidung zwischen enthülsten und unenthülsten, sondern von „sthûlânâm" und „aṇishṭhânâm", unter welch letzteren ich die sogen. kaṇa (s. S. 32, Anm. 1) verstehen zu müssen glaube; dieses Absondern geschieht ihm zu folge durch den seitwärts gehaltenen Śûrpa (tiryakśûrpeṇa), das nishpavana aber durch den aufwärts gehaltenen (ûrdhvaśûrpeṇa). Baudh. 1, 6, 17: athodañ paryâvṛitya parâpunâti parâpûtaṃ raxaḥ parâpûtâ ar. iti. 18) savyena tushân upa ... hatyemâṃ diśaṃ nirasyati raxasâṃ bhâgo 'sîti. 19) athâpa upaspṛiśya vivinakti vâyur vo v. iti. Âp. 1, 20, 7: parâpûtaṃ raxaḥ p. a. ity utkare parâpunâti 8. praviddhaṃ raxaḥ parâdhmâtâ amitrâ iti tushân praskandato 'numantrayate. 9. madhyame puroḍâśakapâle tushân opya raxasâṃ bhâgo 'sîty adhastât kṛishṇâjinasyopavapati. 10. uttaram aparam avântaradeśaṃ hastenopavapatîti bahvṛicabrâhmaṇam. 11. adbhiḥ kapâlaṃ saṃspṛiśya prajâtaṃ nidhâyâpa upaspṛiśya vâyur vo v. iti vivicya — Bhâr. 1, 22, 3—6. Hir. 1, 17, 11—18; (14: puroḍâśakapâlaṃ tushaiḥ pûrayitvâ raxasâṃ bhâgo 'sîty uttarâparam avântaradeśam adhastât kṛishṇâjinasyopavapati. 15. nânvîxate. 16. avabâḍhaṃ raxa ity avabâdhate.)

2) Kât. 2, 4, 21: „Gott .. euch ..." (V. S. 1, 16) sagt er als Mantra, nachdem er sie in die Schale geworfen. Baudh. 1, 6, 20. Âp. 1, 20, 12 fügt darauf noch hinzu: adabdhena vaś caxushâvapaśyâmi râyasposhâya varcase suprajâstvâya caxusho gopîthâyâśisham âśâsa ity avexya — Bhâr. 1, 22, 7. Hir. 1, 17, 19.

vorher vom Adhvaryu geübte Verfahren, dreimal von der Gattin etc. zu wiederholen und jedesmal die Kaṇa's wohlverwahrt hinzusetzen[1]); doch ist mir dies nicht völlig klar.

||Baudhâyana lässt hier die Morgenmelkung vollziehen||. Jetzt wird zu gleicher Zeit das Ansetzen der Kapâla's und Mahlen der Körner, jenes vom Âgnîdhra, dieses vom Adhvaryu vollzogen[2]).

Der Âgnîdhra, um mit ihm nach dem Sûtra zuerst zu beginnen, wäscht die Kapâla's, stellt dieselben (nach Baudh.) hinter dem Gârhapatya (8 im Süden, 11 (12) im Norden) auf und hinter dem Gârhapatya niedergelassen nimmt er die Dhṛishṭi (resp. den Upavesha) mit „Dhṛishṭi bist du", sagt: „fort o Agni schlage den rohes Fleisch essenden, verscheuche den rohes Fleisch essenden" und schafft mit dem Upavesha die Kohlen, welche auf dem hinteren Theil des Gârhapatya- resp. Âhavanîya-Feuerherdes sind, von da nach vorn, nach Osten[3]); macht dadurch die hintere Seite für

---

1) Kât. 2, 4, 22: dreimal reinigt er. 23: einige sagen jedesmal: „seid rein für die Götter". 24. Nachdem er die Reinigung vollzogen setzt er die Kaṇa's nieder. — Da die Kaṇa's später (3, 8, 7) weggeworfen werden, so kann ich nicht glauben, dass an dieser Stelle das Wort Körner ohne jeden specielleren Sinn bedeutet. Der Comm. gibt ihnen das Beiwort sûxmarûpâu; die Paddh. sagt: triḥkaṇḍanena sûxmakaṇikâbhyo viyojyojjvalân karoti. Vielleicht ist das leichte, s. g. flache Korn gemeint. Baudh. 1, 6, 21: avahantryai prayachann (scil. die in die Pâtrî gelassenen Körner) âha: trishphalîkartavai trishpalîkṛitâu me prabrûtâd iti. 22. trishphalîkṛitân prâhuḥ. 23. trishphalîkriyamâṇânâm — pravahatâd ita (T. Br. 3, 7, 6, 20) iti taṇḍulapraxâlanam antarvedi ninayaty utkaradeśe vâ. 24. etasmin kâle prâtardohaṃ dhenûr dohayati. Âp. 1, 20, 12 — trishphalîkartavâ iti saṃpreshyati. 13. yâ yajamânasya patnî sâbhidrutyâvahanti yo vâ kaścid avidyamânâyâm. 21, 1: devebhyaḥ śundhadhvam d. śundhyadhvaṃ d. śumbhadhvam iti suphalîkṛitân karoti tûshṇîṃ vâ. 2. praxâlya taṇḍulâṅs trishphalîkriyamâṇânâm — (s. o.) ity utkare ninayati. Bhâr. 1, 22, 8: (praskannân abhimṛiśati devebhyaḥ śundhadhvam iti) 9. havishkṛitaṃ preshyati u. s. w. Hir. 1, 18, 1. trishphalîkartavâ iti saṃpreshyati. 2. atra vâcaṃ visṛijate 3. yajamânasya patny avahanti yo vâ kaścana taddâsy apatnî syât (?) sâpi katipayakṛitvo 'vahatyânyasmai prayachet. 4. so 'ta ûrdhvam avahanti etc.

2) Kât. 2, 4, 25: Mahlen und Ansetzen gleichzeitig.

3) Kât. 2, 4, 26. Mit „dhṛishṭi bist du" nimmt er den Upavesha und schafft mit „fort o Agni .." (V. S. 1, 17) die Kohlen nach Osten. Die andern Sûtren beschreiben vorher das Mahlen. Baudh. 1, 8, 1. 2 siehe Paddh. S. 199, Z. 3. v. u. — dhṛishṭir asi brahma yacheti. 3. gârhapatyam abhimantrayate 'pâgne — jahîti. 4. — daxiṇâṅgâraṃ nirasyati. Âp. 1, 22, 1. âhavanîye gârhapatye vâ havîṅshi śrapayati. 2. dhṛishṭir asi brahma yachety upavesham âdâya raxasaḥ pâṇiṃ dahâhir asi budhniya ity abhimantryâgne 'gnim âmâdaṃ jahîti gârhapatyât pratyañcâv aṅgârau nirvartya nishkravyâdaṃ sedheti tayor anyataram uttaram aparam avântaradeśaṃ nirasya — Bhâr. 1, 24, 2. Hir. 1, 19, 1—4.

das Ansetzen der Scherben frei und bewirkt, dass sie auf die erhitzte Erde gestellt werden können. Den Grund selbst (d. h. wohl die betreffende Fläche des Feuerherdes) macht er zu einem Kreis von 6 Añgula, von dem Masse eines mittleren Pferdehufes. Durch ostwärts gelegte Schnitte theilt er ihn in drei gleiche Theile und den mittleren Theil drittelt er durch Querschnitte; der östliche und nördliche Theil jedoch, welcher die Gestalt von Mondsicheln habt, wird gemäss der Zahl der Kuchenscherben durch Querschnitte getheilt; also bei einem auf acht Scherben gebrachten Kuchen der südliche Theil in drei, der nördliche in zwei; bei einem auf 11 Scherben gebrachten der südliche in fünf, der nördliche in drei; bei einem auf 12 Scherben gebrachten, der südliche ebenfalls in fünf, der nördliche in vier Theile [1]).

Von den nach Osten geschafften Kohlen nimmt er mit dem Spruch: „heran führe den Götterverehrer“ eine mit Hilfe des Upavesha und legt sie auf den hinteren Theil des Gârhapatyakhara mitten auf den Platz für den südlichen (den Agni-)Kuchen (Comm. puroḍâśaśrapaṇasthâne), worauf er den mittelsten Kapâla, nach oben zu gewendet, über dieselbe legt. Als Spruch wird dabei gesagt: „fest bist du, festige die Erde; Brahman gewinnend, atra gewinnend lege ich dich an, zur Vernichtung des Feindes“ [2]). Will er beschwören, so tritt an Stelle „des Feindes“ der Name eines solchen ein und es werden dann die Wasser berührt [3]). Ohne dass der Zeigefinger der Linken diesen Kapâla loslässt, legt der Âgnîdhra mit dem Spruch: „nimm o Agni das Brahman“ eine Kohle mit dem Upavesha auf diesen mittleren Kapâla [4]). (Nach Karka ge-

---

1) Comm. zu Kât. In den Sutren ist derartiges nicht vorgeschrieben.

2) Kât. 2, 4, 27: nachdem er mit: „heran den Götterverehrer . . .“ eine Kohle herbeigeschafft, deckt er sie mit einem Kapâla zu mit: „fest bist du . .“ (V. S. 1, 17). Dass es der mittlere ist, ergibt sich aus Śat. Br. 1, 2, 1, 6, sowie den folgenden Sûtra's. Baudh. 1, 8, 5: athâṅyam (añgâram) âvartayaty â devay. v. iti. 6. taṃ daxiṇeshâṃ kapâlânâṃ madhyamenâbhyupadadhâti dhruvam asi T. S. 1, 1, 7d. Âp. 1, 22, 2 — nirasyâ devayajaṃ vaheti daxiṇam avasthâpya dhruvam asîti tasmin madhyamaṃ puroḍâśakapâlam upadadhâti. Bhâr. 1, 24, 2 — â devay. vahety anyataram (añgâram) avasthâpya tasmin kapâlam upadadhâti. 3. dhruvam asi pṛithivîṃ dṛiṅheti tat savyasyâñgulyâdhinidhâya — Hir. 1, 19, 4.

3) Kât. 2, 4, 28: wenn er eine Beschwörung vollzieht, so tritt „des NN.“ bei dem Worte Feind ein. — Kât. 1, 10, 22.

4) Kât. 2, 4, 30: Auf den von dem Finger der Linken nicht losgelassenen legt er eine Kohle nieder mit: „o Agni das Brahman . .“ (V. S. 1, 18.) Baudh.

schieht dies Kapâla für Kapâla; nach Mahâd. nur beim ersten.) Hinter dem mittleren setzt der Âgnîdhra einen zweiten an mit dem Spruch: „eine Stütze bist du, festige das Antarixa; Brahman gewinnend etc. lege ich dich an“; östlich davon einen dritten mit: „ein Träger bist du, festige den Himmel, Brahman gewinnend etc. lege ich dich an“; südlich von dem mittleren einen 4. mit „für alle Himmelsgegenden lege ich dich an“ [1]); die übrigen vier Scherben des Agnikuchens vertheilt er gleichmässig und zwar so, dass er zwei im Süden, zwei im Norden und zwar nach der Paddh. östlich vom vierten den 5., westlich vom vierten den sechsten; von den beiden im Norden aufzustellenden den achten östlich vom siebenten aufstellt [2]). Jeder von ihnen wird mit dem Spruch: „schichtend seid ihr, aufschichtend“ angesetzt oder auch, nach der Paddhati, leise. Ebenso wird mit den 11 resp. 12 Kapâla's, welche für den auf der Nordseite zu placirenden, Agni-Soma oder

---

1, 8, 7. añgâram adhivartayati nirdagdham etc. T. S. 1, 1, 7c. Âp. 1, 22, 3. nirdagdham etc. kapâle' ñgâram atyâdhâya —; Bhâr. 1, 24, 3 — kapâlam añgâram adhivartayati nirdagdhaṃ etc. Hir. 1, 19, 5.

1) Kât. 2, 4, 31: mit „eine Stütze“ (V. S. 1, 18) dahinter. 32: mit „ein Träger“ (ib.) davor (im Osten). 33: mit „für alle“ (ib.) im Süden. Baudh. 1, 8, 8: atha pûrvârdhyam upadadhâti dhartram asi T. S. 1, 1, 7e. 9. athâparârdhyam upadadhâti ib. f. 10. atha daxiṇârdhyam up. ib. g. Âp. gibt zwei Arten des Ansetzens an: 1, 22, 3 atyâdhâya (s. o!) dhartram asîti pûrvaṃ dvitîyaṃ saṃspṛishṭaṃ. 6. dharuṇam asîti pûrvaṃ tṛitîyaṃ. 7. cid asi viśvâsu dixu sîdeti madhyamâd daxiṇaṃ. 1, 23, 3 api vâ madhyamam upadhâya — 5. dhartram asîti tasmâd aparaṃ. 6. dharuṇam asîti tasmât pûrvaṃ. 7. yathâyogam itarâṇi. 8. tasya tasyâñgulyâbhinidhânam añgârâdhivartanaṃ ca vâjasaneyinaḥ samâmananti. Bhâr. 1, 24, 4: dhartram asi dharuṇam asîti pûrvampûrvaṃ kapâlam upadadhâti. 5. dharmâsîti daxiṇaṃ. Hir. 1, 19, 6: dhartram asîti tasmât (madhyamât) pûrvaṃ. 7. dharuṇam asîti t. p. 8. ashṭâkapâlasya dve madhyamâd daxiṇe | triṇy uttarâṇi. 9. tayor dharmâsîti daxiṇapûrvaṃ marutâṃ śardha iti daxiṇâparaṃ. 10. ... asy âśâ dṛiñha, rayiṃ dṛiñha etc. uttarâparaṃ, viśvâbhyas tvâśâbhyo etc. uttarapûrvaṃ, cid asîty avaśishṭam uttarataḥ.

2) Kât. 2, 4, 34: (die übrigen gleich) vertheilt habend (stellt er) zwei südlich und ebenso nördlich mit: „schichtend seid ihr ..“ (V. S. 1, 18) —. Die zwei im Norden haben dem Comm. zufolge das Mass von anderthalb (Kapâla's). Baudh. 1, 8, 11. 12: atha pûrvam upadhim upadadhâti ib. h. athâparam evam eva | dve uttarataḥ saṃspṛishṭe upadadhâti ib. h. Âp. 1. 22, 8 paricid asi viśvâsu d. s. madhyamâd uttaram (den 5.) 9. yathâyogam itarâṇi. 23, 1. marutâṃ śardho 'sîti shashṭhaṃ, dharmâsîti saptamaṃ, cita sthety ashṭamaṃ. Bhâr. 1, 24, 6: cita sthety uttaraṃ. 7. marutâṃ śardhaḥ stheti shashṭhaṃ. 8. cid asi paricid asîty avaśishṭe (7 u. 8) upadadhâti tûshṇîṃ vâ. 9. ashṭau saṃpâdayati. Hir. s. o.

Indra-Agni gehörenden Kuchen anzustellen sind, verfahren [1]). Die ersten vier werden in ganz gleicher Weise angeordnet, die andern beim Agni-Somakuchen gleich getheilt und das, was als überschüssig nicht getheilt werden kann [2]), im Süden angesetzt; beim Indra-Agnikuchen hingegen, welcher nach 4, 2, 36 auf 12 Scherben dargebracht wird, tritt nach 2, 4, 39 gleiche Vertheilung ein und vier werden im Süden, vier im Norden aufgestellt. Im Einzelnen gibt die Paddhati folgende Anordnung für jenen an: östlich vom vierten, mit Belassung des Zwischenraumes für einen Kapâla, den fünften, in diesen Zwischenraum den sechsten; westlich vom vierten den 7., westlich davon den achten; von allen nördlich den 9.—11. so, dass sie im Osten schliessen. Also ergibt sich folgende Aufstellung, welche richtig bei Müller l. c. LXXVIII angegeben ist. Bei allen drei Kuchen liegt in der Mitte Nr. 3, 1, 2 (vom Osten angerechnet); beim achtscherbigen Agnikuchen nördlich davon Nr. 8 und 7, südlich Nr. 5, 4, 6; beim elfscherbigen Agni-Somakuchen im Norden Nr. 11, 10, 9, im Süden Nr. 5, 6, 4, 7, 8 und beim zwölfscherbigen Indra-Agnikuchen liegen im Norden Nr. 12, 11, 10, 9, im Süden Nr. 5, 6, 4, 7, 8.

Die Kapâla's sind ohne Zwischenraum, zusammenhängend und eben anzusetzen, so dass der Erdboden dazwischen nicht gesehen wird. Die Scherben der mittleren Reihe haben ein Mass von 2 Añgula's und sind quadratisch, die mittlere Reihe selbst ist somit 6 Añgula's lang; die südliche und nördliche dagegen etwas kürzer; denn da der Kuchen durch Bestimmung der Schildkrötenform (s. u.) in Kreisform ausgeführt und ferner über alle Kapâla's gerollt werden muss, so wird auch, wie der Comm. sagt, für die diesem dienende Kapâlaschichtung die Kreisform angenommen.

Die Kâpala's selbst sind durch Mittel wie Zerreiben (gharshaṇâdyupâyena, Mahâd. S. 197, 5: kapâlakalpanena) so zu gestalten,

---

1) Kât. 2, 4, 36: ebenso elf für den Agni-Soma gehörigen Kuchen. — 4, 2, 36: — ein Indra-Agni gehöriger Kuchen auf 12 Scherben für den kein Sâmnâyya spendenden. Baudh. 1, 8, 15. Âp. 1. 23, 3. — 9: cita sthordhvacita ity ûrdhvam ashṭâbhya upadadhâti tûshṇîm vâ. Bhâr. 1, 24, 10: evam evottaraṃ kapâlayogam upadadhâti. 11. ekâdaśa saṃpâdayati | dvâdaśa vaindrâgnasya. Hir. 1, 19, 11: ekâdaśakapâlasya yathâshṭâkapâlasyaivaṃ triṇy upadadhâti. 12. teshâṃ varshishṭhaṃ madhyamaṃ | dve madhyamât pûrve | tayoś cid asiti pûrvaṃ, yathoktam avântaradeśeshu cita sthety avaśishṭâny uttaratah. 13. dvâdaśakapâlasya yathaikâdaśakapâlasyaivaṃ.

2) Kât. 2, 4, 37: das Ueberschüssige im Süden.

dass der Grund (xetra) für die Kapâlaschicht (s. o.) als Kreis ausgefüllt wird.

Mit dem Spruch: „werdet glühend durch der Añgira's, der Bhṛigu's Gluth“ bedeckt er sodann mit brennenden Kohlen aus dem Gârhapatyafeuer die Kapâla's, um sie zu dem nachher auf ihnen erfolgenden Backen der Kuchen recht heiss zu machen[1]). Hierauf setzt der Âgnîdhra an dem Gârhapatya- (resp. Âhavanîya-) feuer die s. g. Upasarjanî-Wasser an, welche erhitzt werden um dann zur Mischung mit dem Mehl zu dienen[2]). — Ich trage jetzt die vom Adhvaryu zu vollziehende Ceremonie des Mahlens nach, welche mit den geschilderten Functionen des Âgnîdhra der Zeit nach, wie oben bemerkt, zusammenfällt.

Der Adhvaryu nimmt mit „Ein Fell bist du“ das schwarze Fell, schüttelt es in obiger Weise mit „abgeschüttelt ist das Raxas ...“ ab, berührt darauf die Wasser, breitet es, den Hals nach Westen, hin mit dem Mantra: „Aditi's Fell bist du, zu eigen erkenne dich Aditi[3])“ und ohne dass die Linke es loslässt, stellt er darauf mit der R. den Bodenstein, seine Spitze nach Osten gekehrt (prâgagrâṃ), mit dem Spruch: „Dhishaṇâ (ein Förderer der Ceremonie?) bist du, aus Stein gefertigt, zu eigen erkenne dich Aditi's Fell“[4]). Hierauf bringt er unter dem Bodenstein auf seiner hintern Seite die Śamyâ (Zapfen?) so an, dass deren Spitze nach Norden gerichtet ist und der Stein selbst nach Osten geneigt und unbeweglich ist[5]). Als Mantra dazu wird: „des Himmels Stütze bist du“ gesagt. Auf den Bodenstein legt er den Oberstein[6]) mit dem Mantra: „Dhishaṇâ bist

---

1) Kât. 2, 4, 38: mit „durch der Bhṛigu's ...“ (V. S. 1, 18) bedeckt er (die Kapâla's) mit Kohlen. Baudh. 1, 8, 13. 14. — athainâni yogena yunakti yâni gharme T. S. 1. 1, 7k yuñktâm (für muñcatâm). Âp. 1, 23, 10. Bhâr. 1, 24, 14. Hir. 1, 19, 14.

2) Kât. 2, 5, 1: die Upasarjanî-Wasser setzt er an. Baudh. 1, 8 a. E. Âp. 1, 23, 10. Bhâr. 1, 24, 15.

3) Kât. 2, 5, 2: der (Adhvaryu) nimmt das schwarze Fell; in obiger Weise (verfährt er) in Beziehung auf das Fell. Baudh. 1, 7, 1: atha prokteshu trishphalîkṛiteshu (als Antwort auf 1, 6, 21 s. o.) tathaiva kṛishṇâjinam avadhûnoty ûrdhvagrîvam udañn âvṛitya etc. (s. S. 28) Âp. 1, 21, 3: atra kṛishṇâjinasyâdânâdi prâg adhivartanât kṛitvâ — Bhâr. 1, 23, 1. Hir. 1, 18, 7.

4) Kât. 2, 5, 3: auf dasselbe (legt er) die Dṛishad mit „dhishaṇâ bist du ...“ (V. S. 1, 19).

5) Kât. 2, 5, 4: hinten schiebt er die Śamyâ unter, nach Norden gerichtet, mit: „des Himmels ...“ (V. S. 1, 19).

6) Ich wähle die Ausdrücke „Oberstein“ und „Bodenstein“ nach den in unseren Mühlen für die beiden Mahlsteine gebräuchlichen Bezeichnungen.

du, aus Stein gebildet, zu eigen erkenne dich der Stein“, seine Spitze nach Norden gerichtet [1]). Nachdem er hierauf die Körner auf den Bodenstein mit dem Spruch: „Getreide bist du, erfreue die Götter“ geworfen, mählt er Mantra für Mantra mit den Formeln: „zum Einathmen (mahle ich) dich“ „zum Ausathmen (mahle ich) dich“ „zum Lebensathem (mahle ich) dich“ [2]). Ausführlicher sind hierbei die andern Śâkhâ's, von denen ich Âp. in den Text setze. 1, 21, 8: prâṇâya tveti prâcîm upalâṃ prohaty apânâya tveti pratîcîṃ 7) vyânâya tveti madhyadeśe vyavadhârayati 8) prâṇâya tvâ 'pânâya tvâ vyânâya tveti saṃtataṃ pinashṭi dîrghâm anu prasitim âyushe dhâm iti prâcîm antato 'nuprohya —

Nachdem der Adhvaryu die Körner zu Mehl gemacht [3]) sagt er: „in langer Dauer legte ich dich hin zum Leben; Gott Savitṛi mit goldner Hand ergreife euch mit unverletzter Hand“ und stösst das auf dem Bodenstein befindliche Mehl mit dem Oberstein im Osten auf das Fell hinunter, worauf er mit dem Spruch „(ich blicke) auf dich zum Schauen“ das auf das Fell gefallene Mehl

---

1) Kât. 2, 5, 5: auf die Dṛishad die Upalâ mit: „dhishaṇâ bist du ..“ (V. S. 1, 19). Baudh. und die übrigen in etwas anderer Reihenfolge 1, 7, 3: tasminn (auf das Fell) udîcînakumbâṃ śamyâṃ nidadhâti divaskambhanir asi prati tvâdityâs tvag vettv iti. 4. tasyâṃ prâcîṃ dṛishadam adhyûhati dhishaṇâsi parvatyâ prati tvâ divaskambhanir vettv iti. 5. dṛishady upalâm adhyûhati dhishaṇâsi etc. Âp. 1, 21, 3. Bhâr. 1, 23, 2. ff. Hir. 1, 18, 8 ff. Manu s. Comm. zu Kât.

2) Kât. 2, 5, 6: nachdem er mit „Getreide bist du ..“ (V. S. 1, 20) die Körner darauf geworfen hat, mählt er mit „zum Einathmen dich ..“ (V. S. 1, 20) Mantra für Mantra. Baudh. 1, 7, 6: tasyâṃ (dṛishadi) puroḍâśîyân adhivapati devasya tvâ savituḥ prasave 'śvinor bâhubhyâṃ pûshṇo hastâbhyâm agnaye jushṭam adhivapâmi. 7) agnîshomâbhyâm amushmâ amushmâ iti yathâdevatam. 8) adhivadate dhânyam asi dhinuhi devân dhinuhi yajñaṃ dhinuhi yajñapatiṃ dhinuhi mâṃ yajñapatiṃ yajanîyam iti. 9) piṅshati (so d. Mscr.) prâṇâya tvâpânâya tvâ vyânâya tveti. 10) bâhû anvavexate T. S. 1, 1, 6[1]. Âp. 1, 21, 5. aṅśava stha madhumanta iti taṇḍulân abhimantrya devasya tvety anudrutyâgnaye jushṭam adhivapâmîti yathâdevataṃ dṛishadi taṇḍulân adhivapati trir yajushâ tûshṇîṃ caturthaṃ. 6. s. Text. Bhâr. 1, 23, 5. ff. Hir. 1, 18, 12. ff.: aṅśava stha madhumanta iti taṇḍulân avexate | devasya tveti dṛishadi taṇḍulân adhivapati trir yajushâ tûshṇîṃ caturthaṃ prâṇâya u. s. w.

3) Obwohl die Paddhati mit Rücksicht auf Sûtra 2, 5, 9 erst noch die Funktionen des gleichzeitig mit dem Mahlen in die Handlung eingreifenden Opferers beschreibt, ziehe ich, um die eine Handlung nicht zu unterbrechen und zugleich den anderen Sûtren gerecht zu werden, erst das Angefangene zu vollenden vor, obwohl dies chronologisch nicht ganz correct ist.

anblickt[1]). Nach den andern Sûtren setzt jetzt die Gattin oder eine Dienerin das Mahlen fort[2]).

Während die Körner gemahlen, die Kuchentäfelchen vom Âgnîdhra mit Kohlen erhitzt werden, tritt nach Kât. als dritter der Yajamâna in die Handlung ein, indem er die Butter herausnimmt und den Veda macht[3]), welch letzterer nach den andern Sûtra's, wie oben gezeigt, früher angefertigt wird[4]).

Der Yajamâna sagt: „der mächtigen (Kühe) Milch bist du“ und nimmt aus dem Topf Âjya[5]) und thut dieselbe in die Âjyasthâlî[6]).

Mit dem Spruch: „Veda bist du, o Veda; wodurch du, o göttlicher Veda, der Veda für die Götter wurdest, dadurch sei mir Veda“ macht er darauf den eine Spanne langen Veda, welcher aus einer Handvoll Kuśagras besteht und je nach dem Wunsche des Opferers verschiedene Form hat. Wünscht er Vieh, so macht er denselben einem Kalbsknie ähnlich, nach links gedreht; wünscht er Brahmanglanz, dann macht er ihn aus drei Seilen geflochten, die mit Lehm bestrichen sind; wünscht er Speise, dann gibt er ihm die Form eines geflochtenen Korbes (mûta), welchen der Comm. zu 1, 3, 23 als dhânyâvâpapâtraṃ triṇavartyâdinirmitam d. h. als ein Gefäss,

---

1) Kât. Śr. S. 2, 5, 7: mit „zu langer ..“ (V. S. 1, 20) wirft er (die gemahlenen) auf das schwarze Fell. 8) Mit: „zum Schauen dich ..“ blickt er darauf. îxe ist im Mantra nach Comm. zu Kât. Śr. S. 1, 3, 3 zu ergänzen. Baudh. 1, 7, 11: kṛishṇâjine pishṭâni praskandayati devo vaḥ — gṛihṇâtv iti T. S. 1, 1, 6k. Âp. 1, 21, 9. Bhâr. 1, 23, 12. 13. Hir. 1, 18, 19.

2) Baudh. 1, 7, 12: haviḥ peshyai (Mscr. u. Comm.) prayachann âhâsaṃvapantî piṅshâṇûni kurutâd iti. 13. piṅshati. Âp. 1, 21, 9: avexyâsaṃvapantî piṅshâṇûni kurutâd iti saṃpreshyati. 10. dâsî pinashṭi patnî vâ. 11. api vâ patny avahanti śûdrâ pinashṭi. Bhâr. 1, 23, 14: havishkṛitaṃ preshyaty asaṃvapantî piṅshâṇûni kurutâd iti. 24, 1: patnî pinashṭi dâsî vâ. Hir. 1, 18, 20—22.

3) Kât. Śr. S. 2, 5, 9: Während (die Körner) gemahlen werden, nimmt der andere mit: „der Gewaltigen ..“ (V. S. 1, 20) Âjya heraus. Baudh. 1, 10, 1: atha tiraḥ pavitraṃ âjyasthâlyâm âjyaṃ nirvapati mahînâṃ payo 'sy oshadhînâṃ rasas tasya te xîyamâṇasya nirvapâmi devayajyâyâ iti. Bhâr. 1, 25. a. E.

4) Baudh. 1, 2, 30 nach dem Abschneiden des Barhis (s. o.) und vor dem Anfertigen des Zweigpavitra; demnach schon am vorhergehenden Tage. Âp. 1, 14 a. E. Bhâr. 1, 10. 4. Hir. 1, 7. cf. 1, 12 a. E. śvobhûte idhmâbarhir vedaṃ ca karoti — 13, 1: sadyaskâlâyâm uparishṭâd vedakarmaṇo 'gnîn paristṛiṇâti. cf. Seite 15 Anm. 2.

5) Wo Âjya in einem Sûtra genannt ist, versteht man nach Kât. 1, 8, 36 ghṛita d. h. gewöhnliche nicht hergerichtete Butter.

6) Die Âjyasthâlî ist Karmaprad. 2, 5, 9 erklärt. Sie ist aus glänzendem Metall oder irden

Getreide hineinzuthun, aus Grasbüscheln etc. gefertigt[1] definirt. Auch wenn der Opferer keinen Wunsch hat, gelten die genannten drei Vedaformen.

Beim Neumondopfer wird, im Fall ein Sâmnâyya dargebracht wird, nach dem Binden des Veda und am Ende des Herabstossens des Mehles auf das schwarze Fell, aber vor dem Anblicken des havis mit: „zum Schauen dich" in einem anderen als oben gebrauchten Gefäss die Morgenmelkung vollzogen, welche ebenso wie die Abendmelkung mit dem Hinzulassen der Kühe beginnt und mit dem Reinigen des Melkkübels endet[2]).

Der Adhvaryu legt, nachdem die Körner gemahlen, das Mehl auf das Fell geworfen, die Melkung ev. vollzogen ist und er das Mehl angeblickt hat, die beiden Reiniger in eine Schüssel[3]), nimmt das Mehl von dem Fell und wirft es in dieselbe mit dem Spruch: „auf das Geheiss des Gottes Savitṛi, mit den Armen der Aśvin's, mit Pûshan's Händen lege ich dich hinein"; dann nimmt er sie mitsammt dem Mehl, steht auf und lässt sich (nach den Kâṇva's) hinter dem Kochfeuer, oder (nach den Mâdhyandina's) im Innern des Platzes, an welchem nachher die Vedi gegraben werden soll, nieder; die Schüssel setzt er dorthin[4]). Der

1) Kât. 1, 3, 23, also in den Paribhâsha's, unter welche dies darum eingereiht ist, weil die Formen des Veda für alle Opfer gemeinsam sind. Dass für das Neu- und Vollmondsopfer hier das Anfertigen desselben einzufügen ist, ergibt sich aus der Paddhati, welche durch Kât. 1, 3, 22 und 2, 5, 9 bestätigt wird. Jenes Sûtra schreibt vor, dass der Veda nach dem Herausnehmen der Butter herzustellen ist, dieses ordnet das Herausnehmen der Butter beim DP während des Mahlens an, also auch das Anfertigen des Veda. Die andern Sûtren, von denen der Comm. zu Kât. Baudh. (= Taittirîya S.) und Âp. anführt, sind nicht wesentlich verschieden. Eine Beschreibung des Veda geben auch Manu und Laugâxi (siehe die Citate im Comm. zu Kât. 1, 3, 23), doch ist mir dieselbe nicht in allen Einzelheiten klar geworden.

2) Die Zeit ist Kât. 4, 2, 37 angegeben: nachdem er die Butter herausgenommen, wird die Morgenmelkung in einem andern Gefäss (vollzogen). Da nach den Paribhâsha's das Herausnehmen der Butter mit dem Anfertigen des Veda verbunden ist, setzt die Paddh. das Melken mit „vedabandhânantaram" ganz correct an. Die andern oben gemachten Angaben sind ebenfalls der Paddh. entlehnt, an deren Correctheit ich zu zweifeln keinen Grund habe. Baudh. lässt die Morgenmelkung schon nach dem Phalîkaraṇa vollziehen. Bhâr. 1, 15.

3) Nach dem Comm. zu 2, 5, 10 ein grosses Gefäss mit besondrer Form; nach Kât. 1, 3, 36 aus Varaṇaholz, nach dem Comm. dazu einen Aratni ($^1/_2$ Elle vom Ellbogen zur Spitze des kleinen Fingers) gross und in der Mitte schmal. Müller pag. XXXVII.

4) Kât. 2, 5, 10: In die mit den Reinigern versehene Schüssel wirft er

Âgnîdhra legt den Sphya[1]) in die Linke, nimmt die Aufguss(Upasarjanî-)wasser von dem Feuer und bringt sie südwärts vom Adhvaryu. Der

Adhvaryu sagt den Spruch: „Es mögen die Wasser mit den Pflanzen sich mischen, die Pflanzen mit dem Saft; mischen sollen sich die spiegelnden mit den schnell wachsenden, die süssen mit den süssen" und am Ende dieses Mantra's giesst der

Âgnîdhra über die vom Adhvaryu in der R. gehaltenen zwei Reiniger das heisse Wasser auf das Mehl[2]). Der

Adhvaryu sagt: „ich mische dich zur Zeugung" und mischt das Wasser mit dem Mehl[3]), theilt die Mischung in Hälften und

---

das Mehl mit: „dich auf des Gottes ..." (V. S. 1, 21). (Nach den Harisvâmins wirft er mit Hilfe des Felles, das er von seinem Platz entfernt, das Mehl hinein). Ib. 11: hinter dem Kochfeuer lässt er sich nieder oder innerhalb des Vediplatzes. — Baudh. 1, 9, 1: athottareṇa gârhapatyam upaviśya vâcaṃyamas tiraḥ pavitraṃ pâtryâṃ krishṇâjinât pishṭâni saṃvapati devasya — hastâbhyâm agnaye jushṭaṃ saṃvapâmy agnîshomâbhyâm amushmâ iti yathâdevataṃ. Âp. 1, 24, 1: — trir yajushâ tûshṇîṃ caturthaṃ. 2. saṃvapan vâcaṃ yachati. 3. tâm abhivâsayan visṛjate. Bhâr. 1, 24, 16. Hir. 1, 19, 15.

1) Kât. 1, 10, 7.

2) Kât. 2, 5, 12: Die Aufgusswasser giesst der andre ein. 13. er (der Adhv.) fängt dieselben mit den beiden Reinigern auf mit: „zusammen die Wasser.." (V. S. 1, 21). — Die befolgte Anordnung ergibt sich aus den Worten der Paddh., der Âgnîdhra solle das Hineingiessen so vollziehen, dass der Adhvaryu am Ende des Mantra auffängt. Es ist dies die Consequenz von Kât. 1, 3, 5. 7, wonach der Anfang der Handlung mit dem Ende des Mantra zusammen fallen muss. Baudh. 1, 9, 2: atha parikarmiṇam âha: âharâpa ânayeti. 3. âharati praishakâraḥ praṇîtâbhyaḥ sruveṇopahatya vedenopayamya pâṇim vântardhâyaivaṃ madantîbhyaḥ. 4. tâ ubhayîr âniyamânâḥ pratimantrayate (adhv.) sam âpo etc. 5. athânupariplâvayati. T. S. 1, 1, 8d. Âp. 1, 24, 4: proxanîvat pishṭâny utpûya praṇîtâbhiḥ saṃyauty anyâ vâ yajushotpûya yadi praṇîtâ nâdhigachet. 5. sruveṇa praṇîtâbhya âdâya vedenopayamya sam âpo adbhir agmateti pishṭeshv ânîyâ, 'dbhyaḥ pari prajâtâ iti taptâbhir anupariplâvya — Bhâr. 1, 25, 1: athainâni pavitrâbhyâm utpunâti devo vaḥ savitotpunâtv iti. 2. paccho gâyatryâ praṇîtâbhir havîṅshi saṃyauty anyâ vâ yajushotpûya. 3. sruveṇa praṇîtâbhya âdâya vedenopayatyâharati. 4. sam âpo adbhir agmateti pishṭeshv ânayati. 5. adbhyaḥ T. S. 1, 1, 8d iti taptâbhiḥ pradaxiṇam paryâplâvayati. Hir. 1, 19, 18: haryas tvâ vârâbhyâm utpunâmîty udagagrâbhyâṃ pavitrâbhyâṃ pishṭâni trir utpunâti devo va iti vâ. 19. sruveṇa praṇîtânâm âdâya vedenopayamya sam âpa iti pishṭeshv ânayati. 20. yadi praṇîtâ na vidyeta (?) .. anyâ eva kâś câpo yajushotpûya tâbhiḥ saṃnayed ity âpadarthavâdaḥ. 21. adbhyaḥ pari prajâtâ stheti taptâ ânayati. 22. sam adbhiḥ pṛcyadhvam iti pradaxiṇam anupariplâvayati.

3) Kât. 2, 5, 14: er mischt mit: „zur Zeugung dich ..." (V. S. 1, 22.) Baudh. 1, 9, 6. Âp. 1, 24, 4. Bhâr. 1, 24, 5. 6. Hir. 1, 19, 23.

macht aus denselben zwei Klösse, die er in die Schüssel legt, das erste im Süden, das andere im Norden [1]) und der Reihe nach berührt, jenes mit: „dies ist Agni's", dieses mit „dies ist Agni-Soma's" (resp. „Indra-Agni's") [2]). Der

Âgnîdhra nimmt hierauf mit der L. den Veda [3]), sagt: „(ich stelle) [4]) dich (an) zur Speise" und setzt an dem Gârhapatya, (hat der Opferer keine Gattin und kocht er am Âhavanîya, dann an diesem [5])) im Süden die Butter in der Âjyasthâlî [6]) an. Gleichzeitig sagt der

Adhvaryu „ein Gluthgefäss bist du, alles Leben enthaltend" und während die Butter angesetzt wird, setzt er mit untergehaltenem Sphya das erste Kloss auf die 8 Kapâla's, von denen er zuvor die (vorhin darauf gelegten) Kohlen weggeschafft hat [7]), das zweite Kloss auf die 11 (12) Scherben in derselben Weise. Er sagt hierauf den Spruch: „zu grosser Breite breite weit dich aus; dein

---

1) Kât. 1, 7, 25; 10, 5.

2) Kât. Śr. S. 2, 5, 15: in gleicher Weise (die Mischung) getheilt habend mit der Absicht, (diese beiden Theile) nicht wieder zu vermischen, berührt er sie mit „dies ist Agni's"; „dies ist Agni-Soma's" (V. S. 1, 22). ib. 16: Je nach der Gottheit anders. Baudh. 1, 9, 7: saṃyutya vyûbyâbhimṛiśati etc. 8. piṇḍaṃ karoti makhasya śiro 'siti. Âp. 1, 24, 5 — saṃyutya, makhasya śiro 'siti piṇḍam kṛitvâ, yathâbhâgaṃ vyâvartethâm iti vibhajya, samau piṇḍau kṛitvâ, yathâdevatam abhimṛiśatîtîdam agner etc. Bhâr. 1, 25, 6. 7. Hir. 1, 19, 24. 25; 20, 1.

3) Der Veda nach Kât. 1, 10, 6, da es hier sich um ein mit Butter versehenes Gefäss handelt.

4) adhiśrayâmi ist zu ergänzen nach Kât. Seite 47.

5) Am Âhavanîya darf auch für den stets an diesem kochenden der Buttertopf nur dann angesetzt werden, wenn er seiner Gattin durch Verreisen, Krankheit, Tod etc. beraubt ist; sonst stets am Gârhapatya, da an diesem alle Saṃskâra's vollzogen werden (Kat. 1, 8, 34). Kât. Śr. S. 2, 5, 18: am Âhavanîya (setzt er ihn) für einen dort kochenden an, wenn derselbe gattinnenlos ist. Einzelne Lehrer geben hier noch speciellere Vorschriften, bezüglich welcher ich auf den Comm. zu dem Sûtra verweise.

6) Kât. Śr. S. 2, 5, 17: mit „zur Speise dich" setzt der andre die Butter (âjya) an. Dass unter anya stets der Âgnîdhra ausser beim Herausnehmen der Butter gemeint ist, sagt Mahâdeva 203, 2. Bei Baudh. geschieht das Ansetzen der Butter erst später.

7) Kât. Śr. S. 2, 5, 19: mit „ein Gluthgefäss bist du .." (V. S. 1, 22) (setzt er) den Kuchen zugleich (mit der Butter an) Baudh. 1, 9, 8: taṃ daxiṇeshâṃ kapâlânâṃ pratyûhyâñgârâṅs teshv adhipriṇakti gharmo 'si etc. Âp. 1, 24, 6: idam ahaṃ senâyâ abhîtvaryai mukham apohâmîti vedena kapâlebhyo 'ñgârân apohya gharmo 'si viśv. ity âgneyaṃ puroḍâśam ashṭâsu kapâleshv adhiśrayati| evam uttaram. Bhâr. 1, 25, 8. 9. Hir. 1, 20, 2. 6. 7.

Opferherr breite weit sich aus“ und breitet das Kloss über alle Kapâla's nach ihrer Ausdehnung hin auf, nicht aber über sie hinaus und zwar so, dass die Kapâlaschichtung, welche einen Kreis von 6 Fingern im Durchmesser bildet, damit zusammen trifft [1]). In derselben Weise rollt er den zweiten Kuchen auf. Hierauf sagt er je einmal [2]) den Spruch: „Agni verletze deine Haut nicht“ und berührt der Reihe nach die beiden Kuchen von allen Seiten ein- oder dreimal mit Wasser, macht dadurch sie weich und fügt so, wo beim Aufrollen etwas gespalten ist, dies wieder zusammen [3]).

Es wird hierauf das Entfernen des hängen gebliebenen Mehlteiges, den man später opfert, durch Reinigung der Schüssel sowie der Finger vollzogen, da wegen der Nähe des Feuers und des Verlaufs der Zeit der Teig eintrocknen würde und nachher das Waschen schwer zu vollziehen wäre [4]).

Sodann nimmt der Adhvaryu vom Gârhapatya [5]) eine Kohle oder Feuerbrand, sagt: „vernichtet ist das Raxas, vernichtet die Arâti's“ und vollzieht die s. g. Paryagniceremonie, indem er jene Kohle um die Âjyasthâlî und die beiden Kuchen herum führt von links nach rechts herum, wirft darauf die Kohle in das Feuer

---

1) Kât. 2, 5, 20: mit „zu grosser Breite ..“ (V. S. 1, 22) breitet er (das Kloss) über alle Kapâla's aus, nicht breiter als sie (anatipṛithu). Dass „shaḍaṅgulavṛitta“ sich auf den Durchmesser bezieht, ist durch die obige Angabe, dass Kapâla 1, 2, 3 je 2 Aṅgula lang sind, erwiesen. Baudh. 1, 9, 9: prathayaty uru — prathatâm iti. 10. taṃ tanvan taṃ kûrmaprakâraṃ karoti. Âp. 1, 25, 2: uru — prathatâm iti puroḍâśaṃ prathayan sarvâni kapâlâny abhiprathayati. 3) atuṅgam anapûpâkṛitiṃ kûrmasyaiva pratikṛitim aśvaśaphamâtraṃ karoti | yâvantaṃ vâ manyate. — Bhâr. 1, 26, 1. 2. Hir. 1, 20, 8 ff.

2) Kât. 1, 7, 9.

3) Kât. Śr. S. 2, 5, 21: mit „Agni dein ..“ (V. S. 1, 22) berührt er mit Wassern ein- oder dreimal. Mânava (cf. Comm. zu Kât.) pishṭalepenâvixârayaṅstriḥ parimârshṭi. Baudh. 1, 10, 5: atha pâtryâm apa ânîya daxiṇasya puroḍâśasya tvacaṃ grâhayati tvacaṃ gṛihṇîshveti triḥ. 6. athottarasya. Âp. 1, 25, 5: tvacaṃ gṛih. adbhiḥ ślaxṇîkaroty anatixârayan. Bhâr. 1, 26, 3: pâtryâm apa ânîya pradaxiṇaṃ lepenânuparimârshṭi tv. gṛih. ekaikaṃ. 4. nâtixârayati. Hir. 1, 20, 11. Ich habe diese an den Kuchen vorzunehmenden Handlungen so, wie die Paddh. es angibt, dargestellt, indem ich das Ansetzen (a), Ausbreiten (b), Berühren (c) jedes einzeln, zuerst an dem einen, dann an dem andern vollzogen darstellte. Die Worte des Comm. zu 21: atrâdhiśrayaṇaṃ prathanam adbhir abhimarśanaṃ ceti trayam ekaikasya kṛitvâparasya kartavyam scheinen mir nicht unbedingt zu widersprechen.

4) Im Kât. ist dies zwar nicht besonders vorgeschrieben, wird aber schon 2, 5, 26 als vollzogen vorausgesetzt.

5) Nur von diesem. Kât. 1, 8, 34.

führt die Hand in der entgegengesetzten Richtung zurück, und berührt (weil die Raxas genannt sind), die Wasser[1]). Bringt er am Neumond ein Sâṃnâyya, so wird um die süsse Milch das Paryagni nicht ausgeführt. Der Adhvaryu sagt jetzt: „es backe dich Gott Savitṛi am breitesten Himmel" und bäckt mit darüber gehaltenen brennenden Darbhagrashalmen den ersten und ebenso den zweiten Kuchen[2]), sagt dann: „spalte nicht, nicht brich zusammen" und berührt die Kuchen der Reihe nach, um zu prüfen, ob sie gebacken sind oder nicht[3]). Im letzteren Falle lässt er sie weiter backen. Im ersten Falle jedoch bedeckt er sie mit dem Veda oder Upavesha mit mit heissen Kohlen gemischter Asche und sagt dabei: „nicht schlaff sei das Opfer, nicht schlaff für den Opferer die Nachkommenschaft"[4]).

Hiernach wärmt er mit brennenden, am Gârhapatya angezündeten Darbhahalmen oder mit einem Feuerbrand das in der Schale befindliche, eben zum Reinigen der Schale und Finger gebrauchte Waschwasser, zieht darauf nördlich von dem Vihâra mit dem Sphya drei Linien, die erste im Westen, die letzte im Osten (1, 7, 25) und giesst auf dieselben, zuerst im Osten, zuletzt im Westen das erwärmte Wasser, so dass es nicht zusammenläuft, mit den Mantra's: „Om 3 dem dritten Âptya dies"; „Om 3 dem zweiten Âptya dies"; „Om 3 dem ersten Âptya dies", welche dem jedesmaligen Giessen vorangehen[5]). Ist dies vollzogen, so setzt der Adhv.

1) Kât. Śr. S. 2, 5, 22: er vollzieht das Paryagni (das Herumtragen des Feuers) mit: „beseitigt ist das Raxas, b. d. Ar." zugleich mit um die Butter. Baudh. 1, 10, 7. Âp. 1, 25, 6: — sarvâṇi havîṅshi triḥ —. Bhâr. 1, 26, 5. Hir. 1, 20, 12: antaritaṃ raxa ity ulmukena triḥ paryagni karoti pari vâjapatir iti vâ.

2) Kât. Śr. S. 2, 5, 23: mit „des Gottes dich . ." (V. S. 1, 22) das Kochen. Manu (Comm. zu Kât.): devas tvety ulmukenâbhitâpayati darbhais tvacaṃ grâhayati. Baudh. 1, 10 8. 9. Âp. 1, 25, 6: devas tvâ — ity ulmukaiḥ pratitapati. 7. agnis te tanuvam T. S. 1, 1, 8ⁿ iti darbhair abhijvalayati jvâlair vâ. Bhâr. 1, 26, 6. 7. Hir. 1, 20, 13. 14.

3) Kât. Śr. S. 2, 5, 24: mit „spalte nicht" berührt er (die Kuchen).

4) Kât. 2, 5, 25: mit „nicht schlaff" (V. S. 1, 23) bedeckt er die gebackenen mit Asche, mit dem Veda oder Upavesha. Kâṭhaka: sâṅgâreṇa bhasmanâ. Baudh. 1, 10, 11: atha daxiṇaṃ puroḍâśaṃ bhasmanâbhivâsya vedenâbhivâsayati (?) saṃ brahmaṇâ pṛicyasveti triḥ. 12. athottaraṃ. 13. avidahantaḥ śrapayateti vâcaṃ visṛijate. Âp. 1, 25, 8: avidahantaḥ ś. v. visṛijate. 9. âgnîdhro havîṅshi suśṛitâni karoti. 10. saṃ brahmaṇâ p. vedena puroḍâśe sâṅgâraṃ bhasmâdhyûhati. 11. atra vâ vâcaṃ visṛijet. Bhâr. 1, 26, 8. 9. Hir. 1, 20, 15: saṃ brahmaṇâ p. vedena sâṅgâraṃ bhasmâbhyûhati brahma gṛihṇîshveti vâ 'vidahantaḥ etc.

5) Kât. 2, 5, 26: Nachdem er das zum Reinigen der Schale und der Fin-

den am Ende des Opfers als Spende für die vier Priester dienenden von Körnern hergestellten Muss, der reichlich genug sein muss, um sie zu sättigen, das s. g. Anvâhârya auf dem Daxiṇafeuer an [1]).

Auch hier kann die Observanz angetreten werden [2]).

Es folgt jetzt (nach einigen aber nur beim Vollmondsopfer, beim Neumondsopfer dagegen am Tage vorher) das Ausmessen und das Graben der Vedi [3]), eines bei den verschiedenen Opfern in verschiedenen Dimensionen gebildeten Platzes im Innern des Vihâra.

Hinter dem Âhavanîyafeuer [4]) zieht er die von Osten nach Westen gestrekte s. g. Prâcîlinie nach Baudh. 96 Añgula's lang und gibt der Vedi die Form eines Oblongs, dessen Ostseite 48, dessen Westseite 64 Añgula's beträgt. Dies geschieht in folgender Weise. Er befestigt an der Prâcî zwei Pflöcke an ihrem Ost- und Westende. Auf der Ost- und Westseite eines jeden dieser

---

ger gebrauchte Waschwasser mit einem Feuerbrand erwärmt hat, giesst er es für die Âptyagötter nach Westen, so dass es nicht zusammenfliesst, aus, mit: „dem dritten dich ..“ (V. S. 1, 23). Baudh. 1, 10, 14: atraitat pâtrîsañxâlanaṃ gârhapatyâd añgâreṇâbhitapya hṛitvântarvedi pratîcînaṃ tisṛishu lekhâsu ninayaty ekatâya svâhâ, dvitâya sv. etc. Âp. 1, 25, 12: añgulipraxâlanaṃ pâtrînirṇejanaṃ colmukenâbhitapya sphyenântarvedi tisro lekhâ likhati prâcîr udîcîr vâ. 13. tâsv asaṃsyandayaṅs trir ninayati pratyagapavargam ekatâya svâhetyetaiḥ pratimantraṃ. 14. ninîya vâbhitapet. Bhâr. 1, 26, 10. Hir. 1, 20, 18: — apareṇâhavanîyam apareṇa vâ gârhapatyaṃ — paścât paścâd asaṃsyandayan —

1) Kât. 2, 5, 27: das Anvâhârya setzt er am Südfeuer an.

2) Kât. 2, 5, 28.

3) Baudh. 1, 2, 30: vediṃ karoti prâg uttarât parigrahât. Diese Angabe stimmt mit Kât. überein; das Ausmessen dagegen finde ich bei Baudh. nicht besonders erwähnt. Âp. 1, 14 a. E. Bhâr. 2, 3, 6: adhiśriteshu havihshu paurṇamâsyâṃ vediṃ kuryât. 7. pûrvedyuḥ prâg barhisha âhanâd amâvâsyâyâṃ. Hir. 1, 22, 9: atra (d. h. adhiśriteshu havihshu) paurṇamâsyâṃ vediṃ karoti. 10. pûrvedyur amâvâsyâyâṃ purastâd barhisha âharaṇât. 11. yat prâg uttarasmât parigrahât tat pûrvedyuḥ karoti saha vottareṇa parigrahât. Auch Prayoga B_2 stellt die Ausführung der Vedi als am vorhergehenden Tage vollzogen dar. Sehr ausführlich ist B_1, welcher zu derselben Zeit auch die andern vor dem zweiten Parigraha geschehenden auf die Vedi bezüglichen Ceremonien, Nehmen des Veda, Glätten der Vedi, Stambayajurharaṇa etc. beschreibt.

4) Kât. 2, 6, 1: hinter dem Âhav. gräbt er die Vedi. 3. im Westen einen Vyâma, 4. die Prâcî drei Aratni's lang. 5. oder unbegrenzt. Âp. 2, 1, 1: oṃ devasya tvâ savituḥ prasava iti sphyam âdâyendrasya bâhur asi daxiṇa ity abhimantrya haras te mâ pratigâm iti darbheṇa saṃmṛijyâpareṇâhavanîyaṃ yajamânamâtrîm aparimitâṃ vâ prâcîṃ vediṃ karoti yathâsannâni havînshi saṃbhavet. 2. evaṃ tiraścîṃ. Bhâr. 2, 1, 2. Hir. 1, 20, 20: apareṇâhavanîyaṃ yajamânamâtrîṃ vediṃ karoti yâvadarthâṃ tiraścîṃ.

Pflöcke befestigt er in gleichen Distanzen zwei andere. Hierauf nimmt er einen Strick von der Länge, welche man der Seite des Oblongs zu geben wünscht (also 48 resp. 64 Añgula's), macht Schlingen an beiden Enden und ein Zeichen in seiner Mitte (bei 24 resp. 32 Añg.), bindet darauf die Schlingen an die beiden der drei östlichen Pflöcke, welche auf der Aussenseite stehen, zieht den Strick, ihn an dem Zeichen haltend, nach Süden und wo dies Zeichen den Grund berührt macht er ein Zeichen; bindet dann beide Schlingen an den mittleren Punkt, zieht den Strick über das am Boden befindliche Zeichen nach Süden und befestigt einen Pflock dort, wo das an dem Strick befindliche Zeichen den Boden berührt. So erhält man den südlichen und, wenn man den Strick in derselben Weise nach Norden zweimal zieht, den nördlichen Añsa. Da die Ostseite der Vedi die kürzere ist, so war hier der 48 Añgula lange Strick zu wählen; mit dem anderen von 64 Añgula Länge verfährt man in gleicher Weise um die Nord- und Südśroṇi zu gewinnen[1]).

Eine andere Art ein Viereck zu construiren ist Śulva S. 42 ff. angegeben. Hat man eine Schnur, welche um die Hälfte länger als die Seite des beabsichtigten Vierecks (resp. die prâcî) ist, genommen und an ihren beiden Enden Schlingen gemacht, so macht man ein Zeichen an sein westliches Drittel, weniger ein Sechstel dieses Drittels. (In einem Viereck, dessen Seite oder Prâcî = 96 ist, addirt man also zu dieser 48, = 144; da die Schnur im Verhältniss von 13 : 5 $\left(\frac{13}{6}+\frac{5}{6}=\frac{18}{6}\right)$ getheilt ist, so wird das Zeichen hier bei 104 befestigt (104 Añgula's = 13 . 8 Añgula's). Dies ist das s. g. Nyañchanazeichen. Ein zweites Zeichen, welches zur Fixirung der Ecken dient, ist an dem gewünschten Punkte zu machen (an dem Punkte, welcher die Länge bezeichnet, welche

1) Baudh. Ś. S. 72 selbst fasst sich kürzer und sagt „the western side (of this vedi) is of that length (96 añgulis) less a third part, the eastern side of half the length; thus having made an oblong which is shorter on one side poles are to be fixed on its four corners (Thibaut). Bezüglich der Construction dieses Oblongs verweist Thibaut auf Sûtra 55; da dies aber von der Verwandlung eines Vierecks in ein solches, das auf einer Seite schmäler ist, handelt, so bin ich oben der Thibaut'schen Uebersetzung von Sûtra 36 ff. gefolgt und habe 41: yatra purastâd añhîyasiṃ minuyât tatra tadardhe laxaṇaṃ karoti mit in die Darstellung eingeflochten. Ich muss jedoch hinzufügen, dass ich nicht weiss, ob diese oder die folgende Form das Oblong zu erhalten die gebräuchlichere war.

man der Seite des Vierecks zu geben wünscht). Da in unserem Falle das Viereck nicht gleichseitig, so sind natürlich zwei Zeichen zu machen, eins bei 24 und eins bei 32 Añgula's. Hat man hierauf die zwei Enden an die Enden der Prâcî gebunden und mittelst des Nyañchana nach Süden (resp. Norden) gezogen, so fixirt man die vier Ecken mit Hilfe der zweiten Zeichen. Die Theilung der Schnur in 104+40 Añgula's nämlich bringt, wenn man sie an die Prâcî von 96 Añg. Länge befestigt, ein rechtwinkliges Dreieck zu Wege ($40^2 + 96^2 = 104^2$). Streckt man also diese Schnur, mit Hilfe des Nyañchana nach Süden und Norden, so erhält man den Süd- und Nordaṅsa, indem man bei dem Zeichen am 24. Añgula sie fixirt (24+24 = der verlangten Länge der Ostseite); kehrt man dann die Schnur um, indem man die Schlingen vertauscht (d. h. bindet man die am Ostende der Prâcî befindliche Schlinge an das Westende und die des Westendes an das Ostende), so erhält man durch Ziehung der Schnur nach Süden und Norden die Süd- und Nordśroṇi, indem man sie bei dem bei 32 Añgula's gemachten Zeichen fixirt [1]).

Der letzt erwähnten Methode nähert sich die eine im Comm. zu Kât. 2, 6, 8 angegebene. Nachdem man einen Strick von 6 Aratni's, also dem doppelten Mass der bei Kât. 3 Aratni's (= 72 Añgula's) langen Prâcî abgemessen, macht er am Ende des 2. Aratni (= 48 Añgula's) ein Zeichen, um die Śroṇi's anzuzeigen, dann am 4. Theil des (dritten) Aratni ein Zeichen, um damit anzuziehen (das Nyañchana; bei 54 Añgula's); am Ende des dritten Aratni eins, um das Ende der Prâcî zu markiren, dann bei $3^3/_4$ Aratni's (= 90 Añgula's) eins, um die Aṅsa's zu markiren und bei

1) Diese Darstellung ist theilweise der bei Thibaut (Journal of the Roy. Asiat. Soc. of Bengal 1875, S. 235) gegebenen Beschreibung einer Vedi für die Somaopfer nachgebildet. Ich glaubte das thun zu können, weil dort ähnliche Verhältnisse vorliegen, die Ostseite kürzer als die Westseite und diese kürzer als die Prâcî (hier 48, 64, 96 Añgula's — dort 24, 30, 36 pada's oder prakrama's) ist, auch unser Sûtra die Anleitung dazu gibt; ferner, wie Thibaut (Pandit IX, 297a) bemerkt, sind alle Methoden ein Viereck oder Oblong zu bilden in Wirklichkeit nichts, als eine Methode vier Linien unter rechtem Winkel auf einer andern aufzurichten und jede von ihnen in gleicher Weise für Oblonge und Quadrate anwendbar. Auch enthält eine dem Prayoga B_2 angehängte, leider sehr incorrect geschriebene Beschreibung des vihâra, folgende dies bestätigende Worte: catvâriṅśadañgule nyañchanârtham cihne karoti | dvâtriṅśadañgule śroṇyartham | caturviṅśatyañgula aṅsârtham | paścimena daxinataścottarato rajjum upâyamya śroṇyaṅsân kuryât. Es ist also deutlich die oben angegebene Construction.

$1^1/_2$ Aratni's ($= 5^1/_4 = 126$ Añg.) eine Schlinge. Weiter ist hierzu keine Erklärung gegeben, als dass er bei dieser Eintheilung der Schnur die Schlinge nicht umkehrt. Ich habe nach sehr langer Ueberlegung nur zu der einen Auffassung gelangen können[1]): Nachdem er an dem Strick nach $2^1/_4$ Aratni das Zeichen zum Anziehen gemacht (demnach die aus 144 Añgula's bestehende Schnur im Verhältniss von 9 : 15, also in 54 und 90 Añgula's getheilt, die beiden Enden derselben an der 72 Añgula's langen Prâcî befestigt hat, zieht er sie nach Süden und Norden und erhält so zwei rechtwinklige Dreiecke, in denen $54^2 + 72^2 = 90^2$ ist. Die Nord- und Südśroṇi findet er nun, indem er das bei dem 48. Añgula befindliche Zeichen auf dem Boden im Norden und Süden vermerkt. (Mit dem bei 54 Añg. gemachten Zeichen muss er anziehen, damit die Linie auf der Prâcî unter einem Rechteck steht.) Die beiden Aṅsa's bestimmt er so: die bei Añgula 90 gemachte Marke theilt wieder die Schnur im Verhältniss von 15 : 9; er erhält also wiederum im Osten zwei rechtwinklige Dreiecke, deren Katheten 72 und 54 sind. Hierauf befestigt er die bei Aratni $5^1/_2$ (= 126 Añgula's) angebrachte Schlinge an demselben Pflock auf der Ostseite der Prâcî, und indem er mit dem bei 90 angebrachten Zeichen die Schnur nach Süden und Norden zieht, trägt er auf den 54 betragenden Katheten je 36 Añgula's ($126 - 90 = 36$) ab und gewinnt so die beiden Aṅsa's.

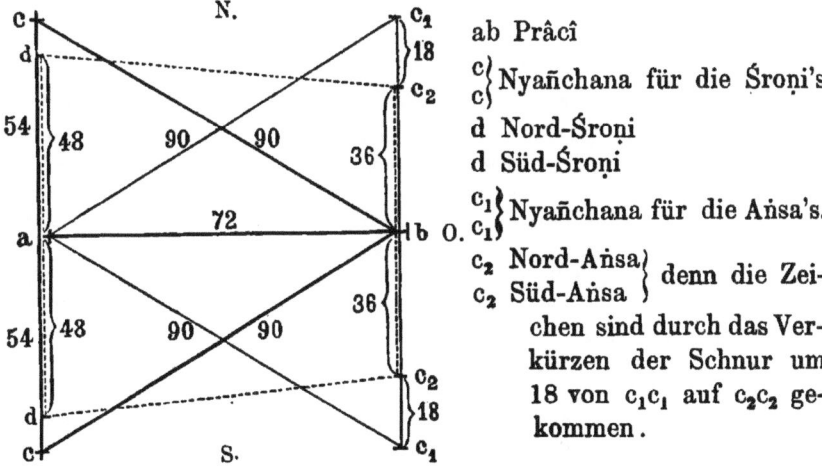

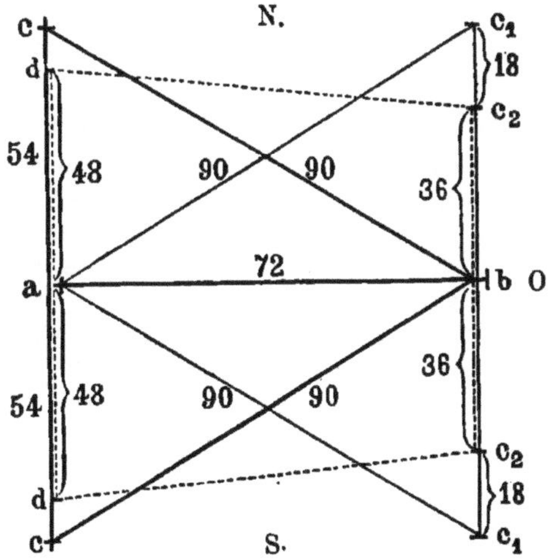

ab Prâcî

c, c Nyañchana für die Śroṇi's

d Nord-Śroṇi

d Süd-Śroṇi

c_1, c_1 Nyañchana für die Aṅsa's.

c_2 Nord-Aṅsa, c_2 Süd-Aṅsa — denn die Zeichen sind durch das Verkürzen der Schnur um 18 von c_1c_1 auf c_2c_2 gekommen.

1) Nachdem ich, so gut es mir möglich war, die vorstehende Erklärung der im Comm. zu Kât. gegebenen Citate aus den Śulva-S. ausgearbeitet, erhielt

Noch enger schliesst sich an die zweite nach Baudh. versuchte Darstellung die zweite Angabe bei Kât. an, welche man unter Vertauschung der Schlingen des Strickes ausführt.

Nachdem er an einen Strick von der doppelten Länge der Prâcî (= 2 . 3 Aratni's) an beiden Seiten Schlingen befestigt hat, macht er zuerst am Ende von $1^{1}/_{2}$ Aratni (= 36 Añgula's) ein Zeichen, um den Aṅsa zu markiren, dann bei $^{1}/_{2}$ Aratni (beim Ende des 2. = 48 Añg.), um die Śroṇi zu markiren, bei $2^{1}/_{4}$ (= 54 Añgula's) um anzuziehen, bei 3 Aratni's (= 72 Añgula's) um die Prâcî zu markiren. Es folgt hieraus ein gleiches Verfahren, wie S. 46; die Ostseite ist = 3 Aratni's $(2 . \frac{3}{2})$; die Westseite = 4 Aratni's, (4 Aratni's sind nach dem Comm. zu Kât. 2, 6, 3 = 1 Vyâma und dies ist die vorgeschriebene Länge der Westseite Kât. 2, 6, 3) [1]); es ergibt sich also bei dieser Methode dasselbe Resultat.

---

ich von Herrn Professor Thibaut eine freundliche Mittheilung über diese beiden Methoden, welche das oben Gesagte bestätigt.

1) Alle bisherigen Angaben beruhen darauf, dass das Mass der Prâcî bestimmt ist. Kât. 2, 6, 5 sagt, dass dieselbe auch unbegrenzt sein könne. Einige deuten dies als ein Hinausgehen über das oben bestimmte Mass. In diesem Falle ist (nach dem Comm. zu 8) das Mass der Prâcî und Ostseite gleich, die Westseite um $^{1}/_{3}$ grösser als die Prâcî. Nachdem er einen Strick von der Länge der Prâcî verdoppelt hat, befestigt er, wenn ich die Worte recht verstehe, von dem Anfang des Strickes aus bei der Hälfte der Ostseite ein Zeichen und eins am Anfang des letzten Viertels des Grundstrickes. Die Berechnung ergibt, dass dies richtig ist. Ist a die Prâcî, so ist a auch die Ostseite und $^{4}/_{3}$a die Westseite; der verdoppelte Strick = 2a, das erste Zeichen bei $\frac{a}{2}$, das zweite bei $^{3}/_{4}$a. Nehmen wir a = 72, so ist das erste Zeichen bei 36, das zweite zum Anziehen bei 54. Letzteres theilt die 144, so wie jede andere Zahl im Verhältniss von 3 : 5, in 9 und 15 Theile. An der 72 betragenden Prâcî mit beiden Enden befestigt und an dem Punkt bei 54 nach Süden und Norden gezogen ergibt die Schnur zwei rechtwinklige Dreiecke. Die beiden Aṅsa's erhält er, indem er dort, wo das bei 36 (= $^{a}/_{2}$) vorgeschriebene Zeichen im Norden und Süden den Boden berührt, ein Zeichen macht; dann ist der Punkt 36 im Norden und Süden der Punkt für die Aṅsa's. Bindet er die Schlinge, welche am Ostende befestigt war, an das Westende und die am Westende an das Ostende, so erhält er durch Streckung des Strickes nach Süden und Norden, wenn er noch ein Zeichen bei 48 gemacht hat, die Nord- und Südśroṇi, indem er dort, wo die bei 48 gemachte Marke der 54 betragenden Kathete den Boden berührt, ein Zeichen macht. Dann sind die beiden Śroṇi 48+48 von einander entfernt = 96 = $^{4}/_{3}$a. Die Paddhati gibt noch eine besondere Art der Ausmessung an. Ich glaube, sie stimmt mit der ersten vom Comm. zu Kât. angegebenen überein, doch vermag ich diese Angabe nicht nachzurechnen.

Nachdem man auf diese Weise die vier Ecken festgestellt, nimmt man eine Schnur von der doppelten Länge einer der Langseiten der Vedi, der Nord oder Südseite, macht an beide Enden Schlingen und ein Zeichen in die Mitte, bindet sie an die zwei Südpflöcke (welche die Südśroṇi und den Südaṅsa markiren), streckt sie nach Süden, indem man sie bei dem Zeichen nimmt, und wo dieses den Boden berührt, befestigt man einen Pflock, bindet dann an diesen die beiden Schlingen und zieht mit dem Zeichen um die Südseite der Vedi die Schnur, welche auf diese Weise einen Bogen von der Südost- bis zur Südwestecke beschreibt. Dieser bildet dann die Südseite der Vedi, indem das Stück zwischen ihm nnd der graden, den Südaṅsa und die Südśroṇi verbindenden Linie wegfällt. Ebenso erhält man die Nordseite, die Ost- und Westseite, welche in gleicher Weise mit einer die doppelte Länge der Seite enthaltenden Schnur umschrieben werden (Baudh. Śulva S. 73—75). Anders scheint es bei Kâtyâyana zu sein. Ist nämlich die Vedi abgemessen, so macht man in der Mitte ihrer Langseiten die beiden Sañgraha's, Verengungen, da ihre Form Kât. 2, 6, 7 als „in der Mitte verengt" vorgeschrieben ist. Der Comm. und die Paddh. sagen, dass es in folgender Weise geschehe: „Man ziehe einen Strick von der Ostseite. nach der Westseite (?) verdopple ihn, an seinem Ende mache man zwei Pflöckchen und beschreibe mit diesem Mass, mit dem Einachtelstrick einen Kreis, oder mit dem vierten Theil der Breite. (?) Irgendwo heisst es: „mit diesem Einachtelstrick in der Mitte von Śroṇi und Aṅsa". Ich habe trotz langen Rechnens den Mittelpunkt von dem aus der Kreis in die Vedi einbeschrieben wird, nicht finden können; der Radius scheint 18 zu sein [1]). Der Comm. zu Baudh. 75 sagt: „purastâd aṅhîyasî, paścât prathîyasî, madhye saṃnatatarâ bhavati." Ferner müssen die beiden Aṅsa's das Âhavanîyafeuer umgeben und sie gelten als Glieder der Vedi, werden demnach auch gegraben, bestreut etc. Der Comm. zu Baudh. Ś. S. 75 sagt: prâñcau vedyaṅsâv unnayati, âhavanîyasya parigrahaṇâya | pratîcî śroṇî, gârhapatyasya parigrahaṇâya [2]). Hierauf entfernt der

1) Ich vermuthe, dass man den Strick an die beiden Enden der Prâcî bindet, die Verdopplung um die Śroṇi herum auf der Seitenlinie entlang zieht, dann würde der Endpunkt des Strickes 24 Añgula's von der Śroṇi entfernt zu liegen kommen, da nach der Paddh. S. 217 von der Śroṇi aus die Sañgraha's zu machen sind. Doch kann ich dies in keiner Weise beweisen.

2) Âp. 2, 3, 1 (beim Graben der Vedi): prâñcau vedyaṅsâv unnayati, pra-

Âgnîdhra was etwa von Gras, Staub etc. in die Mitte der Vedi gefallen ist mit Darbhas und macht nördlich von der Vedi aus dem durch das Abkehren entfernten Unrath einen Haufen, den s. g. Utkara. Den Platz für denselben findet er nach der Paddh. und dem Comm. so: er theilt den Zwischenraum zwischen Gârhapatya und Âhavanîya in 6 oder 7 Theile, fügt einen 7. Theil (resp. einen 8.) hinzu, theilt dies in drei Theile und zieht an einem bei dem östlichen Drittel gemachten Zeichen die Schnur nach Norden; dort ist der Utkara. Oder mit einem um ein Drittel des Zwischenraumes verringerten Strick macht er auf der Westseite ein Quadrat, an dessen Nordaṅsa der Utkara ist. Karka sagt, der Utkara befinde sich nördlich an dem Ostdrittel der westöstlichen Ausdehnung der Vedi [1]). Dieselbe Bestimmung steht bei Kât. 3, 6, 12 („nachdem er die Vedi ringsum abgekehrt macht der Âgnîdhra bei einem Drittel im N. den Utkara".) Nach Karka befindet er sich ferner in der Nähe des Câtvâla, der Grube. Zwischen ihm und den Pranîtâwassern ist bei den Ishṭi's der Weg zum Hin- und Hergehen (nach Kât. 1, 3, 43) [2]). Ist der Utkara fertig, so nimmt der

Adhvaryu mit Gras zusammen den Sphya mit dem Mantra: „auf das Geheiss des Gottes Savitṛi, mit den beiden Armen der Aśvins, mit Pûshans Händen nehme ich für die Götter den das Opfer vollziehenden", legt ihn in die Linke, fasst ihn mit der Rechten an (wodurch er ihn schärft) und flüstert dann im Saṃhitâtone: „Indra's rechter Arm bist du mit tausend Ecken, hundert Schneiden;

---

tîcî śroṇî. 2. purastâd aṅhîyasî, paścât prathîyasî, madhye saṃnatatarâ bhavati. 2, 2, 9 — daxiṇato varshîyasîṃ prâgpravaṇâṃ prâgudagpravaṇâṃ vâ. Bhâr. 2, 2, 8. 9. Hir. 1, 21, 27.

1) Ausführlich ist bei Baudh. Śulva S. 65—70 über die Stellung desselben gehandelt. Âp. 2, 1, 7: badhâna deva savitar ity uttarataḥ purastâd vitṛitîyadeśa udagdvipade 'parimite vâ veder nivapati 8. sa utkaraḥ.

2) Wie oben erwähnt, spricht Baudh. im Śrauta S. nicht besonders von dem hier dargestellten Ausmessen der Vedi. Nach dem Linienziehen und Hineingiessen des Wassers (1, 10, 14) fährt er fort 15. atha vedam âdatte 'yaṃ vedaḥ pṛithivîṃ — karmâ karotv iti (T. Br. 3, 7, 6, 13). 16. vedena vediṃ triḥ saṃmârshṭi vedena vediṃ vividuḥ pṛithivîṃ sâ paprathe pṛithivî pârthivâni | garbhaṃ bibharti bhuvaneshv antas tato yajño jâyate viśvadânir iti. Dann fährt er fort wie Kât. 2, 6, 13. Âp. 2, 1, 3 vedena vediṃ — viśvadânir iti purastât stambayajusho vedena vediṃ triḥ saṃmârshṭi. Bhâr. 2, 1, 4. Hir. 1, 21, 1.

Vâyu bist du mit scharfer Schneide, eine Waffe gegen den Feind“ [1]). Mit ihm darf er vor dem Werfen desselben weder die Erde noch sich selbst berühren [2]); will er einen Feind verfluchen, so tritt an Stelle von „Feind“ dessen Name und die Wasser werden sodann berührt.

Mit dem Spruch: „für die Erde bist du eine Hülle“ legt er das genommene Gras mit den Spitzen nach Norden auf die Vedi [3]). Er sagt hierauf: „nicht möchte ich o Verehrerin der Götter deines Krautes (Comm. aber triṇarûpâ [pṛithivî.]) Wurzel verletzen“ und wirft den Sphya nach den einen auf das Gras, nach a. unter das Gras auf die Erde [4]). Darauf nimmt er von der betreffenden Vedistelle mit der Hand den durch das Schleudern des Sphya dort ausgegrabenen Schutt nach Recitirung des Spruches: „in die Hürde geh, den Stall“ [5]), blickt mit: „es regne dir der Himmel“ auf die Stelle, von welcher er den Schutt genommen [6]), und wirft

1) Kât. 2, 6, 13: nachdem er mit „auf des Gottes .. dich ..“ (V. S. 1, 24) den Sphya genommen, ihn mit Gras zusammen in die Linke gebracht, mit der Rechten angefasst hat, flüstert er: „Indra's Arm ...“ (V. S. 1, 24.) Baudh. 1, 11, 1—3; — mit: „Vâyu bist du, mit scharfer Schneide, mit hundert Ecken, eine Waffe aus Holz für den Feind“ schärft er den Sphya mit Barhis. Âp. 2, 1, 1. Bhâr. 2, 1, 1. Hir. 1, 21, 3. devasya tveti sphyam âdâyendrasya bâhur asîty abhimantrayate. 4. sahasrabhrishṭiḥ śatatejâ iti tasya darbhenâgraṃ saṃśyati.

2) Kât. 2, 6, 14: nicht berühre er die Erde und sich selbst damit, so lange er noch das Stambayajuḥ werfen soll. — stambayajuḥ heisst zunächst „Büschelspruch“. Es ist zum Namen einer Ceremonie geworden, welche darin besteht, dass der Sphya auf eine mit Gras bedeckte Stelle der Vedi mit Yajusformeln zu wiederholten Malen geschleudert wird.

3) Kât. 2, 6, 15: auf die Vedi legt er das Gras nordwärts nieder mit: „für die Erde bist du eine Hülle“. Baudh. 1, 11, 4. Âp. 2, 1, 4: uparishṭâd vâ pûrvârdhâd veder vitṛitîyadeśât stambayajur harati. 5. — tatrodagagraṃ prâgagraṃ vâ darbhaṃ nidhâya — Bhâr. 2, 1, 6. Hir. 1, 21, 5.

4) Kât. 2, 6, 16: mit „o Erde, Götterverehrerin ...“ (V. S. 1, 25) schleudert er (mit dem Sphya) auf das zwischen gelegte Gras. Baudh. 1, 11, 5. tasmin (scil: barhishi) — praharati — 6. apahato 'raruḥ pṛithivyâ ity âdatte. Âp. 2, 1, 5: pṛithivi devayajanîti tasmin (darbhe) sphyena prahṛityâpahato — sphyena satṛiṇân pâṅsûn apâdâya — Bhar. 2, 1, 7. Hir. 1, 21, 6: pṛithivi devayajanîti tasmin sphyena praharati. 7. apahato 'raruḥ pṛithivyâ iti sphyena satṛiṇân pâṅsûn apâdatte 'pârarum vadhyâsam iti vâ. Âp. 4, 5 yo mâ hṛidâ manasâ yaś — chinadmîti (T. Br. 3, 7, 6, 4) stambayajur hriyamâṇaṃ (yajamâno 'numantrayate) Bhâr. 4, 6.

5) Kât. 2, 6, 17: mit: „zur Hürde geh ..“ (V. S. 1, 25) nimmt er den Schutt. Baudh. 1, 11, 7. Âp. 2, 1, 5 — vrajaṃ gacha gosthânam iti harati. Bhâr. 2, 1, 7. Hir. 1, 21, 8.

6) Kât. 2, 6, 18: mit: „es regne dir der Himmel ..“ (V. S. 1, 25) blickt

den Schutt auf den Utkara mit dem Spruch[1]): „fessle o Gott Savitṛi auf entferntestem Gebiet der Erde mit hundert Schlingen den der uns hasst und den, welchen wir hassen. Nicht löse ihn (ev. N. N.) davon“ [2]) (worauf er ev. die Wasser berührt).

Darauf wirft er mit dem Spruch: „abseits von der Götterverehrung möchte ich für die Erde den Bösen fesseln“ zum zweitenmal mit dem Sphya unter das Gras nördlich von der ersten Stelle, berührt die Wasser und es wiederholt sich sodann in obiger Weise das Nehmen des Schuttes, Anblicken der getroffenen Vedistelle etc.[3]). Der

Âgnîdhra nimmt hierauf den Sphya, drückt mit beiden Händen den Utkara fest nieder, wobei er sagt: „fliege, o Araru, nicht zum Himmel“, und berührt die Wasser[4]). Der

Adhvaryu sagt: „ein Tropfen von dir falle nicht in den Himmel“ und wirft zum dritten Mal[5]), nördlich von der vorigen Stelle, und verfährt in obiger Weise mit dem Schutt. Dasselbe wiederholt sich ein viertes Mal, jedoch ohne einen Mantra, wobei mit dem Schutt auch das Gras fortgenommen und auf den Ut-

---

er auf die Vedi. Baudh. 1, 11, 8. Âp. 2, 1, 6 vediṃ — yajamânaṃ vâ. Bhâr. 2, 1, 8. Hir. 1, 21, 9: varshatu te dyaur iti vediṃ pratyavexate. 10. varshatu te parjanya iti yajamânaṃ.

1) Kât. 2, 6, 19: mit: „fessle . .“ (V. S. 1, 25) bringt er (ihn) auf den Utkara. Baudh. 1, 11, 9. Âp. 2, 1, 7: badhâna deva savitar ity uttarataḥ purastâd vitṛitîyadeśa udagdvipade 'parimite vâ veder nivapati. 8. sa utkaraḥ Bhâr. 2, 1, 9. Hir. 1, 21, 11: namo dive namaḥ pṛithivyâ ity uttarata uttânau hastau kṛitvâgnîdhra upaviśati. 12. prakrame veder badhâneti tasmâ upanirvapati. 13. sa utkaro bhavati.

2) Kât. 2, 6, 20: Oder es ist der Rest des beim Werfen gebrauchten Mantra's, weil es ohne einen Unterschied gelehrt wird. Verstehe ich dies Sûtra recht, so bedeutet es, dass die letzt erwähnten drei Mantra's „zur Hürde geh“ „es regne dir der Himmel“ und „fessle etc.“ mit dem ersten: „o Erde . .“ verbunden werden können, weil das Śat. Br. die hier vollzogene Theilung nicht vorschreibt, oder jeder steht allein. Baudh. citirt den ganzen Spruch hierbei.

3) Kât. 2, 6, 21: mit „weg den Bösen . .“ (V. S. 1, 21) zum zweiten Mal das Schleudern etc. Baudh. 1, 11, 10—14.

4) Kât. 2, 6, 22: der Agnîdh drückt mit: „o Böser zum Himmel . .“ (V. S. 1, 26) den Utkara nieder. Âp. 4, 5: idaṃ tasmai harmyaṃ karomi — mânushîshv ity (T. Br. 3, 7, 6, 3.) utkaram abhigṛihyamânam (y. a.) Bhâr. 4, 6.

5) Kât. 2, 6, 23: mit „ein Tropfen von dir . .“ (V. S. 1, 26) zum dritten Mal (das Schleudern etc.) Baudh. 1, 11, 15—19 wie oben 10—14; ararus te divaṃ mâ skân ity atrânuvartate.

kara geworfen wird [1]). Hierauf fragt er den Brahman: „o Brahman den ersten Umriss (parigraha) will ich ziehen“ [2]).

Brahman (leise:) „o Brihaspati, mache den Umriss der Vedi; euch, o Götter, sollen angenehm die Sitze sein. Ausbreite sich auf ihr vortrefflich die Opferstreu; im Innern unverletzlich sei die Erde, die göttliche. Mache die Götter gedeihen, auf des Himmels Gewölbe's Rücken sei der Opferer; wo die Welt der gut vollziehenden sieben Weisen ist, dorthin bringe Opfer und Opferer; (laut:) Om 3 parigrihâṇa“ [3]).

Adhvaryu nimmt den Sphya und zieht (um die Grösse der Vedi anzuzeichnen) mit dem Spruch: „mit dem Gâyatrîmetrum ziehe ich dich“ von der südlichen Śroṇi an eine Linie, die bei dem Âhavanîyaherde endet (Comm. bis zur Mitte der Vedi im Osten); eine zweite von der Südśroṇi bis zur Nordśroṇi mit dem Spruch: „mit dem Trishṭubhmetrum ziehe ich dich“; eine dritte von der Nordśroṇi auf der Nordseite bis zum Âhavanîyaherde (Comm. bis zur Mitte der Vedi im Osten) mit dem Spruch: „mit dem Jăgatîmetrum ziehe ich dich“ [4]). Bei den Aṅsa's oder dem

---

1) Kât. 2, 6, 24: leise zum vierten Mal; mit dem Grase zusammen. Âp. weicht in der Ceremonie ab. 2. 1, 7: badhâna deva savitar ity uttarataḥ (s. o.) nivapati — 8. ararus te divam mâ skân iti nyuptam âgnîdhro 'ñjaliuâbhigrihṇâty evaṃ dvitîyaṃ tritîyaṃ ca harati. 10. tûshṇîṃ caturthaṃ haran sarvaṃ darbhaśeshaṃ harati. 2, 2, 1: apârarum adevayajanaṃ prithivyâ iti dvitîye praharaṇaḥ, ararur dyâṃ mâ paptad iti tritîye 2, 2, 2: apahato 'raruḥ prithivyai devayajanyâ iti dvitîye 'pâdânaḥ, apahato 'raruḥ prithivyâ adevayajana iti tritîye. 2, 2, 3: avabâḍhaṃ raxa iti dvitîye nivapana âgnîdhro 'bhigrihṇâti, avabâḍho 'ghaśaṅsa iti tritîye, avabâḍhâ yâtudhânâ iti caturthe. 4. drapsas te dyâm mâ skân iti khanim pratyavexya — Bhâr. 2, 1, 9 ff. Hir. 1, 21, 14: avabâḍho durasyur ity âgnîdhra utkaram abhigrihṇâti. 15. añjalinâ parigrihyâste. 16. evaṃ dvitîyaṃ harati. 17. evaṃ tritîyaṃ. 18. mâ vaḥ śivâ oshadhayo mûlaṃ hiṅsisham iti dvitîyaṃ praharati. 19. apahato 'raruḥ prithivyai devayajanyâ iti dvitîyam apâdatte. 20. avabâḍhâ devayajanyâ yâtudhânâ iti dvitîyam abhigrihṇâti. 21. drapsas te divaṃ mâ skân iti tritîyaṃ praharati. 22. apahato 'raruḥ prithivyâ adevayajana iti tritîyam apâdatte. 23. avabâḍho 'ghaśaṅsa iti tritîyam abhigrihṇâti. 24. tûshṇîṃ caturthaṃ. 25. sarvaṃ darbhaṃ harati. 26. ararus te divam mâ skân iti caturtham abhigrihṇâti.

2) Diese Frage, welche Comm. und Paddh. erwähnen, wird durch den folgenden Befehl des Brahman vorausgesetzt.

3) Kât. 2, 2, 12: „o Brihaspati mache den Umriss — (s. o.) — die göttliche“ so gibt er dem den Umriss ziehenden (Adhvaryu) den Befehl. 14. „mache du die Götter gedeihen“ fügt er überall hinzu. cf. 2, 2, 8. 9.

4) Kât. 2, 6, 25: „den ersten Umriss zieht er mit dem Sphya im Süden, Westen und Norden mit den Sprüchen: „mit dem Gâyatrîmetrum …“ (V. S.

Âhavanîyaherde muss er also enden. Hierauf zieht er leise mit dem Sphya auf der Vedi drei nach Osten laufende Linien, die erste im Süden, die dritte im Norden [1]) oder drei nach Norden laufende, die erste im Westen, die dritte im Osten und sagt zum Âgnîdhra: „nimm dreimal“ [2])! Der

Âgnîdhra nimmt dreimal von diesen Linien den Schutt, wirft ihn auf den Utkara und verwischt dieselben (saṃmṛiśet) [3]). Hierauf wird die Vedi von ihm mit einem Spaten (abhri) von allen Seiten, von links nach rechts, in der Form gegraben, wie sie oben abgemessen wurde [4]) Sie kann entweder drei Añgula tief gegraben werden oder bis zum Ausschneiden der Pflanzenwurzeln, soweit diese auch in die Erde reichen. Im letzteren Falle hat ihm der Adhvaryu die Weisung dazu mit: „die Pflanzenwurzeln ausschneiden“! zu geben [5]).

1, 27) Mantra für Mantra. Baudh. 1, 11, 22. 23. die drei Mantra's dazu siehe T. S. 1, 1, 9s. Âp. 2, 2, 4. Bhâr. 2, 2, 1. Hir. 1, 21, 26. cf. dazu aus dem Yajamânaabschnitt Âp. 4, 5: yajñasya tvâ — parigṛihṇâmîti vedim parigṛihyamâṇâṃ (yajamâno 'numantrayate.) Bhâr. 4, 6.

1) Kât. 1, 7, 25.

2) Kât. 2, 6, 26: nachdem er auf der Vedi drei Linien gezogen hat, sagt er „nimm dreimal“ (zum Âgnîdhra) Baudh. 1, 10, 26: atha prâcîṃ sphyena vedim uddhanti devasya tvâ T. S. 1, 1, 9t. 27. athâgnîd itas trir harati. Âp. 2. 2, 5: apârarum adevayajanaṃ pṛithivyâ adevayajano jahîti sphyenottamâṃ tvacam uddhanti.

3) Kât. 2, 6, 27: nachdem er (den Staub) genommen, verwischt er die Linien. Sûtra 28 lehrt, dass dies Linienziehen nur beim Manenopfer und beim Agnicitya geschehe, weil es nur dort in der Śruti gelehrt sei. Sûtra 29 indess erweitert wieder diese Beschränkung.

Âp. 2, 2, 6: samuddhatasyâgnîdhra utkare trir nirvapati. Bhâr. athâsyâ uttamâṃ tvacaṃ samuddhṛityotkaraṃ gamayati. Hir. 1, 22, 2 apahato 'raruḥ pṛithivyâ â devayajaṃ vaheti sphyenottamâṃ tvacam uddhatyotkare nivapati. — Siehe dazu aus dem Yajamânaabschnitt: Âp. 4, 5: yad uddhanto jihiṅsima pṛithivîm oshadhîr apaḥ — astv ity uddhanyamânâṃ (yajamâno 'numantrayate).

4) Kât. 2, 6, 30: (Jetzt geschieht) die Herstellung der Vedi, wie es (oben) gesagt ist. Baudh. 1, 11, 24: atha karaṇaṃ 25. japatîmâṃ narâḥ kṛiṇuta vedim etya vasumatîṃ rudravatîm âdityavatîṃ varshmân divo nâbhâ pṛithivyâ yathâyaṃ yajamâno narishyed iti. Âp. 2, 2, 7: imâṃ narâḥ kṛiṇuta — viśantv iti sampreshyati. Bhâr. 2, 2, 3. Hir. 1, 22, 1. Nach Âp. 4, 5 sagt der Opferer über die Vedi, wenn sie hergestellt wird, den Spruch: bhûmir bhûtvâ — śakvarîś ca (T. Br. 3, 7, 6, 4). Bhâr. 4, 6.

5) Kât. 2, 6, 2: drei Añgula tief. 9: (oder) bis zum Ausschneiden der Wurzeln. 10: „die Wurzeln ausschneiden“ soll er dann sagen. Âp. 2, 2, 8: devasya savituḥ sava iti khanati dvyañgulâṃ tryañgulâṃ caturañgulâṃ vâ yâvat pârśṇyâḥ śuklaṃ tâvatîṃ pṛithamâtrîm rathavartmamâtrîṃ sitâmâtrîṃ

Adhvaryu o Brahman den zweiten Umriss will ich ziehen.
Brahman gibt die Erlaubniss wie oben.

Adhvaryu zieht um die Vedi im Süden, Westen, Norden wie oben Linien wobei drei andere Sprüche eintreten: 1) „aus guter Erde bestehst du und freundlich bist du"; 2) „weich bist du und ein guter Sitz"; 3) „mit Labung und Milch versehen bist du" [1]). Hierauf schafft er mit dem Sphya den Schutt der Vedi nach der Südseite [2]) (Paddh.) und macht die Vedi nach Norden oder Osten geneigt. Er sagt sodann den Spruch: „es opfern die Weisen und wiesen auf die Erde hin, welche sie, o Mächtiger, dem umherschleichenden Unhold entzogen und mit Svadhâspenden in den Mond versetzten" und ebnet von Osten nach Westen das, was von dem Grabenden ungleich gemacht wurde, durch Wegschaffen der Erdschollen oder Zerbrechen derselben mit einem Stück Holz etc. [3]) ein. Wünscht ein Opferer Vieh, so ist vor dem Einebnen der Schutt der Vedi wegzuschaffen, auf den Utkara zu werfen und dafür anderer herbei zu holen, mit dem die Vedi ausgefüllt wird [4]). Hierauf nimmt der

---

prâdeśamâtrîṃ vâ, purîshavatîṃ, naitâ mâtrâ atikhanati. 2, 3, 3: yan mûlam atiśete sphyena tacchinatti na nakhena, yat purîsham atiśeta utkare tan nivapati. Bhâr. 2, 2, 5. 6. 10—11. Hir. 1, 22, 3: devasya savituḥ sava iti khanati, devasya savituḥ save karma kṛiṇvantâ mânushâ mâ vaḥ śivâ oshadhayo mûlaṃ hiṅsisham iti vâ. 4. dvyaṅgulâṃ tryaṅgulâṃ caturaṅgulâṃ sîtâmâtrîṃ rathavartmamâtrîṃ yâvatpârshṇiśvetaṃ tâvatîm vâ. 5. naitâ mâtrâ atikhanati.

1) Kât. 2, 6, 31: den zweiten Umriss zieht er mit: „aus guter Erde bestehst du ..", „weich .." „mit Labung versehen .." (V. S. 1, 27) Mantra für Mantra in voriger Weise. —

Baudh. weicht in dem vorangegangenen ab: 28. tatas trir âgnîdhro harati. 29. yadâgnîdhras trir harati atha sampraisham âha brahmann uttaram etc. 30. prasûta uttaraṃ parigṛihṇâty, ṛitam asîti daxiṇata ṛitasadanam asîti paścâd, ṛitaśrîr asity uttarataḥ. Âp. 2. 3, 5. Bhâr. 2, 3, 10. 11. Hir. 1, 22, 12 ff.

2) Diese Worte hat nur die Paddh. sphyena daxiṇâṃ diśaṃ prati vedipurîsham uduhya; sie ergeben sich aus den Vorschriften andrer Sûtren, so aus Âp. 2, 2, 10: daxiṇato varshîyasîṃ prâgpravaṇâṃ prâgudagpravaṇâṃ vâ; nur ist mir dann die zweite Eigenschaft, dass sie nach Osten oder Nordosten geneigt sein solle, welche auch Kât. (2, 6, 6) vorschreibt, nicht verständlich. Bhâr. 2, 2, 9. Hir. 1, 22, 6. Ueber den Opferer siehe S. 53 Anm. 4.

3) Kât. 2, 6, 32: mit „weg dem Unhold .." (V. S. 1, 28) ebnet er (die Vedi). Baudh. 1, 11, 31; atha pratîcîṃ sphyena vediṃ yoyupyate T. S. 1, 1, 9 v w x. Âp. 2, 3, 7. Bhâr. 2, 3, 12. Hir. 1, 22, 15. cf. aus dem Opfererabschnitt Âp. 4, 5: catuḥśikhaṇḍâ yuvatiḥ — kâmân iti vediṃ sammṛijyamânâṃ (y. a.) Bhâr. 4, 6.

4) Kât. 2, 6, 11: für einen, der Vieh wünscht, (soll er die Vedi) aus Schutt,

Âgnîdhra die Sprengwasser, welche er vorhin zwischen die Praṇîtâwasser und das Âhavanîyafeuer gestellt hatte, und hält sie dicht über die Vedi [1]). Während dessen gibt ihm der

Adhvaryu, nachdem er von der Vedi mit der Hand den Sphya in die Höhe gehoben, wenn er will, folgenden Befehl: „die Sprengwasser setze hin; Brennholz und Barhis setze hin; die Löffel wische ab; binde die Gattin, mit der Butter gehe vorauf“ [2]). Gibt er den Befehl nicht, so vollzieht (nach den Harisvâmins) der Âgnîdhra auch ohne denselben die einzelnen Handlungen oder nach anderen, welche sich auf die Kaṇvaśâkhâ stützen, der Adhvaryu selbst.

Nach dem Einebnen (Mahâd.) und vor der Bestreuung mit Barhis darf die Vedi nicht mehr berührt werden, ebenso die Havisspenden, nachdem sie gar sind, nicht mehr bis zu ihrer Darbringung [3]).

Er sagt sodann den Mantra: „eine Waffe bist du gegen den Feind“ und schleudert damit den behufs der Ertheilung der Befehle vorhin in die Höhe gehobenen Sphya nordwärts auf den

---

welcher wo anders her geholt wird, (herstellen). Wörtlich: aus zu holendem (d. h. nicht mit dem in der Vedi schon befindlichen) Schutt stellt er sie für einen Vieh wünschenden her. Nach Kât. 1, 8, 39 ist er von der Câtvâlagrube zu holen. Âp. 2, 3, 4. Bhâr. 2, 3, 1. ff. Hir. 1, 22, 7.

1) Kât. 2, 6, 33: dicht über die Vedi hält die Sprengwasser der andere.

2) Kât. 2, 6, 34: nun nachdem er den Sphya erhoben sagt er: „setze die Sprengwasser hin“ etc. (s. oben), wenn er es wünscht. — Das Wort atha bezweckt nach dem Comm. das Ertheilen aller Befehle während die Proxaṇîwasser gehalten werden, damit nicht dem einzelnen Befehl die Ausführung folge. Baudh. 1, 11, 32: athântarvedi tiryañcaṃ sphyaṃ stabdhvâ sampraisham âha: proxaṇîr âsâdayedhmâbarhir upasâdaya srucaṃ srucaś ca sammṛiḍḍhi ehiti. 33. âharanty etâḥ proxaṇîr abhipûrya daxiṇenâdhvaryum 34. tâ sphya upaninîya sphyasya vartman sâdayati. Âp. 2, 3, 9: paścârdhe veder vitṛitîyadeśe sphyaṃ tiryañcaṃ stabdhvâ sampreshyati: proxaṇîr âsâdaya — 10. api vâ na sampraishaṃ brûyât. 11. proxaṇîr abhipûryodañcaṃ sphyam apohya, daxiṇena sphyam asaṃspṛishṭâ upaninîya sphyasya vartman sâdayaty ṛitasadhastheti. Bhâr. 2, 3, 13. 14: — âgnîdhra etâni karmâṇi kuryâd ity ekam adhvaryur ityaparaṃ. 15. Hir. 1, 22, 16: paścârdhe vedivitṛitîyadeśe sphyaṃ tiryañcaṃ stabdhvâ proxaṇîr âsâdaya etc. sampreshyati. 17. agnihotrahavaṇyâm pavitrântarhitâyâm apa âniyodañcaṃ sphyam apakṛishyântarvedi dhârayan sphyasya vartmann upaninîya ṛitasadhastheti sphy ... sâdayati. —

3) Kât. 2, 6, 38: vor dem Bestreuen soll er die Vedi nicht berühren. 39. Auch die Opferspeisen, wenn sie gar sind, nicht, bis zur Verwendung derselben. — (Die Vedi also und die Opferspeisen während ihrer Zubereitung zu berühren ist nicht fehlerhaft.) Hir. 1, 22, 21: na vediṃ parimṛiśaty âstaraṇât.

Utkara [1]). Hat er, um eine Verwünschung zu vollziehen, die dann eintretende Modifikation „auf den NN. (Name) schleudre ich dich als Donnerkeil" gebraucht, so werden wieder die Wasser berührt. Hierauf nimmt er den Sphya, wäscht am Utkara die von der Herstellung der Vedi beschmutzten Hände und legt den Sphya mit der Spitze nach O. oder N. hinter die Praṇîtâwasser [2]). Sodann stellt der

Âgnîdhra [3]) die in der Agnihotrahavaṇî befindlichen Sprengwasser [4]), die Spitze derselben nach Norden richtend, auf die Vedi; hinter (westlich) die Praṇîtâwasser setzt er, nördlich vom Sphya, im Süden von den Praṇîtâ's, zwischen diesen und dem Âhavanîya es heranführend oder nicht das Brennholz mit den Spitzen nach Osten, dahinter im N. oder W. die Opferstreu, ebenfalls mit den Spitzen nach Osten [5]). Hierauf nimmt er den Sruvalöffel, welcher aus Khădiraholz gefertigt einen Aratni gross ist und eine Mündung von dem Durchmesser eines Daumengliedes hat, (Kât. 1, 3, 32. 38), macht ihn am Gârhapatya heiss mit: „entgegen gebrannt ist dem Raxas" etc. (wie oben) oder mit „niedergebrannt ist das Raxas" etc., berührt die Wasser, geht vom Feuer nach Osten (aus dem Vihâra) hinaus, sagt: „nicht geschärft bist du, ein Vernichter der Nebenbuhler; (daher) kehre ich dich den Speisereichen ab, damit ich Speise gewinne" und kehrt mit diesem Spruch den Sruva auf der Innenseite, mit dem Stil beginnend und mit der Mündung schliessend, von West nach Ost mit den Vedaspitzen ab; er wiederholt den Spruch und kehrt den Sruva auf der Aussenseite, auf der unteren Seite der Höhlung beginnend und am Ende des Stils

1) Kât. 2, 6, 42: Mit „Gegen den Feind eine Waffe .." (V. S. 1, 28) schleudert er den Sphya nordwärts. Baudh. 1, 11, 35 mit dem Spruch yo mâ hṛidâ T. Br. 3, 7, 6, 4. Âp. 2, 3, 12: dveshyaṃ manasâ dhyâyañ śatabhṛishṭir asi vânaspatyo dvishato badha iti purastâtpratyañcam utkare sphyam udasyati. Bhâr. 2, 3, 17. 18. Hir. 1, 22, 18.

2) Kât. 2, 6, 43: nach dem er die beiden Hände gewaschen setzt er hinter den Praṇîtâwassern den Sphya nieder. Baudh. 1, 11, 36 hastau praxâlya sphyaṃ ca praxâlayati. Âp. 2, 3, 14. (agram apratimṛiśan). Bhâr. 2, 3, 19. Hir. 1, 22, 22 ff.

3) Nach Kât. 2, 6, 38.

4) Nur nach der Paddh.; jedenfalls aber hier in derselben richtig angegeben, da das Hinsetzen derselben die Ausführung des Befehls: proxaṇîr âsâdaya (2, 6, 34) ist.

5) Kât. 2, 6, 44: (hinter die Praṇîtâ's) setzt er Brennholz und Opferstreu; voran das Brennholz. 45. Baudh. 1, 11, 37. Âp. 2, 3, 15: uttareṇâhavanîyaṃ Bhâr. 2, 3, 22. uttareṇa praṇîtâḥ paścât — Hir. 1, 22, 25. 26.

schliessend von Ost nach West mit den Vedaenden ab [1]). Hieranf kehrt der Â. zum Feuer zurück, macht den Sruva wieder in obiger Weise heiss, berührt die Wasser und gibt ihn dem Adhvaryu. In ganz derselben Weise wird mit der Juhû einem aus Palâśaholz gefertigten Löffel von Armeslänge mit einer handgrossen Mündung, welcher einen Gänseschnabelausguss und einen Stil hat, verfahren. Ebenso mit der Upabhṛit und der Dhruvâ [2]). Hierauf nimmt er einzeln leise die beiden Prâśitraharaṇa, das Śṛitâvadâna, die Kuchenschale [3]) (nach Karka 2 Kuchen- und die Iḍâschale), geht jedesmal nach Osten hinaus, reinigt sie innen und aussen, geht zum Feuer, erwärmt sie leise und gibt sie dem Adhvaryu. (Die Berührung der Wasser fällt natürlich hier weg,

---

1) Kât. 2, 6, 46: nachdem er den Sruva in früherer Weise erhitzt hat und nach Osten hinaus gegangen ist, wischt er ihn mit den Vedaspitzen auf der Innenseite ostwärts ab mit: „nicht geschärft bist du ..." (V. S. 1, 29); ihn umgekehrt habend aussen mit den Enden. Baudh. 1, 12, 1: athaitâḥ srucaḥ samâdatte daxiṇena sruvaṃ juhûpabhṛitau savyena dhruvâṃ prâśitraharaṇaṃ vedaparivâsanânîti. 2. gârhapatye pratitapati T. S. 1, 1, 10a b. 3. atha sruvaṃ sammârshṭi T. S. 1, 1, 10c iti trir antaratas, trir bâhyatas, trir eva mûlair daṇḍaṃ saṃmṛijyâdbhiḥ saṃspṛiśya pratitapyotprayacchati. Âp. 2, 4, 1: patnîsaṃnahanam eke pûrvaṃ samâmananti, sruksaṃmârjanam eke. 2. ghṛitâcîr etâ agnir vo hvayati devayajyâyâ iti sruca âdâya, pratyushṭaṃ raxaḥ pratyushṭâ arâtaya ity âhavanîye gârhapatye vâ pratitapyâ, 'niśitâ stha sapatnaxayaṇîr ity abhimantrya, vedâgrâṇi prativibhajyâprativibhajya vâ taiḥ srucaḥ saṃmârshṭi; prâcîr udîcîr vottânâ dhârayamâṇaḥ, upabhṛitam evodîcîm ity eke. goshṭham mâ nirmṛixam iti sruvam agrair antarato 'bhyâkâraṃ sarvatobilam abhisamâhâraṃ mûlair daṇḍam. Bhâr. 2, 4, 3. vedâgraiḥ prativibhajyâprativibhajya vâ sruvam agram uttânaṃ dhârayamâṇo 'grair antarataḥ — Hir. 1, 23, 1—3.

2) Kât. 2, 6, 47: er übergibt nachdem er jedes Mal erwärmt hat. 48. mit „nicht geschärft" (kehrt er) die Löffel (ab). Baudh. 1, 12, 5—6. Âp. 2, 4, 3: vâcaṃ prâṇam iti juhûm agrair antarato 'bhyâkâraṃ prâcîṃ, madhyair bâhyataḥ pratîcîṃ, mûlair daṇḍaṃ | caxuḥ śrotram ity upabhṛitam udîcîm agrair antarato 'bhyâkâraṃ pratîcîṃ madhyair bâhyataḥ prâcîm mûlair daṇḍam u. s. w. mit derselben Ausführlichkeit. Bhâr. 2, 4, 4. juhûm uttânâṃ saṃmârshṭi prâcîṃ dhârayamâṇo 'grair — 5. upabhṛitaṃ saṃmârshṭi tiraścîṃ dhârayamâṇo 'grair — 6. yathâ sruvaṃ tathâ dhruvâṃ. — Hir. 1, 23, 4—6.

3) Kât. 2, 6, 49: leise das Prâśitraharaṇa, das Śṛitâvadâna und die Pâtrî. — Nach dem Comm. auch das Shaḍavatta; Pitṛibhûti verwirft dies. Baudh. lässt das Śṛitâvadâna und die Pâtrî weg. 1, 12, 7: atha prâśitraharaṇaṃ saṃmârshṭi rûpaṃ varṇaṃ paśubhyo mâ nirmṛixaṃ vâji tvâ sapatnasâhi saṃmârjmîti tathaiva (wie bei den Löffeln) saṃmṛijyâdbhiḥ saṃspṛiśya pratitapyotprayachati. Âp. 2, 4, 6. Bhâr. 2, 4, 7. Hir. 1, 23, 8. 9. Alle drei erwähnen gleich Baudh. nur das Prâśitraharaṇa.

da ein Raxasmantra nicht gesagt wird.) Hierzu ist nach einigen andern Śâkhâ's zu bemerken, dass die Löffel beim Abwischen nach oben gerichtet gehalten werden [1]) und die abgewischten mit den noch nicht abgewischten nicht in Berührung zu bringen sind [2]). Ferner setzt er nach andern Śâkhâ's die Löffel, nachdem er sie erwärmt vor oder hinter dem Utkara auf die Darbhagräser [3]), und zwar mit der Mündung nach oben gerichtet hin, wie ihr Platz ist. (Paddh.)

Die Spitzen und Wurzeln des Veda, welche als Wischel dienten, wirft er, nachdem das Abwischen aller dieser Gefässe vollzogen, auf den Utkara, nach einigen in das Âhavanîyafeuer [4]).

Der Â g n î d h r a nimmt ein dreifaltiges Band aus Schilfgras (yoktra) und umschlingt damit die in der Südwestgegend des Gârhapatyafeuers mit dem Gesicht nach Nordosten, die Kniee aufwärts, sitzende Gattin des Opferers auf der Aussenseite des Gewandes unterhalb des Nabels in der Gegend der Hüfte von links nach rechts mit dem Spruch: „für Aditi bist du ein Schmuck“ [5]), dann befestigt er die südliche Schlinge des Seiles an der nördlichen (oder nach Mahâdeva am nördlichen Ende), welche die Stelle eines Pflockes vertritt und nachdem er zweimal umwickelt, steckt er die südliche Schlinge mitten an dem umgeschlungenen Strick nach oben durch mit dem Mantra: „für Vishṇu bist du eine Binde

1) Âp. 2, 4, 2.

2) Âp. 2, 4, 7. Bhâr. 2, 4, 8. 9. Hir. 1, 23, 7.

3) Âp. 2, 4, 8. Baudh. siehe 4).

4) Kât. 2, 6, 50: die Wischel wirft er fort. 51. Nach einigen auf das Âhavanîyafeuer. Baudh. 1, 12, 8: athainâni sruksaṃmârjanâny adbhiḥ saṃspṛiśya gârhapatye 'nupraharati divaḥ śilpam — (T. B. 3, 3, 2). 9. athâgreṇotkaraṃ triṇâni saṃstîrya teshu srucaḥ sâdayitvâ. — Âp. 2, 5, 1. 2. Bhâr. 2, 5, 1. 2. Hir. 1, 23, 10.

5) Kât. 2, 7, 1: er bindet die Gattin, welche im SW. vom Gârhapatya sitzt, mit einem aus Muñjagras bestehenden, dreifältigen Strick; er schlingt ihn über dem Kleide mit: „ein Schmuck für Aditi ..“ (V. S. 1, 30) um. Baudh. 1, 12, 10 — patnîm antareṇa vedyutkarau prapâdya jaghanena daxiṇena gârhapatyam udîcîm upaveśya yoktreṇa saṃnahyaty âśâsânâ T. S. 1, 1, 10e. Âp. 2, 5, 3: âśâsânâ saumanasam ity apareṇa gârhapatyam ûrdhvajñum âsînâṃ patnîṃ s. 4. tishṭhantîṃ vâ vâcayatîty eke 5. mauñjena dâmnânyatarataḥpâśena yoktreṇa vâbhyantaraṃ vâsasaḥ. 6. na vâso 'bhisaṃnahyati. 7. abhisaṃnahyatîty eke. Bhâr. 2, 5, 3: patnîm ûrdhvajñum âsînâṃ saṃnahya, tishṭhantîṃ vâ, svayaṃ vâ patny âtmânaṃ, mauñjena yoktreṇânyatarataḥpâśenâbhyantaraṃ vâsaso bâhyato vâśâsânâ saumanasam iti. Hir. 1, 23, 11.

(o Strick)[1]) Einen Knoten macht er nicht[2]). Darauf schafft er die Âjyasthâlî östlich von den beiden Kuchen nach Norden, indem er mit der Linken den Veda unterhält und den Spruch: „dich (schaffe ich fort) zur Labung“ sagt, setzt sie vor der Gattin auf den Boden nieder und sagt zu dieser: „blick o Gattin die Butter an“. Die

Gattin nimmt den Veda in die linke Hand und mit dem Spruch: „mit ungeschädigtem Auge sehe ich auf dich nieder; Agni's Zunge bist du; rufe gut den Göttern für jeden Platz von mir, jeden Spruch“ blickt sie auf die Butter[3]).

---

1) Kât. 2, 7, 2: die südliche Schlinge befestigt er an der nördlichen und steckt sie nach oben durch mit: „für Vishṇu eine Binde (o Strick) ..“ (V. S. 1, 30). uttare ist nach Mah. nur das Ende, nicht eine Schlinge. Das zweimalige Umschlingen geschieht wegen des Durchsteckens nach oben; denn bei einer einmaligen Umschlingung ist das Durchstecken nicht möglich. Comm.

2) Kât. 2, 7, 3. Âp. 2, 5, 7 uttareṇa nâbhiṃ nishṭarkyaṃ granthiṃ kṛitvâ pradaxiṇaṃ paryûhya daxiṇena nâbhim avasthâpya — Bhâr. 2, 5, 4: uttareṇa nâbhiṃ nishṭarkyaṃ granthiṃ kṛitvâ daxiṇato nâbheḥ paryûhate. Hir. 1, 23, 12: pûshâ te granthiṃ grathnâtv iti uttarato nâbher nishṭarkyaṃ granthiṃ kṛitvâ sa te mâ sthâd iti daxiṇato nâbheḥ parikarshati.

3) Kât. 2, 7, 4: nachdem er mit: „zum Labsal dich ..“ (V. S. 1, 30) die Butter weggeschafft, lässt er die Gattin mit: „mit unverletztem ...“ (V. S. 1, 30) darauf blicken.

Die andern Śâkhâ's weichen in ihrer Anordnung hier ab. Baudh. 1, 12, 11 (nach dem Binden der Gattin): athainâṃ tiraḥ pavitram apa âcâmayati ... payasvatîr oshadhayaḥ — sṛija T. S. 1, 5, 10g. 12. athainâṃ gârhapatye samidha âdhâpayaty agne vratapate vrataṃ carishyâmi tacchakeyaṃ tan me râdhyatâṃ svâhâ vâyo vratapata âditya vratapate vratânâṃ vratapate vrataṃ carishyâmi t. ś. t. m. r. svâheti. 13. atha jaghanena gârhapatyam upasîdati suprajasas tvâ — adâbhyaṃ T. S. 1, 1, 10f, indrâṇî vâ — suprajâstvâya T. Br. 3, 7, 5, 10. 11, mama putrâ (ṚV. 10, 159, 3.) 14. athainâṃ gârhapatyam (avexayati) agne gṛihapata upa mâ hvayasva etc. 15. athainâm âjyam avexayati mahînâṃ payo — suprajâstvâyeti T. S. 1, 1, 10k. 16. athainad (âjyaṃ) gârhapatye 'dhiśrayati tejo sîti ib.[1]. 17. samidham upayatya prâñ harati tejo 'nuprehîti. 18. athainad âhavanîye 'dhiśrayaty agnis te tejo mâ vi naid iti. 19. atraitâṃ samidhaṃ madhyata âhavanîyasyâbhyâdadhâti. Âp. 2, 5, 7: upotthâyâgne gṛihapata upa mâ hvayasveti gârhapatyam upatishṭhate. 8. devânâṃ patnîr upa mâ hvayadhvaṃ patni patny esha te loko namas te astu mâ mâ hiṅsîr iti devapatnîr upatishṭhate. 9. tasmâd deśâd apakramya suprajasas tvâ vayam iti daxiṇata udîcy upaviśati. 10. indrâṇî vâ — suprajâstvâyeti japati. 2, 6, 1: pûshâ te bilaṃ vishyatv iti sarpirdhânasya bilam apâvṛitya, daxiṇâgnâv âjyaṃ vilâpya, aditir asy achidraputrety âjyasthâlîm âdâya, mahînâṃ payo 'sy oshadhînâṃ rasas tasya te xîyamâṇasya nirvapâmi devayajyâyâ iti tasyâṃ pavitrântarhitâyâm âjyam nirupya, idaṃ vishṇur vicakrama iti daxiṇâgnâv adhiśritya,

Der Âgnîdhra nimmt die vor der Gattin stehende Butter und stellt sie auf die Vedi hinter die dort aufgestellten Sprengwasser, nachdem er selbst sich niedergelassen hat [1]). Der Adhv. erfasst hierauf den Veda, nimmt die zwei Reiniger aus den Sprengwassern und mit dem Spruch: „auf des Gottes Savitṛi Geheiss reinige ich dich mit unverletztem Reiniger, mit der Sonne Strahlen" reinigt er mit denselben die Butter. Dann erfasst er den Sphya und mit den beiden von Butter besalbten Reinigern reinigt er die Sprengwasser mit dem Spruch: „auf des Gottes Savitṛi Geheiss etc." [2])

Der Adhvaryu oder der Opferer sagt sodann: „Glanz bist du, leuchtend bist du, unsterblich bist du" und blickt auf die Butter, indem er den Veda unterhält [3]). Mit der Linken nimmt der

---

ishe tveti daxiṇârdhe gârhapatyasyâdhiśritya, ûrje tvety apâdâya vedenopayamya patnyâ upaharati. 2. tat sâ nimîlya vîxyânucchvasanty avexate mahînâm payo 'sîti. 4. tejo 'sîty uttarârdhe gârhapatyasyâdhiśrayati. 6. tejase tvety apâdâya tejo 'si tejo 'nuprehîti harati. 7. agnis te tejo mâ vi naid ity âhavanîye 'dhiśritya. 8. agner jihvâsîti sphyasya vartman sâdayati. Bhâr. 2, 5, 5: agne gṛihapata upa mâ hvayasveti gârhapatyam abhimantrayate. 6. devânâṃ patnîr — iti. devapatnîḥ. 7. apareṇa gârhapatyaṃ devapatnyâ lokam upatishṭhate patni patny esha te — hiṅsîr iti. 8. deśâd daxiṇata udîcy upaviśatîndrâṇî vâ — suprajâstvayeti. 9. gârhapatyam abhimantrayate suprajasas tvâ vayam ity etayâ mama putrâh — uta me iti ca. 10. pûshâ te bilaṃ vishyatv iti u. s. w. stellenweise wörtlich wie Âp. Hir. 1, 24, 1: agne gṛihapata upa mâ hvayasveti tishṭhantî gârhapatyam upatishṭhate. 2. devânâṃ patnîr — ity apareṇa gârhapatyam devapatnîḥ. 3. patni patny esha te — iti tam eva deśaṃ prexate. 4. indrâṇî vâ — daxiṇataḥ paścâd gârhapatyasyodîcy upaviśati. 5. evaṃ saṃnaddhâvimoxâd anvâste. 6. suprajasas tvâ — ity âsînâ japati; mama putrâḥ — iti ca u. s. mit unwesentlichen Unterschieden weiter.

1) Kât. 2, 7, 5: auf die Vedi bringt er sie hinter die Sprengwasser. 6. oder nachdem er sie an das Âhavanîyafeuer gebracht hat, für einen an diesem kochenden (setzt er sie auf die Vedi).

2) Kât. 2, 7, 7: mit: „auf Savitṛi's Geheiss dich ..." (V. S. 1, 31) reinigt er die Butter. 8. Und in voriger Weise die Sprengwasser. Baudh. 1, 12, 22: athainad udîcînâgrâbhyâṃ pavitrâbhyâṃ punar âhâraṃ trir utpunâti T. S. 1, 1, 10° 23. proxaṇîr utpunâti ib. p pacchaḥ. Âp. 2, 6, 10; 7, 1 ff. Bhâr. 2, 6, 12. 13. Hir. 1, 24 a. E. — Vgl. ferner hierzu aus dem Yajamânaabschnitt: Âp. 4, 5, 7: adbhir âjyam âjyenâpaḥ — saṃvidânâ ity âjyaṃ proxaṇîś cotpûyamânâḥ (yajamâno 'bhimantrayate). Bhâr. 4, 7 a. E.

3) Kât. 2, 7, 9. 10. Baudh. 1, 12, 20: athainad agreṇa proxaṇîḥ paryâhṛitya daxiṇârdhe vedyai nidhâya yajamânam âjyam avexayati, nimîlyâvexeteti brâhmaṇam. 21. athainad yathâhṛitaṃ pratiparyâhṛityottarârdhe vedyai nidhâyâdhvaryur avexate 'gner jihvâ T. S. 1, 1, 10 m. n. Âp. 2, 6, 9: âjyam asi satyam

Adhvaryu darauf die Juhû und den Veda, mit der R. den Sruva, schöpft mit dem letzteren aus dem Buttertopf leise Butter[1]), welche er mit dem Spruch: „eine befreundete Stätte bist du den Göttern, ein unerschütterlicher Götterdienst" in die Juhû giesst[2]). So thut er noch dreimal ohne Mantra oder aber dreimal mit dem Mantra und einmal leise. Wiederum nimmt er mit dem Sruva aus dem Buttertopf Butter und thut sie in die Upabhṛit[3]); dahinein achtmal, einmal mit jenem Mantra und siebenmal leise oder dreimal mit ihm und fünfmal leise[4]). Hierzu ist noch zu bemerken, dass trotz des öfteren Eingiessens der Butter in die Upabhṛit das in ihr enthaltene Quantum geringer sein muss als das in der Juhû befindliche.

Wie in die Juhû giesst er viermal mit dem Sruva Butter in die Dhruvâ[5]); der Spruch wird ein- oder dreimal gesagt. Der

---

asîty adhvaryur yajamânaś ca nimîlya vîxyânucchvasantâv âjyam avexete. Bhâr. 2, 6, 11. Hir. 1, 24, a. E.

1) Kât. 2, 7, 11: mit dem Sruva (geschieht) das Fassen der Butter. Âp. 2, 7, 5: anishkâsinâ sruveṇa vedam upabhṛitaṃ kṛitvântarvedy âjyâni gṛihṇâti. Bhâr. 2, 7, 1. Hir. 1, 25, 2.

2) Kât. 2, 7, 12: viermal in die Juhû; den Mantra: „eine befreundete Stätte bist du . . ." (V. S. 1, 31) nur einmal.

3) Kât. 2, 7, 13: wenn Anuyâja's sind, dann achtmal in die Upabhṛit, (aber) weniger (als in die Juhû).

4) Kât. 1, 7, 9—11.

5) Kât. 2, 7, 18.

Ueber das Fassen der Butter in die drei Löffel sagt Baudh. 1, 12, 24: proxaṇîshu pavitre avadhâyâdatte daxiṇena sruvaṃ, savyena juhûṃ, vede pratishṭhâpya tasyâṃ gṛihṇîte śukraṃ tvâ (iti) saṃmṛiśyotprayacchati. 25. athopabhṛiti gṛihṇîte | jyotis tvâ jyotishi dhâmne dhâmne devebhyo yajushe yajushe gṛihṇâmîty etena yajushâshṭagṛihîtaṃ gṛihîtvâ bhûyaso grahân gṛihṇânaḥ kanîya âjyaṃ gṛihṇîte. 26. tathaiva sammṛiśyotprayacchati. 28. atha dhruvâyâṃ gṛihṇîte 'rcis tvârcishi dhâmne d. y. y. g. ity etena yajushâ caturgṛihîtaṃ gṛihîtvâbhipûrya tathaiva saṃmṛiśyotprayacchati. Âp. 2, 7, 6: samaṃ bilaṃ dhârayamâṇo juhvâṃ, madhyadeśa upabhṛiti, bhûmau pratishṭhitâyâṃ dhruvâyâṃ. 7. catur juhvâm, ashṭâv upabhṛiti, catur dhruvâyâṃ. 8. paśukâmasya vâ pañcagṛihîtaṃ dhruvâyâṃ, yathâprakṛitîtarayoḥ. 9. daśagṛihîtam upabhṛiti, pañcagṛihîtam itarayor ity eke. 10. bhûyo juhvâm, alpîya upabhṛiti, bhûyishṭhaṃ dhruvâyâṃ. 11. śukraṃ tvâ śukrâyâm iti tribhiḥ, pañcânâṃ tvâ vâtânâm iti ca dvâbhyâṃ j. catuḥ pañcakṛitvo vâ pratimantraṃ. 12. pañcânâṃ tvâ diśâṃ pañcânâṃ tvâ pañcajanânâṃ pañcânâṃ tvâ salilânâṃ dhartrâya gṛihṇâmi etc. pañcabhir upabhṛity ashṭakṛitvo daśakṛitvo vâ pratimantraṃ. 13. śesheṇa dhruvâyâṃ catuḥ pañcakṛitvo vâ pratimantraṃ. Bhâr. 2, 7, 2 flg. Hir. 1, 25, 2. — catuḥ pañca vâ juhvâṃ gṛihṇâty ashṭau daśa vopabhṛiti. 3. yathâ juhvâm evaṃ dhruvâyâṃ. 5. upabilaṃ sthâlyâ juhûṃ dhârayamâṇo, madhyadeśa upabhṛiti,

Adhvaryu nimmt darauf von der Mitte der Vedi den Buttertopf und stellt ihn irgend wo an einen gut verborgenen Platz nieder. Sodann bindet er das Brennholz auf und sagt: o Brahman, das Brennholz will ich sprengen [1]).

Brahman: „sprenge; das Opfer, die Götter mache gedeihen — (wie oben) — den Opferer. om ३ proxa.

Adhvaryu nimmt die Sprengwasser, sagt: „die schwarze Antilope bist du, im Baue dich befindend (?); dich, den Agni willkommenen besprenge ich“ und besprengt das Brennholz; darauf mit dem Spruch: „Vedi bist du, dich die dem Barhis lieb ist, besprenge ich“ die Vedi. Er erfasst sodann die vom Agnîdh ihm übergebene Opferstreu und wenn sie auf dem Wege zwischen Praṇîtâ's und Âhavanîya vorher noch nicht herangetragen worden ist, trägt er sie jetzt auf demselben heran, setzt sie auf die Vedi, den Knoten nach Osten richtend und fragt mit den Worten: „o Brahman, das Barhis will ich sprengen“, den Brahman um Erlaubniss zum Besprengen derselben.

Brahman: „sprenge; das Opfer, die Götter mache gedeihen — den Opferer. om ३ proxa [2]).

Adhvaryu besprengt das barhis mit dem Spruch: „Opfer-

---

bhûmau pratishṭhitâyâṃ dhruvâyâṃ. 6. shoḍaśâny âjyâni gṛibṇati, saptadaśâni paśukâmaḥ kurvîtaikaviṅśâni pratishṭhâkâmaḥ. 7. śukraṃ tvâ śukrâyâm ity etair juhvâṃ gṛibṇâti, pañcânâṃ tvâ vâtânâm iti pañcottarair upabhṛiti dhruvâyaṃ ca.

1) Kât. 2, 7, 19: er besprengt das Brennholz, nachdem er es aufgebunden hat, die Vedi und die Opferstreu, nachdem er diese erfasst und mit dem Knoten nach Osten auf die Vedi gelegt hat, mit: „schwarz bist du ...“ (V. S. 2, 1) Mantra für Mantra. Baudh. 1, 13, 1, 2: athaitâm âjyasthâlîṃ sasruvâṃ jaghanena vedyai nidhâya — adbhir evâpaḥ proxati proxitâḥ stha proxitâḥ stheti triḥ. 3. athedhmaṃ visraṅsya proxati kṛishṇo 'sy âkhareshṭho 'gnaye tvâ svâheti. 4. vediṃ proxati vedir asi barhishe tvâ svâheti. 5. barhiḥ proxati barhir a. srugbhyaḥ s. 6. âharanty etad barhir antareṇa praṇîtâś câhavanîyam ca. 7. tad antarvedi purogranthy âsâdya proxati dive tvety agrâṇy, antarixâya tveti madhyâni, pṛithivyai tveti mûlâni. Âp. 2, 8, 1: pûrvavat proxaṇîr abhimantrya, brahmâṇam âmantrya, visraṅsyedhmaṃ kṛishṇo 'sy âkareshṭha iti triḥ proxati. 2. vedir asîti trir vediṃ. 3. barhir asîti trir barhiḥ. 4. antarvedi purogranthi barhir âsâdya dive tvety agraṃ proxaty, antarixâya tveti madhyaṃ, pṛithivyai tveti mûlaṃ. 5. srucy agrâṇy upapâyya mûlâny upapâyayati poshâya tveti. Bhâr. 2, 7, 9 flg. Hir. 1, 25, 12 flg. Vgl. hierzu aus dem Opfererabschnitt Âp. 4, 5, 8: ûrṇamṛidu prathamânaṃ (T. Br. 3, 7, 6, 5) barhir âsâdyamânaṃ (y. a.). 4, 6, 1: aśiśrema barhiḥ — śatavalśâ adabdhâ ity antarvedi barhir âsannaṃ (y. a.). Bhâr. 4, 7, 7, 8, 1.

2) Kât. 2, 2, 11. 14. Âp. 3, 19. Bhâr. 3, 16.

streu bist du, die den Löffeln erwünschte sprenge ich" und schüttet dann den Rest der Sprengwasser insgesammt auf die Wurzeln desselben mit den Worten: „du bist Benetzung für Aditi" [1]). Dann legt er die beiden Reiniger in die Praṇîtâ-Wasser, bindet das Barhis auf und nimmt von der Ostseite des Barhisbündels mit den Worten: „du bist Vishṇu's Schopf" den s. g. Prastara [2]), gibt diesen leise dem Brahman, löst leise das Barhisband selber auf (so dass dasselbe keinen Strick mehr bildet), legt es auf die Südśroṇi mit den Spitzen nach Osten oder Norden, bedeckt es mit andern Barhisgräsern als den in Rede stehenden und was von Gras, Laub, Holz u. s. w. auf die Vedi gefallen ist, wirft er mit der Hand auf den Utkara. Dann bestreut er die Vedi dreifältig oder in angemessener Weise, zu ungeraden Malen [3]) (fünf-, siebenmal etc.).

---

1) Kât. 2, 7, 20: den Rest giesst er auf die Wurzeln mit: „für Aditi bist du Benetzung" (V. S. 2, 2). Baudh. 1, 13, 8: atha tataḥ saha srucâ purastâtpratyañcaṃ granthiṃ pratyuxyâtiśishṭâḥ proxaṇîr ninayati daxiṇâyai śroṇer ottarâyai śroṇeḥ. T. S. 1, 1, 11e. Âp. 2, 8, 6. Bhâr. 2, 7, 13. Hir. 1, 25, 15.

2) Kât. 2, 7, 21: nachdem er die beiden Reiniger in die Praṇîtâwasser gestellt hat, und die Opferstreu aufgebunden hat, wird von der Ostseite der Prastara weggenommen mit: „Vishṇu's . ." (V. S. 2, 2.) Baudh. 1, 13, 9: udûhya proxaṇîdhânaṃ barhir visraṅsya purastât prastaraṃ gṛihṇâti vishṇoḥ stûpo 'sîti. 10. tasmin pavitre apisṛijati yajamâne prâṇâpânau dadhâmîti vâ (?) tûshṇîṃ vâ. Âp. 2, 8, 6: — pûshâ te granthiṃ vishyatv iti granthiṃ visraṅsayati. 7. prâñcam udgûḍhaṃ pratyañcam âyacchati. 8. vishṇoḥ stûpo 'sîti karshann ivâhavanîyaṃ prati prastaram apâdatte. 9. nodyauti, na prayauti, na pratiyauti, na vixipate, na pramârshṭi, na pratimârshṭi, nânumârshṭi. 10. ayaṃ prâṇaś ca T. B. 3, 7, 4, 12 — °śodhane yajamâne prâṇâpânau dadhâmîti tasmin (prastare) pavitre apisṛijya. Bhâr. 2, 8, 15 flg. Hir. 1, 25, 18 flg.

3) Kât. 2, 7, 22: nachdem er (den Prastara) dem Brahman gegeben und das Band des Barhis aufgelöst hat, legt er es auf die Südśroṇi der Vedi nieder, bedeckt es mit andern Darbhagräsern und bestreut die Vedi mit: „wollenweich . ." (V. S. 2, 2) dreimal. 23. Oder in angemessener Weise. Baudh. 1, 13, 11: taṃ yajamânâya vâ brahmaṇe vâ prayacchati. 12. athainâni barhiḥsaṃnahanâny âyâtayati (?) daxiṇâyai śroṇer ottarâd aṅsât. 13. atha daxiṇe vedyante barhirmushṭiṃ stṛiṇâti devabarhir T. S. 1, 1, 11h. Âp. 2, 8, 10: prâṇâpânâbhyâṃ tvâ satanuṃ karomîti yajamânâya prayacchati, yajamâno brahmaṇe. 11. brahmâ prastaraṃ dhârayati yajamâno vâ. 9, 1: darbhair vedim antardhâya daxiṇataḥ saṃnahanaṃ stṛiṇâty axṇayâ vorṇâmradasaṃ tvâ stṛiṇâmîti. 2. barhishâ vediṃ stṛiṇâti. Bhâr. 2, 8, — tataḥ saṃpreshyaty abhistṛiṇîta barhiḥ, paridhatta vediṃ, jâmiṃ mâ hiṅsîr a. ś. darbhaiḥ stṛiṇîta haritaiḥ suvarṇair nishkâ ime yajamânasya bradhna T. Br. 3, 7, 5, 13 iti. | brahmaṇe prastaraṃ prayachati prâṇâpânâbhyâṃ tvâ saṃtanuṃ karomîti. | brahmâ yajamânâya yajamâne prâṇâpânau dadhâmîti. | mayi prâṇâpânâv iti yajamânaḥ pratyâha. | śulbaṃ stṛiṇâty ûrṇâmradasaṃ tvâ stṛiṇâmîty â

Ersteres geschieht in folgender Weise. Nachdem er den Sphya niedergelegt, nimmt er von dem Grasbündel den dritten Theil, sagt: „wollenweich streue ich dich, dass du einen guten Sitz den Göttern bietest“ und streut denselben vom Süd- zum Nordaṅsa. Dann nimmt er den zweiten Theil und streut ihn westlich von dem ersten so, dass er die Wurzeln des zuerst gestreuten mit seinen Spitzen bedeckt[1]), dann nimmt er den dritten Theil und streut ihn in derselben Weise auf die Westseite der Vedi[2]). Ganz ebenso wird bei einer fünf- oder siebenfältigen Bestreuung verfahren. Sie ist stets so zu vollziehen, dass die Erde dazwischen nicht gesehen wird und bei der letzten Streuung ist der Sphya unterzuhalten.

Diese Bestreuung geschah in der Weise, dass man im Osten begann und im Westen schloss. Ein anderer Modus ist der, dass man im Westen beginnt und im Osten schliesst. In diesem Falle werden die Spitzen des zuerst gestreuten jedesmal mit einem Stock (yashṭi) emporgezogen und die nächste zweite und dritte Reihe muss mit ihren Wurzeln unter die Spitzen der vorigen gelegt werden[3]). Einer der am Âhavanîya kocht, muss jetzt, da dieses hergerichtet wird, die Havisspenden fortschaffen, da sie sonst verbrannt werden[4]). Der Adhvaryu nimmt darauf vom Brennholz ein Scheit, nimmt aus der Hand des Brahman den Prastara und indem er den Prastara über das Âhavanîyafeuer hält, richtet er dasselbe dadurch zu, dass er entweder ein Scheit hineinwirft oder es mit diesem Holzscheit schürt, um es zum Verbrennen des Brennholzes etc. geeignet zu machen[5]). Zwei Feuerbrände, welche für

---

daxiṇâyai śroṇyâḥ prapadyottarasmâd aṅsât samtataṃ. 20. sarvasyâṃ vedyâṃ barhiḥ striṇâti. Hir. 1, 26, 1: barhishâ vediṃ striṇâti. 2. triṇair antardhâyâxṇayâ śulbaṃ striṇâti daxiṇaṃ vedyantam ity ekeshâṃ.

1) Kât. 2, 7, 24: dicht. 2, 7, 25: die Wurzeln zu unterst.

2) Kât. 2, 7, 26: im Westen schliessend. Baudh. 1, 13, 14: tâṃ bahulâṃ purastâtpratîcîṃ trivṛitam anatidṛiśnaṃ striṇâti. Âp. 2, 9, 2 — bahulam anatidṛiśyaṃ prâgapavargaṃ pratyagapavargaṃ vâ tridhâtu pañcadhâtu vâ. 3. agrair mûlâny abhicchâdayati. 4. dhâtau dhâtau mantram âvartayati. Bhâr. 2, 8, 20: bahulam anatidṛiśnam ûrṇâmradasaṃ tvâ striṇâmîti tridhâtu pañcadhâtu vâ prâgapavargaṃ pratyagapavargaṃ vâ. Hir. 1, 26, 3. Vgl. hierzu Âp. 4, 6, 2: catuḥśikhaṇḍâ yuvatiḥ T. Br. 3, 7, 6, 4 — pinvasva iti (vediṃ) stîryamâṇâṃ (y. a.). Bhâr. 4, 8, 3.

3) Kât. 2, 7, 27: oder wegziehend.

4) Kât. 2, 7, 28: hier (erfolgt) das Wegschaffen (der Speisen) für einen der am Âhavanîya kocht. — Für einen am Gârhapatya kochenden ist dies natürlich nicht nöthig, da dieser nicht geschürt und frisch mit Holz versehen wird.

5) Kât. 2, 7, 29: nachdem er vom Brennholz ein Scheit genommen, richtet

die Anuyâja's erforderlich sind, bringt er sodann vom Ahavanîya abseits[1]) nach Osten und legt sie am Rande des Khara nieder.

Es folgt das Umlegen der 3 Paridhi's, welche nicht trocken sein dürfen und von demselben Holz zu nehmen sind, entweder vom Palâśabaum, oder ist dieses nicht zu haben, vom Vikaṅkata, oder, ist dieses nicht vorhanden, vom Kârshmarya. Ist auch das letzte nicht zu erlangen, so hat man zwischen Bilva, Khadira, Udumbara freie Wahl. Sie sind so lang, als der Arm des Opferers, diesen von der Hand mit ausgestreckten Fingern bis zur Schulter gerechnet. Sie werden, wenn man beim Brennholz 21 Scheite genommen hat, von diesem genommen. Nach dem Karmapradîpa 2, 5, 19 sind sie armlang, grade, mit Rinde versehen, ohne Risse, drei sinds mit nicht abgebrochener Spitze, nach einigen jedoch vier (?) (ekeshâṃ tu caturdiśam)[2]).

Auf folgende Weise werden diese Paridhi's hingelegt: er sagt den Spruch: „der Gandharve Viśvâvasu lege dich herum; damit alles unversehrt sei. Du bist eine Umlage für den Opferer; Agni bist du, der zu erflehende, erflehte" und legt westlich vom Âhavanîya den mittleren starken Paridhi mit der Spitze nach Norden

---

er das Âhavanîyafeuer her, wobei er dicht darüber den Prastara hält. Âp. behandelt dies nach dem Anlegen der Paridhi's. Âp. 2, 9, 6 — upary âhavanîye prastaraṃ dhârayann agniṃ kalpayati. Bhâr. 2, 9, 3. Hir. 1, 26, 5.

1) Kât. 2, 7, 30: zwei Feuerbrände schafft er weg, wenn Anuyâja's sind. Âp. 2, 9, 7: anûyâjârthe prâcî ulmuke udûhatîti vâjasaneyakam. Bhâr. 2, 9, 2. Hir. 1, 26, 5.

2) Kât. 2, 8, 1: die Paridhi's legt er herum, in der Mitte, im Süden und Norden mit: „der Gandharva . ." (V. S. 2, 3) Mantra für Mantra. Dieselben sind von frischem Holze, von ein- und demselben Baum, armlang, von Palâśa, Vikaṅkata, Kârshmarya, Bilvaholz. Jedesmal wenn man das vorhergehende nicht bekommt, wählt man das folgende. Oder man wählt Paridhi's von Khadira oder Udumbara. Baudh. 1, 13, 15: atha prastarapâṇiḥ prâṅ abhisṛipya paridhîn paridadhâti, gandharvo 'si — T. S. 1, 1, 11 madhyamam, indrasya — ib. k daxiṇaṃ, mitrâvaruṇau — ib. l ity uttaram. Âp. 2, 9, 5: prastarapâṇiḥ saṃspṛishṭân paridhîn paridadhâti gandharvo 'si viśvâvasur ity etaiḥ pratimantram, udagagraṃ madhyamaṃ, prâgagrâv itarâv, âhavanîyam abhyagraṃ daxiṇam, avâgram uttaram. Bhâr. 2, 9, 3. Hir. 1, 26, 5: pratyâdâya prastaraṃ p. paridadh. gandharvo 'sîty apareṇâhavanîyaṃ barhishy udagagraṃ madhyamam, indrasya bâhur asîty daxiṇârdhyaṃ saṃspṛishṭaṃ madhyamenâ 'bhyagraṃ, mitrâvaruṇau tvety uttarârdhyaṃ saṃspṛishṭam m. avâ° — Vgl. hierzu aus dem Opfererabschnitt: Âp. 4, 6, 3: dhruvo 'sîty T. S. 1, 6, 2a etaiḥ pratimantraṃ paridhîn paridhîyamânân (yajamâno 'bhimantrayate), asmin yajña upabhûya — nudâtâ T. Br. 3, 7, 6, 7 iti ca. Bhâr. 4, 5, 1: paridhîn p. abhimantrayate dhruvo 'sy — bhûyâsam ity etaiḥ pratimantram, asmin yajña — nudâtâ iti ca sarvân.

gekehrt. Sodann mit: „Indra's rechter Arm bist du; damit alles unversehrt sei . . ." in den Süden den zweiten dünnen Paridhi, seine Spitze nach Osten kehrend. Drittens einen noch dünneren Paridhi in den Norden, dessen Spitze ebenfalls nach Osten kehrend mit dem Spruch: „Mitra-Varuṇa sollen dich im Norden herumlegen mit festem Gesetz, damit alles unversehrt sei . . ."

Hierauf berührt er mit dem vorhin vom Brennholz genommenen Scheite leise den ersten Paridhi, steht auf und mit: „dich, o Kavi, den zum Mahle ladenden, wollen wir glänzend entflammen, dich, o Agni, der du gross bist beim Opfer" legt er das Scheit in das Âhavanîyafeuer. Er nimmt hierauf vom Brennholz ein zweites Scheit und legt es ohne den Paridhi berührt zu haben mit: „ein Scheit bist du"[1]) an. Er setzt sich nieder und indem er das Âhavanîyafeuer ansieht, flüstert er im Saṃhitâtone: „die Sonne schütze dich im Osten vor irgend einem Fluch"[2]).

Nachdem der Adhvaryu von dem Âhavanîya zur Vedi, von links nach rechts umwandelnd, zurückgekehrt ist, nimmt er von dem auf sie gestreuten Barhis (oder auch zwei noch nicht gebrauchte) Halme mit Spitzen und von der Länge eines Aratni und legt sie mit dem Spruch: „Savitṛi's Arme seid ihr" in die Mitte der Vedi quer über das auf dieselbe gestreute Barhis, mit den Spitzen nach Norden[3]). Auf deren Wurzel legt er den Prastara

1) Kât. 2, 8, 2: nachdem er den ersten Paridhi mit dem Scheit berührt hat, legt er dieses mit: „den zum Mahle ladenden . . ." (V. S. 2, 4) an. 3. ohne (den P.) berührt zu haben, (legt er) ein zweites (Scheit) mit: „ein Scheit bist du" (V. S. 2, 5) an. Baudh. 1, 13, 17: ûrdhve samidhâv âdadhâti, vîtihotram — iti T. S. 1, 1, 11[n] daxiṇâṃ, tûshṇîm uttarâm — Âp. 2, 9, 8: madhyamaṃ paridhim upaspṛiśyordhve âghârasamidhâv âdadhâti vîtihotraṃ tvâ kava iti daxiṇâṃ, samid asy âyushe tvety uttarâṃ, tûshṇîṃ vâ. Bhâr. 2, 9, 5. Hir. 1, 26, 6.

2) Kât. 2, 8, 4: „die Sonne dich . . ." (V. S. 2, 5) flüstert er auf das Âhavanîyafeuer blickend, weil der Mantra dasselbe bezeichnet. Baudh. 1, 13, 16: atha sûryeṇa purastât paridadhâti sûryas tvâ — T. S. 1, 1, 11[m]. Âp. 2, 9, 6: sûryas tvâ purastât pâtv ity âhavanîyam abhimantrya Bhâr. 2, 9, 5. Hir. 1, 26, 6. Vgl. hierzu Âp. 4, 6, 4: yunajmi tvâ brahmaṇâ daivyenety T. S. 1, 6, 2[d] âhavanîyaṃ, tejishṭhâ te tapanâyâ — iti ca (yajamâno 'numantrayate). Bhâr. 4, 9, 2.

3) Kât. 2. 8, 5: nachdem er sich zu der Vedi zurückgewandt hat, legt er von der Opferstreu zwei Halme quer mit: „Savitṛi's . ." (V. S. 2, 5). — Nach einem Citat aus dem Kâṭhaka im Comm. nimmt er dieselben vom Prastara. In der Kâṇvaśâkhâ jedoch heisst es, er nimmt sie von der Vedi (cf. Comm. zu 2, 8, 5. 6). 6. oder zwei andere (legt er quer), weil sie noch nicht gebraucht sind, (Halme vom Barhis aber schon angewandt wurden). Baudh. 1, 13, 18: an-

mit der Spitze nach Osten und mit dem Spruch: „als wollenweichen, guten Sitz für die Götter streue ich dich“ [1]). Auf diesen legt er mit: „auf dich sollen sich die Vasu's, Rudra's, Âditya's niedersetzen“ die Hände und drückt ihn dadurch nieder [2]) (Paddh.). Ohne dass die Linke den Prastara loslässt, erfasst der Adhvaryu mit der R. die vom Âgnîdhra ihm übergebene Juhû und legt sie mit dem Spruch: „die Butter träufelnde Juhû bist du; setze dich hier auf den lieben Sitz mit lieber Wohnung“ auf den Prastara, mit der Spitze nach Osten [3]). Mit der Linken erfasst er hierauf den Veda, mit der Rechten die von dem Agnîdh ihm übergebene Upabhṛit und legt sie mit dem Spruch: „die Butter träufelnde Upabhṛit bist du — Wohnung“ (wie oben) nördlich von der Juhû, von derselben abliegend und unberührt, auf das Barhis. Wiederum nördlich von ihr legt er mit dem Mantra: „die Butter träufelnde Dhruvâ bist du —“, von der Upabhṛit etwas entfernt und unberührt, die Dhruvâ auf die Spitzen der beiden Vidhṛiti's [4]) nieder.

---

tarvedy udîcînâgre vidhṛitî tiraścî sâdayati viśo yantre stha iti. Âp. 2, 9, 9: samâv anantargarbhau darbhau vidhṛitî kurute. 10. viśo — ity antarvedi udagagre nidhâya. Bhâr. 2, 9, 6. Hir. 1, 26, 6: samâv anantargarbhau darbhau barhisho vidhṛitî karoti. 7. viśo yantre stha iti madhyaveder barhishy udîcînâgre nidadhâti. — cf. dazu Âp. 4, 6: vicchinadmi vidhṛitîbhyâm — T. Br. 3, 7, 6, 7 vidhṛitî âsâdyamâne (yaj. abhim.). Bhâr. 4, 9, 3.

1) Kât. 2, 8, 10: auf diese beiden streut er den Prastara mit: „wollenweich ..“ (V. S. 2, 5). — Der Prastara besteht also aus einem Theile des Barhis, von dessen Ostseite er weggenommen wird, und wird auf die beiden Vidhṛitihalme mit den Spitzen nach Osten gelegt. Er dient dazu, die Juhû zu halten (Comm. zu Kât. 2, 8, 10). Baudh. 1, 13, 19: vidhṛityoḥ prastaraṃ vâsûnâm — T. S. 1, 1, 11p (sâdayati). Âp. 2, 9, 10 — vasûnâm — iti tayoḥ prastaram atyâdadhâty abhihṛitatarâṇi prastaramûlâni barhirmûlebhyaḥ. Bhâr. 2, 9, 7. Hir. 1, 26, 8. Aus dem Opfererabschnitt vgl. dazu Âp. 4, 7, 1: ayaṃ — adhyâsâdayâmîti T. Br. 3, 7, 6, 8 prastaram âsâdyamânam (yaj. abhimantr.). Bhâr. 4, 9, 4.

2) Kât. 2, 8, 11: er legt die Hände darauf nieder mit: „auf dich die Vasus ...“ (V. S. 2, 5).

3) Kât. 2, 8, 12: ohne dass die Linke (den Prastara) loslässt, erfasst er die Juhû und legt sie (auf ihn) nieder. Baudh. 1, 13, 20: prastare juhûṃ juhûr asi ghṛitâcî nâmnâ priyeṇa — T. S. 1, 1, 11q. Âp. 2, 9, 11: juhûr asi — ity etaiḥ pratimantram anûcîr asaṃspṛishṭâḥ srucaḥ prastare sâdayati. 10, 1: api vâ juhûm eva prastare, samaṃ mûlair juhvâ daṇḍaṃ karoti. Bhâr. 2, 9, 8: prastare juhûr asi ghṛitâcîti samaṃ mûlair daṇḍaṃ karoti. 11: asaṃspṛishṭâḥ sâdayati. Hir. 1, 26, 9. Vgl. hierzu aus dem Opfererabschnitt: Âp. 4, 7, 2: âroha patho — daivyeneti T. Br. 3, 7, 6, 8 juhûm (y. a.). Bhâr. 4, 10, 1: srucaḥ sâdyamânâ abhimantrayate âroha. —

4) Kât. 2, 8, 13: ebenso (setzt er) die beiden andern (Löffel) mit den bei-

Beim Neumondsopfer wird, im Falle ein Sâṃnâyya dargebracht wird, jetzt (dhruvâm âsâdya sagt die Paddh. S. 310) die Abendmelkung herzugebracht [1]).

Nachdem die Löffel auf die Vedi gelegt, nimmt der Adhvaryu mit der Rechten den Buttertopf und den Sruva, mit der Linken Kuchenschale und Veda, wendet sich, von der Linken zur Rechten umwandelnd, heran, geht nach Westen, lässt sich hinter dem Gârhapatyafeuer nieder, und stellt nördlich davon den Buttertopf, von diesem nördlich die Kuchenschale hin, fegt hierauf mit dem Veda von den (im Fall beim Neumondsopfer ein Sâṃnâyya dargebracht wird, von dem) Kuchen die Asche ab und macht leise aus dem Buttertopf mit dem Sruva einen Butterguss über die (den) Kuchen, desgleichen einen über die süsse (nicht aber die saure Milch), wenn ein Sâṃnâyya beim Neumond geopfert wird [2]). Sodann giesst er in die eine (auch für zwei Kuchen dienende) Schale auf die beiden vertieften Stellen im Süden und Norden mit dem Sruva einen Löffel Butter als Unterlage für die Kuchen.

Er nimmt jetzt den ersten (Agni gehörigen) Kuchen, ohne ihn umzuwenden, mit einem Holzstück u. s. w., trägt ihn östlich von dem nördlichen und hinter dem Buttertopf zur Kuchenschale, in welche er ihn setzt, darauf den zweiten (Indra-Agni resp. Agni-Soma geweihten) hinter dem ersten und dem Buttertopf.

Wird beim Neumond ein Sâṃnâyya gespendet, so ist nach dem Wegschaffen des Agnikuchens von ihm nördlich die saure und von dieser nördlich die süsse Milch zu placiren.

---

den folgenden (Mantren) Mantra für Mantra auf die Streu, die Upabhṛit und die Dhruvâ, in Entfernungen, der Reihe nach (Paddh. S. 233). Baudh. 1, 3, 21: uttarâm upabhṛitam upabhṛid asi ghṛitâcî — sîdeti. 22. uttarâṃ dhruvâṃ dhruvâsi — sîdeti. Âp. 2, 10, 2 (cf. 9, 11 in Anm. 3) uttareṇa juhûm upabhṛitaṃ pratikṛishṭatarâm ivâdhastâd vidhṛityoḥ. 3. uttareṇopabhṛitaṃ dhruvâṃ pratikṛishṭatarâm ivoparishṭâd vidhṛityoḥ. 4. ṛishabho 'si śâkvaro ghṛitâcînâṃ sûnuḥ priyeṇa nâmnâ priye sadasi sîdeti daxiṇena juhûṃ sruvaṃ sâdayati. 5. uttareṇottareṇa vâ dhruvâm. Bhâr. 2, 9, 9 ffg. Hir. 1, 26, 9 flg. Vgl. hierzu aus dem Opfererabschnitt: Âp. 4, 7, 3: avâhaṃ bâdha — daivyeneti T. Br. 3, 7, 6, 9 upabhṛitam (y. a.). 4. yo mâ vâcâ — daivyeneti dhruvâm (y. a.). Bhâr. 4, 10, 3 flg. Auch über die Âjyasthâlî wird vom Opferer ein Vers (syono me sîda — daivyena T. Br. 3, 7, 6, 10) gesagt.

1) Kât. 4, 2, 38.

2) Kât. 4, 2, 38. — nachdem er die Morgenmilch gekocht (s. Nachtrag zu Seite 43), mit Butter übergossen und fortgeschafft hat, salbt er beide (die Morgen- und Abendmelkung).

Nachdem hierauf der Adhvaryu die Kapâla's gezählt (gaṇayitvâ Paddh.), salbt er[1]) mit dem bei jedem Kuchen zu sagen-

1) Kât. 2, 8, 14: nachdem er die beiden Kuchen mit Butter übergossen und fortgeschafft hat, setzt er sie in das (Gefäss), in welchem eine Unterlage von Butter gemacht ist und salbt sie mit: „welcher als Athem von dir — dem Opferer". — Nach dem Comm. hierzu wird der Butteraufguss auf den Agnikuchen mit einem Yajus, auf den zweiten aber leise gemacht. Die Reihenfolge, in welcher die einzelnen Handlungen an den beiden Kuchen zu vollziehen sind, ist nicht stets dieselbe. Der Comm. gibt an a) Reinigen b) Hinstellen der Pâtrî c) Aufguss auf die Kuchen d) Butterunterlage an zwei Stellen (e) Nordwärtsschaffen). Oder d c e a b. — Das Verfahren des Mânava ist in der Paddh. angegeben: mit dem Veda entfernt er von beiden Kuchen den Staub, macht aus der Âjyasthâlî, indem er den Veda unterhält mit dem Sruva einen Aufguss von Butter, ferner in die Schale eine Unterlage von Butter, schafft sie nach Norden, macht sie staublos ohne mit der Hand oder dem Vedakopf sie zu stossen, setzt dann (die Kuchen) auf die Butterunterlage, salbt sie mit: „welcher von dir . . .", oben, und ohne sie umzuwenden unten.

Baudh. 1, 14, 1: athâdatte daxiṇenâjyasthâlîṃ sasruvâṃ savyena pâtrîṃ vedam ity (?) etat samâdâya pradaxiṇam âvṛitya pratyaññ âdrutya jaghanena gârhapatyam upaviśya pâtryâṃ dvedhopastṛiṇîte syonaṃ te sadanaṃ — T. Br. 3, 7, 5, 2. 2. atha dhṛishṭim âdâya daxiṇasya puroḍâśasyâñgârân apohatîdam ahaṃ — T. Br. 3, 7, 5, 1. 3. athainaṃ vidarśayati sûrya jyotir — 4. vedena virajasaṃ kṛitvâbhighârayaty âpyâyatâṃ — T. Br. 3, 7, 5, 2. 5. yaddevatyo vâ bhavati. 6. athainam udvâsayati śrita utsnâti —(ib.) 7. âjyena .. samtarpayaty ârdraḥ — | uparishṭâd abhyajyâdhastâd upânakti yas ta âtmâ paśushu — tam añxveti. 8. evam evottaraṃ puroḍâśam udvâsayati. 9. atha śṛitam. 10. atha dadhi. 11. atha sâṃnâyye alaṃkaroti yas ta âtmâ — yajamânâya mahyam. Âp. 2, 10, 8: kapâlavat puroḍâśâd añgârân apohya, sûrya jyotir — ity abhimantrya, âpyâyatâm — agnaye jushṭam abhighârayâmîty âgneyaṃ puroḍâśam abhighârayati. 9. tûshṇîm uttaram. 10. yas ta âtmâ — yajamânâya mahyam iti prâtardohaṃ. 11. syonaṃ te sadanam — kalpayâmi ta iti pâtryâm upastîrya. 12. ârdraḥ — matînâm ity aparyâvartayan puroḍâśam udvâsya. 2, 11, 1: vedena bhasma pramṛijya, tasmint sîda — sumanasyamâna iti pâtryâṃ pratishṭhâpayati. 2. tûshṇîṃ yavamayam. 3. — devas tvâ savitâ madhvânaktv iti sruveṇa puroḍâśam anakti. 4. svaktam akûrmapṛishantam aparivargam aṇikâsham uparishṭâd abhyajyâdhastâd upânakti. Bhâr. 2, 10, 3 sasruvâm âjyasthâlîṃ vedaṃ pâtrîṃ câdâyâpareṇa gârhapatyam upaviśet. 4. idam ahaṃ senâyâ abhîtvaryai mukham apohâmîti vedena puroḍâśât sâñgâraṃ bhasmâpohyâ, 'bhimantrayate sûrya — iti. 5. pâtryâm upastṛiṇâti syonaṃ te sadanam — 6. âjyenâbhighârayati yas ta âtmâ — 7. pâtryâm udvâsayaty ârdraḥ — 8. na paryâvartayan (?) anakti. 11, 2: athainâv aparivargam aṇikâsham anakti. 3. devasya tvâ savitâ madhvânaktv ity uparishṭâd abhyajyâdhastâd upânakti. 4. svaktam akûrmapṛishantaṃ kṛitvâ sâṃnâyye câlaṃkṛitya. Hir. 1, 27, 3 flg.

Ueber die Betheiligung des Opferers hierbei cf. Âp. 4, 8, 1: tṛiptir asi — paśubhir ity puroḍâśân ajyamânân (y. a.) Bhâr. 4, 11, 1.

den Spruch: „mit der Seele, welche als Athem von dir in die Thiere eingegangen ist und zu den verschiedenen Göttern sich ausgebreitet hat, gehe, o Soma, nachdem du mit Butter versehen bist, zu Agni (resp. Indra-Agni oder Agni-Soma beim zweiten Kuchen[1]); finde Glanz für den Opferer" einzeln die (den) Kuchen mit Butter, welche mittelst des Sruva dem Buttertopf entnommen ist. Wird ein Sâmnâyya beim Neumond gespendet, so wird dieses s. g. Prâṇadâna nicht nur am Agnikuchen, sondern auch an der süssen und sauren Milch vollzogen. Für „zu Agni" tritt dann in obigem Spruch „Indra" (resp. „Mahendra") ein (s. S. 69, Anm. 2).

Er salbt sodann mit dem Sruva einzeln jeden Kapâla in der Reihe, wie sie angesetzt wurden entweder leise oder mit dem Spruch: „welche Scherben die Weisen beim Feuer aufschichten, auch die, welche in Pûshan's Bereich sich befinden, sollen Indra-Vâyu lösen[2])".

Wie die Kapâla's angesetzt wurden, so werden sie jetzt weggeschafft. Er nimmt den Sphya und schafft den ersten Kapâla nach Norden mit: „den ersten Kuchen schaffe ich fort"; den zweiten mit: „den zweiten Kuchen schaffe ich fort"; so alle acht vom ersten, alle elf resp. zwölf vom zweiten Kuchen[3]).

Er setzt hierauf die Opfergaben mit dem (jedesmal zu sagenden?) Spruch: „mit lieber Wohnung setze dich auf den lieben Sitz" auf die Vedi; nördlich von der Dhruvâ die Âjyasthâlî, wobei er den Veda unterhält; nördlich von dieser den ersten, davon nördlich den zweiten Kuchen, wobei er den Sphya unterhält. Wird beim Neumond ein Sâmnâyya gespendet, so wird ausserdem noch die süsse und saure Milch hingesetzt. Der Adhvaryu nimmt sodann den Veda, sagt (jedesmal?) „fest setzten sich diese (Gaben) in den Schoss des ṛita; diese o Vishṇu schütze, schütze das Opfer, schütze den Opferherrn" und berührt damit die Gaben in der Reihenfolge, wie sie verwendet werden; erstens die Butter im Topf, dann die in der Juhû, Upabhṛit, Dhruvâ, legt den Veda

---

1) Kât. 2, 8, 15: Anders je nach der Gottheit.

2) Kât. 2, 8, 16: er salbt einzeln die Kapâla's mit: „welche — lösen": 17. oder leise. Baudh. 1, 13, 13: pratyajya kapâlâny udvâsayatîrâ bhûtiḥ pṛithivyai raso motkramîd iti. Âp. 2, 11, 3: irâ bhûtiḥ pṛithivyai r. m. u. iti sruveṇa kapâlâni pratyajya — Forts. siehe S. 70 Anm. 1. Dies Salben der Kapâla's findet hier vor dem Salben der Kuchen statt; ebenso bei Bhâr. 2, 11, 1. Hir. 1, 27, 11.

3) Kât. 2, 8, 18: mit Zählung schafft er sie fort. Baudh. 1, 14, 14. Hir. 1, 27, 11. Bei Âp. Bhâr. geschieht dies erst zu Ende des Opfers. 3, 14.

östlich von der Dhruvâ nieder und mit Unterfassung des Sphya berührt er einzeln die beiden Kuchen[1]). Er berührt sodann mit dem Spruch: „beschütze mich den Opferführer" sich selbst am Herzen[2]) und darauf die Wasser[3]).

Auch hier kann die Observanz vom Opferer angetreten werden[4]).

---

1) Kât. 2, 8, 19: nachdem er mit dem Spruch: „mit lieber Wohnung . ." (V. S. 2, 6) die Havisgaben auf die Vedi gebracht hat, berührt er alle mit: „fest setzten sich . . ." (V. S. 2, 6). Baudh. 1, 13, 23: srucaḥ sannâ abhimṛiśaty etâ asadant — T. S. 1, 1, 11r. 24. atha vishṇûni stha vaishṇavâni dhâmâni stha prâjâpatyânîty âjyam abhimantrayate. Âp. 2, 10, 7: etâ asadann iti sruco 'bhimantrya, vishṇûni stha vaishṇavâni dhâmâni stha prâjâpatyânîty âjyâni. Bhâr. 2, 10, 1. 2. Hir. 1, 27, 1. 2.

Baudh. 1, 14, 15: enaṃ sruvam âjyasya pûrayitvântareṇa puroḍâśâv avadadhâti. 16. athainâni saṃparigṛihyântarvedy âsâdayati. 17. bhûr bhuvaḥ suvar ity etâbhir vyâhṛitibhir madhyataḥ puroḍâśâv âsâdayati. 18. daxiṇataḥ śṛitam. 19. uttarato dadhi. 20. athainaṃ sruvam agreṇa srucaḥ paryâhṛitya daxiṇena juhûṃ prastare sâdayati syono me sîda — T. Br. 3, 7, 6, 10. 21. athainaṃ yathâhṛitaṃ pratiparyâhṛitya dhruvâyâm avadadhâty ṛishabho 'si — sîda T. Br. 3, 7, 6, 10. Âp. 2, 11, 6: apareṇa srucaḥ puroḍâśâv âsâdayati. 7. uttarau dohau. 8. api vâ madhye vedyâḥ sâṃnâyyakumbhyau saṃdadhâti, pûrvaṃ śṛitam, aparaṃ dadhi. 9. athaine vyudûhati, daxiṇasyâṃ śroṇyâṃ śṛitam âsâdayaty, uttarasyâṃ dadhi. 10. ayaṃ vedaḥ — T. Br. 3, 7, 6, 13 agreṇottareṇa vâ dhruvâṃ vedaṃ nidhâya, vedyantân paristîrya, hotṛishadanaṃ kalpayitvâ sâmidhenîbhyaḥ pratipadyate. Bhâr. 2, 11. Hir. 1, 27 a. E.

Nach Âp. Bhâr. ist auch der Opferer betheiligt. Âp. 4, 8, 2: yajño 'si sarvataḥ śṛitaḥ — paśumatîr ity âgneyaṃ puroḍâśam âsannam abhimṛiśati, sarvâṇi vâ havîṅshi. 3. idam indriyaṃ — śrayatâm iti T. Br. 3, 7, 6, 12 prâtardohaṃ. 4. yat pṛithivîṃ — dhinotv iti T. Br. 3, 7, 6, 12 dadhi. 5. ayaṃ yajñaḥ — aśyâm iti T. Br. 3, 7, 6, 13 sarvâṇi havîṅshi. 6. yo naḥ kanîya — videyety aindrâgnaṃ. 7. mamâgne varco vihaveshv astv ity anuvâkena sarvâṇi havîṅshy âsannâny abhimṛiśed, ashṭâbhir vâ. 8. caturhotrâ paurṇamâsyâṃ havîṅshy â. abhimṛiśet prajâkâmaḥ, pañcahotrâmâvâsyâyâṃ svargakâmaḥ. 9. nityavad eke samâmananti. Bhâr. 4, 11: antarvedi havîṅshy âsannâny abhimṛiśati | yajño 'si — paśumatîr ity âgneyaṃ puroḍâśaṃ —, prajâpatir asi — paśumatîr ity agnîshomîyaṃ | yo naḥ kanîya — videyety aindrâgnam u. s. w.

2) Kât. 2, 8, 20.

3) Kât. 1, 10, 4.

4) Kât. 2, 8, 21.

II. Theil.

Hauptheil des Opfers.

Die Spenden.

[Nach Pray. B_1 wählt der Opferer jetzt, wenn er dies nicht schon zur Zeit des Feueranlegens gethan hat, den Hotṛi mit den Worten: „bei dieser Opferhandlung wähle ich dich als Hotṛi".] Der Adhvaryu stellt hinter die Vedi zwischen dem Gârhapatya- und Âhavanîyafeuer oder nördlich von der Śroṇi der Vedi für den Hotṛi einen Sitz aus Varaṇa- oder ähnlichem Holz und bedeckt ihn mit trockenem Kuśagras. Darauf sagt er: „o Hotṛi, komme heran" [1]). Der Hotṛi, welcher nordöstlich vom Âhavanîya mit dem Gesicht nach Osten hingetreten ist, die Opferschnur wie die andern Priester über die linke Schulter trägt, sich gebadet und den Mund gespült hat, geht zu dem Opferplatz, von links nach rechts sich herumwendend vor dem Utkara hinter den Praṇîtâwassern heran [2]). Nachdem

---

1) Kât. 3, 1, 1: nachdem er den Sitz für den Hotṛi hinter der Vedi oder nördlich von der Śroṇi gemacht hat —. Der Aufruf „o Hotṛi komme" ist in der Paddh. und im Comm. angegeben, auch durch Âśv. 1, 1, 4: „âmantritaḥ" vorausgesetzt. Âp. 2, 11: hotṛishadanaṃ kalpayitvâ sâmidhenîbhyaḥ pratipadyate.

2) Âśv. 1, 1, 4: Wenn beim Neu- und Vollmondsopfer die havisgaben hingesetzt sind, geht der Hotṛi, aufgefordert und nordöstlich von dem Âhavanîya mit dem Gesicht nach Osten hingetreten, mit der Opferschnur über die linke Schulter behängt, nachdem er den Mund ausgespült hat, heran zu dem Vihâra, sich von links nach rechts herumwendend, vor dem Utkara, hinter den Praṇîtâ's. — Nach Pray. B_1 fragt er vor dem Heranschreiten noch den Adhvaryu: „adhvaryo devatâ âcaxva tâsâm ânupûrvyaṃ yajamânasya pravaranaxatranâmadheyâni ceti". Adhvaryu erwidert: „agnishomâv âjyabhâgadevate || agniḥ prajâpatiḥ prajâpatisthâne vishṇur vâ, indro mahendro vâ tadyâjinaḥ, asaṃnayata indrâgnî, amâvâsyâyâṃ pradhânadevatâḥ || paurṇamâsyâṃ prajâpater anantaram agnishomau, indro vai mṛidhaśca || devâ âjyapâ agnisvishṭakṛidâdayo 'ṅgadevatâḥ || pañca prayâjâs, trayo 'nuyâjâś, catvâraḥ patnîsaṃyâjâḥ somas tvashṭâ devânâṃ patnyo 'gnir gṛihapatiḥ || agnyâdajaḥ sarvâ uccaiḥ,

er mit stets vorangesetztem rechten Fusse herangegangen ist, setzt er die Ferse des rechten Fusses in gleiche Linie mit der Nordśroṇi, mit den Zehen betritt er die Opferstreu; die Hände, deren Finger ausgespreizt sind, schlägt er zusammen, hält sie in gleicher Höhe mit dem Herzen oder mit dem Schoss und blickt auf die Verbindung von Himmel und Erde [1]).

Sâmidhenîverse.

Adhvaryu nimmt vom Brennholz ein Scheit in die Hand und sagt zum Hotṛi: agnaye samidhyamânâyânubrû3hîti [2]) (hotar)[3]).

Hotṛi flüstert „Verehrung dem Lehrer, Verehrung dem Zeugen, Verehrung dem Verkünder! Wer wird hier recitiren? Dieser hier wird recitiren. Die sechs Weiten (ûrvîr, Himmelsgegenden) sollen mich vor Bedrängniss schützen, Himmel und Erde, Tag

---

prajâpatiḥ patnîsaṃyâjâś copâṅśu || ayaṃ yajamâno gautamaḥ uttarâbhâdrapadaḥ || evaṃ pratyukto hotâ iḍâ devahûr iti japati hastau saṃmṛiśate karmaṇe vâm devebhyaḥ śakeyam — Auch Pray. II. erwähnt diese Frage des Hotṛi. Śâṅkh. 1, 4, 1: âmantrito hotântareṇotkaraṃ praṇitâś ca pratipadya.

1) Âśv. 1, 1, 23: nachdem er mit etwas angezogenem (abhihṛitatareṇa; der Pray. sagt dafür daxiṇaṃ pâdaṃ puraḥpuro nidhâya, ähnlich der Comm.) Fusse herangegangen ist, setzt er die Ferse in einer Ebene mit der nördlichen Śroṇi der Vedi nieder, beschreitet mit den Zehen das Barhis, hält darauf die beiden zusammengeschlagenen Hände, deren Finger ausgespreizt sind, in gleicher Höhe mit dem Herzen oder dem Schoss und blickt nach der Verbindung von Himmel und Erde. 24. Dies ist die Stellung des Hotṛi. Einige allgemeine Vorschriften über ihn gibt Âśv. 1, 1, 10: (beständig ist für ihn) die Behängung mit der heiligen Schnur über die linke Schulter, und Reinlichkeit. (Der Comm. sagt: da der Opfer-Platz für Haupt- und Nebentheile dient, das Essen der Speise etc. ein Nebenglied ist und dessen Vollziehung auf dem Vihâraplatz stattfände, so wird mit „Reinlichkeit" eine Einschränkung gegeben. Auch was in Bezug auf das Opfer Unreinheit hervorbringt, das muss er ausserhalb thun. Im Vihâra soll er rein sein). Ferner 1, 1, 11: vom Vihâra darf er sich nie wegwenden, wenn dort eine Handlung vollzogen wird. 1, 1, 9 siehe später.

2) Kât. 3, 1, 1: — nachdem er von dem Brennholz ein Scheit genommen, sagt er: „für Agni, welcher entflammt wird, recitire". 2. „o Hotṛi" fügen einige hinzu. Baudh. 1, 15, 1: athedhmât samidham âdadâna âhâgnaye samidhyamânâyânubrûhîti. Âp. 2, 12, 1: agnaye s. anubrûhîti sampreshyati. 2. samidhyamânâyânubrûhîti vâ. Bhâr. 2, 12, 1. Hir. 2, 1 fügt nach agnaye devebhyaḥ s. hotar a. vâ hinzu.

3) Die in der Paddh. zu Kât. befolgte Anordnung ist etwas anders als die hier im Anschluss an Pray. B_1 gegebene. Die der ersteren ist diese: a) Aufforderung agnaye s. a. b) Anfrage des Hotṛi beim Brahman. c) Erwiderung des Brahman. d) Hotṛi: kaṃ prapadye. e) Yajamâna: saṃtanvann iva me 'nubrûhi. f) Sâmidhenî's.

und Nacht, Wasser und Pflanzen. Die Stimme, das Opfer, die guten Metra kamen zum Abschluss. Ich gehe heran zu mir, dem N. N. (Name des Hotṛi oder seines Substituten). An dem Gewordenen und dem, was werden wird, an dem Geborenen und dem, was geboren werden wird, lasse ich das Apâvya (d. h.?) Theil nehmen. Von der Stimme führe die Nicht-sühne weg", damit zieht er die Fingerspitzen ein; „o Wesenkenner, mache, dass die Thiere bei mir sich erfreuen" damit legt er sie wieder zusammen. „Mein Schutz seien Himmel und Erde, Schutz Agni, Schutz die Sonne, mein Schutz die Seitwärtsbefindlichen. Daran will ich zuerst heut bei dem Liede denken, dass wir göttlichen dadurch die Asura's bekämpfen; ihr Verzehrer des Opfers und ihr Heiligen alle, ihr fünf Geschlechter geniesset meinen Trank [1]).

Yajamâna oder bei dessen Abwesenheit der Adhvaryu, nimmt den Sphya und sagt: „in ununterbrochener Reihenfolge gleichsam recitire mir" [2]).

Hotṛi: „o Brahman, die Sâmidhenîverse will ich recitiren" [3]).

Brahman (leise): „o Prajâpati recitire! mache das Opfer, die Götter gedeihen; auf des Himmels Rücken sei der Opferer; wo die Welt der sieben, gut vollziehenden Ṛishi's ist, dorthin bringe das Opfer und den Opferherrn" (laut:) „om 3 anubrû3hi" [4]).

---

1) Âśv. 1, 1, 27: aufgefordert flüstert er. 2, 1 „Verehrung — Trank" (wie oben.) Śâṅkh. 1, 4: vikramya ca sthânam | agnaye s. sampreshitaḥ kaṃ prapadye, taṃ prapadye, yat te prajâpate śaranaṃ chandas tat prapadye, yâvat te vishṇo veda tâvat te karishyâmi, devena savitrâ prasûta ârtvijyaṃ karishyâmi, namo 'gnaya upadrashṭre, namo vâyava upaśrotre nama âdityâyânukhyâtre, jushṭâm adya devebhyo vâcaṃ vadishyâmi, śuśrûsheṇyâṃ manushyebhyaḥ svadhâvatiṃ pitṛibhyaḥ pratishṭhâṃ viśvasmai bhûtâya, praśâsta âtmanâ prajayâ paśubhiḥ, prajâpatiṃ prapadye 'bhayaṃ no astu, prâjâpatyam anuvaxyâmi, vâg ârtvijyaṃ karishyati, vâcaṃ prapadye bhûr bhuvaḥ svar iti japitvâ — (es folgen die Sâmidhenî's.)

2) Kât. 3, 1, 6.

3) Im Sûtra finde ich dies nicht erwähnt; aber durch die Worte des Brahman ist es vorausgesetzt und ausser in der S. 74 A. 3 citirten Paddhati noch im Pray. B_1 ausgeführt, ferner erwähnen es ausdrücklich Bhâr. und Hir. (siehe folg. Anm.)

4) Kât. 2, 2, 13: mit: „o Prajâpati recitire, das Opfer" .. fordert er den (die Sâmidhenî's) herzusagen beabsichtigenden auf. cf. 2, 2, 9. 14. Âp. 3, 19. Bhâr. 3, 18: yatrainam âmantrayate brahman sâmidhenîr anuvaxyâmîti — hiṃ prajâpate 'nubrûhi yajñaṃ devatâ — Hir. 2, 21: brahman sâmidhenîr anuvaxyâmîty ucyamâne prajâpate 'nubrûhi yajñam iti sâmidhenîshu.

[Vor Svishṭakṛit werden alle Mantra's mit etwas gehobener (d. h. nicht ganz leiser Stimme, im Unterschiede von Upâṅśu) gesprochen [1]).

Nach Âp. sagt der

Yajamâna, nach Pray. B_1 der Hotṛi jetzt [2]) den Daśahotṛi cittiḥ sruk cittam etc. (T. Âr. 3, 1).]

Hotṛi sagt him3 bhûr bhuvaḥ svar om [3]) oder wenn er ein Kautsa ist bhûr bhuvaḥ svar om him3; ist er ein Kautsa, so lässt er ferner den vorhergehenden Japa: „Verehrung — Trank" weg [4]). Hierauf sagt er die Sâmidhenîverse monoton [madhyasvareṇa gibt Śâṅkh (s. u.) und die Paddh. bei Kât. an], in einander gekettet (saṃtatam) her und zwar so, dass er immer erst am Ende desjenigen Halbverses eine Pause macht, welcher auf den 3 Moren enthaltenden Omlaut folgt. Die einzelnen dabei zu beobachtenden Vorschriften Âśv's. sind im folgenden in Anwendung gebracht [5]).

---

1) Kât. 3, 1, 3: mit erster Stimmlage vor Svishṭakṛit. Karka bezieht nach Paddh. 239, 9 dies nur auf die Praisha's, nicht auf die andern Mantra's. Âśv. 1, 5, 15. (?)

2) Âp. 4, 9, 1: daśahotâraṃ (yajamâno) vadet purastât sâmidhenînâm.

3) Âśv. 1, 2, 3: him3 gemacht habend, flüstert er: bhûr bhuvaḥ svar om. Śâṅkh. 1, 4: bhûr bhuvaḥ svar iti japitvâ trir hiṃ kṛitya (s. S. 75, Anm. 1)

4) Âśv. 1, 2, 5: Ein Kautsa macht den himlaut, nachdem er nur bh. bh. s. geflüstert hat. 6. Und den vorausgehenden Japa flüstert er nicht.

5) Âśv. 1, 2, 8: diese soll er monoton und in einander gekettet hersagen. 9. Monotonie ist überaus enge Verbindung von Udâtta, Anudâtta und Svarita, d. h. wenn ich den Comm. recht verstehe eine Unterschiedslosigkeit in Bezug auf den Accent. „Die Mundthätigkeiten, welche Udâtta, Anudâtta, Svarita hervorbringen, sind Anspannung, Nachlassen, Aushalten. Spricht man nun so, dass sie zu einer von ihnen zusammenfallen, ohne dass eine ungleichartige Hervorbringung dazwischen tritt, so ist dies Ekaśruti." 10. Nachdem er einen mit einem Vokal beginnenden, den Vers endenden, aus drei Moren bestehenden und mit m endenden Omlaut gesagt hat, mache er beim Halbvers der folgenden Ṛic eine Pause. Das ist „saṃtatam". 11. Da ist die Pause. Śâṅkh. 1, 1: uttamasya ca cchandomânasyordhvam âdivyañjanât sthâna okâraḥ plutas trimâtraḥ śuddho makârânto vâ taṃ praṇava ity âcaxate 'vasâne makârântaṃ sarveshv ṛiggaṇeshu sapuro 'nuvâkyeshu tenârdharcam uttarasyâḥ saṃdhâyâvasyati pâdaṃ vâ tat saṃtatam ity âcaxate sa sarveshâm ṛiggaṇânâṃ dharmo ye karmasaṃyogena codyante. 12. Der folgende Satz wird angefangen, wenn kein Fehler begangen ist. [Die beiden folgenden Sûtren habe ich nicht verstehen können und darum nicht in die Praxis überzuführen vermocht: 13. beim Abschluss geschieht die Pause mit dem Omlaut. 14. vier Moren hat der Omlaut bei der Pause. Die oben gegebene Darstellung schliesst sich an Pray. H u. B_1, deren Angaben durch die Sûtren bestätigt werden, an.

Hotṛi: I. pra vo vâjâ abhidyavo havishmanto ghṛitâcyâ devâñ jigâti sumnayom 3 [1]) — hier sagt, ohne dass der Hotṛi eine Pause macht, der

Yajamâna als Tyâga: agnaya idaṃ na mama [2]), der

Adhvaryu wirft das erste Scheit ins Âhavanîyafeuer [3]); [und als Anumantraṇa sagt der

---

Sûtra 15—18 behandeln den Omlaut selbst, dessen Ende bei Muten in den letzten Consonanten desselben Varga, welchem der auf om folgende Consonant angehört, verwandelt wird. 16: bei y, v, l in die jedesmalige Anunâsikâ, bei r, h u. Sibilanten in Anusvâra. — Es steht hier überall sumnayom 3, jinvatom 3, der Omlaut absorbirt also die letzte Silbe; dies beruht auf Pâṇ. 8, 2, 89: bei einer Opferhandlung ist für ṭi der Omlaut das Substitut. — Âp. 4, 9: aṅgiraso — avantv iti sâmidheninâṃ pratipadi japati. Bhâr. 4, 12: sâmidhenîr anûcyamânâ abhimantrayate 'ṅgiraso — avantv iti.

1) Die Sâmidhenîverse sind folgende: Âśv. 1, 2, 7: nun die Sâmidhenî's: „vor dringt euer Opfer himmelwärts (im Butterlöffel trankversehn, zu Göttern eilt der gütige ṚV. 3, 27, 1)"; „zum Mahle komm o Agni her (zur Opferspende hochgelobt, als Priester setz dich auf die Streu". „Dich, Aṅgiras, verherrlichen mit Brennholz und mit Butter wir, erstrahle hell, o jüngster du" „drum schenk, o Gott, uns Heldenkraft, die weithin reicht, des Rühmens werth, o Agni, und erhaben ist." ṚV. 6, 16, 10—12. Dass eine Reihe von 3 Versen zu wählen ist, ergibt sich aus der Weise, wie citirt ist, u. Âśv. 1, 1, 19: wenn mehr als ein Pâda citirt ist, soll er überall eine Tṛic damit gemeint wissen. Dasselbe gilt von dem folgenden Citat:) „der preisenswerth, verehrungswerth, hin durch (das Dunkel sichtbar ist, Agni, der Stier wird hell entflammt". „Agni der Stier wird hell entflammt, gleichwie ein Ross, das Götter fährt, ihn ehren wir mit Opfertrank." „O Stier, dich wollen wir, den Stier, entflammen, die wir Stiere sind, o Agni, dich, der hell erstrahlt." ṚV. 3, 27, 13—15). „Agni ersehn als Boten wir (als Priester ihn, der alles weiss, der dieses Opfer schön vollbringt" ṚV. 1, 12, 1) „der (helle Agni) wird entflammt beim Opferfest (des Preises werth, den flammenhaar'gen flehn wir an". ṚV. 3, 27, 4). Die beiden Verse: „entflammt o Agni opferreich, (die Götter ehr' beopferter; du bist's ja, der die Opfer fährt". „Begiesst den Agni und beschenkt bei vorgeschrittner Feier ihn, zum Opferfahrer wählt ihn euch." ṚV. 5, 28, 5. 6.) — Uebersetzungen entnehme ich Grassmann. Sâṅkh. 1, 4: pra vo vâjâ ity upasaṃdhâya madhyamayâ vâcâ 'gna — vîtaya îlenya iti tṛicau; agniṃ dûtaṃ vṛiṇîmaha ity ekâ; samidhyamâno adhvara ity ekâ; — samiddho agna âhuteti dve.

2) Ueber den Grund, warum ich den Tyâga einschalte siehe unten. Auch sagt Prayoga B_1: prathamâsamidhâdâna (dhâna?)-kâle yajamano 'gnaya idam etc. Dasselbe schreibt auch B_2 bei Anlegung der ersten Samidh vor.

3) Kât. 3, 1, 10: bei jedem Oṃ erfolgt das Anlegen (eines Scheites). Baudh. 1, 15, 2. Âp. 2, 12, 4: praṇavepraṇave samidham âdadhâti. (5. sâmidhenîvivṛiddhau kâshṭhâni vivardhante, pratihrasamânâsu prakṛitivat.) Bhâr. 2, 12, 2. Hir. 2, 12, 4. · Der A. steht und hält den Sphya in der Hand.

Yajamâna: ucchushmo agne yajamânâyaidhi niśushmo abhidâsate; agne deveddham aaviddham adrajihvâ [1])] während der Hotṛi fortfährt: II. pra vo vâjâ havishmanto ghṛitâcyâ (soviel ohne Athem zu holen; etâvad anavânam Pray. B_1; siehe Âśv. 1, 2, 10. 11 S. 76 Anm. 5) devâñ jigâti sumnayom 3 (der Adhvaryu wirft das zweite Scheit ins Feuer, und) der Hotṛi fährt fort

III. pra vo vâjâ abhidyavo havishmanto ghṛitâcyâ (Pause)
devâñ jigâti sumnayom3 [2]) (Adhvaryu wirft das 3. Scheit ins Feuer.) IV. agna âyâhi vîtaye gṛiṇâno havyadâtaye (Pause)
ni hotâ satsi barhishon3 (Adhvaryu wirft das vierte Scheit ins Feuer.) V. taṃ tvâ samidbhir añgiro ghṛitena vardhayâmasi (Pause)
bṛihac chocâ yavishṭhyoṃ 3 (Adhvaryu wirft das fünfte Scheit ins Feuer) VI. sa naḥ prithu śravâyyam achâ deva vivâsasi (Pause)
bṛihad agne suvîryom 3 (Adhvaryu wirft das sechste Scheit ins Feuer) VII. îḷenyo namasyas tiras tamâṅsi darśataḥ (Pause)
sam agnir idhyate vṛishoṁ 3 (Adhvaryu wirft das siebente Scheit ins Feuer) VIII. vṛisho agniḥ sam idhyate 'śvo na devavâhanaḥ (Pause)
taṃ havishmanta îḷatoṁ 3 (Adhvaryu wirft das achte Scheit ins Feuer) IX. vṛishaṇaṃ tvâ vayaṃ vṛishan vṛishaṇaḥ sam idhîmahi (Pause)
agne dîdyataṃ bṛihom 3 (Adhvaryu wirft das neunte Scheit ins Feuer) X. agniṃ dûtaṃ vṛiṇîmahe hotâraṃ viśvavedasam (Pause)
asya yajñasya sukratoṃ 3 (Adhvaryu wirft das zehnte Scheit ins Feuer) XI. samidhyamâno adhvare 'gniḥ pâvaka îḍyaḥ (Pause)
śocishkeśas tam îmahoṃ 3 (Adhvaryu wirft fünf Scheite zugleich ins Feuer, ein sechzehntes lässt er für die Anuyâja's übrig)[3])

---

1) Das Anumantraṇa ist von Pray. B_1 u. $_2$ angegeben; ebenso von Âp. 4, 9, welcher ausserdem noch die Hersagung des Daśahotṛi bei der Recitation vorschreibt: anûcyamânâsu daśahotâraṃ vyâkhyâyocchushmo agna iti samidhyamânam (anumantrayate).

2) Âśv. 1, 2, 19: dreimal sagt er den ersten und letzten Vers, indem er eine überschüssige Hälfte macht. 20: nachdem er einen Vers mit überschüssiger Hälfte gesagt hat (a b a) mache er eine Pause. Nun (sage er) zwei Verse (b, a b, c = vier Halbversen = 2 Ṛic). Śâñkh. 1, 1: triprabhṛitishv ṛiggaṇeshu prathamottamayos trir vacanam anyatra japebhyaḥ.

3) Kât. 3, 1, 11: wenn Anuyâja's sind, legt er vor „samiddhaḥ" das übrige Brennholz mit Belassung eines Scheites an. Baudh. 1, 15, 3: atha yatra hotur

XII. samiddho agna âhuta devân yaxi svadhvara (Pause); [nach Âp. sagt der

Yajamâna über das entflammte Feuer das Anumantraṇa: samiddho agnir âhutaḥ — nama] [1])

Hotṛi fährt nach der Pause fort: tvaṃ hi havyavâḍ asom 3 XIII. â juhotâ duvasyatâ 'gniṃ prayaty adhvare (Pause)

vṛiṇîdhvaṃ havyavâhanom 3. XIV. â juhotâ duvasyatâ 'gniṃ prayaty adhvare (Pause)

vṛiṇîdhvaṃ havyavâhanom 3. XV. âjuhotâ duvasyatâ 'gniṃ prayaty adhvare (Pause)

vṛiṇîdhvaṃ havyavâhanom 3 [2]); agne mahâň asi brâhmaṇa bhârata [3]) (Pause) —

während diese Verse hergesagt werden, drückt der

Opferer mit den grossen Zehen (die Erde) nieder und sagt: „hier drücke ich den N. N. nieder", wobei er den Namen seines Feindes nennt, oder wenn kein solcher vorhanden ist für N. N. „den Hassenden, den Nebenbuhler" sagt, oder er sagt „hier drücke ich mit fünfzehnfachem Donnerkeil den N. N. (resp. den Hassenden, den Nebenbuhler) nieder" [4]). Eine Berührung der Wasser tritt nicht ein.

---

abhijânâti samiddho agna âhuteti tadantato 'bhyâdadhâti. 4. pari samidhaṃ śinashṭi. Âp. 2, 12, 6: samiddho agna âhutety abhijñâyaikâm anûyâjasamidham avaśishya sarvam idhmaśesham abhyâdadhâti paridhânîyâyâṃ vâ. Bhâr. 2, 12, 3. Hir. samiddho agna âhutety etasyâm, uttamâyâṃ vâ 'nûyâjasamidham avaśishya sarvam idhmam â., prati sâmidhenîr vâ.

1) Âp. 4, 9: samiddho agnir âhutaḥ svâhâkṛitaḥ pipartu naḥ svagâ devebhya idaṃ nama iti samiddham (agniṃ yajamâno 'numantrayate). Bhâr. 4, 12: yatrâbhijânâti samiddho agna âhuteti tad âhavanîyam abhimantrayate samiddho — nama iti; ausserdem nennt Bhâr. an dieser Stelle noch ucchushmo agna s. S. 78, Anm. 1.

2) Âśv. 1, 2, 21: zwei Verse (sagt er) zuerst beim letzten; und nun den mit überschüssiger Hälfte (d. h. wx yx yx y?) 1, 2, 22. Dies sind mit den hinzugefügten Versen fünfzehn.

3) Âśv. 1, 2, 27: mit dem letzten Om der Sâmidhenî's „o Agni du bist gross, der du dem Brahman, dem Bharata gedient hast" (verbunden habend) macht er eine Pause in diesem Nigada. Śâṅkh. 1, 4: agne mahâň — bhârateti praṇavena saṃdhâya —.

4) Kât. 3, 1, 7: mit den Daumen oder den grossen Zehen (Comm. nur: „mit den grossen Zehen") drückt er mit: „hier drücke ich den N. N. nieder" den Feind zu Boden. 8. Oder, wenn keiner vorhanden ist, „(hier drücke ich) den Hassenden, den Nebenbuhler (nieder)". 9. Oder so viele Sâmidhenîverse die Ceremonie hat, „hier (drücke ich) mit dem so und sovielten Donnerkeil (den N. N. etc. nieder)".

Erster Âghâra.

Bei den Schlussworten der Sâmidhenî's vṛiṇîdhvam havyavâhanom a. m. a. b. bh. facht der

Adhvaryu[1]) im N. niedergelassen und das r. Knie gebeugt, mit dem Veda dreimal das Âhavanîyafeuer an, schöpft aus der Âjyasthâlî[2]) mit dem Sruva, den Veda unterhaltend, Butter und indem er denkt: „dies dem Prajâpati" macht er sitzend, das rechte Knie auf die Erde gestützt[3]), mit dem Sruva[4]) leise im N. des Âhav. einen geraden, langen ununterbrochenen nach O. gerichteten ersten Butterguss. [Nach Âp. 4, 9 sagt der Opferer darüber das Anumantraṇa: „mano 'si prâjâpatyam". Pray. B_1 âghârânantaraṃ prajâpataya idaṃ na mama, mano 'si prâjâpatyam manasâ mâ bhûtenâviśeti.] Zu der Zeit wo der Guss beginnt (Pray. B_1 hotâ tv âghâropakramakâle etc.), also gleich nach den Worten mahâñ asi b. bh., wird vom

Hotṛi der

1) Kât. 3, 1, 12: am Ende des Hersagens facht er mit dem Veda dreimal das Âhavanîyafeuer an, giesst mit dem Sruva den ersten Âghâra. Der Âghâra selbst ist Kât. Śr. S. 1, 8, 42. 43 beschrieben. 42: ostwärts gerichtet sind die beiden Âghâra's. 43: oder nach verschiedenen Richtungen. Zu ersterem Sûtra bemerkt der Comm., indem er wohl auf die andern Śâkhâ's zurückgeht, dass sie ṛijû, saṃtatau dîrghau ca seien; zu dem letzteren, dass der erste Âghâra von der Nordśroṇi des Âhavanîya an bis zum Südaṅsa, der zweite von der Südśroṇi bis zum Nordaṅsa gegossen werde. Aus einem anderen Sûtrabuch citirt er: uttarapaśĉârdhâd agner ârabhyâvichinnaṃ daxiṇato juhoti, tathâ daxiṇapaśĉârdhâd ârabhyâvichinnam uttarato juhotîti. Baudh. 1, 15, 5: atha yatra hotur abhijânâty âjuhota duvasyateti tad etena vedena trir âhavanîyam upavâjayati. 6. anûktâsu sâmidhenîshu (d. h. nach Pray. B_1 und , brâhmaṇa bhâratety avajñânakâle) dhruvâjyât sruveṇopahatya vedenopayamya prâjâpatyaṃ tiryañcaṃ âghâram âghârayati prajâpataye svâheti manasâ. Âp. 2, 12, 7: vedenâgniṃ trir upavâjya sruveṇa dhruvâyâ âjyam âdâya, vedenopayamyâsîna uttaraṃ paridhisandhim anvavahṛitya prajâpatiṃ manasâ dhyâyan daxiṇâprâñcam ṛijuṃ saṃtataṃ jyotishmaty âghâram âghârayan sarvâṇîdhmakâshṭhâni saṃsparśayati. Bhâr. 2, 12, 3. 4. Hir. 2, 1, 6. 7 (prajâpataye manave svâheti manasâ dhyâyan). Ueber die Âghâra's sagt Âp. 2, 12, 8: âghârayor vadaty ṛijû prâñcau hotavyau tiryañcau vâ vyatishaktâv avyatishaktau vâ. 9. sruveṇâjyasthâlyâ âjyam âdâyâpyâyatâṃ dhruvâ ghṛiteṇety avadâyâvadâya dhruvâm âpyâyayatîti sârvatrikam. Letzteres ist wichtig mit Bezug auf die folgenden Spenden.

2) Nach Kât. 1, 8, 41 nahmen einige die Butter zu den Âghâra's aus der Dhruvâ. Wie sich aus den Citaten in vor. Anmerkung ergibt, z. B. Baudh. u. Âp.

3) Kât. 3, 7, 6.

4) Dieser nach der ausdrücklichen Bestimmung von Kât. 3, 1, 12; sonst würde nach 1, 8, 45 die Juhû gebraucht werden müssen.

Pravara[1])

vollzogen, indem er hinter „der du dem Brahman, dem Bharata gedient hast“ fortfährt: „der du dem NN, (dessen Sohn) NN und (dessen Sohn wiederum) NN gedient hast“ (Pause nach dem Comm. zu 1, 3, 6) „von den Göttern entflammt, von Manu entflammt, von den Ṛishi's gepriesen, von den Weisen bejubelt, von den Kavi's gerühmt, von Brahman geheissen, mit dem Ghṛitaopfer geehrt, Führer der Opfer, Lenker der Handlungen, ein untrüglicher, unübertrefflicher Hotṛi und Opferführer“ damit macht er eine Pause[2]). [Der

Yajamâna, welcher wie erwähnt nach Âp. über den Âghâra das Anumantraṇa „mano 'si prâjâpatyam“ sagt, recitirt, wenn dann der Pravara gewählt wird: devâḥ pitaraḥ — sa saṃyaja iti][3]). Während der Hotṛi spricht (Pray. B_1 anuvacanakâle) ertheilt der

Adhvaryu dem Âgnîdhra, indem er den Sphya und das

---

1) Der Pravara ist ausführlich von Weber, Ind. Stud. IX, 323 beschrieben. Zwischen „brâhmaṇa bhârata“ und den Worten: „von den Göttern entflammt, von Manu entflammt“ werden im Vokativ die Ṛishiahnen des Opferers in patronymischer Form und genealogischer Folge von dem älteren abwärts (Âśv. 1, 3, 2: immer der entferntere zuerst) genannt. Nach Âśv. 1, 3, 1 (: er wählt die Ṛishiahnen des Opferers, soviel sein möchten) ist die Zahl unbestimmt, nach Śâṅkh. 1, 4 beträgt sie drei; bei einem der zwei Gotra's angehört (d. h. bei einem Adoptivsohn cf. Weber S. 324) sechs (amuto 'rvâñci yajamânasya trîṇy ârsheyâṇy abhivyâhṛitya, shaṭ tu dvigotrasya). Andere Modifikationen gibt Weber ib. an. Nach Âśv. 1, 3, 3 werden, sofern der Opferer ein König oder Vaiśya ist, die Ahnen des Purohita gewählt, nach 1, 3, 4 kann man aber auch für Könige die Königs-ṛishi's wählen. Besteht ein Zweifel, so sagt man für alle nur: (o Agni), „der du dem Manu gedient hast“ 1, 3, 5. Śâṅkh. fasst sich kürzer und sagt: purohitapravareṇâbrâhmaṇasya, mânaveti vâ sarveshâm. Den zweiten vom Adhvaryu zu vollziehenden Pravara siehe S. 88.

2) Âśv. 1, 3, 6 „von den Göttern entflammt — Opferführer“ damit macht er eine Pause — Śâṅkh. 1, 4.

3) Âp. 4, 9: devâḥ pitaraḥ pitaro devâ yo 'ham asmi sa saṃyaje yasyâsmi na tam antaremi svaṃ ma ishṭaṃ svaṃ dattaṃ svaṃ pûrtaṃ svaṃ śrântaṃ svaṃ hutaṃ | tasya me 'gnir upadrashṭâ vâyur upaśrotâdityo 'nukhyâtâ dyauḥ pitâ pṛithivî mâtâ prajâpatir bandhur ya evâsmi sa saṃyaja iti hotṛipravare 'dhvaryupravare ca pravriyamâṇe. Bhar. 4, 13: pravarayoḥ pravriyamâṇayor japati devâḥ —. Aus Pray. B_1 füge ich hinzu: pravaraṃ pravriyamâṇaṃ yajamâno 'numantrayata amartyasya te hotar — suvîryâya.

Seil, welches zum Binden des Brennholzes dient [1]), demselben übergibt den Befehl: „das Feuer, o Âgnîdhra, kehre ab [2]). Der Âgnîdhra ergreift den Sphya mit der Linken, nimmt das Feuer rechts, tritt in die Nähe des südlichen Paridhi und kehrt, um das Feuer zu reinigen mit jenem Seil, je einmal mit dem Spruch: „o Agni, Speise ersiegender, dich den nach Speise eilen wollenden, Speise ersiegenden kehre ich ab", je zweimal leise, die Paridhi's entlang, an den diesen zunächst liegenden Stellen der Reihe nach das Âhavanîyafeuer ab, indem er das Feuer von links nach rechts umschreitet. Ferner wischt er dreimal leise darüber hinweg [3]).

Der Adhvaryu macht hinter dem Âhavanîya vor Juhû und Upabhṛit, indem er die Hände in Hohllage auf die Erde legt, den Namaskâra für die Götter. Als Spruch dazu sagt er: „namo devebhyaḥ". Südlich von diesem einen zweiten so, dass er die Hände mit den kleinen Fingern an einander liegend, nach oben richtet mit: „svadhâ pitṛibhyaḥ" [4]). Die Opferschnur trägt er auch da von links nach rechts und sein Gesicht hält er nach Osten, nicht

---

1) Ueber diese siehe Kât. 1, 3, 15. 16. 17.

2) Kât. 3, 1, 12: (nachdem er den ersten Âghâra gemacht) sagt er: „das Feuer, o Âgnîdhra, kehre ab". Baudh. 1, 15, 7: atha saṃpraisham âhâgnîd agnîṅs tristriḥ saṃṛiḍḍhîti. Âp. 2, 12, 8: agnît paridhîṅś câgnim ca tristriḥ saṃriḍḍhîti saṃpreshyati. Bhâr. 2, 12, 9. Hir. 2, 1, 11. Kommt hier Pâṇ. 8, 2, 92 in Betracht?

3) Kât. 3, 1, 13: mit den zum Binden des Brennholzes dienenden Seilen (idhmasaṃnahanaiḥ) wischt er an den drei Paridhi's mit: „o Agni . ." (V. S. 2, 7) (das Feuer), je dreimal, (es) umschreitend, ab. Kât. 3, 1, 14: leise darüber. Mâh. fügt hinzu: in der Reihenfolge des Umlegens, in der Mitte, im Süden und Norden. Sehr specielle Vorschriften gibt darüber die Paddh., welche hier aufzunehmen mir gar zu weitläufig schien. Baudh. 1, 15, 8: athaisha âgnîdhra idhmasaṃnahanâni sphya upasaṃgṛihya paridhîn saṃmârshṭi, trir madhyamaṃ trir daxiṇârdhyaṃ, trir uttarârdhyaṃ. 9. trir âhavanîyam upavâjayaty agne vâjajid — annâdyâyeti. Âp. 2, 13, 1: idhmasaṃnahanaiḥ sahasphyair ṛitesphyair vâgnîdhro 'nuparikrâman paridhîn yathâparidhi tam anvagraṃ tristriḥ saṃmṛijyâgne vâjajid — annâdyâyeti trir agniṃ prâñcaṃ. Bhâr. 2, 12, 10: sasphyair idhmasaṃnahanair âgnîdhraḥ paridhîṅś câgniṃ ca tristriḥ saṃmârshṭi. 11. tûshṇîṃ paridhîn. 12. agne vâjajid — annâdyâyety agniṃ saṃmârshṭi. Hir. 2, 1, 12: idhmasaṃnahanâni sphya upasaṃgṛihyâgnîdhraḥ pradaxiṇam anuparikrâman paridhîn s. 12. madhyamam udañcaṃ, prâñcâv itarau. 13. agne vâjajid — annâdyâyeti trir agniṃ.

4) Kât. 3, 1, 15: Hinter dem Âhavanîya macht er einen Añjali mit: „Verehrung den Göttern" und mit „Svadhâ den Vätern" südlich davon einen nach oben gerichteten. Baudh. 1, 15, 10: athâgreṇa juhûpabhṛitau prâñcam añjaliṃ karoti bhuvanam asi viprathasvâgne yashṭar idaṃ na mama iti. Âp. 2, 13, 2:

wie sonst nach S. gewendet. Hierauf berührt er die Wasser, erfasst dann mit beiden Händen die Juhû, führt sie über die Spitze der Upabhṛit[1]) hinweg und legt sie auf dieselbe, ohne beide zusammenklappen zu lassen. Dann sagt er: „folgsam mögen mir die beiden sein; möchte ich heute den Göttern die Butter unvergossen darbringen" und nimmt mit diesem Mantra Juhû und Upabhṛit zugleich[2]). Während der Adhvaryu die beiden Löffel ergreift (Pray. B_1 juhûpabhṛitor âdânakâle), fährt der

Hotṛi in seinem Nigada fort: „als das Mundgefäss, die Juhû der Götter, als Kufe, die den Göttern zum Trinken dient, umgibst du o Agni die Götter gleichwie der Radkranz die Speisen. Führe die Götter für den Opferer heran"; nachdem er so begonnen[3]) hat, sagt er

---

bhuvanam asîty agreṇa dhruvâm juhûm vâñjalim kṛitvâ — Bhâr. 2, 12, 13. Hir. 2, 2, 3: âghâram âghârayishyan bhuvanam asîty agreṇa juhûpabhṛitau devebhyaḥ prâcînam añjalim karoti saprathâ namo devebhya iti vâ svadhâ pitṛibhya iti daxiṇam.

1) Kât. 1, 10, 9.

2) Kât. 3, 1, 16: nachdem er die Wasser berührt, mit „folgsam (mögen) mir ..." (V. S. 2, 7—8) Juhû und Upabhṛit genommen und die Juhû darüber gebracht hat — Baudh. 1, 15, 11: âdatte daxiṇena juhûm juhvehy agnis tvâ hvayati devayajyâyâ iti, savyenopabhṛitam upabhṛid ehi devas tvâ savitâ hvay. Âp. 2, 13, 3: juhvehîti juhûm âdatte. 4. upabhṛid ehîty upabhṛitam. 5. suyame me — sûpâvṛittâv ity upabhṛiti juhûm atyâdadhâti. 6. mukhato 'bhihṛitya mukhata upâvaharati. 7. sarvatraivam atyâdhânopâvaharaṇe bhavataḥ. 8. na ca samśiñjayati. 9. nâbhideśe ca srucau dhârayati (letztere Vorschrift gibt auch Kât. 3, 3, 1; siehe S. 95 Anm. 9). Bhâr. 2, 13, 2. Hir. 2, 1, 14: sarvâsv âhutishûpabhṛiti juhûm upadhârayati. 15. mukhato 'bhihṛityopabhṛiti juhûm upadadhâti. 16. hoshyaṅs tenaiva pratyavaharati. 17. na samśiñjayati. 18. nâbhim prati srucau dhârayati 2, 1. samam prâṇair ity ekeshâm. 3. siehe S. 82, Anm. 4. 4. juhvehîti juhûm âdatte. 5. upabhṛid ehîty upabhṛitam. 5. suyame — sûpâvṛittâv ity upabhṛiti juhûm avadadhâti.

3) Âśv. 1, 3, 6 — „als das Mundgefäss" bis „für den Opferer heran", so wieder begonnen habend (: pratipadya. Comm. „avasâyety adhyâhârât pratipadyetivacanam asya vâkyasya pratipattisañjñâkaraṇârtham. Pray. H hat avasâya, B_1 tad anavânam). Śâñkh. 1, 4, welcher nur die letzten Worte („führe" etc.) durch eine Pause trennt, sagt: paribhûr asîty avasâya; vyavasyann âvâhayati devatâḥ) und lässt dann mit den Worten „führe herbei" (durch Agni) die Gottheiten, welche er jedesmal im Acc. nennt, herbeiführen. Den Anfang versieht er mit Pluti. S. 84, Anm. 5.

das devâtânâm âvâhanam.

agnim agnâ [1]) â3vaha [2])
somam â3vaha [3])
agnim â3vaha, dann
die Aitareyins: (leise) vishṇum (laut) â3vaha; andre, sofern sie überhaupt einen Upâṅśuyâja opfern, setzen beim Vollmond dafür
(leise) agnîshomâv (laut) â3vaha ein [4]),
[einige (leise) prajâpatim (laut) â3vaha], dann
beim Neumond: indrâgnî â3vaha, wenn eine 2. Kuchenspende,
indram oder mahendram } â3vaha, wenn ein Sâṃnâyya dargebracht wird, dafür
beim Vollmond: agnîshomâv â3vaha [5]); bei beiden schliesst er mit:
devâṅ̇ âjyapâṅ̇ â3vaha
agniṃ hotrâyâ3vaha svaṃ mahimânam â3vahâ(3?)-vaha jâtavedaḥ suyajâ yaja [6]). Während der Hotṛi auf diese Weise die Götter herbeiführt (Pray. B_1: hotur devatâvâhanakâle), geht der Adhvaryu nachdem er aufgestanden hinter den Paridhi's [7]), vor den Löffeln mit dem Spruch: „nicht möge ich, o Vishṇu, mit

---

1) Âśv. 1, 3, 7: mit „o Agni führe herbei" jedoch (ruft er) die erste Gottheit (d. h. er schiebt beim ersten Mal „o Agni" ein).

2) Âśv. 1, 3, 17: bei jeder vorgeschriebenen Gottheit tritt die Aufforderung „führe heran" ein.

3) Âśv. 1, 3, 8: mit „Agni, Soma" (ruft er) die beiden Buttertheile. Śâṅkh. 1, 5: — agnim agna âvaha somam âvahety âjyabhâgau.

4) Âśv. 1, 3, 12: zwischen den beiden Havisspenden (d. h. dem Kuchen für Agni und dem für Indrâgni, resp. der Milchspende für Indra oder Mahendra) schreiben die Aitareyins einen Upâṅśuyâja für Vishṇu vor. 13. einige schreiben einen Upâṅśuyâja für Agni-Soma beim Vollmond, einen für Vishṇu beim Neumond vor; einige gar keinen. (Einige wählen auch Prajâpati); âvaha „laut" nach Âśv. 1, 3, 14. Śâṅkh. 1, 5: agnim âvahâgnîshomâv âvaha vishṇuṃ vâ. Ausführlicher ist Śâṅkh. in der Einleitung: âgneyaḥ puroḷâśo 'gnîshomîya upâṅśuyâjo vaishṇavo vâ, agnîshomîyaśca puroḷâśaḥ paurṇamâse havîṅshi | aindrâgno 'saṃnayato dvitîyo 'mâvâsyâyâm, aindraṃ sâṃnâyyaṃ saṃnayato mâhendraṃ vâ, vaishṇavaṃ tv asaṃnayann upâṅśuyâjam. Prajâpati erwähnt z. B. Pray. B_1 u. $_2$, worüber später.

5) Âśv. 1, 3, 9—11. Śâṅkh. 1, 5: agnîshomâv âvahendrâgnî âvahendram âvaha mahendraṃ vâ. Die Plutirung des â bei Śâṅkh. ergibt sich aus den Paribhâsha's 1, 2, 1: plâvayed âkâram âvâhanam und aus Pâṇini 8, 2, 91.

6) Âśv. 1, 3, 22: nachdem die einzulegenden Götter herbeigeführt sind und er darauf die Herbeiführungen: devâṅ̇ âjyapâṅ̇ — yaja veranlasst hat — Śâṅkh. 1, 5: devâṅ̇ âjyapâṅ̇ — yaja.

7) Kât. 3, 1, 17: hinter den Paridhi's ist der Weg für ihn, wenn er eine Darbringung vollziehen will. Âp. etc. siehe Anm. 6 auf folg. S.

dem Fuss gegen dich verstossen" nach Süden, ohne die Spitze des Prastara zu betreten, und zwar mit stets vorangesetztem linken Fuss, wie überall wenn er zum Opfer geht[1]). Er sagt: „möchte ich, o Agni, eintreten in dein an Schätzen reiches Haus; du bist (o Haus) Vishṇu's Platz" und stellt sich an den Platz[2]) amÂhavanîya[3]), wo die Yajati's dargebracht werden, sein Gesicht nach NO richtend.

II. Âghâra.

Yajamâna vollzieht den Tyâga: om 3 indrâya, na mama[4]), Der Adhvaryu senkt die Juhû über die Spitze der Upabhṛit

---

1) Kât. 3, 1, 16 — (siehe S. 83, Anm. 2) geht nach Süden vorüber mit dem Spruch: „mit dem Fuss, o Vishṇu . . ." (V. S. 2, 8). 18. mit dem linken Fuss von hier, mit dem rechten von dort. Baudh. 1, 15, 12: sanâtyâkrâman (?) japaty agnâvishṇû mâ vâm avakramishaṃ vijahâthâṃ mâ mâ saṃtâptaṃ lokaṃ me lokakṛitau kṛiṇutam iti. Âp. 2, 13, 10: agnâvishṇû mâ vâm avakramisham ity agreṇa sruco 'pareṇa madhyamaṃ paridhim anavakrâman prastaraṃ daxiṇena padâ daxiṇâtikrâmati. 11. udak savyenaitad vâ viparîtaṃ. Bhâr. 2, 13, 7: agreṇa dhruvâm — atyâkrâmaty agnâvishṇû etc. 14, 4 (?) daxiṇenaiva daxiṇâ krâmati savyenodañn, api vâ savyena daxiṇâ daxiṇenodañn atyâkramya. Hir. 2, 2, 2: apareṇâhavanîyaṃ daxiṇena daxiṇâtikrâmayati savyenodañn, api vâ savyena daxiṇâtikrâmati daxiṇenodañn | âghâram âghârayishyan (3 folgt die Vorschrift über die beiden Añjali's; s. o.). 4. juhvehîti juhûm âdatta upabhṛid ehîty upabhṛitaṃ. 5. suyame — sûpâvṛittâv ity upabhṛiti juhûm avadadhâti. —

2) Kât. 3, 1, 19: mit: „in das an Schätzen reiche . . . ." (V. S. 2, 8) tritt er hin. Baudh. 1, 15, 13: sthânaṃ kalpayate vishṇoḥ sthânam asîti. Âp. 2, 13, 12: vishṇoḥ sthânam asîty avatishṭhate. 13. antarvedi daxiṇaḥ pâdo bhavaty avaghraḥ savyaḥ. Bhâr. 2, 13, 8. 9. daxiṇato 'vatishṭhate vishṇoḥ sthânam asîti. 9. antarvedi daxiṇaḥ pâdo bhavaty avaghraḥ (Mscr. avaghnaḥ) savyaḥ. Hir. 2, 2, 7: vishṇoḥ sthânam asîty avatishṭhate yatrendras tishṭhan vîryam akarot tat tishṭhan vîryaṃ kriyâsam iti vâ. 8. antarvedi daxiṇaṃ pâdam avaghraṃ savyaṃ kṛitvâ.

3) Kât. 1, 8, 44.

4) Der Comm. zu Kât. 3, 2, 1 sagt, dass mit idam indrâya die Uebergabe (tyâga) geschehe, und überall bei einem Yâga und Homa müsse vor dem Hinschütten (der Opfergabe) dieselbe vollzogen werden. So heisse es in der Kârikâ: zuerst wird der Parityâga, nachher die Darbringung vorgeschrieben; cf. auch Maṇḍana im Trikâṇḍa (beim Scholiasten citirt). Die Paddh. S. 207, Z. 3 v. u. sagt dort, wo das Hingiessen der Waschwasser nördlich vom Vihâra besprochen ist: die abgeschnittne Speise soll er mit dem Geist und auch mit dem Wort übergeben und dann sie ins Feuer werfen. Das ist ein alt Gesetz. u. s. w. Ferner: überall ist zu Anfang der Uebergabe der Omlaut anzuwenden. Auch der Comm. zu 3, 2, 1 erwähnt das Aussprechen des Omlautes, cf. ausserdem die S. 208 in der Paddh. citirte Vorschrift des Śâtyâyana und des Dâlbhyapariśishṭa. — Pray. B_1 u. $_2$ erwähnen den Tyâga ebenfalls; allerdings erst nach dem Hingiessen des Âghâra; ich bin in meiner Anordnung den Angaben des

nach vorn hinab und opfert mit der in der Juhû[1]) befindlichen Butter auf der brennenden Südseite den zweiten, diesmal Indra gehörenden Âghâra, wie er oben (Seite 80) beschrieben ist. Als Spruch hat er vorher zu sagen: „von hier schuf Indra seine Kraft; empor richtete sich das Opfer; nimm, o Agni, gerne auf den Hotṛidienst, nimm gerne auf dein Botenamt. Helfen sollen dir Himmel und Erde; hilf du Himmel und Erde; möge Indra durch diese unsere Butterspende zum Vollzieher einer guten Verehrung (svishṭakṛit) für die Götter werden, Svâhâ"[2]). [Während der Âghâra hingegossen wird, sagt nach Âp. Bhâr. u. Pray. B_1 u. $_2$ der Yajamâna darüber als Anumantraṇa: Indra's Stimme bist du; gehe in mich ein mit der Stimme, mit Indra's Kraft[3]).]

Nach dem Âghâra geht der Adhvaryu ohne die beiden Löffel mit einander in Berührung zu bringen von der Stelle, wo die Yajati's dargebracht werden mit stets voran gesetztem rechten Fuss[4]) wieder hinter die Vedi zurück, lässt sich nieder und salbt mit der in der Juhû befindlichen Butter die in der Dhruvâ, indem er aus der Juhû Butter in die Dhruvâ fliessen lässt (Paddh. bindum pâtayati). Als Spruch hat er zu sagen: „(es vereinige sich) mit dem Glanz der Glanz"[5]). Einmal geschieht es mit dem Mantra, zweimal leise[6]).

Comm. und der Paddh. gefolgt. — Der Tyâga ist ein Bestandtheil des Opfers; Kât. 1, 2, 2: (aus) Substanz, Gottheit, Tyâga (besteht das Opfer).

1) Comm. — nach Kât. 1, 8, 45?

2) Kât. 3, 2, 1: mit „von hier schuf Indra ..." (V. S. 2, 7—8) opfert er den zweiten Âghâra. Baudh. 1, 15, 14: anvârabdhe yajamâne madhyame paridhau saṃspṛiśya 'rjum âghâram âghârayati saṃtataṃ prâñcam avyavachindann ita indro — svâheti (T. S. 1, 1, 12^{l-m}). 15. bṛihadbhâ iti (ib. ^{n}) srucam udgṛihṇâti. Âp. 2, 13 a. E.: athordhvas tishṭhan daxiṇaṃ paridhisandhim anvavahṛitya 14, 1: samârabhya — adhvara iti prâñcam udañcam ṛijuṃ saṃtataṃ jyotishmaty âghâram âghârayan sarvâṇîdhmakâshṭhâni saṃsparśayati. 2. yaṃ kâmayeta pramâyukaḥ syâd iti jihmaṃ tasyety uktam. 3. ûrdhvam âghârya vicchindyâd dveshyasya, vyṛishan vâ. 4. nyañcaṃ vṛishṭikâmasya, dveshyasyety eke. 5. ûrdhvam âghâraṃ svargakâmasya (6?) bhûyishṭham âhutînâṃ juhuyât. 6. api vâ nâghârayet, pûrvârdhe madhye paścârdhe vâ juhuyât. 7. hutvâbhiprâṇiti. 8. bṛihadbhâ iti srucam udgṛihya — Bhâr. 2, 13, 10 flg. Hir. 2, 2, 9 flg. bieten nichts Wesentliches mehr, sondern fassen sich mehrfach kürzer und stimmen oft wörtlich überein.

3) Âp. 4, 9: (yajamânaḥ) srucyam (âghâryamânam) anvârabhya vâg asyaindrîty (T. S. 1, 6, 2^{k}) anumantrayate. Bhâr. 4, 12. Pray. B_1 und $_2$ führen den ganzen Vers an.

4) Kât. 3, 1, 18.

5) Kât. 3, 2, 2: nachdem er den Âghâra geopfert und ohne die beiden Löffel einander berühren zu lassen herangegangen ist, salbt er mit der Juhû

Hierauf nimmt er die Upabhṛit mit der Linken, legt mit der Rechten die Juhû auf den Prastara, nimmt den Veda mit der Linken und legt die Upabhṛit nördlich von der Juhû wieder an ihren Platz [1]). Der

Hotṛi lässt sich, wie er für die Sâmidhenî's ḥingetreten ist, das Knie aufwärts gerichtet nieder, schiebt das Gras im Norden auseinander und macht auf der Erde eine Spanne (prâdeśa), wozu er als Mantra sagt: „Aditi, seine Mutter, du mögest mich nicht vom Luftraum trennen. Hier tödte ich durch Agni den Gott, die Gottheit, durch den dreifachen Stoma, durch das Râthantara-Sâman, durch das Gâyatrîmetrum, durch das Agnishṭomaopfer, durch den Vashaṭkâradonnerkeil, den, der uns hasst und den, den wir hassen" [2]). Der

Adhvaryu umwandelt den Hotṛi von links nach rechts, geht nördlich von ihm, tritt, sein Gesicht nach Osten richtend, hinter den Utkara und nimmt die Idhmasaṃnahana's in die Hand [3]). Ueber ihn spricht jetzt der

Hotṛi das Anumantraṇa: verkünde (âśrâvaya) das Opfer unter den Göttern, verkünde mich unter den Menschen zum Preis, zum Ruhm, zum Brahmanglanz [4]).

---

die Dhruvâ mit: „mit Glanz vereine .." (V. S. 2, 9). Baudh. 1, 15, 16: athâsaṃsparśayan srucâv udañn atyâkrâman japati pâhi — bhajeti (T. S. 1, 1, 12°) 17. juhvâ dhruvâṃ samanakti makhasya — añktâm (ib. p) iti triḥ. Âp. 2, 14, 8: pâhi — bhajety asaṃsparśayan srucau pratyâkrâmati. 9. ete evâkramaṇapratyâkramaṇe mantravatî bhavataḥ. 10. makhasya śiro 'sîti juhvâ dhruvâṃ dvis trir vâ samanakty, unnîtaṃ râya iti sruveṇa dhruvâyâ âjyam âdâya, suvirâya svâheti juhûm abhighârya, juhvopâdâya, yajñena yajñaḥ saṃtata iti dhruvâṃ pratyabhighârya — Bhâr. 2, 14. Hir. 2, 2, 18: samaktam agninâ ghṛitaṃ, samaktaṃ havishâ — arcisheti juhvâṃ dhruvâṃ triḥ samanakti makhasya śiro 'sîti vonnîtaṃ râya etc.

6) So Prayoga B₁ u. ₂. cf. die anderen Śâkhâ's in Anmerk. 5.

1) Kât. 3, 2, 3 s. Anm. 1 auf Seite 88.

2) Âśv. 1, 3, 23 — (nachdem er die Götter hat herbeiführen lassen), sich mit aufrechten Knieen, wie er hingetreten war, niedergelassen und im Norden der Vedi die Grashalme auseinander geschoben hat, mache er auf die Erde eine Spanne mit: „Aditi — hassen". Śâñkh. 1, 5: — âvâhyopaviśyordhvajâuur daxiṇena prâdeśena bhûmim anvârabhya japaty asyai pratishṭhâyai mâ cchitsi, pṛithivi mâtar, mâ mâ hiṅsîr, mâ modoshîr, madhu manishye, madhu vanishye, madhu janishye, madhumatîm adya devebhyo vâcaṃ vadishyâmi câruṃ manushyebhya, idam aham pañcadaśena vajreṇa pâpmânaṃ bhrâtṛivyam avabâdha iti, saptadaśena vâ.

3) Siehe Anm. 1 auf folgender Seite.

4) Âśv. 1, 3, 23: über den (Adhvaryu), welcher zum Astu śrau3shaṭ mit om3 śrâvaya auffordern will, sage er das Anumantraṇa: „verkünde — zum Brah-

Adhvaryu (zum Âgnîdhra): om3 śrâ3vaya[1]). Der

Âgnîdhra, welcher nördlich (uttarataḥ; oder hinter?) vom Adhvaryu mit dem Gesicht nach Süden gewendet steht, nimmt Sphya und Idhmasaṃnahana in die Hand und erwidert: om3 astu śrau3shaṭ[2]). Der

Adhvaryu, welcher die Saṃnahana's ergriffen hält, vollzieht die feierliche Hotṛiwahl, indem er laut oder leise den Pravara sagt: „Gott Agni, der göttliche Hotṛi, möge die Götter ehren, kennt-

---

manglanz". Ich habe keine bestimmte Angabe gefunden, wo dies Anumantraṇa eingeschaltet werden soll. Mir schien dieser Platz der geeignetste. Âp. Bhâr. lassen hier den Brahman in Function treten, indem dieser vom Adhvaryu um Erlaubniss für das om3 śrâvaya gebeten wird und sie ertheilt. Siehe folg. Anm.

1) Kât. 3, 2, 3: nachdem er die beiden Löffel niedergelegt und die Idhmasaṃnahana's genommen hat, sagt er om3 śrâvaya. 5. einige (sagen es) nachdem sie das auf die Vedi gestreute Barhis genommen oder nachdem sie von dem Brennholz Schnitzel abgeschnitten und diese genommen haben. Baudh. 1, 15, 18: atha yathâyatanaṃ srucau sâdayitvâ pravaraṃ pravṛiṇîta utkara idhmasaṃnahanâni sphya upasaṃgṛihya. 19. pṛishṭham âgnîdhro 'nûpaślishyati (Mscr.: anapa⁰). 20. athâśrâvayaty oṃ śrâvaya. Viel ausführlicher ist Âp. 2, 14 (a. E.): — âyatane srucau sâdayitvâ 15, 1: ka idam adhvaryur bhavishyati sa idam a. bh. yajño yajñasya vâg ârtvijyaṃ karotu mana â. k. vâcaṃ prapadye bhûr bhuvaḥ suvar vishṇoḥ sthâne tishṭhâmîtîdhmasaṃnahanâni sphya upasaṃgṛihya vedyâśca tṛiṇam avyantam âdâyottarataḥ pravarâyâvatishṭhete pûrvo 'dhvaryur apara âgnîdhraḥ. 2. idhmasaṃnahanâny âgnîdhro 'nvârabhyâha ka idam agnîd bhavishyati sa idam agnîd bhavishyatîti mantraṃ saṃnamati. 3. brahman pravarâyâ 'śrâvayishyâmîti brâhmaṇam âmantryâ (der Brahman erwidert nach Âp. 3, 19: vâcaspate vâcam âśrâvayaitâm âśrâvaya yajñaṃ deveshu mâm manushyeshv iti, also fast dasselbe, was nach Âśv. der Hotṛi sagt) "śrâvayoṃ śrâvaya śrâvayom âśrâvayeti vâśrâvayati. Bhâr. 2, 14: nidhâya srucau veder abhyantaraṃ (?), tṛiṇam âdâyottarata utkare prâñcau pravarâyâvatishṭhete | ka idam — suvar iti pûrvo 'dhvaryuḥ | ka idam — suvar iti ||15|| apara âgnîdhraḥ | sphyaṃ cedhmasaṃnahanâni cânvârabhete, und so fort ohne sachlichen Unterschied von Âp. Der Brahman ist ebenfalls betheiligt. 3, 16. Hir. 2, 3 a. E. u. 2, 3, 1 flg. Auch hiernach tritt der Brahman in Action 2, 22, 1.

Die Pluti bei om und dem folgenden Vokal beruht auf Pâṇ. 8, 2, 92.

2) Kât. 3, 2, 4: „astu śraushaṭ" sagt der Âgnîdhra. Baudh. 1, 15, 21. Âp. 2, 15 a. E. Bhâr. 2, 15. Vait. Śr. S. 1, 9: „nach Norden hin gehen die Handlungen des Âgnîdhra vor sich, welcher den Sphya und den Saṃmârgabüschel in der Hand hält und mit dem Gesicht nach Süden gewendet dasteht. In entsprechendem Tone ist „astu śraushaṭ" der Antwortsruf. (Garbe). Aber Hir. 2, 3, 2 tâny (idhmasaṃnahanâny) âgnîdhro 'nvârabhya paścâd avatishṭhate. 6. astu śraushaḍ ity âgnîdhraḥ pratyâśrâvayati. 7. evam âśrutapratyâśrute bhavataḥ. 8. utkare daxiṇâmukhas tishṭhann âgnîdhraḥ sphyaṃ dhârayan pratyâśrâvayaty anyeshv âśrâvaṇeshu pravarât. Mir scheint, dass auch Âp. eine derartige Ansicht hat, doch ist er mir nicht ganz verständlich. Ueber śrau3shaṭ cf. Pâṇ. 8, 2, 91.

nissreich und umsichtig, wie bei Manu's Bharata's, NN's und des Sohnes des NN[1]) Opfer, wie bei Brahman's Opfer, und führe sie heran. Die Brahmanen sind dieses Opfers Förderer, NN. (Name des fungirenden Hotṛi) ist der Mensch"[2]).

---

1) An Stelle der beiden allgemeinen Bezeichnungen N N., Sohn des N N. nennt er aus dem Kreis der von einem Ṛishi stammenden Ahnen des Opferers drei, die im Verhältniss von Vater, Sohn und Enkel stehen, oder so viel Namen, als unter den Ṛishi's im Stammbaum des Opferers Mantradichter sind, einer, zwei und mehr, wie sie im Pravaraabschnitt aufgezählt sind und je nach den Gotra's variiren. Wenn der Opferer ein König ist, kann er auch mit der heiligen Abstammung des Purohita den Pravara vollziehen. Ständig geschieht dies, wenn der Opferer ein Xatriya ist, der nicht die Königsweihe hat oder ein Vaiśya. Für all diese Arten der Namennennung kann aber auch bei allen Kasten nur „manuvad" gesagt werden. Kât. 3, 2, 7: nun vollzieht er den Pravara: „Gott Agni — wie bei N N's Opfer wie bei N N's Opfer"; in dieser Weise nennt er drei Ṛishiahnen des Opferers, von dem ältesten an herwärts. 8. Oder so viel, als Mantradichter sind. 9. Oder (er vollzieht den Pravara) mit der Ṛishiabstammung des Hauspriesters. 10. Dies findet stets statt bei einem Xatriya und Vaiśya. 11. Oder „wie bei Manu's Opfer" wird für alle als Pravara gesagt. — In einem im Comm. zu Kât. stehenden Citat aus Manu heisst es: „Wenn ein Nichtbrahmane opfern sollte, soll er mit dem Pravara des Hauspriesters wählen". Baudh. 1, 15, 22. Âp. 2, 16: ûrdhvajñum âsînaṃ hotâraṃ vṛiṇîte 'gnir devo hotâ — amuvad iti, yathârsheyo yajamânas trîn yatharshi mantrakṛito vṛiṇîte, 'pivaikaṃ dvau trîn pañca na caturo vṛiṇîte, na pañcâtipravṛiṇîta, ita ûrdhvân adhvaryur vṛiṇîte 'muto 'rvâco hotâ, purohitasya pravareṇa râjâ pravṛiṇîte — api vâ nârsheyaṃ vṛiṇîte manuvad ity eva brûyât. Bhâr. 2, 15: âśrâvya pravaraṃ pravṛiṇîte 'gnir — adovad iti yathârsheyo yajamânârsheyân mantrakṛita ita ûrdhvân vṛiṇîte, 'pi vâ manuvad ity eva pravṛiṇîte, purohitasyârsheyân râjñaḥ pravṛiṇîte. — Hir. 2, 3 ist sehr ausführlich: pratyâśrâvite pravaraṃ pravṛiṇîte 'gnir devo hotâ — amuvad iti, yathâ yajamânasyârsheyaṃ saha pareṇa trîn anantarân ata ûrdhvân mantrakṛito 'dhvaryur vṛiṇîte, yatharshi mantrakṛito vṛiṇîta iti vijñâyate, 'muto 'rvâco hoteti vijñâyate, purohitasya pravareṇa râjâ vṛiṇîte, purohitasyârsheyeṇâvedayed iti râjño vijñâyate, nishâdâ rathakârâśca yaṃ ṛishim anubruvate tena teshâṃ pravaraṃ vṛiṇîte, tathâ brâhmaṇâṇâṃ râjârpitânâṃ, râjñâṃ vâ brâhmaṇârpitânâṃ, dvigotrasya trînstrîn ekaikasmâd gotrâd upalaxayed, athâsaṃprajñâtabandhoḥ purohitapravareṇâ 'câryapravareṇa vâ kṛitsnaṃ ekeshâṃ pravaram pratishicya (?) manuvad ity etad vidadhâti.

2) Kât. 3, 2, 12: „wie bei Brahman's Opfer, und er führe sie herbei. Die Brahmanen sind dieses Opfers Förderer, NN ist der Mensch" damit nennt er den Namen des Hotṛi. Baudh. 1, 15, 22: brahmaṇvad eha vaxad brâhmaṇâ — prâvitâra ity asau mânusha iti hotur nâma gṛihṇâti. Âp. 2, 16: brahmaṇvad — prâvitâra iti pravaraśesham âha — hotur upâṅśunâma gṛihṇati mânusha ity uccair vedyâṃ tṛiṇam apisṛijati. Bhâr. 2, 15. Hir. 2, 3. Aus dem Opfererabschnitt bei Âp. 4, 9 füge ich hinzu: devâḥ pitaraḥ — ya evâsmi sa saṃyaja iti hotṛipravare 'dhvaryupravare ca pravriyamâṇe (anumantrayate). Bhâr. 4, 12.

Während der Adhvaryu den Pravara vollzieht, sagt darüber der Hotṛi: „o Gott Savitṛi, hier wählt er dich, den Agni, zum Hotṛiamt zugleich mit dem Vater Vaiśvânara. Himmel und Erde mögen mich schützen. Agni ist der Hotṛi, ich bin der Mensch[1]). Hört der Hotṛi vom Adhvaryu das Wort „Mensch", so steht er auf mit den Worten: „ich stand mit dem Leben, mit dem Wohlleben, mit dem Saft der Pflanzen, mit den Wohnungen des Parjanya zu den Unsterblichen hin auf"[2]). Nachdem er aufgestanden ist, sagt er: „Die sechzig und neunzig Fesseln des Adhvaryu wurden zwischen Agni und dem Hotṛi geöffnet. Sie fesseln den Unmündigen. Als überaus weise naht er sich"[3]).

Hierauf sagt er: „des Ṛita Pfad wandle als Hotṛi ich", geht zum Adhvaryu und Âgnîdhra heran, fasst den Adhvaryu mit seitlich gehaltener rechter Hand[4]) an der Schulter an[5]), den Âgnîdhra mit der Seite (?) (Comm. = Schenkel) oder mit der seitlich gehaltenen linken Hand[6]). Dazu sagt er einmal den Mantra: „Indra fas-

---

pravarayoḥ pravriyamâṇayor japati devâḥ pitaraḥ —. Ich vermuthe, dass mit „hotṛipravara" und „adhvaryupravara" jener erste Pravara (S. 81) und der jetzt vollzogene gemeint sind. Man beachte dazu die Ausdrücke: „ita ûrdhvân adhvaryur vṛiṇîte 'muto 'rvâco hotâ" bei Âp. und Hir. (s. oben).

1) Âśv. 1, 3, 23 — über den den Pravara vollziehenden (Adhvaryu) sagt er das Anumantraṇa: „o Gott Savitṛi — Mensch" Śâṅkh., welcher den Spruch anders anwendet, siehe folg. Anm.

2) Âśv. 1, 3, 23 — hat der Hotṛi vom Adhvaryu: „Mensch" gehört, so erhebe er sich mit dem Mantra: „ich trat — Unsterblichen" (T. S. 1, 2, 8a). Śâṅkh. 1, 6, 1: mânusha ity ukte deva savitar — vaiśvânarendra pûshan bṛihaspate pra ca vada pra ca yaja — vicarshaṇir iti pravṛito japitvotthâya — Śâṅkh. weicht also etwas von Âśv. ab.

3) Âśv. 1, 3, 24: „die sechzig und neunzig — naht er sich" (sagt er), nachdem (?) er aufgestanden ist.

4) Comm. kanishṭhikâprâdeśena sthitaḥ (pâṇir) na nyak, nottâna ity arthaḥ (von pârśvasthaḥ pâṇiḥ).

5) Âśv. 1, 3, 25: nachdem er mit: „des Ṛita — ich" herangegangen ist, fasse er den Adhvaryu an der (rechten) Schulter an mit seitlich gestellter (rechter) Hand. Śâṅkh. 1, 6: (japitvotthâyâ) 'dhvaryor daxiṇena prâdeśena daxiṇam aṅsam anvârabhya japati.

6) Âśv. 1, 3, 26: den Âgnîdhra (fasse er) mit der Gegend der Seite (? Comm. aṅkena ûruṇâ vâ; zu Âśv. 1, 1, 9 erklärt der Comm. aṅkam als urûpasthaḥ) oder mit seitlich gehaltener (linker) Hand an. Der Comm. zu Kât. 3, 2, 14 sagt: „nach der Wahl berührt der Hotṛi, der aufgestanden ist, Adhvaryu und Âgnîdhra an den Schultern"; die Paddh. S. 246 aṅsayoḥ prâdeśena sammṛiśati. Śâṅkh. 1, 6: savyenâgnîdho daxiṇam anvârabhya. —

sen wir, den Purohita bei der Hotṛiwahl, durch den die Götter zum höchsten Glanz, zum Himmel die Añgira's gelangten" [1]).

Adhvaryu und Âgnîdhra lassen sich, nachdem sie vom Hotṛi berührt sind, nieder [2]). Der

Hotṛi wischt mit den Saṃnahana's, welche zum Binden des Brennholzes dienten, d. h. mit den wirklichen Gräsern, welche weder Knoten noch eine Schlinge bilden, die Handfläche auf sich zu kehrend, das Gesicht von oben nach unten ab, beim ersten Male mit dem Mantra: „ein Wisch bist du, wische mich mit Nachkommenschaft und Vieh zusammen", das zweite und dritte Mal aber ohne denselben [3]).

Hierauf berührt er die Wasser und hinter dem (von dem Adhvaryu vor Beginn der Sâmidhenîverse hergerichteten) Sitze, das Gesicht nach Osten gewendet, stehend, spricht er über den Hotṛisitz das Abhimantraṇa: „o Ahi daidhishavya, aufstehen will ich von hier. Auf dessen Sitz setze dich, der einfältiger ist als wir" [4]). Darauf wirft er mit dem Daumen und dem vorletzten Finger das Gras nach Südwesten herunter, nachdem er als Mantra: „weggeworfen ist der Leblose" gesagt hat. Hierauf spricht er: „hier setze ich mich auf den Sitz des Lebens" und lässt sich mit einem durch das rechte Bein gebildeten (?) nach Norden gerichteten Schosse nieder [5]). Hat er sich niedergelassen, so flüstert (Pray.

1) Âśv. 1, 3, 27. Śâñkh. 1, 6, woselbst der bei Âśv. schon anderweitig verwandte Spruch: „die sechzig und neunzig Fesseln u. s. w." mit einigen Textverschiedenheiten zu dem "indram anvârabhâmahe" noch hinzugefügt ist. Ausserdem sagt Śâñkh.: shaṇ morvîr aṅhasaḥ pântu dyauś ca — oshadayaś cety avasṛijyai'ndrîm âvṛitam âvarta âdityasyâvṛitam anvâvarta iti daxiṇam bâhum anvâvṛitya. —

2) Kât. 3, 2, 14. Baudh. 1, 15, 23: hotâ vimuñcati vimukto 'dhvaryur upaviśati prasavam âkâñxann âste.

3) Âśv. 1, 3, 28: mit den als Wisch dienenden Idhmasaṃnahanagräsern wische er auf sich zu das Gesicht ab mit: „ein Wisch — zusammen". 29. einmal mit dem Mantra; zweimal leise; so überall bei der Wiederholung einer (Saṃskâra-)Handlung.

4) Âśv. 1, 3, 30: nachdem er die Wasser berührt hat, spricht er über den Hotṛisitz (dessen Stelle siehe Kât. 3, 1, 1 und oben S. 73) das Abhimantraṇa: „o Ahi — wir". Śâñkh. 4, 6. Siehe S. 17, Anm. 2.

5) Âśv. 1, 3, 31: mit Daumen und Ringfinger wirft er von dem Hotṛisitz das Gras nach SW mit: „weggeworfen ist das Leblose"; mit „hier — Lebens" lasse er sich mit einem von dem rechten Bein gebildeten, nach Norden gerichteten Schosse (?) nieder. Der Comm. erklärt: daxiṇaṃ ca taduttaraṃca daxiṇottaram, tadvân upastho daxiṇottarî. Pray. H.: daxiṇapâdenottariṇopasthena.

H.) er: „o göttliches Barhis, möchte ich mich auf dich als guten Sitz setzen"[1]). Sodann sagt er: „überlegen sei, o Hotṛi, auf dem Barhis sitzend" und berührt danach mit der Spitze des Kniees die Streu, von wo ab er flüstert[2]): „Verehrung dem Herrn der Erde, Verehrung dem Herrn der Welt, Verehrung dem Herrn der Wesen, Verehrung dem Gedeihen; Prâṇa gehe ich an, Apâna gehe ich an, Vyâna gehe ich an, die Stimme gehe ich an, das Gesicht gehe ich an, das Gehör gehe ich an, den Geist gehe ich an, die Seele gehe ich an, Gâyatrî gehe ich an, Trishṭubh gehe ich an, Jâgatî gehe ich an, Anushṭubh gehe ich an, die Metra gehe ich an. Vom Himmel schütze die Sonne uns und von den Lüften her der Wind und Agni von der Erde her. Verehrung sei den Grossen, Verehrung den Kleinen, Verehrung den Jungen, Verehrung den Alten; wir wollen die Götter verehren, so gut wir es vermögen, nicht möchte ich zurückbleiben hinter dem Preise eines Angesehenen. Ihr Götter alle, weist mich an, worauf erwählt zum Hotṛi und niedergelassen (auf den Hotṛisitz) ich soll achten; nennt mir den Antheil und auf welchem Wege und wie ich zu euch führen soll die Speise. Der verehrungswürdigere Hotṛi wurde mit dem Niedersitzen zugleich (für uns) gewonnen, möge er nun blicken auf die wohl gesetzten Speisen. Wohlan! Lasst uns verehren die verehrungswürdigen Götter, anflehn mit Butter die Anflehenswerthen." Möchte ich darauf heut zuerst in meiner Rede achten, dass wir Göttlichen dadurch die Asura's besiegen." Nachdem er diesen Japa beendet hat, lässt er, wenn das Holz hell brennt, den Adhvaryu die beiden Opferlöffel durch folgenden Ni-

---

Etwas mehr Klarheit bringt Pray. B_1 fol. 33ª: daxiṇam pâdam savyopari kṛitvopaviśati; es scheint also, dass unter Schoss hier das nach Norden gerichtete Knie gemeint ist, welches entsteht, wenn man den rechten Fuss über den linken legt. Diese Art des Dasitzens ist nach Âśv. 1, 1, 9 beständig und vom Beginn des Niedersitzens bis zur Vollendung der Cärimonie auszuführen, wenn ich dies Sûtra recht verstehe. Śâṅkh. 1, 6: nirastaḥ parâvasur yo 'smân — saheti hotṛishadanâc chushkam tṛiṇam ubhayataḥ praticchidya daxiṇâparam avântaradeśam nirasyâpa upaspṛiśyâśushkam udagagram nidhâyedam aham — sidâmity upaviśya daxiṇottariṇam upastham kṛitvâ.

1) Âśv. 1, 4, 7: wenn er sich niedergelassen hat (so sagt er): „o göttlich — setzen".

2) Âśv. 1, 4, 8: „überlegen — sitzend" (sage er) nachdem er mit der Spitze des Kniees das barhis berührt hat. Von da ab soll er flüstern (folgenden Nigada). Siehe nächste Anmerkung.

gada[1]) nehmen: „Agni, der Hotṛi, geniesse des Agni (v. l. agnir) Opfer (hotram); geniesse die Pflege (prâvitram nach Śat. Brâhm. 1, 5, 2, 1 = yajñam). Günstig[2]) sei dir o Opferer die Gottheit, der du Agni" (Pause und von da ab leise:) „zum Hotṛi wähltest"[3]). Wenn der Hotṛi dieses s. g. Srugâdâpana sagt, legt der

Adhvaryu in obiger Weise (S. 83) die Juhû mit beiden Händen über die Upabhṛit[4]). Und während der

Hotṛi seinen Nigada mit den Worten: „die mit Ghṛita versehene, alle Schätze enthaltende (so Śat. Brâhm.) Sruc giesse ein ins Feuer, o Adhvaryu. Wir wollen anflehen die anzuflehenden Götter, uns verneigen vor den verneigenswerthen, verehren die verehrenswerthen", wieder laut fortsetzt und schliesst[5]), schreitet der

---

1) Âśv. 1, 4, 10: „dem Herrn der Erde — die Metra gehe ich an". „Vom Himmel schütz die Sonne uns" (ṚV. 10, 158, 1); „Verehrung sei den grossen, Verehrung den kleinen" (ṚV. 1, 27, 13); „ihr Götter alle weist mich an, worauf ich" (ṚV. 10, 52, 1); „gewonnen ward der verehrungswürdigere Hotṛi mit dem Hinsitzen zugleich" (ṚV. 10, 53, 2); „möchte ich darauf heut zuerst bei meiner Rede achten" (ṚV. 10, 53, 4). Nachdem er (so diesen Japa) abgeschlossen hat, soll er, wenn das Holz brennt, (den Adhvaryu) die beiden Löffel mit (folgendem) Nigada nehmen lassen.

Dass nicht nur die ersten Pâda's obiger Ṛigverse, sondern letztere ganz gemeint sind, ergibt sich aus Âśv. 1, 1, 17. Demgemäss haben sie auch die Pray. ganz.

Śâñkh. 1, 6. (— upasthaṃ kṛitvâ s. oben) prâñcau pâṇî pragṛibya japati namo dyâvâpṛithivibhyâm — saṃtâptam ity âhavanîyaṃ prexya gârhapatyaṃ codak saṃsarpanu âhaisha vâm âkâśa iti viśve devâḥ śâstana tad adya vâco namo mahadbhya iti japitvâ — Forts. s. Anm. 3.

2) sâdhu beziehe ich zu devatâ als Prädikat, da die Grammatiker auch dies als Femininform angeben (s. P. W. s. v.).

3) Âśv. 1, 4, 10: „Agni der Hotṛi — der du Agni" (beginnt der Nigada), nachdem er hier eine Pause gemacht, flüstere er: „zum Hotṛi wähltest". Śâñkh. 1, 6: agnir hotâ — devatety avasâya yo — avṛithâ ity upâñśu. Forts. siehe Anm. 5.

4) Kât. 3, 2, 15: „Agni, der Hotṛi" dies ist das Nehmenlassen der Löffel bei den Prayâja's, weil es sich in deren Nähe befindet.

5) Âśv. 1, 4, 11: nun vollende er den Nigada mit: „die mit Ghṛita versehene — verehrungswürdigen". Das Wort atha hat nach dem Comm. nur den Zweck eine Pause zum Athemholen (nach den Worten „zum Hotṛi wähltest") zu erlangen. Śâñkh. 1, 6: ghṛitavatîm — yajñîyân iti srucâv âdâya pañca prayâjân yajati. Was die Tonart anlangt, so sagt Śâñkh. 1, 14 a. E.: srugâdâpanâdi mandrayâ 'jyabhâgântam. Âśv. 1, 5, 25: ato mandreṇa. Der Comm. gibt ato mit itaḥ pûrvaṃ yat tan mandreṇa prayoktavyam wieder, (bis zu den Pray. incl.; die Âjyabhâga's dagegen nach 1, 5, 27 (mit „mittlerem Ton die havis bis zum Svishṭakṛit") schon mit mittlerem Ton).

Adhvaryu, sobald er „die mit Ghṛita versehene“ vom Hotṛi hat sagen hören [1]) mit Juhû und Upabhṛit von dem hinteren Theil der Vedi, mit dem linken Fusse immer zuerst, nördlich von dem Havis, hinter den Paridhi's [2]) vorbei und geht zum Südtheil der Vedi, der Stelle, wo die Yajati's dargebracht werden [3]), tritt dort mit dem Gesicht nach NO hin und es werden

A. Die fünf Prayâja's

(dem Hauptopfer vorausgehende Spenden) geopfert.

I. Prayâja

(für die Samidh's).

Adhvaryu sagt zum Âgnîdhra: om3 śrâ3vaya [4]). Der Âgnîdhra, welcher, wie es oben (S. 88, Anm. 2) beschrieben ist, im Norden steht, sein Gesicht nach Süden gewendet hat, Sphya und Saṃnahana in der Hand hält, erwidert: astu śrau3shaṭ [5]).

Adhvaryu (zum Hotṛi): „für die Samidh's sage den Yâjyâmantra her“ [6]). Der

1) Siehe Anm. 6.

2) Kât. 3, 1, 17.

3) Kât. 1, 9, 18: bei dem mit dem Vashaṭkâra versehenen Âhuti's (schüttet der Adhvaryu das Havis), im Süden (der Vedi) stehend und mit dem Gesicht nach Nordosten gerichtet, (in das Âhavanîyafeuer) wenn der Vashaṭkâra vollzogen ist.

4) Kât. siehe Anm. 6. Âśv. 1, 4, 12: ist der Nigada vollendet (d. h. bis zu dem Wort „verehrungswürdigen“ hergesagt), so sagt der Adhvaryu om3 śrâvaya. — śrâ3vaya beruht auf Pâṇ. 8, 2, 92.

5) Kât. 3, 2, 6. Âśv. 1, 4, 13: astu śraushaṭ soll der Âgnîdhra (Text âgnîdhram) erwidern, am Utkara stehend, „den Sphya zusammen mit den Idhmasaṃnahana's“ diese zwei genommen habend; das Gesicht nach Śâṭ. Ansicht nach Süden gerichtet haltend, den au-laut in astu śrau3shaṭ mit Pluti versehend. Diese Uebersetzung gebe ich indess nur vermuthungsweise.

6) Kât. 3, 2, 16: wenn „ghṛitavatîm“ vom Hotṛi gesagt ist, nimmt er beide Löffel (cf. Kât. 1, 10, 9), geht vorüber, sagt (zum Âgnîdhra) Om3 śrâvaya und darauf: „für die Samidh's sage die Yâjyâ“ zum Hotṛi. 17. (Nur einmal vorübergegangen) opfert (yajati) er die fünf Prayâja's. Baudh. 1, 16, 1: atha yatra hotur abhijânâti ghṛitavatîm adhvaryo srucam âsyasveti juhûpabhṛitâv âdâyâtyâkramyâśrâvyâha samidho yajeti. Âp. 2, 17, 1: ghṛitavatîśabde juhûpabhṛitâv âdâya daxiṇâ sakṛid atikrânto — pañca prayâjân — yajati — samidho yajeti prathamaṃ saṃpreshyati. Bhâr. 2, 16, 2. Hir. 2, 4.

Hotṛi sagt die Yâjyâ: „ye3 yajâmahe[1])[2]) samidhaḥ | samidho agna âjyasya vyantû3[3]) vau3shaṭ[4])[5])“. Ueber den Vashaṭkâra sagt er das Anumantraṇa: „vâg ojaḥ saha ojo mayi prâṇâpânau[6])“, welches noch zur Yâjyâ gerechnet wird[7]). Der

Yajamâna vollzieht den Tyâga[8]) (die Uebergabe der Spende) mit den Worten: „om3 idaṃ samidbhyo na mama“. Der

Adhvaryu, welcher bis jetzt die beiden Löffel an seinen Nabel gehalten hat[9]), senkt die Juhû, welche er über die Upabhṛit gebracht hatte, nach dem Vaushaṭruf oder gleichzeitig mit dem-

1) Âśv. 1, 5, 4: die Âgurformel beginnt die Yâjyâ's, mit Ausschluss der Anuyâja's. 5. ye3 yajâmahe ist die Âgurformel. Śâṅkh. 1, 1: — bhûr bhuva iti purastâjjapo ye yajâmahe vaushaḷ ojaḥ sahaḥ saha ojaḥ svar ity uparishṭâd iti catushṭayaṃ sarvâsu yâjyâsu Pray. B₁ sagt hinter ye yaj. NN bei allen Prayâja's noch: bhûr bhuvaḥ svaḥ.

2) Âśv. 1, 5, 7: den Anfang beider (der Âgurformel und des bald zu erwähnenden Vashaṭkâra) soll er mit Pluti versehen. Śâṅkh. 1, 2: ye yajâmahaḥ plutâdiḥ purastâd yâjyânâṃ caturmâtrâ yâjñikî plutiḥ. Pâṇini 8, 2, 88.

3) Âśv. 1, 5, 8: und das Ende der Yâjyâ (soll er mit Pluti versehen). Es kommen bei der Plutirung noch einige phonetische Regeln in Betracht, die ich, soweit sie uns angehn, s. l. erwähnen werde. Âśv. 1, 5, 9 flg. Śâṅkh. 1, 1 — plutena yâjyântena vashaṭkârasya saṃdhânam aplutena vâ. Pâṇ. schreibt Pluti vor 8, 2, 90.

4) Âśv. 1, 5, 5 — der Vashaṭkâra macht überall den Schluss. 6: er ist lauter und kräftiger (deutlicher Comm.) als die Yâjyâ. Śâṅkh. 1, 1: (uccaistarâṃ praṇavaḥ puronuvâkhyâyâḥ) praṇavâd yâjyoccaistarâm, uccaistarâṃ vashaṭkâraḥ, samo vâ. Pâṇ. 8, 2, 91.

5) Âśv. 1, 5, 15: „ye 3 yajâmahe — vyantû3“ (die wir für die Samidh's die Yâjyâ sagen, die Samidhs sollen o Agni von der Butter geniessen), der Vashaṭkâra: vau3shaṭ, 16: dies ist der erste Prayâja.

6) Âśv. 1, 5, 16: jedesmal nachdem er den Vashaṭkâra ausgesprochen, sagt er darüber das Anumantraṇa: vâg — °pânau. Śâṅkh. sachlich ebenso; cf. Anm. 1.)

7) Âśv. 1, 5, 20 und Comm.: „dies (vorausgehende Âgur mit Pluti am Anfang, Pluti am Ende der Yâjyâ, Vashaṭkâra mit Pluti am Anfang, dann das Anumantraṇa) ist das Beispiel einer Yâjyâ. (Die Angabe, dass das Anumantraṇa sich innerhalb der Yâjyâ befinde, bezweckt die Zurückhaltung der Stimme bis zum Ende desselben.)

8) cf. S. 85 Anm. 4 und den Comm. zu Kât. 3, 3, 4, wo die Tyâga's ausdrücklich verordnet und genannt sind.

9) Kât. 3, 3, 1: in die Gegend des Nabels hält er die Löffel. âśrâvaṇakâle sagt die Paddh Âp. siehe S. 83, Anm. 2. — Comm.: da die Darbringung am Ende des Vashaṭkâra vorgeschrieben ist, so ist bis dahin zu warten. Da sonst das Halten der Löffel ohne eine nähere Bestimmung vollzogen sein würde, so ist hier die Anweisung: „in die Gegend ...“ gegeben.

selben[1]) über die Spitze der Upabhṛit nach vorn (nicht aber seitwärts) hinab[2]) und opfert so den ersten Prayâja, indem er Butter aus der Juhû auf das Âhavanîyafeuer[3]) giesst. Er wählt für alle fünf die am hellsten brennende Stelle desselben, wenn er sie, unbeweglich an dem Platze stehend, an welchen er getreten ist, vollzieht. Er kann aber die Prayâja's auch so darbringen, dass er jedesmal etwas auf das Feuer zuschreitet und jeden folgenden Prayâja östlich von dem vorhergehenden auf einer besondern Stelle opfert[4]). Die Schulen des schwarzen YV. geben noch eine dritte Möglichkeit an, welche in voriger Anmerkung verzeichnet ist. Ueber den geopferten[5]) ersten Prayâja sagt der

Yajamâna die zwei Anumantraṇa's: „einer (sei) für mich, eine für den, welcher uns hasst und den wir hassen" und „angesehen (tvishimân) (möchte ich werden)"[6]).

---

1) Kât. 1, 9, 18 — wenn der Vashaṭkâra vollzogen ist (s. S. 94, Anm. 3). 19. oder gleichzeitig mit demselben. Baudh. 1, 16, 2 vashaṭkṛite juhoti. Âp. bei Müller l. c. Sûtra 95. Bhâr. 2, 16, 3.

2) Kât. 3, 2, 25: nachdem er die Juhû, welche er über (die Upabhṛit) hinauf geführt hatte, nach vorn hinabgesenkt hat, opfert er.

3) Kât. 1, 8, 44.

4) Kât. 3, 2, 18: auf der am meisten brennenden Stelle (opfere er sie). 19. unbeweglich (an einem Platze stehend. 21. oder (er bringt) einen jeden immer östlich von dem vorhergehenden dar, indem er (jedesmal um zu opfern) herangeht. Sehr ausführlich ist Âp. 2, 17: apareṇâghârasaṃbhedaṃ pañca prayâjân prâco yajati; pratidiśaṃ vâ, samidhaḥ purastât, tanûnapâtaṃ daxiṇata, iḍaḥ paścâd, barhir uttarataḥ, svâhâkâram madhye; sarvân vaikadhyaṃ; — yaṃ kâmayetâbhitaraṃ vasîyânt syâd ity abhikrâman tasya juhuyâd; avataraṃ pâpîyân iti pratikrâmann avasîyân apâpîyân iti samânatra tishṭhan — Bhâr. und Hir. sind von ersterem sachlich nicht verschieden, zum Theil wörtlich identisch. Die letzteren Vorschriften hingegen yaṃ kâmayeta etc. fehlen bei ihnen.

5) Nach dem Comm. zu 3, 3, 4. Mahâd. S. 246, Anm. 3: hutasya prayâjasyânumantraṇam yajamânena kartavyaṃ etc. Wenn der Comm. zu Kât. 3, 3, 4: idaṃ samidbhyo na mama eko mametyâdi etc. sagt, so ist daraus jedenfalls nicht zu folgern, dass beide (Tyâga und Anumantraṇa) vor oder nach dem Homa zu sprechen seien.

6) Kât. 3, 3, 2: über den Prayâja (wird) ein Anumantraṇa (gesagt). 3: „einer für mich, eine für den, der uns hasst und den wir hassen" auf diese Art paarweise je nach der Zahl. 5. und (d. h. damit verbindet er als zweites Anumantraṇa): „angesehen (möchte ich werden)", resp. „ruhmreich (m. i. w.)", resp. „an Brahmanglanz (m. i. w.)", resp. „speiseessend (m. i. w.)". Âp. und Bhâr. geben ebenfalls zwei AA. an, differiren aber von Kât. Âp. 4, 9 caturhotâraṃ vyâkhyâya vasantam ritûnâm prîṇâmîty (T. S. 1, 6, 2l—p) etaiḥ pratimantraṃ prayâjân hutaṃ hutam, eko mamaikâ tasya yo 'smân dveshṭi yaṃ ca vayaṃ dvishmo dvau mama dve tasya etc. — dvishma ity etaiśca pratimantram. Bhâr.

II. Prayâja

(für Tanûnapâd oder Narâśaṅsa).

Adhvaryu bringt auf demselben Wege, nämlich über die Spitze der Upabhṛit, die Juhû über die Upabhṛit[1]) und sagt om 3 śrâvaya zum Âgnîdhra. Der

Âgnîdhra, wie vorher dastehend, erwidert: astu śrau3shaṭ,

Adhvaryu (zum Hotṛi): sage die Yâjyâ her[2]) (yaja).

Hotri: ye3 yajâmahe {narâśaṅsaṃ / tanûnapâtaṃ}, {narâśaṅso 'gna / tanûnapâd agna} âjyasya vetû3 vau3shaṭ[3]). Als Anumantraṇa über den Vashaṭkâra sagt er wie vorhin, „vâg — °pânau". Der

Yajamâna vollzieht den Tyâga: om 3 idam {narâśaṅsâya / tanûnapâte}, na mama. Der

Adhvaryu, welcher die Löffel wieder an den Nabel gehalten hat, opfert nun, wie den ersten, so den zweiten Prayâja, indem er die Juhû über die Spitze der Upabhṛit nach vorn hinab senkt und die Butter ins Feuer giesst. Die Stelle dafür ist wie oben wieder die am hellsten brennende des Feuers oder, falls er sich dem Feuer etwas nähert, eine östlich von der, wo der erste Prayâja geopfert wurde, gelegene oder drittens (nach Âp. Bhâr.

4, 13, 2: prayâjânâm ishṭam ishṭam anumantrayate vasantam ṛitûnâṃ prîṇâmîty etaiḥ pratimantram. 3. eko — dvishma iti ca. Auch Pray. B_1 und $_2$ führen diese als Anumantraṇa's des Opferers an. Eigenthümlich ist, dass den einzelnen Versen die Worte: vasantâya idaṃ na mama, grîshmâya idaṃ na mama etc. vorausgehen, die doch offenbar Tyâga's sind; die Quelle derselben habe ich nicht finden können. B_2 gibt am Ende der Prayâja's ausdrücklich an: „samidbhyo 'gnaya idaṃ, tanûnapâte 'gnaya idam etc." seien die Tyâga's oder „agnaya eveti".

1) cf. Comm. zu Kât. 3, 2, 25: upabhṛidagrapradeśenaiva juhvâ avaharaṇâdhyûhane kârye na pârśvamârgeṇa.

2) Kât. 3, 2, 19: der Rest (d. h. die Befehle für die übrigen Prayâja's) ist jedesmal nur: „sage die Yâjyâ her", also in Abweichung von Kât. 1, 9, 15. Baudh. 1, 16, 3. Âp. 2, 17: yaja yajetîtarân. Hir. 2, 5.

3) Âśv. 1, 5, 21: „Tanûnapât geniesse, o Agni, von der Butter", ist der zweite Prayâja bei andern als den Vasishṭha's, Śunaka's, Atri's, Badhryaśva's, Râjanya's. 22. für diese: „Narâśaṅsa, o Agni, geniesse von der Butter"; cf. Comm. zu Kât. 3, 3, 8 a. E.; Paddh. S. 253, welche noch Kaṇva, Kaśyapa, Saṃkṛiti hinzufügt, und den Comm. zu Kât. 1, 6, 13. Śâṅkh. 1, 7, 9 nimmt noch die hinzu, welche Nachkommenschaft wünschen. cf. Weber, Ind. Stud. 10, 89. — Die Form selbst ist beim ersten auseinandergesetzt.

Hir.) der Süden. Die Stellung des Adhvaryu ist die gleiche wie oben. Ueber den geopferten Prayâja sagt der

Yajamâna die beiden Anumantraṇa: „zwei männliche (dvau) (seien) für mich, zwei weibliche (dve) für den, welcher uns hasst und den wir hassen“ und zweitens: „geehrt (möchte ich werden)“ [1]).

III. Prayâja
(für die Iḍ's).

Adhvaryu bringt die Juhû wieder über die Upabhṛit und sagt: om3 śravaya.

Âgnîdhra wie oben astu śrau3shaṭ.

Adhvaryu: (zum Hotṛi) sage die Yâjyâ her.

Hotṛi ye3 yajâmaha iḍaḥ | iḍo agna âjyasya vyantû3 vau3-shaṭ [2]). Als Anumantraṇa dazu vâg — °pânau.

Yajamâna vollzieht den Tyâga: om 3 idam iḍbhyo na mama.

Adhvaryu senkt in bei den vorigen Prayâja's beschriebener Weise die Juhû nach vorn hinab und opfert an einer der drei in Frage kommenden Stellen (1. an der am hellsten brennenden Stelle oder, 2., geht er etwas heran, östlich von den beiden ersten Prayâja's oder 3. nach Âp. etc. im Westen) die ganze Butter. Der Yajamâna sagt die beiden Anumantraṇa: „drei männliche (trayaḥ) (seien) für mich, drei weibliche (tisraḥ) für den, welcher uns hasst und den wir hassen“ und „mit Ruhm versehn (möchte ich werden“) [3]).

IV. Prayâja
(für das barhis)

Adhvaryu bringt die Juhû wieder wie oben über die Upabhṛit, fasst jene mit der Linken, führt dann mit der Rechten die Upabhṛit über die Juhû (über deren Spitze) und giesst für den vierten Prayâja, ohne dass die beiden Löffel einander berühren, die halbe Butter aus der U. in die Juhû [4]). Hierauf bringt er die Upabhṛit wieder zu unterst und sagt: om3 śrâvaya.

---

1) Kât. 3, 3, 2. 3. 5 s. S. 96, Anm. 6. Die von andern Śâkhâ's gebrauchten Anumantraṇa's siehe ebendort.

2) Âśv. 1, 5, 23: „die Speisen, o Agni, sollen von der Butter geniessen“ ist der dritte Prayâja. Ebenso Śâṅkh. 1, 7, 10.

3) Kât. 3, 3, 2. 3. 5 siehe oben S. 96, Anm. 6.

4) Kât. 3, 2, 22: aus der Upabhṛit giesst er in die Juhû, ohne mit der U. die J. zu berühren, Butter für den vierten Prayâja. Baudh. 1, 16, 4: catur-

Âgnîdhra }
Adhvaryu } wie vorher.

Hotṛi ye3 yajâmahe barhiḥ | barhir agna âjyasya vetû3 vau-3shaṭ [1]). Als Anumantraṇa dazu wieder wie oben vâg — °pânau.

Yajamâna vollzieht den Tyâga: om 3 idam barhishe na mama.

Adhvaryu giesst wie oben Butter mit der Juhû ins Feuer an einer der drei vorgeschriebenen Stellen; (im Falle er Gegend für Gegend opfert, dann für das barhis im Norden).

Yajamâna sagt die beiden Anumantraṇa: „vier männliche (catvâraḥ) (seien) für mich, vier weibliche (catasraḥ) für den, welcher uns hasst und den wir hassen" und „mit Brahmanglanz (möchte ich) versehen (sein)" [2]).

V. Prayâja

(für Agni, Soma, Agni, Vishṇu oder Agni-Soma, Indra-Agni oder Agni-Soma oder Indra resp. Mahendra, Devâ Âjyapâḥ).

Adhvaryu, Âgnîdhra, Adhvaryu nacheinander wie bei Prayâja I—III.

Hotṛi ye 3 yajâmahe [3])
svâhâgniṃ
svâhâ somaṃ
svâhâgniṃ

(laut): svâhâ (leise): vishṇum, für diesen wird nach den Aitareyins der Upâṅśuyâja gebracht; beim Vollmond setzen dafür einige agnîshomau; andere wählen agnîshomau bei Neu- und Vollmond; andre Prajâpati; einige bringen gar keinen Upâṅśu, dann fällt dieses vierte svâhâ ganz weg [4]).

---

thaṃ yaxyanu ardham aupabhṛitasyâjyasya juhvâṃ samânayate. Âp. 2, 17. Bhâr. 2, 16, 6. Hir. 2, 5.

1) Âśv. 1, 5, 24: „das barhis, o Agni, soll von der Butter geniessen" ist der vierte Prayâja. Śâṅkh. 1, 7, 11 ebenso.

2) Kât. 3, 3, 2. 3. 5 s. oben S. 96, Anm. 6.

3) Ich weiss nicht, ob hier noch agnim, somam, agnim hinter yajâmahe hinzugefügt werden muss; das von Âśv. 1, 5, 15 gegebene und von mir Prayâja I—IV befolgte Beispiel eines Prayâja: ye 3 yajâmahe samidhaḥ | samidhaḥ etc. scheint es allerdings zu verlangen; aber sonst finde ich keine Andeutung; auch Pray. B_1, welcher stets die Accusative ergänzt, fügt diese hier nicht hinzu.

4) cf. die S. 84, 2 citirten Sûtren Âśv. 1, 3, 12. 13. Die Paddh. u. Comm. nennen für diesen Upâṅśuyâja agnîshomâbhyâm sowohl beim Neu- als beim

svâhâ	a) agnîshomau beim Vollmond,	
	b) α. indrâgnî, wird kein Sâmnâyya gespendet,	beim Neumond
	β. indram oder mahendram — wenn ein Sâmnâyya gespendet wird	

svâhâ devâ âjyapâ
jushânâ agna âjyasya vyantû3 vau3shaṭ[1]). Ueber vaushaṭ sagt er wieder vâg — °pânau als Anumantraṇa.

Yajamâna vollzieht den Tyâga: om3 idam agnaye, somâya, agnaye { vishṇave / agnîshomâbhyâm / prajâpataye }

a) agnîshomâbhyâm	devebhya âjyapebhyaḥ, na mama.
b) α. indrâgnibhyam	
β. indrâya resp. mahendrâya	

Adhvaryu giesst wie oben Butter mit der Juhû an einer

Vollmondsopfer, bei diesem mit den Göttern der Kuchenspende „agnîshomâbhyâm", bei jenem mit dem Empfänger des Sâmṇâyya „indrâya" zusammen (bei einer Kuchenspende für Indra-Agni dagegen auch vishṇave). Da Âśv. nur von „einigen" spricht, welche beim Vollmond einen Upâṅśuyâja für Agni-Soma vorschreiben, so ergibt sich, dass die Paddh. und der Comm. auf Âśv. nicht zurückgehen; dagegen hat Śâṅkh. 1, 7, 6 die von beiden vorausgesetzten Angaben (s. folg. Anm.). Prajâpati ist als Gott des Upâṅśuyâja von Pray. B_1 erwähnt; mir scheint hierdurch und durch andere Momente noch auf ein drittes, unbekanntes Śrauta-Sûtra hingewiesen; cf. auch S. 84, Anm. 4. — svâhâ wird laut nach Âśv. 1, 3, 14 gesagt.

1) Âśv. 1, 5, 24: nachdem er die Âgurformel beim fünften Prayâja gesagt hat, zählt er mit jedesmaligem Svâhâ N N! die Gottheiten, wie sie (cf. S. 84) herangeführt sind, rasch auf und die (etwa) nicht herangeführten so wie sie festgesetzt sind, dann svâhâ devâ âjyapâ (und sagt dann): „gern sollen sie, o Agni, von der Butter geniessen". (Der Ausdruck: yathâvâhitam „wie sie herangeführt worden sind", hat nach dem Comm. den Zweck, auch eine aus Versehen herangeführte Gottheit, die aber keine Stelle hat, wieder nennen zu lassen; der Ausdruck: „anâvâhitâḥ" aber bezweckt, in vorgeschriebener Reihenfolge die Gottheiten einschalten zu lassen, welche zwar ihren resp. Platz in der Aufzählung haben sollten, aber aus Versehen nicht herangeführt sein möchten, und zweitens in Ceremonien, wie „die mit Prayâja's beginnende, mit Anuyâja's schliessende" je nach der Bestimmung die diesen gehörigen Gottheiten). Śâṅkh. 1, 7, 6: — svâhâgnim, svâhâ somam, svâhâgnim, s. agnîshomau vishṇum vâ (also ein nach Belieben an Agni-Soma oder Vishṇu zu richtender Upâṅśuyâja; siehe vorige Anm.) s. agnîshomau, s. indrâgnî, svâhendram mahendram vâ, s. devâ âjyapâ j. agna âjyasya havisho vyantv iti prayâjayâjyâḥ. Ueber die Götter des Upâṅśuyâja siehe Śâṅkh. auch nochmals beim Pradhânahoma.

der drei vorgeschriebenen Stellen (im Falle er Gegend um Gegend opfert, dann dieses fünfte Mal in der Mitte) in das Feuer.

Yajamâna sagt die beiden Anumantraṇa: „fünf (seien) für mich, nichts für den [1]) der uns hasst und den wir hassen" und „Speise essend (möchte ich sein)".

Nach diesen Prayâja's geht der

Adhvaryu von der Stelle, wo die Yajati's dargebracht werden mit stets vorangesetztem rechten Fuss (Kât. 3, 1, 17) wieder hinter die Vedi in die Nähe des Havis, lässt sich nieder, salbt mit dem in der Juhû befindlichen Ueberrest von den Prayâja's die Butter in der Dhruvâ, die einzelnen Havisgaben (die Butter in der Âjyasthâlî und die beiden Kuchen, beim Neumond im Falle ein Sâṃnâyya dargebracht wird, jedenfalls wohl auch bei Kât. die süsse und saure Milch, obwohl ich eine specielle Angabe bei ihm nicht finde) und die Butter in der Upabhṛit [2]) und legt nach Âp. Bhâr. dann die zwei Löffel nieder.

---

1) Kât. 3, 3, 4: „nicht für den irgend etwas" (sagt er) beim fünften Prayâja. Kât. 3, 3, 5.

2) Kât. 3, 3, 9: wieder herangekommen, mit der Juhû einen Butterguss über Dhruvâ, Havis und Upabhṛit. Nach dem Comm. ist dies ein „Saṃskâra"; nach Karka und den Mîmâṅsaka's ein „prayâjaśeshapratipattiḥ". Baudh. 1, 16, 5: pañca prayâjân ishṭvodaññ atyâkramya saṃsrâveṇânupûrvyaṃ havîṅshy abhighârayati, dhruvâm evâgre 'tha daxiṇaṃ puroḍâśam, athottaraṃ puroḍâśam atha śṛitam atha dadhy upabhṛitam antataḥ. Âp. 2, 17 a. E. uttarau (prayâjâv) ishṭvâ pratyâkramya śesheṇa dhruvâm abhighâryânupûrvaṃ havîṅshy abhighârayaty upabhṛitam antato, na havîṅshy abhighârayed dveshyasya; âyatane srucau sâdayati. Bhâr. 2, 16: p. p. ishṭvâ pratyâkramya juhvâm âjyaṃ pariśishṭaṃ tena havîṅshy abhighârayati dhruvâm agre 'thâgneyaṃ puroḍâśam athottaram atha śṛitam atha dadhy upabhṛitam antataḥ; athâyatane srucau sâdayitvâ (punar âdatte s. u.!). Hir. 2, 5. a. E. pratyâkramya prayâjaśesheṇa havîṅshy abhighârayati yadanupûrvâṇi pradîyante dhruvâm abhighâryâgneyam abhighârayaty upabhṛitam antataḥ.

B. Die beiden Âjyabhâga an Agni und Soma[1]),
Vârtraghnau beim Vollmond, Vṛidhanvantau beim Neumond genannt[2]).

Adhvaryu fordert, niedergelassen, den Hotṛi zum Hersagen der Anuvâkyâ auf, d. h. er sagt: agnaye 'nubrû3hi[3]),

von wo ab weder er noch der Hotṛi bis zum Âśrâvaṇa (d. h. bis zum Ertönen des Om3 śrâvaya incl.) etwas ungehöriges (weltliches) reden darf[4]). Hierauf schneidet er, fortan ohne die bei-

---

1) Kât. 3, 3, 10: mit den beiden Butterantheilen geht er vor, einem für Agni, einem für Soma. An dieser Stelle von allen anderen Sûtren erwähnt. Es sind dies zwei Yajatispenden, da sie die in Kât. 1, 2, 6 genannten Charakteristika: „Yajati's heissen die Spenden, welche (von dem Adhvaryu) stehend dargebracht werden, bei denen die Hingabe mit dem Vashaṭkâra verbunden ist und bei denen Yâjyâ's und Puro'nuvâkyâ's gesagt werden", haben.

2) Âśv. 1, 5, 32: diese beiden Butterantheile heissen „Vârtraghna", (auf das Vṛitratödten bezüglich) beim Vollmond (weil die Anuvâkyâ die Worte „vṛitra" u. „han" enthält). — 33. Der Name erfährt eine Aenderung in Folge einer Verschiedenheit der charakt. Worte in der Anuvâkyâ, daher tritt hier eine Besonderheit ein. 34. Beständig sind die beiden Yâjyâ's. 35. vṛidhanvantau heissen sie (d. h. die Anuvâkyâ enthält das Wort „vṛidhan", mehrend) beim Neumond. Śâṅkh. 1, 8 âjyabhâgau vârtraghnau paurṇamâsyâm — amâvâsyâyâṃ vṛidhanvantau.

3) Es ist dies der s. g. anuvâcanapraishaḥ oder das anuvâcana. In der Darstellung des Darśa-Pûrṇamâsaopfers selbst erwähnt Kât. diesen Praisha nur gelegentlich, um eine andere Vorschrift daran anzuknüpfen, da er schon allgemein in den Paribhâsha's 1, 9, 13 vorgeschrieben ist: „der praisha zum Hersagen der Anuvâkyâ lautet je nach der Gottheit „für N. N. sage die Anuvâkyâ" (anubrûhi). Aus diesem Sûtra ist die Formel für alle einzelnen Fälle vom Adhvaryu zu suppliren. Baudh. Bhâr. dagegen führen es speciell aus, während Âp. und Hir. sich allgemein ausdrücken. (Âp. —: sarvatrâvadyann amushmâ anubrûhîti puronuvâkyâṃ sampreshyati). — Ich habe die Aufforderung an dieser Stelle, vor dem Abschneiden der Butter nach der Paddh., dem Comm. (anuvâkyâpraishaś câvadânât prâgdeyaḥ) u. Mahâd. eingefügt. Pray. B_1 u. $_2$ geben sie erst nach dem ersten Abschneiden an. Baudh. 2, 16, 6: atha catura âjyasya gṛihṇâna âhâgnaye 'nubrûhîti. Bhâr. 2, 16 sagt agnaye 'nubrûhîti sampreshyati juhvâ caturgṛihîtam âjyaṃ gṛihîtvâ pañcagṛihîtaṃ vâtyâkramya, letzterer scheint demnach mit Kâtyâyana übereinzustimmen, Baudhâyana und Âp. dagegen nach der eben citirten Stelle mit Pray. B_1 und $_2$. Es kann sonach verschieden vorgegangen werden und Hir. gibt dies ausdrücklich an 2, 4: uttarataḥ puronuvâkyâm avadâsyann avadyann avatte vâ sampreshyaty amushmâ anubrûhîti yathâdevatam. — Plutirt ist brûhi nach Pâṇ. 8, 2, 91.

4) Kât. 3, 3, 13: wenn er „anubrûhi" gesagt hat, soll er und der Hotṛi

den Löffel niederzulegen [1]), leise mit dem Sruva [2]) aus der Dhruvâ [3]) in die Juhû Butter ab, schöpft dann leise aus der Âjyasthâlî Butter mit dem Sruva, sagt den Spruch: „es schwelle die Dhruvâ von der Havisbutter Opfer für Opfer für die zu den Göttern strebenden, das Euter der Sûryâ im Schosse der Aditi; breitströmend sei sie bei unsrem Opfer" und giesst die geschöpfte Butter in die Dhruvâ, um sie wieder anzufüllen. [Erst hier sagt er nach Pray. B_1 und $_2$: agnaye 'nubrû3hi]. Dieses Verfahren wiederholt sich nun noch dreimal; wenn er ein Jamadagni ist viermal [4]), d. h. er schneidet mit dem Sruva Butter aus der Dhruvâ in die Juhû und füllt diese wieder jedesmal aus der Âjyasthâlî an.

H o t ṛ i (an dieser Stelle nach Pray. B_1) sagt jetzt die Anuvâkyâ in mittlerer Tonhöhe [5]). Dieselbe lautet beim Vollmond: „die Feinde schlage Agni todt (jañghanat), in Beutedrang mit Wundermacht, entflammt, beopfert, hellen Lichts, om3 (âhutom3)"

---

nichts weltliches mehr reden bis zum om3 śrâvaya incl. — Ich übersetze â cum ablat. mit „inclusive" nach Kât. 1, 3, 24: „bis da und dahin" diese Bezeichnung schliesst bei einer Cärimonie auch dies ein.

1) Âp. 2, 18: pûrvam âjyabhâgaṃ prati srucâv âtte na nidadhâty â svishṭakṛitaḥ. Bhâr. 2, 16: athâyatane (s. S. 101, Anm. 2) srucau sâdayitvâ punar âdatte; evam âdatte bhavata â svishṭakṛitaḥ. Hir. 2, 6: âjyabhâgaprabhṛiti srucâv âdatte, na nidadhâty â svishṭakṛitaḥ. Kât. siehe Anm. 4.

2) cf. Comm. zu Kât. 2, 6, 40.

3) Kât. 1, 8, 40: die am Âhavanîya zu vollziehenden Yajati's sind mit Butter, welche aus der Dhruvâ abgeschnitten ist, zu vollziehen.

4) Kât. 3, 3, 11: viermal Abgeschnittenes ist bei den mit einem Vaushaṭruf versehenen Âhuti's zu opfern. 12. Ohne (die beiden Löffel) niedergelegt zu haben, macht er jedesmal, wenn er abgeschnitten hat, einen Aufguss auf die Dhruvâ, nachdem er als Spruch: „es fülle — Opfer" (Kaṇvaśâkhâ pag. 58) gesagt hat. Kât. 1, 9, 3: dreimal (in unsrem Falle fünfmal) für die Jamadagni's. cf. den Comm. 5. Oder für alle beide, da ein fünffacher Abschnitt nicht für die Jamadagni's allein vorgeschrieben ist. cf. auch Paddh. S. 159, Z. 11. Baudh. 1, 16, 6. Âp. 2, 18, 1: âgneyaḥ saumyaś câjyahavishâv âjyabhâgau caturgṛihîtâbhyâṃ, jamadagnînâṃ tu pañcâvattâbhyâm, apy ajâmadagnyo jâmadagnyam âmantrya pañcâvattaṃ kurvîta — avadâyâvadâya sruveṇa prastarabarhiḥ samajya. — Bhâr. 2, 17. Letzterer schreibt den Sruva für Âjya und für die Melkung als Schöpfmittel vor; beim Kuchen bedient man sich nach ihm der Hand. Hir. ebenfalls: 2, 4: yâjyâpuronuvâkyâvatîshu — caturavattam itareshâṃ gotrâṇâm apyajâmadagnyo jâmadagnyam âmantrya pañcâvattaṃ kurvîta — sruveṇa âjyasâṃnâyyayor (avadyati).

5) Âśv. 1, 5, 27: mit mittlerer Tonlage (sind) die Havis bis zum Svishṭakṛit (zu verbinden). Śâñkh. 1, 14 a. E.: srugâdâpanâdi mandrayâ 'jyabhâgântaṃ paraṃ madhyamayâ, 'nuyâjâdy uttamayâ.

(Gr.), beim Neumond: „der weise Agni ist erquickt (vâvṛidhe) durch altes, geisterregtes Lied, ausschmückend seinen eignen Leib, om3 (vâvṛidhoṃ3)" (Gr.) [1]). Von Anfang bis zu Ende der Âjyabhâga's schweigt er, d. h. redet nichts weltliches.

Adhvaryu steht auf, geht wie früher hinter den Paridhi's etc. zu der Stelle, wo die Yajati's dargebracht werden mit stets vorangesetztem linken Fuss [2]) und tritt dort in den Süden, sein Gesicht nach Osten richtend [3]). Er sagt zum Âgnîdhra: om3 śrâvaya.

Âgnîdhra, welcher von hier ab nichts weltliches sprechen darf [4]), sagt: astu śrau3shaṭ [5]).

Adhvaryu, welcher nach dieser Erwiderung bis zur Aufforderung an den Hotṛi, die Yâjyâ zu sagen nichts weltliches reden darf [6]), sagt diesen Praisha: agnim yaja [7]). Der

Hotṛi, welcher nach „yaja" bis zum Vashaṭkâra nichts weltliches reden darf [8]), sagt die beim Neu- wie Vollmondsopfer gleichbleibende (Âśv. 1, 5, 34) Yâjyâ: ye3 yajâmaha agniṃ | jushâṇo

---

1) Âśv. 1, 5, 29: „die Feinde schlage Agni todt" (ṚV. 6, 16, 34) ist für den ersten Butterantheil (beim Vollmond) die Anuvâkyâ. Âśv. 1, 5, 35: Vṛidhanvantau (heissen sie); beim Neumond; (dort ist) „Agni mit altem Lied" (ṚV. 8, 44, 12 die Anuvâkyâ) — bis hierher muss er die Stimme zurückhalten. 36. und zwischen Yâjyâ und Anuvâkyâ. — 38. Macht er einen Verstoss, so soll er flüstern: „von hier sollen uns die Götter helfen" (ṚV. 1, 22, 16). 39. Oder auch einen andern an Vishṇu gerichteten Vers. — Śâṅkh. gibt dieselben Verse als Anuvâkyâ's an.

2) Kât. 3, 1. 17. 18.

3) Kât. 1, 9, 18: bei den mit Vashaṭkâra verbundenen Âhuti's steht er im Süden nach NO. gewendet (und opfert, wenn der Vashaṭkâra gesagt ist); etwas abweichend M. Müller, Âp. Paribh. 92. — Nach dem ersten Âghâra sagt Âp. 2, 14, 9: ete evâkramaṇapratyâkramaṇe mantravatî bhavataḥ. Es sind dies die beiden Mantra's agnâvishṇû mâ vâm avakramisham u. pâhi mâgne duścaritâd â mâ sucarite bhajeti. Diese wären demnach vom Adhvaryu zu wiederholen, so oft er hin- und hergeht.

4) Kât. 3, 3, 14: wenn das Âśrâvaṇa gesagt ist, soll der Âgnîdhra bis zum Pratyâśrâvaṇa incl. nichts ungeeignetes reden (apavyâharet).

5) Kât. 3, 2, 4. 6.

6) Kât. 3, 3, 15: wenn das Pratyâśrâvaṇa gesagt, soll der Âgnîdhra bis zur Aufforderung an den Hotṛi incl. nichts ungeeignetes reden.

7) Kât. 1, 9, 15, also in den Paribhâsha's vorgeschrieben, aus denen es stets für den speciellen Fall zu entnehmen ist.

8) Kât. 3, 3, 16: der Hotṛi (soll, nachdem er den Praisha gehört, nichts ungeeignetes) bis zum Vashaṭkâra inclusive (reden). cf. Âp. in der Paddh. S. 254.

agnir âjyasya vetû3 vau3shaṭ[1]). Als Anumantraṇa sagt er darüber vâg — pânau[2]).

Yajamâna vollzieht den Tyâga: idam agnaye, na mama[3]).

Adhvaryu schüttet während oder nach dem[4]) Vashaṭkâra die Agni gehörige Butterspende auf der Nordostseite oder auf der am hellsten brennenden Stelle ins Âhavanîyafeuer[5]).

[Nach Âp. Bhâr. sagt über den geopferten Antheil der Yajamâna das Anumantraṇa (wenn er nicht vorzieht, über beide Butterantheile ein gemeinsames Anumantraṇa zu sagen[6])): „durch Agni hat das Opfer ein Auge; möchte ich durch Agni's Gottesverehrung ein Auge erhalten"].

Adhvaryu geht unmittelbar nach der Spende des Butterantheils an Agni mit stets vorangesetztem rechten (Kât. 3, 1, 18) Fuss zurück zum Havis, lässt sich nieder und gibt dem Hotṛi mit

somâyânubrû3hi

den Befehl zum Hersagen der Anuvâkyâ für den Butterantheil an Soma[7]). Weder er noch der Hotṛi darf von hier ab (S. 102, Anm. 4)

---

1) Die Form einer Yâjyâ ist bereits oben beschrieben. S. 95, Anm. 1—7. Hier gilt folgende Yâjyâ: Âśv. 1, 5, 29: „sich erfreuend geniesse Agni von der Butter" ist für den ersten Butterantheil die Yâjyâ — er sagt die Y., nachdem er über die beiden die Âgurformel gesagt und die Gottheiten genannt hat. Śâñkh. führt dieselben Verse an.

2) S. 95, Anm. 6.

3) S. 85, Anm. 3.

4) Kât. 1, 9, 17. 18. Âp. Paribh. 95. Hir. 2, 4: vashaṭkâre vashaṭkṛite vâ juhoti.

5) Kât. 3, 3, 20: den Agni gehörigen Butterantheil (opfert er) auf der NO-seite des Feuers. 22. oder auf der am hellsten brennenden Stelle. Baudh. 1, 16, 7: atyâkramyâśrâvyâhâgnim yajeti. 8. vashaṭkṛita uttarârdhapûrvârdhe pratimukham prabâhug juhoti. Âp. 2, 18: juhûpabhṛitâv âdâya daxiṇâtikramyâśrâvya pratyâśrâvite 'mum yajeti yâjyâm iti sârvatrikam uttarârdhapûrvârdhe 'gnaye juhoti. Bhâr. 2, 16. Hir. 2, 5: âjyabhâgâbhyâm âjyahavirbhyâm pracarati tau prabâhug jyotishmati juhoti; uttarârdhe 'gnaye juhoti.

6) Âp. 4, 9: agnîshomayor aham devayajyayâ caxushmân bhûyâsam ity âjyabhâgau, vihṛitânumantraṇau vâ 'gninâ yajñaś caxushmân agner aham devayajyayâ caxushmân bhûyâsam somena yajñaś caxushmân somasyâham — bhûyâsam iti vihṛitau (yajamâno 'numantrayate). Bhâr. 4, 13: âjyabhâgâv ishṭâv anumantrayate; agninâ — bhuyâsam ity âgneyam. 14. somena — bhûyâsam iti saumyam; samastânumantraṇam eke samâmananty agnîshomayor — bhûyâsam.

7) Kât. 1, 9, 13. s. S. 102, Anm. 3. Baudh. 1, 16, 8: athodañ atyâkramya catura evâjyasya gṛihṇâna âha somâyânubrûhîti. Âp. s. oben. Bhâr. 2, 16 u. 17 pratyâkramya somâyânubrûhîti yathâgṛihîtam âjyam gṛihîtvâtyâkramya etc.

etwas weltliches reden. Er schneidet wie oben vier-, resp. fünfmal Butter mit dem Sruva aus der Dhruvâ aus, welche er jedesmal wieder in bereits beschriebener Weise anfüllt. Der

Hotṛi sagt beim Vollmond als Ânuvâkyâ für Soma: „tvaṃ somâsi satpatis tvaṃ râjota vṛitrahâ | tvaṃ bhadro asi kratoṃ3." Beim Neumond: soma gîrbhish ṭvâ vayaṃ vardhayâmo vacovidaḥ | sumṛiḷîko na â viśom3".

Adhvaryu} wie beim ersten.
Âgnîdhra}

Adhvaryu, der nichts weltliches nach dem Pratyâśrâvaṇa bis zur Aufforderung an den Hotṛi reden darf (s. o.), fordert den Hotṛi die Yâjyâ zu sagen auf mit: somaṃ yaja.

Hotṛi, welcher nach dieser Aufforderung nichts weltliches bis zum Vashaṭkâra reden darf, sagt die Yâjyâ: ye3 yajâmahe somaṃ, jushâṇaḥ soma âjyasya havisho vetû3 vau3shaṭ[2]) und darüber dasselbe Anumantraṇa wie vorher.

Yajamâna vollzieht den Tyâga mit: idaṃ somâya, na mama.

Adhvaryu, welcher wie beim ersten Butterantheil im Süden steht, mit dem Gesicht nach NO., schüttet die Spende beim oder nach dem Vashaṭkâra in früherer Weise ins Âhavanîyafeuer und zwar entweder auf die Südostseite desselben oder auf die am hellsten brennende Stelle[3]), worauf er wieder mit stets vorangesetztem rechten Fuss (nach Âp. Bhâr. mit dem S. 104, Anm. 3 citirten Mantra) den Weg hinter den Paridhi's zurückgeht. [Der

1) Âśv. 1, 5, 29: „du Soma bist des Guten Herr (bist König und Vṛitratödter; du bist die Glück verleihende Einsicht". ṚV. 1, 91, 5) ist für den zweiten Butterantheil die Anuvâkyâ (beim Vollmond). 36. (beim Neumond): „dich o Soma (stärken) wir mit Liedern, (wir redekundigen; komm reich an Freundlichkeit zu uns her". ṚV. 1, 91, 11). Śâṅkh. gibt hier dieselben Verse an.

2) Âśv. 1, 5, 29: „sich erfreuend geniesse Soma von dem Butterhavis" ist für den folgenden Butterantheil die Yâjyâ; diese sagt er nachdem er über die beiden Götter die Âgurformel gesprochen und die Gottheit genannt hat. Dieselbe ist bei Śâṅkh. angegeben.

3) Kât. 3, 3, 21: den Butterantheil für Soma opfert er auf der Südostseite des Feuers. 22. oder auf der am hellsten brennenden Stelle. Baudh. 1, 16, 9: atyâkramyâ 'śrâvyâha somaṃ yajeti. 10. vashaṭkṛite daxiṇârdhapûrvârdhe pratimukhaṃ prabâhug juhoti. Âp. 2, 18: daxiṇârdhapûrvârdhe somâya samaṃ pûrveṇobhe jyotishmati. Bhâr. 2, 16 atyâkramyâśrâvyâha somaṃ yajeti vashaṭkṛite daxiṇârdhapûrvârdhe prabâhuk pûrvayâ juhoti; naitâṃ daxiṇenânyâṃ âhutiṃ juhoti. Hir. 2, 5 a. E. tau prabâhuk jyotishmati juhoty — daxiṇârdhe somâya.

[Yajamâna sagt als Anumantraṇa nach Âp. Bhâr.: „durch Soma hat das Opfer ein Auge; möchte ich durch Soma's Gottesverehrung ein Auge erhalten" wenn er oben schon ein besonderes für den Agniantheil gesagt hat, oder wenn er ein Anumantraṇa für beide zugleich zu sagen vorzieht, dann: „möchte ich durch Agni-Soma's Gottesverehrung ein Auge erhalten"] [1]).

C. Hauptspenden (Pradhânahomâḥ) [2]).

I. Kuchen für Agni.

Adhvaryu sagt das Anuvâcana oder den Anuvâkyâpraisha für die erste Kuchenspende:

agnaye 'nubrû3hi [3]).

Hotṛi sagt die Anuvâkyâ: agnir mûrdhâ divaḥ kakut patiḥ pṛithivyâ ayam, apâṃ retâṅsi jinvatom3 [4]), von wo ab er schweigt [5]).

1) S. 105, Anm. 6.

2) Kât. 3, 3, 23: mit den beiden havis geht er vor. Auch die andern Śâkhâ's lassen jetzt die Hauptspende folgen.

3) Kât. 1, 9, 13. S. 102, Anm. 3. Die andern Sûtren s. S. 109 Anm. 3.

4) Âśv. 1, 6, 1: gesagt sind die Gottheiten; die Yâjyâ's und Anuvâkyâ's für dieselben sind folgende: „Agni (des Himmels) Haupt (und Höh und er der Erde Oberherr, erregt der Wasser Samenguss". Ṛ̣V. 8, 44, 16); „(du bist) des Opfers und der Lüfte (Lenker, wohin du eilst mit holden Rossescharen, du hebst dein Haupt zum Himmel, Glanz erlangend, die Zunge machst du, Agni, opferführend" ṚV. 10, 8, 6); oder: „er Agni (ist der Labung Herr die hundertfach und) tausendfach (der Schätze weises Oberhaupt" ṚV. 8, 64, 4). „Vishṇu durchschritt die ganze Welt (trat dreimal nieder mit dem Fuss, an seinem Fussstaub ballt sie sich" ṚV. 1, 22, 17) „dreimal (schritt aus) der Gott (mit seiner Grösse) durch diese Erde (die hundertfach erglänzt; voran sei Vishṇu, stärker als der stärkste; denn herrlich ist des allgewaltgen Name" ṚV. 7, 100, 3) „zugleich gerufen (gleich an Gut, seid) Agni-Soma (hold dem Lied, zugleich seid bei den Göttern ihr" ṚV. 1, 93, 9). („Schön wirkend setztet, Agni) ihr (und Soma, dort) an den Himmel diese hellen Sterne; (ihr Agni-Soma löstet vom Verderben und von der Schmach die festgehaltnen Ströme" ṚV 1, 93, 5) „o Indra-Agni, kommt mit Huld (zu uns o Menschenherrscher ihr, nicht sieg ein Böser über uns" ṚV. 7, 94, 7) „der Sänger, eure Huld durch Lieder suchend, (erfleht des schönen Reichthums besten Antheil, o Indra-Agni, Feinde tödtend, blitzend, erquicket uns durch neue Liebesgaben" ṚV. 7, 93, 4) „Bring Indra segensreichen Schutz (der stets gewinnt und siegreich ist, den reichsten zum Genuss herbei" ṚV. 1, 8, 1) „du vielgerufner hast besiegt die Feinde, (auf's beste sei hier deine Kraft und Gabe, bring in der Rechten Schätze her, o Indra, du bist der Herr der güterreichen Ströme". ṚV. 10, 180, 1) „der

Adhvaryu nimmt aus der Dhruvâ einmal mit dem Sruva Butter und macht damit, ohne die beiden Löffel niedergelegt zu haben, in die Juhû eine Butterunterlage[1]), und füllt dann die Dhruvâ wieder mit Butter, welche er mittelst des Sruva aus der Âjyasthâlî geschöpft hat, an. Als Spruch sagt er wie oben: „es fülle sich — Opfer". Dann schneidet er aus der Mitte des ersten Puroḍâśa einen Querschnitt von der Grösse eines Daumengliedes mit Hilfe des Śritâvadâna oder mit den Fingern[2]) heraus, macht darüber

---

grosse Indra, der an Kraft (der regenschwangern Wolke gleicht er labt an Vatsa's Liedern sich" ṚV. 8, 6, 1) „du mögest, Indra, mächtig sein durch das Gebet (bei allen Mahlen sollst du hochverehrt uns sein, in jedem Kampfe rege du die Männer an, als herrlichster Berather, allbeliebter du" ṚV. 10, 50, 4). Wenn der Upâṅśuyâja Agni-Soma gehört, dann (treten für die obigen zwei Vishṇuverse folgende zwei ein): „o Agni-Soma, dem der heut (mit diesem Liede) euch (verehrt, dem reicht der Rinder Mehrung dar und reiche Schar an Ross und Mann" ṚV. 1, 93, 2) „den einen bracht vom Himmel Mâtariśvan, (den andern holte vom Gebirg der Adler; o Agni-Soma, durch Gebet gekräftigt, habt ihr dem Opfer weiten Raum bereitet" ṚV. 1, 93, 6). Sowohl Prayoga B_1 als H verwenden den ersten Vers als Anuvâkyâ, den zweiten als Yâjyâ, nicht wie man nach dem Ausdruck „yajyânuvâkyâ" erwarten sollte, umgekehrt. Ich bin diesen gefolgt, weil die von ihnen befolgte Anordnung die natürliche (cf. z. B. Sûtra 1, 5, 29) und auch bei Śâṅkh. gegebene ist. Śâṅkh. 1, 8: agnir mûrdhety âgneyasya puronuvâkyâ bhuvo yajñasyeti yâjyâ, 'gnîshomâv imam (ṚV. 1, 93, 1) ity upâṅśuyâjasya puronuvâkyâ, jushâṇâv agnîshomâv âjyasya havisho vîtam iti yâjyâ; idaṃ vishṇur, vashaṭ te vishṇav (ṚV. 7, 99, 7) iti vaishṇavasya jushâṇo vâ; 'gnîshomâ savedasâ, yuvam etâuîty agnîshomîyasye; 'ndrâgnî avasâ, pracarshaṇibhya (ṚV. 1, 109, 6) ity aindrâgnasyai; 'ndrasânasiṃ, pra sasâhisha iti sâṃnâyyasya; mahâṅ indro ya ojasâ, mahâṅ indro nṛivad (T. S. 1, 4, 21) iti mâhendrasye; 'ndra vo viśvato mâdayasva haribhir itîndrasyâpratinidheḥ.

5) Âśv. 1, 5, 36: und zwischen Yâjyâ und Anuvâkyâ (schweigt er).

1) Kât. 1, 9, 8: am Anfang und Ende (des Abschneidens vom Havis) ist Butter abzuschneiden (unterzubreiten resp. überzugiessen); cf. den Comm., welcher die Bestimmung citirt, dass man „unterbreitend, aufgiessend, von Butter opfernd die Butter in der Dhruvâ fasst", d. h. man bringt sie aus der Âjyasthâlî mit dem Sruva in die Dhruvâ und verwendet sie von dort erst weiter. cf. Kât. 1, 8, 40: die am Âhavanîya dargebrachten Yajati's werden aus der Dhruvâ geopfert. Ueber den Zweck dieses Upastaraṇa und Abhighâraṇa vgl. eine Stelle des Ny. M. Vist. (10, 2, 2) auf die mich Herr Geh. R. Stenzler aufmerksam macht: prakṛitâv upastaraṇâbhighâraṇayor drishṭârthatvât sûxmâṇâṃ puroḍâśâvayavânâṃ sruci saṃsaktiṃ nivârayituṃ tad ubhayaṃ kriyate; es soll dadurch also verhindert werden, dass kleine Stücke des Opferkuchens an der sruc hängen bleiben. Die andern Sûtren siehe Anm. 3 auf nächster Seite.

2) cf. Kât. 2, 6, 40: einige schneiden mit Daumen und Zeigefinger, welche auf der inneren Fleischseite zusammengelegt sind (ohne also mit den Nägeln zu

aus der Dhruvâ einen Aufguss und füllt die Dhruvâ wieder an. Hiernach schneidet er auf der Vorderseite des Kuchens einen zweiten mit dem ersten nicht in Berührung zu bringenden Streifen [1]) aus, giesst Butter aus der Dhruvâ mit dem Sruva darüber [2]) und füllt wiederum in voriger Weise die Dhruvâ an. Ist der Opferer ein Jamadagni, so wird noch ein dritter Streifen abgeschnitten und zwar von der Hinterseite, mit dem dann in derselben Weise verfahren wird. Die zwei resp. drei Abschnittstellen werden mit Butter aus der Âjyasthâlî, die mittelst des Sruva geschöpft wird, übergossen [3]). Hierauf geht der Adhvaryu mit stets vorangesetz-

---

berühren) ab. — Der Comm. fügt hinzu, dass andre das Śṛitâvadâna genannte Holz brauchen. Nach Kât. 1, 3, 36 besteht es aus Varaṇaholz und ist nach dem Comm. dazu eine Spanne gross, an dem einen Ende eine Daumengliedlänge breit und scharf.

1) Kât. 1, 9, 2: davon (vom Havis) schneidet er zweimal ab. 6. aus der Mitte und von der Vorderseite (des Havis) nimmt er je einen Abschnitt von der Grösse eines Daumengliedes, ohne beide Abschnitte mit einander in Verbindung zu bringen. 3. Dreimal schneidet er für die Jamadagni's ab. 4. von der Hinterseite des Havis (nimmt er) den dritten Abschnitt.

2) cf. S. 108, Anm. 1 und S. 109, Anm. 2.

3) Kât. 1, 9, 11: nachdem er (von dem Havis) abgeschnitten hat, macht er (über alle Stellen von denen ein Abschnitt genommen) **v o r** dem Svishṭakṛit einen abermaligen Aufguss. —

Baudh. 1, 16, 11: athopastîrya daxiṇasya puroḍâśasya pûrvârdhâd avadyann agnaye 'nubrûhîti. 12. athainam upatishṭhate mâ bher — apakramîd (T. Br. 3, 7, 5, 5) iti. 13. athainam abhimṛiśati bharantam uddhare — mâ mâ hinsîr (T. Br. 3, 7, 5, 5) iti. 14. pûrvârdhâd avadâyâpaṛârdhâd avadyati. 15. abhighârayati. 16. pratyanakti yad avadânâni — punar (T. Br. 3, 7, 5, 5) iti. Âp. 2, 18: âjyabhâgâv antareṇetarâ âhutîr juhoti; pratyâkramya, juhvâm upastîrya, mâ bher — hinsîr ity âgneyasya puroḍâśasya madhyâd aṅgushṭhaparvamâtram avadânaṃ tiraścînam avadyati; pûrvârdhâd dvitîyam anûcînaṃ caturavattinaḥ; paścârdhât tṛitîyaṃ pañcâvattinaḥ; asaṃbhindan mâṅsasaṃhitâbhyâm aṅgulîbhyâm aṅgushṭhena ca puroḍâśasyâvadyati ||19.|| sruveṇâjyasâṃnâyyayor; ânujâvarasya pûrvârdhât prathamaṃ avadânam avadâya pûrvârdhe sruco nidadhyân, madhyâd aparam avadâya paścârdhe srucaḥ; pûrvaprathamâny avadyej jyeshṭhasya jyaishṭhineyasya yo vâ gataśrîḥ syât; aparaprathamâni kanishṭhasya kânishṭhineyasya yo vânujâvaro yo vâ bubhûshet; atha yadi purohitaḥ purodhâkâmo vâ yajeta pûrvârdhât prathamam avadânam avadâya pûrvârdhe sruco nidhâya pûrvârdhe 'gnaye juhuyât; avadânâny abhighârya yad avadânâni — punar iti haviḥ pratyabhighâryâ 'gnaye 'nubrûhy agniṃ yajeti saṃpraishâv, âjyaṃ praścotyâpidadhad ivâpraxṇan hutvâjyenânvavaścotayati; âghârasaṃbhedenâhutiḥ pratipâdayati | srucyam âghâram abhijuhoti. Bhâr. 2, 17 — saṃpreshyaty agnaye 'nubrûhîti juhvâm upastîryâgneyasya puroḍâśasyâṅgushṭhena mâṅsasaṃhitâbhyâm aṅgulîbhyâṃ madhyâd avadâya pûrvârdhâd avadyati paścârdhât tṛitîyaṃ yadi

tem linken Fuss (Kât. 3, 1, 18) hinter den Paridhi's, vor den Löffeln vorbei zu der Stelle wo die Yajati's gebracht werden und tritt im Süden hin, sein Gesicht nach NO richtend (Kât. 3, 1, 17; 1, 9, 18) und sagt: om3 śrâvaya.

Âgnîdhra wie früher: astu śrau3shaṭ

Adhvaryu wie vorher: agniṃ yaja[1]).

Hotṛi sagt die Yâjyâ: ye3 yajâmaha agniṃ | bhuvo yajñasya rajasaś ca netâ yatrâ niyudbhiḥ sacase śivâbhiḥ, divi mûrdhânaṃ dadhishe svarshâṃ jihvâm agne cakṛishe havyavâhâ3ṃ vau3shaṭ oder: ayam agniḥ sahasriṇo vâjasya śatinas patiḥ, mûrdhâ kavî rayîṇâ3ṃ vau3shaṭ; darauf als Anumantraṇa: vâg — °pânau. (Âśv. 1, 5, 17).

Yajamâna: om3 idam agnaye na mama.

Adhvaryu schüttet gleichzeitig mit oder nach dem Vashaṭkâra die Spende[2]) auf der am hellsten brennenden Stelle in's Feuer und geht mit stets vorangesetztem rechten Fuss wie oben zurück.

[Yajamâna sagt nach Âp. 4, 9; Bhâr. 4, 14 als Anumantraṇa: agner ahaṃ devayajyayânnâdo bhûyâsam].

---

pañcâvadâno mâ bher — hiṅsîr iti; aṅgushṭhaparvamâtrâṇy avadânâny asaṃbhindann avadyati; avadânâny abhighârya, haviḥ pratyabhighârayati yad avadânâni — punar iti; atyâkramyâśrâvyâhâgniṃ yajeti vashaṭkṛite madhye juhoty apidadhad ivâpraxṇann âjyaṃ puroḍâśaṃ juhoti tata âjyaṃ. ||18.|| pûrvâmpûrvâṃ sahitâm âhutiṃ juhoty â svishṭakṛito 'pi vâ srucyam âghâram abhijuhuyât. Hir. 2, 4: mâṅsasaṃhitâbhyâm aṅgulîbhyâm aṅgushṭhena ca puroḍâśasyâvadyati, sruveṇâjyasâṃnâyyayoḥ — madhyât puroḍâśasyâvadâya pûrvâd avadyati, paścârdhât tṛitîyaṃ pañcâvattinaḥ; ânujâvarasya jaghanyam avadânaṃ prathamam avadâya pûrvârdhe sruco nidadhyât, prathamaṃ jaghanyaṃ paścârdhe; pûrvapûrvâṇy avadyej jyeshṭhasya jyaishṭhineyasya, ||5.|| purodhâkâmasya vâ, 'parapûrvâṇi kanishṭhasya kânishṭhineyasyânujâvarasya vâ; puroḍâśasâṃnâyyayor upastaraṇâbhighâraṇe; âjyenopastîrya havisho 'vadâyâjyenâbhighârayet; srucy upastîrya mâ bher — hiṅsîr ity avadâsyan havir abhimṛiśati; avadâyâ, 'bhighârya, yad avadânâni — punar iti haviḥ pratyabhighârayati; avadâyâvadâya prastarabarhiḥ samanaktîti vijñâyate; 'pidadhad ivâpraxṇan puroḍâśâhutîr juhoti; âjyaṃ hutvâvadânaṃ juhoti; âjyenântato 'nvâ (?) srâvayati; mukhenetarâḥ srâvayati; pûrvâmpûrvaṃ saṃhitâm ... âhutîr juhoti; srucyam âghâram anujuhoti — a. E. tâv (âjyabhâgâv) antareṇetarâ yajati.

1) Ich sehe jetzt von den einzelnen Belegen bei öfter wiederkehrenden Dingen, wie NN yaja, NN anubrûhi etc. ab, da sie schon oben wiederholt gegeben sind und ausserdem stets, wenn eine Yâjyâ oder Anuvâkyâ gesagt werden muss, sich von selbst verstehen.

2) Der Comm. sagt srukpârśvena; aber cf. Kât. 3, 2, 25. Comm.

II. Upâṅśuyâja [1]).

Adhvaryu (leise:) a) agnîshomâbhyâm / b) vishṇave / c) prajâpataye — (etwas laut [2])): anubrû3hi.

Hotṛi (leise:) a) agnîshomâ yo adya vâm idaṃ vacaḥ saparyati, tasmai dhattaṃ suvîryaṃ gavâṃ posham svaśvy — (laut:) om3 [3]).
b) idaṃ vishṇur vicakrame tredhâ ni dadhe padaṃ, samûḷham asya pâṅsure — (laut:) om3.
c) prajâpate na tvad etâny anyo viśvâ jâtâni pari tâ babhûva, yatkâmâs te juhumas tan no astu vayaṃ syâma patayo rayîṇ — (laut:) om3. (T. S. 1, 8, 14ᵐ) [4]).

Adhvaryu schneidet wie bei den Âjyabhâga's aus der Dhruvâ, die wie erwähnt bei allen Yajati's vorgeschrieben ist, vier- resp. fünfmal Butter aus, geht in der beschriebenen Weise bei der Vedi vorbei nach Süden, tritt dort mit dem Gesicht nach NO hin und sagt om3 śravaya.

Âgnîdhra wie oben.

Adhvaryu (leise:) a) agnîshomau / b) vishṇuṃ / c) prajâpatiṃ — (etwas laut:) yaja.

Hotṛi sagt die Yâjyâ
laut: ye3 yajâmaha

---

1) Kât. 3, 3, 24: zwischen den beiden Puroḍâś bringt er einen Upâṅśuyâja von Butter für Agni-Soma. 25. Oder Vishṇu (ist dessen Gottheit) beim Neumond, weil dies im Hotṛisûtra erwähnt ist. Baudh. 1, 16, 17: catura âjyasya gṛihṇâna âha prajâpataya ity upâṅśv anubrûhîty uccaiḥ. Âp. 2, 19: athâhutîr juhoti; âjyahavir upâṅśuyâjaḥ paurṇamâsyâm eva bhavati vaishṇavo 'gnîshomîyaḥ prâjâpatyo vâ; pradhânam evopâṅśu; vishṇuṃ bubhûshan yajeta. 20. agnîshomau bhrâtṛivyavân. Bhâr. 2, 18. Hir. 2, 6: pracaryâgneyena puroḍâśenâjyahavishopâṅśuyâjena pracarati; tasyoccair âśrutapratyâśrute yâjyâpuronuvâkyâsaṃpraisho vashaṭkâraś copâṅśu devatâdeśanam. Âśv. u. Śâṅkh. siehe S. 84, Anm. 4 und 99, Anm. 4; cf. ferner Śâṅkh. 1, 1, 36. 37 praṇavo yeyajâmaho vashaṭkâraḥ saṃpraishâḥ praishâś coccair upâṅśuhaviḥshu devatânâmadheyaṃ copâṅśu.

2) prathamasvareṇa wie überall vor Svishṭakṛit nach Kât. 3, 1, 3.

3) Pâṇini 8, 2, 89.

4) Diesen Vers gebe ich nach Pray. B_1.

(leise:)	agnîshomau | â' nyaṃ divo mâtariśvâ jabhâ- râmathnâd anyaṃ pari śyeno adreḥ, agnîshomâ brahmaṇâ vâvṛidhânoruṃ yajñâya cakrathur u lokâ3m. vishṇuṃ | trir devaḥ pṛithivîm esha etâṃ vi- cakrame śatarcasaṃ mahitvâ, pra vishṇur astu tavasas tavîyân tveshaṃ hy asya sthavirasya nâmâ3. prajâpatiṃ | sa veda putraḥ pitaraṃ sa mâ- taraṃ sa sûnur bhuvat sa bhuvat punarmaghaḥ sa dyâm aurṇod antarixaṃ sa suvaḥ sa viśvâ bhuvo abhavat sa â 'bhavâ3t (T. S. 2, 2, 12[d])	(laut) vau3shat;

darauf sagt er das Anumantraṇa vâg — °pânau wie oben.

Yajamâna: om3 idam (leise) agnîshomâbhyâṃ resp. vishṇave resp. prajâpaṭaye na mama.

Adhvaryu vollzieht wie früher die Spende und geht zurück. [Nach Âp. Bhâr. sagt der

Yajamâna als Anumantraṇa: adabdhir asy adabdho bhûyâsam amuṃ dabheyam [1])].

III. Kuchen für Agni-Soma, resp. Indra-Agni
oder Milchspende für Indra (Mahendra).

Adhvaryu:

a) beim Vollmond: agnîshomâbhyâm, b) beim Neumond: α. indrâgnibhyâm (bei einer Kuchenspende), β. indrâya resp. wenn der Opferer ein Mahendraverehrer: mahendrâya (bei einer Milchspende).	anubrû3hi [2]).

Hotṛi sagt als Anuvâkyâ

a) beim Vollmond: agnîshomâ savedasâ sahûtî vanataṃ giraḥ saṃ devatrâ babhûvathoṃ3.

---

1) Âp. 4, 9 adabdhir asîty upâṅśuyâjaṃ (yajamâno 'numantrayate). Bhâr. 4, 14: adabdhir asy — dabheyam (T. S. 1, 6, 2[5]) ity upâṅśuyâjasya yaṃ dveshṭi tasya nâma gṛihṇâti.

2) Kât. 2, 5, 15. 4, 2, 10. 36. Baudh. 1, 16, 20. Âp., Bhâr., Hir. siehe S. 113.

b) beim Neumond: α. indrâgnî avasâ gatam asmabhyaṃ carshaṇîsahâ, mâ no duḥśaṅsa îśatoṃ3.
β. endra sânasiṃ rayiṃ sajitvânaṃ sadâsahaṃ varshishṭham ûtaye bharoṃ3 resp.:
mahâṅ indro ya ojasâ parjanyo vṛishṭimâṅ iva stomair vatsasya vâvṛidhom3.

Adhvaryu macht aus der Dhruvâ mit dem Sruva in die Juhû eine Butterunterlage, füllt mit „es fülle — Opfer" (s. o.) die Dhruvâ aus der Âjyasthâlî wieder an und schneidet, wenn er einen zweiten Kuchen (beim Vollmonds- und beim Neumondsopfer ohne Milchspende) opfert, in derselben Weise wie beim Agnikuchen mit der Hand oder dem Śṛitâvadâna zwei, für einen Jamadagni drei Streifen von demselben in Daumengliedsgrösse ab; opfert er dagegen süsse und saure Milch, so schöpft er mit dem Sruva, der auch das Mass eines Daumengliedes hat, zuerst zwei- resp. dreimal von der süssen (payas), dann zwei- resp. dreimal von der sauern Milch (aus der Mitte, von vorn, ev. von hinten wie sonst), macht mit Butter, die mit dem Sruva aus der Dhruvâ geschöpft ist, jedesmal einen Aufguss darüber, füllt die Dhruvâ immer wieder mit jenem Spruch „es fülle — Opfer" aus der Âjyasthâlî an und macht auf die zwei resp. drei Abschnittstellen des Kuchens oder der süssen und sauern Milch mit dem Sruva einen abermaligen Aufguss aus der Âjyasthâlî [1]). Hierauf geht er wie immer hinter den Paridhi's, vor den Löffeln mit stets vorangestelltem

---

1) cf. S. 109 flg. Anm. 1 u. flg.; ferner Kât. 1, 9, 7: auch bei Dadhi und Payas (nimmt er einen Abschnitt) von dem angegebenen Mass. — Da der Sruva nach Kât. 1, 3, 38 einen Mund von der Grösse eines Daumengliedes in die Runde hat, Payas und Dadhi flüssig sind, so wird er benützt; dies sagt wenigstens der Comm. und die andern Sûtren bestätigen es. Âp. 2, 19, 1 sruveṇâjyasâmnâyyayor (avadyati); ebenso Bhâr. 2, 17. Hir. 2, 4. —

Ueber die Darbringung dieser Spende sagt Âp. 2, 20: âgneyavad uttarair havirbhir yathâdevataṃ pracarati; samavadâya dohâbhyâṃ dadhno 'vadâya śṛitasyâvadyati; etad vâ viparîtaṃ; sarvâṇi dravâṇi sruṅmukhena juhoti. Bhâr. 2, 18: yathâgneyenaivam uttareṇa puroḍâśena pracarati; agnîshomâbhyâm iti paurṇamâsyâm; indrâgnibhyâm ity amâvâsyâyâm ity asaṃnayato; 'tha yadi saṃnayed indrâyânubrûhîti saṃpreshyati; mahendrâyeti vâ yadi mahendrayâjî bhavati. Hir. 2, 6: yathâdevatam uttareṇa puroḍâśena pracarati; samavadâya sâṃnâyyâbhyâṃ pracarati; dviḥ śṛitasyâvadyati, dvir dadhnaḥ triḥ pañcâvattinaḥ. Verstehe ich Baudhâyana recht, so lässt er auch bei einer Sâṃnâyyaspende einen Kuchen bringen. Nach dem Upâṅśuyâja heisst es nämlich 1, 16, 20 ff. athopastîryottarasya puroḍâśasyâparârdhâd avadyann âhâgnîshomâbhyâm iti paurṇamâsyâm indrâya vaimṛidhâyeti cendrâgnibhyâm ity amâvâsyâyâm asaṃnayata,

linken Fuss an den Opferplatz, wo er im Süden mit dem Gesicht nach NO hintritt und sagt: oṃ3 śrâvaya.

Âgnîdhra wie bisher.

Adhvaryu a) agnîshomau
b) α. indrâgnî
β. indraṃ resp. mahendraṃ } yaja.

Hotṛi sagt die yâjyâ:

ye3yajâmahe {
a) agnîshomau | yuvam etâni divi rocanâny agniś ca soma sakratû adhattaṃ, yuvaṃ sindhûn̐r abhiśaster avadyâd agnîshomâv amuñcataṃ gṛibhîtâ3n
b) α. indrâgnî | gîrbhir vipraḥ pramatim icchamâna îṭṭe rayiṃ yaśasaṃ pûrvabhâjam, indrâgnî vṛitrahaṇâ suvajrâ pra no navyebhis tirataṃ deshṇai3r [1])
} vau3shat.

---

indrâyeti saṃnayato mahendrâyeti vâ .... yadi mahendrayâjî bhavati. ||17.|| samâna upasthânaḥ, samâno 'bhimarśanaḥ; aparârdhâd avadâya pûrvârdhâd avadyati; abhighârayati; samânaḥ pratyañjanaḥ; atyâkramyâśrâvyâhâgnîshomau yajeti; vashaṭkṛite juhoti; athopastîrya dviḥ puroḍâśasyâvadyann âhendrâyânubrûhîti mahendrâyeti vâ yadi mahendrayâjî bhavati; dviḥ puroḍâśasyâvadyati dviḥ śṛitasya dvir dadhnaḥ; abhighârayati; pratyanakti; atyâkramyâśrâvyâhendraṃ yajeti mahendram iti vâ yadi mahendrayâjî bhavati; vashaṭkṛite juhoti; hierauf folgt der Svishṭakṛit. Ich würde glauben, dass der Text nicht correct ist, wenn es nicht schon bei dem Herausnehmen des Havis (nach dem Herausnehmen für Agni) hiesse: „agnîshomâbhyâm iti paurṇamâsyâm indrâya vaimṛidhâyeti ce, 'ndrâgnibhyâm ity amâvâsyâyâm asaṃnayata indrâyeti saṃnayato mahendrâyeti vâ etc. Dazu kommt die Angabe von Prayoga B_1, welcher den Opferer bei der Wahl des Adhvaryu alle die Götter, denen Spenden gebracht werden, aufzählen lässt; dort heisst es: somayâjinas tv aindrâgnasthâna aindro mâhendro vaikâdaśakapâlaḥ, aindraṃ mâhendraṃ vâ dadhipayaśceti tadyâjinaḥ sarvatra viśeshaḥ. Ferner heisst es bei dem Herausnehmen des havis in B_1 fol. 15[a]: yathâdevataṃ nirvâpaḥ | darśa agner anantaram indrâgnibhyâm ity asaṃnayataḥ | indrâyeti saṃnayato mahendrâyeti tadyâjinaḥ; ähnlich in B_2. Weiter sagt B_1 bei der Spende selbst: saṃnayatas tu: indrâyânubrûhîti — upastaraṇâdipuroḍâśâvadânântaṃ kṛitvâ sruveṇa dviś śṛitasyâvadâya dvir dadhno 'vadyati. Dagegen geben Âp. Hir. keine Veranlassung zu der Annahme, dass diese Śâkhâ's des schwarzen YV ein gleiches Verfahren befolgen: cf. Müller, Âp. Paribh. 75—78. Hir. 1, 3: âgneyo 'shṭakapâla (âgneya) aindrâgna ekâdaśakapâlo dvâdaśakapâlo (vâ fügt der Comm. hier hinzu) 'mâvâsyâyâm asaṃnayataḥ; âgneyaḥ sâṃnâyyaṃ ca saṃnayataḥ. Der einzige Anhaltspunkt bei Âp., soweit ich sehe, ist nur in Prayog A_a enthalten, welcher eine Spende mit: indrâya jushṭaṃ nirvapâmi herausnehmen lässt (fol. 64.)

1) „r" nach Âśv. 1, 5, 10.

ye3 yajâmahe { β. indraṃ | pra sasâhishe puruhûta śatrûñ jyeshṭhas te śushma iha râtir astu indrâ bhara daxiṇenâ vasûni patiḥ sindhûnâm asi revatînâ3ṃ̐ [1]) resp. mahendram | bhuvas tvam indra brahmaṇâ mahân bhuvo viśveshu savaneshu yajñiyaḥ, bhuvo nṛîñś cyautno viśvasmin bhare jyeshṭhaśca viśvacarshaṇâ3i [2]) } vau3shat.

Yajamâna om3 idam { a) agnîshomâbhyâm b) α. indrâgnibhyâm β. indrâya resp. mahendrâya } na mama.

Adhvaryu schüttet die Spende wie früher ins Feuer, worauf er zurückgeht. [Nach Âp. Bhâr. sagt der Yajamâna das Anumantraṇa:

a) möchte ich durch Agni-Soma's Gottesverehrung ein Vṛitratödter werden.

b) α. möchte ich durch Indra-Agni's Gottesverehrung kräftig, speisereich werden.

β. möchte ich durch Indra's Gottesverehrung kräftig werden.

resp. möchte ich durch Mahendra's Gottesverehrung Ueberlegenheit und Macht gewinnen [3])].

[Es folgen nach Âp. Bhâr., (etwas verschieden in der Anordnung ist Baudh., siehe Anm.) jetzt die

Pârvaṇau homau [4]),

Spenden an Neu- und Vollmond, welche bei Kât. fehlen.

Adhvaryu sagt (sitzend) beim Vollmond: „den starken, kräftigen Vollmond verehren wir; dieser spende uns Heldenkraft,

1) Âśv. 1, 5, 14; 1, 2, 17.

2) â—i, also aufgelöst nach Âśv. 1, 5, 9.

3) Âp. 4, 9: agnîshomayor ity agnîshomîyam, indrâgniyor ity aindrâgnam indrasyety aindraṃ sâṃnâyyaṃ mahendrasyeti mâhendram. Bhâr. 4, 14: agnîshomayor — bhûyâsam (T. S. 1, 6, 2 t) ity agnîshomîyasyendrâgniyor — bhûyâsam (ib. u) ity aindrâgnasya; indrasya — bhûyâsam (ib. v) sâṃnâyyasya; mahendrasya — gameyam (ib. w) iti yadi mahendrayâjî bhavati.

4) Âp. 2, 20: sruveṇa pârvaṇau homau (juhoti) | ṛishabhaṃ — pûrṇamâsâya svâheti paurṇamâsyâm; amâvâsyâ — amâvâsyâyai svâhety amâvâsyâyâm (Taitt.

tausendfältigen Reichthum; dem wohlthätigen Einathmen (prânâya), dem Vollmond svâhâ"!

beim Neumond: „der günstige, freundliche Neumond, gleich einer Kuh mehr und mehr schwellend, er spende uns Heldenkraft, tausendfältigen Reichthum; dem wohlthätigen Ausathmen (apânâya), dem Neumond svâhâ"!

Yajamâna vollzieht den Tyâga mit „oṃ3 pûrṇamâsâya resp. amâvâsyâyâ idaṃ na mama".

Adhvaryu schüttet mit dem Sruva, zugleich mit Svâhâ, die Spende ins Feuer [1])].

Brâhm. 3, 7, 5, 13); ebenso Bhâr. 2, 18. Baudh. dagegen unterscheidet sich von beiden dadurch, dass er diese zwei Spenden zwischen Anuvâkyâ und Yâjyâ des Svishṭakṛit einschiebt. 1, 17, 14: athopastîrya daxiṇapuroḍâśasyottarârdhâd avadyann âhâgnaye svishṭakṛite 'nubrûhîti. 15. sakṛid daxiṇasya puroḍâśasyottarârdhâd avadyati sakṛid dhruvâjyât sakṛid uttarasya puroḍâśasya sakṛic chṛitasya sakṛid dadhnaḥ. 16. dvir abhighârayati. 17. na pratyanakti. 18. avatte (Mscr.: avate; Pray. B_2 wohl verschrieben n für v: anatte svishṭakṛiti; aber B_1 svishṭakṛidavadânât pûrvaṃ) svishṭakṛiti sruveṇa pârvaṇau homau juhoty ṛishabham etc. Hir. erwähnt diese Spenden erst unmittelbar vor den Prâyaścittaspenden, also fast am Ende des D. P.-Opfers. Âp. u. Bhâr. lassen auf diese beiden Homa noch die „Nârishṭhahoma" folgen, den beiden Nârishṭha's d. i. dem Verdauungsfeuer (jâṭharâgniḥ) und dem Wind des Athems (prâṇavâyuḥ, s. Comm. zu Taitt. Brâhm. 3, 7, 5, 11) dargebracht. Die dazu gehörigen vier Mantra's siehe Taitt. Brâhm. 3, 7, 5, 11: daśa te tanuvo — amṛito bhût svâhâ; yaṃ vâm — aṅhahau svâhâ; ahaṃ devânâṃ — bhâgadheyaṃ svâhâ; adârasṛid — dveshyâyâ svâheti. So theilt sie Bhâr. ein, während Âp. svâhâ stets weglässt und noch einige Verse hinzufügt, welche Bhâr. theilweis mit den Prâyaścitta's verbindet. Hir. erwähnt diese Spenden erst an derselben Stelle wie die pârvaṇau homau, vor den Prâyaścitta's; siehe später. Auf die Eventualität einer späteren Darbringung weist auch Âp. mit folgenden Worten hin: esha upahomânâṃ kâlo 'nantaraṃ vâ pradhânât prâg vâ samishṭayajushaḥ (welches bald hinter den Prâyaścitta's folgt).

1) Der Yajamâna vollzieht den Tyâga, ehe der Adhvaryu svâhâ sagt. Nach Kât. 1, 2, 7 allgemeiner Beschreibung wäre dies, weil mit svâhâ dargebracht, eine Juhotispende und da ein Stoff dafür nicht vorgeschrieben ist, wird nach Kât. 1, 8, 38 Butter genommen; cf. ferner Âp. Paribh. 84—86.

D. Agni-Svishṭakṛitspende.

Adhvaryu sagt in erster Tonhöhe[1]:

agnaye svishṭakṛite 'nubrû3hi.

Hotṛi sagt in mittlerer oder höchster Tonlage[2]) die Anuvâkyâ für Agni-Svishṭakṛit: piprîhi devâñ uśato yavishṭha vidvâñ ṛitûñr ṛitupate yajeha, ye daivyâ ṛitvijas tebhir agne tvaṃ hotṛîṇâm asy âyajishṭhom3 [3]).

Adhvaryu macht mit dem Sruva aus der Dhruvâ eine Butterunterlage in die Juhû, schneidet mit dem Śṛitâvadâna oder der Hand, resp. dem Sruva von dem nördlichen Theil des südlichen und nördlichen Kuchens und, im Falle er statt mit letzterem mit einer Milchspende opfert, zuerst [4]) von der süssen, dann von der sauern Milch je einen [5]), bei einem Jamadagni je zwei Abschnitte für Svishṭakṛit [6]) ab, macht zweimal darüber einen Butterguss [7]), vollzieht aber nicht wieder das für die vorigen Spenden angeordnete Uebergiessen der Abschnittstellen [8]). Hierauf steht er auf,

1) Kât. 3, 1, 4: mit mittlerer Tonhöhe (sind alle Mantra) vor der Iḍâ (zu verbinden). Jedoch gilt dieser Ton wohl nur für den Svishṭakṛit selbst; denn der Comm. zum vorhergehenden Sûtra sagt, dass alle Mantra vor Svishṭakṛit und auch die Svishṭakṛitpraisha's selbst „prathamasvareṇa" zu sprechen seien.

2) Âśv. 1, 5, 27: mit mittlerer Tonhöhe (verbindet er) die Havis bis zum Svishṭakṛit. 28. mit der höchsten (wird) der Rest (verbunden). Der Comm. sagt, der â-Vokal stehe überall nur beim Zusammenfallen mit etwas; hier jedoch bezeichne er nach dem Willen des Adhvaryu ein Zusammenfallen mit etwas oder eine Grenze; daher geht das Sprechen in höchster Tonlage entweder beim Svishṭakṛit oder erst bei der Iḍâ an. cf. Anmerkung 1. Nach Śâñkh. (1, 14 a. E.) ist die mittlere Tonlage zu wählen siehe S. 103, Anm. 5.

3) Âśv. 1, 6, 2: nun für Svishṭakṛit: „erfreue die verlangenden Götter o jüngster (der Zeiten kundig opfre, Herr der Zeiten, o Agni, mit den Götterpriestern allen; denn du bist aller Opferpriester bester" ṚV. 10, 2, 1) lautet die Anuvâkyâ. Denselben Spruch gibt Śâñkh. an.

4) Kât. 4, 2, 39.

5) Kât. 1, 9, 9: um einen Abschnitt verringert (ist das Abschneiden) für Svishṭakṛit (es ist also nur einer, bei einem Jamadagni sind zwei zu nehmen). Die andern Sûtren siehe Anm. 8).

6) Kât. 3, 3, 26: von so vielen Havisgaben als vorhanden sind, schneidet er auf der Nordseite für Svishṭakṛit ab. 27. nur daraus besteht der Homa. 28. nicht (aber) von der Butter (in der Dhruvâ), welche nicht die Gestalt eines Restes hat. (Der Commentar fasst Sûtra 27 anders).

7) Kât. 1, 9, 10: ein zweimaliger Butterguss wird darüber gemacht.

8) Kât. 1, 9, 11: nachdem er abgeschnitten hat, findet ein abermaliger Aufguss (auf die Abschnittstelle) vor dem Svishṭakṛit statt.

nimmt seinen gewöhnlichen Weg vor den Löffeln, hinter den Paridhi's etc. nach der Yajatistelle und tritt dorthin mit dem Gesicht nach NO und sagt: oṃ3 śrâvaya.

Âgnîdhra: astu śrau3shaṭ.

Adhvaryu: agniṃ svishṭakṛitaṃ yaja.

Hotṛi sagt (ohne Athem zu holen oder nur in der gewöhnlichen Weise bei einem Halbverse) die Yâjyâ: ye3 yajâmahe 'gniṃ svishṭakṛitam, ayâḍ agnir agneḥ priyâ [1]) dhâmâny, ayâṭ [2]) somasya priyâ dhâmâny, ayâḍ agneḥ priyâ dhâmâny, ayâḍ

(leise:) {agnîshomayoḥ / vishṇoḥ / prajâpateḥ} (laut:) [3]) priyâ dhâmâny, ayâḍ {a) agnîshomayoḥ / b) α. indrâgnyoḥ / β. indrasya resp. mahendrasya}

priyâ dhâmâny, ayâḍ devânâm âjyapânâṃ priyâ dhâmâni, yaxad agner hotuḥ priyâ dhâmâni, yaxat svaṃ mahimânam, âyajatâm ejyâ ishaḥ kṛiṇotu, so adhvarâ jâtavedâ jushatâṃ havir agne yad adya viśo adhvarasya hotaḥ pâvakaśoce vesh ṭvaṃ hi yajvâ, ṛitâ yajâsi mahinâ vi yad bhûr havyâ vaha yavishṭha yâ te adyâ3 vau3shaṭ [4]).

Was die andern Sûtren anbetrifft, so ist Baudh. schon S. 115, Anm. 4 citirt. Âp. 2, 21: juhvâm upastîrya sarveshâṃ havishâm uttarârdhât sakṛitsakṛit svishṭakṛite 'vadyati, dviḥ pañcâvattinaḥ; daivatasauvishṭakṛitaiḍacâturdhâkaraṇikâ-nâm uttaramuttaraṃ jyâyaḥ; dvir abhighârya na haviḥ pratyabhighârayati. Bhâr. 2, 19 im Wesentlichen gleich; über die Quantität sagt er: sthavîyâṅsy etâni daivatebhyo bhavanti. Hir. 2, 6: — samavadâya svishṭakṛitâ pracarati; yadanupûrvâṇi pradîyante sarvebhya uttarârdhebhyaḥ sakṛitsakṛid avadyati, dviḥ pañcâvattinaḥ; dvir abhighârayati; na haviḥśeshân pratyabhighârayati.

1) Âśv. 1, 6, 3: nachdem er „ye3 yajâmahe 'gniṃ svishṭakṛitam ayâḍ agniḥ" gesagt und er die Gottheit im Genitiv genannt hat, schliesst er „priyâ dhâmâny ayâṭ" unmittelbar daran an. Śâṅkh. 1, 9 setzt an Stelle allgemeiner Regeln die Aufzählung selbst.

2) Âśv. 1, 6, 4: ebenso die folgenden Gottheiten; jedoch steht jedesmal nur „ayâṭ", (nicht auch agniḥ) vor diesen.

3) Âśv. 1, 3, 14.

4) Âśv. 1, 6, 5: nachdem er bis zu den Âjyapâ's der Reihe nach aufgezählt hat, (fährt er fort): „der Devâ âjyapâḥ liebe Wohnungen, er verehre des Hotṛi Agni liebe Wohnungen; er verehre die eigne Grösse; er mache darbringungswerth die Speisen; er, der Wesenkenner nehme beim Opfer das havis an, wenn, o Hotṛi des Opfers, (mit hellem Glanz) du heut zu den Menschen kommst (denn du bist der Opferer, nach der Ordnung mögest du verehren, wenn du gross wurdest; führe fort die Opfergaben, o jüngster, welche heut dein sind". ṚV. 6, 15, 14.) so sagt er die Yâjyâ ohne Athem zu holen 6. oder in der gewöhnlichen Weise (d. i. beim Halbverse holt er Athem).

Yajamâna om3 idam agnaye svishṭakṛite, na mama.

Adhvaryu schüttet wie früher zugleich mit oder nach dem Vaushaṭruf die Spende[1]) auf die Nordseite[2]) des Feuers, so dass sie von den andern Spenden (den Âjyabhâga's und den Pradhâna-Âhuti's) getrennt ist[3]), worauf er die Wasser berührt und, den rechten Fuss stets voran, zurückkehrt. [Als Anumantraṇa sagt nach Âp. Bhâr. der

Yajamâna: möchte ich, durch Agni-Svishṭakṛit's Gottesverehrung langlebig, durch das Opfer eine Stütze gewinnen[4]).]

Der Adhvaryu legt die beiden Löffel nieder[5]). [Âp. Baudh. etc. schreiben jetzt noch eine Spende für Vaiśvânara vor, über welche man Anm. 3 vergleiche.]

Adhvaryu nimmt hierauf den Ṣphya, besprengt den Weg hinter den Paridhi's, welcher ihm als Hin- und Herweg bei den Spenden dient, mit Wasser, nimmt das Prâśitragefäss[6]) in die Linke, breitet in dasselbe aus der Âjyasthâlî[7]) Butter unter und

---

1) Nach Kât. 1, 5, 13 wird, sobald verschiedene Stoffe geopfert werden, nicht jeder Abschnitt einzeln, sondern es werden alle zugleich geopfert.

2) so nach den andern Sûtren. Siese diese in Anm. 3.

3) Kât. 3, 3, 29: (er opfre die Âhuti) mit den andern Âhuti's unvermischt. Baudh. 1, 17, 21 flg. ist nicht ganz correct.: atyâkramyâśrâvyâhâgnim svishṭakṛitam yajeti. 22. vashaṭkṛita uttarârdhapûrvârdhe, 'ti (Mscr. ârdhati) hâya pûrvâ . . . . . ., juhoti. 23. [atraitan mexaṇam âhavanîye 'nupraharati]. 24. athaitat saṃsrâveṇâbhijuhoti. 25. athodaññ atyâkramya juhvâm apa ânîya saṃxâlanam antaḥparidhi ninayati vaiśvânare — svadhâ nama iti nirṇijya srucaṃ nishṭapyâdbhiḥ pûrayitvâ bahiḥparidhi ninayatîmaṃ samudraṃ — vyomann ity atraitad aupabhṛitam âjyaṃ sarvaśa eva juhvâṃ samânayate. Âp. 2, 21: — agniṃ svishṭakṛitaṃ yajeti saṃpraishau uttarârdhapûrvârdhe juhoty asaṃsaktâm itarâbhir âhutibhiḥ, hierauf folgt die Spende an Vaiśvânara: pratyâkramya juhvâm apa ânîya vaiśvânare havir idaṃ juhomi sâhasram utsaṃ śatadhâram etaṃ sa naḥ pitaraṃ pitâmahaṃ prapitâmahaṃ svarge loke pinvamâno bibhartu svâhety antaḥparidhi ninayati. Bhâr. 2, 19: vashaṭkṛita uttarârdhapûrvârdhe, 'tihâya pûrvâ âhutîr, juhoti. Hir. 2, 6: uttarârdhapûrvârdhe 'saṃsaktâm itarâbhir âhutibhir juhoti; pratyâkramya srucam adbhiḥ pûrayitvâ vaiśvânare — iti madhyamaṃ paridhiṃ pradaxiṇam anushiñcati.

4) Âp. 4, 9: agneḥ svishṭakṛita iti sauvishṭakṛitaṃ | purastât svishṭakṛito 'nyadevatâny eke samâmananti. Bhâr. 4, 14.

5) Kât. 3, 3, 30: nachdem er (die beiden Löffel) niedergelegt hat. Baudh. 1, 17: atha yathâyatanaṃ srucau sâdayitvâ — Bhâr. 2, 19. Hir. 2, 7.

6) Nach Kât. 1, 3, 40. 41 hat es die (runde) Gestalt eines Spiegels oder die (viereckige) einer Camasakufe (cf. M. Müller ZDMG. 9, XLII).

7) Nach Kât. 1, 8, 41 nehmen einige sie aus der Dhruvâ.

schneidet den Prâśitra genannten Antheil[1]) für den Brahman in der Grösse eines Gerstenkorns oder einer Pippalabeere aus der Mitte des Agnikuchens[2]) zweimal in dasselbe ab. Darüber macht er einen Butterguss. Indess genügt es auch, wenn er sich darauf beschränkt eine Unterlage oder einen Aufguss von Butter zu machen[3]).

Hierauf bedeckt er das Prâśitra mit einer zweiten Schale[4]), gibt es auf dem Opferwege hinter den Paridhi's oder nach einigen vor dem Âhavanîyafeuer dem Brahman und berührt die Wasser[5]).

---

1) Kât. 3, 4, 1: nachdem er den Weg (sañcara) besprengt hat, schneidet er das Prâśitra von der Grösse eines Yava oder Pippala ab.

2) Kât. 3, 4, 4: von dem Agni gehörigen Kuchen (schneidet er das Prâśitra ab). 5. Und die Antheile. Nach der Paddh. wird das Prâśitra von beiden Kuchen abgeschnitten. S. 262, 15 führt dieselbe die Vorschrift Karka's an, dass nur die Viertelung am Agnikuchen stattfinde, dass das andre dagegen (Prâśitra, Iḍâ, Shaḍavatta, die Antheile für Brahman und Opferer) von beiden genommen werde. Andre sagen, derselben Quelle zufolge, dass von dem Agnikuchen allein alles andre als Iḍâ und Prâśitra abgeschnitten werde. Kât. lässt, wie Sûtra 4 und 5 zeigen, das Prâśitra sowohl als die Antheile allein vom Agnikuchen nehmen, dagegen nach Sûtra 6 die Iḍâ von allen Havisgaben.

3) Kât. 3, 4, 2: auf einer von beiden Seiten (des Prâśitra) befindet sich Butter. 3. oder auf beiden.

4) Nach dem Comm. (cf. Max Müller l. c. XXXVIII) hat diese die gleiche Form wie das Prâśitraharaṇa.

5) Kât. 3, 4, 6: nachdem er das Prâśitra dem B. auf dem Adhvaryuwege, nach einigen vor dem (Âhavanîya) gegeben und das Wasser berührt hat, —

Baudh. 1, 17: — srucau sâdayitvâ prâśitram avadyati daxiṇasya puroḍâśasyottarârdhâd yavamâtram ajyâyo — havir iti. (Taitt. Brâhm. 3, 7, 5, 6); athainat sruvadaṇḍenâbhighârya jaghanena praṇîtâḥ sâdayitvâ, 'dbhiḥ sruvadaṇḍam saṃspṛiśyâ (?) 'vadadhâti. Nach dem Anrufen der Iḍâ und dem Essen der Antheile heisst es: athâha brahmaṇe prâśitraṃ parihareti; pari prâśitraṃ haranty anva ..... Âp. 3, 1, 1: iḍâm eke pûrvaṃ samâmananti, prâśitram eke | âgneyaṃ puroḍâśaṃ prâñcaṃ tiryañcaṃ vâ virujyâ 'ṅgushṭhenopamadhyamayâ câṅgulyâ vyûhya madhyât prâśitram avadyati yavamâtraṃ pippalamâtraṃ vâ 'jyâyo — havir ity evam uttarasyâvadyaty upastîrya nâbhighârayaty etad vâ viparîtam, api vopastṛiṇâty abhi-(ca) ghârayati; atraivâsya pariharaṇaprâśanam eke samâmananti; 3, 2 heisst es: upahûtâyâm (iḷâyâm) agreṇâhavanîyaṃ brahmaṇe prâśitraṃ pariharati, tasmin prâśite hotâ etc. Bhâr. 3, 2 dagegen schreibt das Abschneiden des Prâśitra erst vor, nachdem die Iḍâ angerufen ist, die Priester ihren Antheil daran gegessen und sich gereinigt haben. Hir. 2, 7 und 8 wie Âp. — avirujyottarasmâd (avadyati) — âgneyât prâśitram avadyatîty ekeshâm etc. Vait. 3, 7. Der Opferer sagt nach Âp. 4, 10 über das Prâśitra, während es abgeschnitten wird: agnir mâ durishṭât pâtv iti prâśitram avadîyamânam (anumantrayate).

Wenn das Prâśitra abgeschnitten oder wenn es dem Brahman übergeben wird, blickt der Brahman auf dasselbe, nachdem er: „mit Mitra's Auge blicke ich auf dich" gesagt hat [1]). Mit hohl ineinander gelegten Händen (añjalinâ) ergreift er es mitsammt den dazu gehörigen Gefässen nach den Worten: „auf das Geheiss des Gottes Savitṛi, mit den beiden Armen der Aśvins, mit Pûshan's zwei Händen empfange ich dich" [2]). Er entfernt hierauf das auf den Südaṅsa gestreute Barhis, sagt: „ich setze dich auf den Nabel der Erde, in den Schooss der Aditi" und setzt dort das Prâśitra, den Stil des Gefässes nach Osten gerichtet, auf die blosse Erde nieder, wenn er dasselbe erst später essen will [3]).

---

1) Kât. 2, 2, 15: mit „mit Mitra's Auge blicke ich auf dich" sieht er das Prâśitra an. Âśv. 1, 13, 1: er blickt auf das P., welches ihm übergeben wird, mit „mit Mitra's — dich". Âp. 3, 19: mitrasya — prexa iti p. avadîyamânaṃ prexate; ṛitasya pathâ paryehîti parihriyamâṇaṃ, sûryasya t. c. pratipaśyâmîty âhriyamâṇam. Bhar. 3, 16: yatrâsmai prâśitraṃ pariharati tat pratîxate sûryasya — pratipaśyâmîty, ṛitasya pathâ paryehîty âhriyamâṇam abhimantrayate. Hir. 2, 22. Vait. 3, 8.

2) Kât. 2, 2, 16: mit „auf des Gottes .... (V. S. 2, 11) nimmt er es in Empfang. Âśv. 1, 13, 1: nachdem er mit „auf des Gottes — dich" dasselbe mit einer Añjali empfangen hat Âp. 3, 19: sâvitreṇa pratigṛihya. Bhâr, 3, 17: apa upaspṛiśya pratigṛihṇâti devasya — pratigṛihṇâmiti. Hir. 2, 22. Vait. 3, 9.

3) Kât. 2, 2, 17: mit „in der Erde dich .." (Kaṇvaśâkhâ) setzt er es nieder, nachdem er die Barhisgräser weggeschoben hat. 18. Mit dem Spruch: „auf des Gottes .. dich ...." (K. Ś.), mit Ringfinger und Daumen es wieder genommen habend, isst er es mit: „mit Agni's .. dich .. (V. S. 2, 11) ohne mit den Zähnen zu kauen, wenn (er es) hier (isst). 19. Das Niedersetzen auf den Aṅsa ist beliebig. Der Comm. sagt, dass der Brahman es nach dem Ergreifen auf den Aṅsa dann niedersetzt, wenn das Essen zu einer andern Zeit (siehe unten) stattfindet. Derselben Ansicht sind ihm zufolge Pitṛibhûti und Karka. Andre jedoch verlangen, dass auch im Fall das Prâśitra hier gegessen wird, dasselbe zuvor auf einen nicht bestimmten Platz niedergesetzt wird, auf den Aṅsa dagegen, wenn das Essen erst später geschieht. Âśv. 1, 13, 1: — nachdem er es mit den Worten: „auf den Nabel der Erde — Aditi" auf das Kuśagras, den Stil (des Prâśitraharaṇa) nach Osten gerichtet, niedergesetzt hat mit Daumen und vorletztem Finger, soll er essen ohne mit den Zähnen (die Speise) zu kauen (mit dem Spruch): „mit Agni's Munde esse ich dich, mit Bṛihaspati's Gesicht. Âp. 3, 19: pṛithivyâs tvâ nâbhau sâdayâmîḍâyâḥ pada ity antarvedi vyûhya tṛiṇâni prâgdaṇḍaṃ sâdayitvâdabdhena tvâ caxushâvexa ity avexya sâvitreṇâṅgushṭhenopamadhyamayâ câṅgulyâdâyâgnes tvâsyena — sâdayâmîty asaṃletyâpigirati. Bhâr. 3, 17: vyûhya tṛiṇâni purastâddaṇḍaṃ bhûmau pratishṭhâpayati pṛithivyâs — sâdayâmîty avexate suparṇasya tvâ garutmanaś caxushâvapaśyâmîti | athainad aṅgushṭhenopamadhyamayâ câṅgulyâdâyâsaṃletyâvagiraty agnes — sâdayâmîti. Hir. 2, 22: pṛithivyâs — sâdayâmîḍâyâḥ pada ity apareṇâhavanî-

Adhvaryu schneidet jetzt die Iḍâ ab. Diese besteht aus fünf Abschnitten, die grösser als die bei dem Svishṭakṛit und den Pradhâna's genommenen sein müssen [1]). Er erwärmt die Iḍâpâtrî [2]) am Gârhapatya [3]), breitet in sie einmal aus der Âjyasthâlî [4]) Butter unter und schneidet aus der Südseite und Mitte des Agni- sowie des Agni-Soma- resp. Indra-Agnikuchens, ev. der süssen und sauern Milch je ein Stück heraus. Darüber macht er zweimal, wie beim Svishṭakṛit, einen Butterguss [5]).

---

yaṃ vyûhya triṇâni prâgdaṇḍaṃ sâdayati suparṇasya — avapaśyâmîty avexya devasya tvety aṅgushṭhenopamadhyamayâ câṅgulyâdâyâgnes tvâsyena prâśnâmîti prâśnâti brâhmaṇasyodareṇety asaṃletyâ (Mscr. asaṃmletya) 'vagirati. Vait. 3,10.

1) Âp. 2, 21: daivatasauvishṭakṛitaiḍacâturdhâkaraṇikânâm uttaramuttaraṃ jyâyaḥ (citirt in Kât. Paddh. S. 261, Z. 6 v. u.). Bhâr. 2, 19: sthavîyâṅsy etâni daivatebhyo bhavanti (sauvishṭakṛitâni); 3, 1: sthavîyâṅsy etâni sauvishṭakṛitebhya (aiḍâni). Hir. 2, 4: aṅgushṭhaparvamâtrâṇi daivatâny avadânâni bhavanti; uttarâṇy uttarâṇy sthavîyâṅsi, daivatebhyaḥ sauvishṭakṛitâni, sauvishṭakṛitebhya aiḍâni, tathâ câturdhâkaraṇikâni.

2) Nach dem Comm. zu Kât. 1, 3, 36 ist die aus Varaṇaholz gefertigte Iḍâpâtrî einen Aratni gross und in der Mitte verengt. cf. M. Müller l. c. XXXVII.

3) Kât. 1, 8, 34.

4) Nach einigen auch aus der Dhruvâ. Kât. 1, 8, 41.

5) Kât. 3, 4, 6: (cf. S. 120, 5) — schneidet er die fünffach abgeschnittene Iḍâ aus dem Süden und der Mitte aller Havisgaben, die vorhanden sind, ab. Wie beim Svishṭakṛit (wird) Âjya (einmal darunter und zweimal darüber gegossen) cf. Kât. 1, 9, 8—10. Baudh. 1, 18, 1: atha kaṅsaṃ vâ camasaṃ ve- (Mscr. vo) ḍopahavanaṃ yâcati. 2. antarvedi nidhâya, tasminn upastîrya daxiṇasya puroḍâśasya daxiṇârdhât prarujyâvadadhâti manunâ — ekatomukhâm iti. 3. dvitîyam avadânâni saṃbhidyâvadadhâti (Taitt. Brâhm. 3, 7, 5, 9). Nachdem in 4. das Abschneiden des Opfereranthcils vorgeschrieben ist, heisst es in 5. dvir dhruvâjyâd avadyati dvir uttarasya puroḍâśasya dviḥ śṛitasya dvir dadhno, 'bhighârayati, ich vermuthe, dass auch dies sich auf die Iḍâ bezieht. Âp. 3, 1: iḍâpâtra upastîrya sarvebhyo havirbhya iḍâṃ samavadyati caturavattâṃ pañcâvattâṃ vâ; manunâ — ekatomukhâm ity âgneyasya puroḍâśasya daxiṇârdhât prathamam avadânam avadyati saṃbhedâd dvitîyaṃ pûrvârdhâc ca yajamânabhâgam aṇum iva dîrghaṃ tam âjyena saṃtarpya dhruvâyâ upohati; api vâ daxiṇârdhâd avadâya yajamânabhâgam atha saṃbhedâd evam uttarasyâvadyati. 2. abhighârya — Bhâr. 3, 1: iḍâpâtra (Mscr. -am) upastîryâgneyasya puroḍâśasya daxiṇârdhât pûrvam iḍâvadânam avadyati manunâ dṛishṭâm — ekatomukhâm iti pṛishṭhaṃ saṃbhidya pûrvârdhâd yajamânabhâgam avadyaty aṇum iva dîrghaṃ saṃbhedâd dvitîyam iḍâvadânam avadyati; evaṃ sarveshâṃ havishâm iḍâṃ samavadyati — abhighârya. Hir. 2, 7: iḍâpâtra upastîryeḍâṃ samavadyati caturavattâṃ pañcâvattâṃ vâ; svishṭakṛitânupûrvyaṃ vyâkhyâtaṃ; manunâ — ekatomukhâm iti daxiṇârdhât puroḍâśasya pûrvam iḍâvadânam avadyati pûrvârdhâd aṇum iva dîrghaṃ yajamânabhâgaṃ tam âjyena saṃtarpya dhruvâyâ upohya saṃbhedam avadyati, paścârdhât tṛitîyaṃ pañcâvattâyâm,

Hierauf schneidet er das s. g. Shaḍavatta für den Âgnîdhra ab. Dies kommt dadurch zu Stande, dass er an die beiden Stellen (Höhlungen) des Shaḍavattagefässes[1]) aus der Âjyasthâlî eine Butterunterlage macht, von einem nicht bestimmten Punkte des Agnikuchens je einen Abschnitt für jede der beiden Höhlungen nimmt und aus der Sthâlî darüber einmal Butter giesst[2]). Ebenfalls von einem nicht bestimmten Punkte des Agnikuchens schneidet er den Antheil für den Brahman ab und legt ihn in die Dhruvâ[3]). Von der vorderen Seite des Agnikuchens bricht er sodann den länglichen und schmalen Antheil für den Opferer ab und legt ihn abseits von dem Kuchen vor die Dhruvâ auf das Barhis nieder[4]).

Darauf übergibt er, mit dem Gesicht nach Westen gerichtet, dem Hotṛi die Iḍâ; ohne sie loszulassen umwandelt er ihn von links nach rechts und lässt sich vor ihm mit dem Gesicht nach Westen nieder[5]). Dann nimmt er die vom Hotṛi wieder überge-

---

abhighârya. — Nach Âp. 4, 10 sagt der Opferer als Anumantraṇa: surûpavarshavarṇa ehîtîḍâm (avadîyamânâm anumantrayate) (T. S. 1, 6, 3c).

1) Ein Gefäss aus Varaṇaholz mit einer Höhlung an beiden Stellen. M. Müller l. c. XXXVIII.

2) Es ist dies die von dem Comm. zu Kât. 3, 4, 7 und von der Paddh. angegebene Reihenfolge, von welcher die andern Sûtren abweichen, da sie das Shaḍ. erst nach dem Anrufen der Iḍâ erwähnen. Baudh. 1, 17, 13: upahûtâyâm iḍâyâm agnîdha âdadhâti shaḍavattam, upastṛiṇâty âdadhâty abhighârayaty upastṛiṇâty âdadhâty abhighârayati. Pray. B₁ sagt: iḍâyâḥ pañcamaṃ bhâgaṃ dvedhâ kṛitvâ, âgnîdhrahasta âjyasthâlyâjyâd upastîryaikaṃ bhâgam âdhâyâbhighârya punar upastîrya dvitîyaṃ bhâgam âdhâyâbhighârayati. Âp. 3, 3 (nach dem Anrufen und Essen der Iḍâ, dem Vierteln und Ueberweisen des Agnikuchens: — sthavishṭham agnîdhe shaḍavattaṃ sampâdayati sakṛid upastîrya dvir âdadhâty upastîrya dvir abhighârayaty, api vâ dvir upastṛiṇâti dvir âdadhâti dvir abhighârayati. Bhâr. 3, 3. Hir. 2, 8: vyâdishṭasya (puroḍâśasya) sthavishṭham agnîdhe shaḍavattaṃ sampâdayaty upastîryâvadâyâbhighârayaty evaṃ punar avadyati. Es scheint also, dass bei diesen letzteren das Shaḍavatta aus dem einen Kuchenviertel hergestellt wird; bei Baudh. vielleicht von der Iḍâ.

3) Bei den andern Sûtren finde ich über das Abschneiden des Brahman-Antheils keine Notiz.

4) Kât. 3, 4, 7: nachdem er den Yajamânaantheil von der Vorderseite langhin abgebrochen hat, bringt er ihn vor die Dhruvâ. Baudh. 1, 18, 4: atha daxiṇasyaiva puroḍâśasya pûrvârdhât tryañgulaṃ vâ caturañgulaṃ vâjyena susaṃtṛiptaṃ saṃtarpyâgreṇa dhruvâṃ yajamânabhâgaṃ nidadhâti. Die andern Sûtren siehe S. 122, Anm. 5. Bei ihnen sowie bei Baudh. ist das Abschneiden des Antheils für den Brahman mit der Iḍâ eng verbunden.

5) Kât. 3, 4, 8: die Iḍâ dem Hotṛi gegeben habend, geht er ohne sie loszulassen nach Süden vorüber. Âp. 3, 2, 1: (abhighârye) 'ḍâṃ hotre pradâya (also gleich nach der Herstellung der Iḍâ) daxiṇena hotâram atikrâmaty anutsṛijan |

bene Iḍâ, schneidet von ihr mit dem Sruva Butter ab und salbt damit dem Hotṛi das oberste und mittlere Glied oder Gelenk des Zeigefingers der rechten Hand [1]). Der

Hotṛi, welcher die Salbung der Glieder veranlasst hat, wischt dieselben an den beiden Lippen, die Handfläche auf sich zugekehrt, nach unten zu ab, das obere an der oberen Lippe mit: „von dir, dem durch Vâcaspati geopferten, esse ich zur Speise, zum Einathmen", das untere an der unteren Lippe mit: „von dir, dem durch Manasaspati, geopferten esse ich zur Labung, zum Ausathmen" [2]), Nachdem er hierauf die Wasser berührt, erfasst er mit der Hohllage der Hände (añjalinâ = dvihastasaṃyogena nach dem Comm. zu diesem Sûtra) die Iḍâ, bringt sie in die Linke, legt hinter sie die Rechte mit den Fingern nach Norden gerichtet und lässt von dem Adhvaryu die Avântareḍâ (nach dem Comm. „die in die Hand abgeschnitten wird") in seine Rechte abschneiden [3]).

---

hoteḍayâdhvaryuṃ pratigṛihṇâti | api vâ prâcîm iḍâm apohya. Bhâr., der fast gar nicht abweicht, wage ich nach meiner Handschrift dem Wortlaut nach nicht zu geben. Hir. 2, 7: abhighârya hotra iḍâm âdadhâti prâcîṃ vâ prohaty anutsṛijann eva | hoteḍayâdhvaryuṃ parigṛihṇâti | yadi hotre prattâ bhavaty agreṇa hotâraṃ daxiṇâtikramya.

1) Kât. 3, 4, 9: die Iḍâ wieder erfasst habend, salbt er die beiden (Zeige-) fingerglieder oder -gelenke des Hotṛi (parvaśabdaḥ sandhivâcî kâṇḍavâcî vâ Comm. u. Paddh. Mahâd. añgulyâs tarjanyâḥ sandhî). Baudh. 1, 18: (nach dem Abschneiden der Iḍâ und des Yajamânaantheils): atha hotur dvir añgulâv anakti. Âp. 3, 2 (Fortsetzung von dem Text in vor. Anm.: apohya) daxiṇata âsînaḥ sruveṇa hotur añguliparvaṇî anakty, aparam añktvâ pûrvam, etad vâ viparîtam. Bhâr. 3, 3: paścât prâñ upaviśya sruveṇa etc. wie Âp.; ebenso Hir. 2, 7.

2) Âśv. 1, 7, 1: nachdem er die beiden obersten Glieder des Zeigefingers hat salben lassen, wischt er (sie) an den Lippen auf sich zu (abhyâtmam = abhyâtmânaṃ pâṇitalaṃ kṛitvâ oshṭhayor apavargam) ab. 2. mit „von dir, dem durch Vâcaspati — Einathmen" das obere an der Ober-, mit „von dir, dem durch Manasaspati — Ausathmen" das untere an der Unterlippe. Śâñkh. 1, 10, 1: iḷâm upahvâsyamânasya daxiṇasya pâṇeh pradeśinyâm anakty uttame ca parvaṇi madhyame ca vâcaspatinâ t. hutasya p. i. p. iti pûrvam añjanam adharaushṭhe nilimpati manasaspatinâ t. h. p. û. u. ity uttaraushṭha uttaram.

3) Âśv. 1, 7, 3: nachdem er das Wasser berührt hat, nimmt er die Iḍâ mit einem Añjali, bringt sie in die Linke, legt dahinter die Hand mit den Fingern nach Norden, und lässt die Avântareḍâ abschneiden. Śâñkh. 1, 10: upaspṛiśya daxiṇenottareḷâṃ dhârayan. Es scheinen hier einige unwesentliche Verschiedenheiten zwischen den Schulen obzuwalten; denn Âśv. 1, 7, 3 sagt, dass der Hotṛi die Iḍâ nehmen und abschneiden lässt, während bei Kât. der Adhvaryu die Iḍâpâtrî hält und sie dem Hotṛi erst nach dem Abschneiden der Avântareḍâ gibt.

Adhvaryu schneidet die aus fünf Abschnitten bestehende Avântareḍâ von der Iḍâ ab[1]). Da Kât. „in früherer Weise" hinzufügt, so macht der Adhvaryu (wie auch Mahâd. angibt) zuerst eine Unterlage, nimmt dann einen zweimaligen Abschnitt von der Iḍâ und macht darüber einen zweimaligen Aufguss. Dies ist auch die Angabe andrer Sûtren und auch eines derjenigen, welche die Paddhati anführt. Unterlage und Aufguss muss nach diesen von dem hängen gebliebenen Teige (lepâd) genommen werden. Nach Karka aber sind die fünf Abschnitte[2]) hier nur von dem eigentlichen Kuchenstück zu nehmen und dies adoptiren, wenn ich sie recht verstehe, Paddh. u. Comm. Den zweiten oder nach andern den fünften Abschnitt nimmt der Hotṛi selbst[3]). Die von ihm oder dem Adhvaryu berührte umfasst er mit seinem Daumen und nimmt sie wieder an sich[4]) (?); ohne die Hand geballt zu haben, umfasst er die in der linken Hand befindliche Iḍâ mit der Rechten südlich von der Avântareḍâ, hält sie in die Höhe des Mundes oder der Nase und ruft die Iḍâ in höchster Tonlage folgendermassen an.

Iḍâhvânam[5]).

Leise: „Iḍâ ist hergerufen mit dem Himmel zusammen, mit dem Bṛihat-sâman, dem Âditya; uns möge Iḍâ heranrufen mit dem

1) Kât. 3, 4, 10: die Avântareḍâ legt er in früherer Weise in die Hand des Hotṛi (d. h. er schneidet sie ab). Baudh. 1, 17. Âp. 3, 2: — purastâtpratyañ̄ âsîna iḍâyâ hotur haste 'vântareḍâm avadyati | adhvaryuḥ prathamam avadânam avadyati, svayaṃ hotottaraṃ | etad vâ viparîtam | lepâd upastaraṇâbhighâraṇe bhavataḥ | dvir abhighârayet pañcâvattinaḥ. Bhâr. 3, 1 a. E. — dvir âdadhâti — svayaṃ vâ hotottaram iḍâvadânam âdatte. Hir. 2, 7: — purastâtpratyañ̄ âsîna daxiṇe hotuḥ pâṇâv iḍâyâ avântareḍâm avadyati | lepâd upastṛiṇâti | svayaṃ hotâ madhyato dvir âdatte 'dhvaryur vânyatar aṃ (?) lepena câbhighârayati.

2) Zu einem zweimaligen Abschnitt vom Kuchen selbst dürfte die Angabe Âśv. gehören, dass der Hotṛi den zweiten Abschnitt; zu einem fünfmaligen Abschnitt dagegen die des Śâñkh. und der Paddhati, dass er den fünften Abschnitt selber nehme. cf. Anm. 3.

3) Âśv. 1, 7, 4: zwischen Daumen und Zeigefinger nehme er selbst den zweiten Theil. Śâñkh. 1, 10: daxiṇenottareḷâṃ dhârayann aprasâritâbhir añgulibhir amushṭikṛitâbhiḥ svayaṃ pañcamam âdâya etc. —

4) Âśv. 1, 7, 5: die berührte (Avântareḍâ) umfasst er mit seinem Daumen und nimmt sie heran zu sich. 6. Die Finger geöffnet habend, umfasst er mit der Rechten die (in der Linken befindliche) Iḍâ südlich von der Avântareḍâ), hält sie an Mund oder Nase (prâṇa) und ruft (die Iḍâ) an. Beide Sûtren sind mir nicht ganz klar. Śâñkh. 1, 10: — âdâya mukhasaṃmitâṃ dhârayan hṛidayasaṃmitâṃ vâ. Kât. 3, 4, 11: und die Iḍâ (legt er in die Hand des H.)

5) Âśv. 1, 7, 7, wie im Text. Śâñkh. gibt eine etwas verschiedene Anrufung;

Himmel zusammen, m. d. B., d. A. Iḍâ ist hergerufen mit dem Luftraum zusammen, mit dem Vâmadevya-sâman, dem Vâyu; heran möge uns Iḍâ rufen mit d. L. z., m. d. V., d. V. Iḍâ ist hergerufen mit der Erde zusammen, mit dem Rathantara-sâman, dem Agni; heran möge uns Iḍâ rufen m. d. E. z., d. R., d. A. Hergerufen sind die Kühe (gâvaḥ) mit ihrer Somamilch; heran mögen mich die Kühe rufen mit ihrer Somamilch, hergerufen ist die Kuh (dhenuḥ) mit dem Stier; heran möge mich die Kuh rufen mit dem Stier. Hergerufen ist die Kuh (gauḥ), deren Fussspur Butter ist; heran möge mich die Kuh rufen, deren Fussspur Butter ist. Hergerufen sind die sieben himmlischen Hotṛi's; heran mögen mich die sieben himmlischen Hotṛi's rufen. Hergerufen ist der Freund, der Genosse; heran möge mich der Freund rufen, der Genosse. Hergerufen ist die Iḍâ, der Regen; heran möge mich die Iḍâ rufen, der Regen". Von hier ab laut, in der höchsten Tonlage (Âśv. 1, 5, 28): „Iḍâ ist hergerufen; hergerufen ist Iḍâ; heran möge uns Iḍâ rufen; Iḍâ ist hergerufen" (Pause), „die Tochter des Manu, deren Fussspur Butter ist die Mitra-Varuṇa gehört; das brahmadevakṛitam (d. h.?) ist angerufen; die göttlichen Adhvaryu's sind angerufen, angerufen die menschlichen" (Pause), „die dieses Opfer fördern und den Opferherrn gedeihen lassen sollen. Hergerufen sind Himmel und Erde, die vor Alters gebornen, ṛitareichen, die göttlichen, die Götter zu Söhnen haben" (Pause)[1]). Hergerufen ist dieser Opferer für eine spätere Götterverehrung, hergerufen für ein reichlicheres Bereiten von Havis" und zu dem: „„dies mein Havis sollen die Götter gerne annehmen"" (s. unten) herbeigerufen". Es sind jetzt noch die Handlungen der andern Priester nachzutragen. Wenn die Iḍâ angerufen wird, so fassen

alle Priester und der Opferer die in der Schüssel befindliche Iḍâ (nicht aber die Schüssel), oder nach Karka den Hotṛi[2]) an.

---

sie beginnt mit: „upahûtaṃ bṛihat saha divâ saha sûryeṇa saha caxusho, 'pa mâṃ bṛihat saha d. s. s. c. hvayatâm. upahûtaṃ vâmadevyam" und schliesst mit „upahûto 'yaṃ yajamâna uttarasyâṃ devayajyâyâṃ u. bhûyasi havishkaraṇa idaṃ me devâ havir ajushantâm iti tasminn upahûta ity upahûya". — Ueber den Ton cf. Âśv. 1, 5, 28: mit dem höchsten Ton den Rest (von der Iḍâ oder schon vom Svishṭakṛit an). Nach Śâṅkh. 1, 14 a. E. geht dagegen der höchste Ton erst bei den Anuyâja's an. cf. S. 103, Anm. 5.

1) Die Pausen sind nach dem Comm zu 1, 7, 7 hier eingefügt.

2) Kât. 3, 4, 12: alle fassen an. Baudh. 1, 18, 10. Âp. 3, 2: upahûyamânâm anvârabhete adhvaryur yajamânaś ca. Ebenso Bhâr. 3, 1. Hir. 2, 7 fügt noch den Âgnîdhra hinzu. Ausserdem ist nach Âp. 4, 10 der Yajamâna

Bei den Worten des Hotṛi[1]): „hergerufen ist die Iḍâ" (also sobald er laut zu reden beginnt) theilt der

Adhvaryu den Agni gehörigen Kuchen oder auch beide (nicht das Sâṃnâyya) in vier Theile, die wiederum grösser sein müssen als die von der Iḍâ (siehe S. 122, Anm. 1), wozu als Mantra: „o röthlicher, schwelle; milk mein Leben, milk meine Nachkommenschaft, milk mein Vieh, milk mein Brahman, milk meine Herrschaft, milk meine Leute. Wer uns hasst und den wir hassen, durch dessen Nachkommen und Vieh gedeihe" dient, an dessen Ende er die Theile auf das Barhis legt. Der

Yajamâna[2]) legt diese vier Theile in die vier Zwischengegenden, mit der Agni gehörenden beginnend, und weist die Theile, von links nach rechts hin, bei der Agni gehörigen Stelle begin-

---

durch einen Spruch betheiligt: bhûyasy ehi — sûnṛita ehîtiḍâyâ upâṅśûpahave sapta devagavîr japati.

1) Kât. 3, 4, 13. 14: wenn vom Hotṛi „hergerufen ist die Iḍâ" gesagt wird, bringt er den Agnikuchen, nachdem er ihn mit „o röthlicher — gedeihe" viergetheilt hat auf die Opferstreu und weist sie den Priestern an. 15. Oder beide (Kuchen), da ein Unterschied nicht gelehrt ist. Der Comm. bezieht diese Erlaubniss nur auf das Abschneiden des Prâśitra und der Antheile. Nach Mahâd. gehört das Viertheilen beider Kuchen einer andern als der Mâdhyandinaśâkhâ an. (In beiden Fällen ist die Milchspende ausgeschlossen). Einen andern Zeitpunkt geben die andern Schulen an. Baudh. 1, 18, 11: atha yatra hotur abhijânâti daivyâ adhvaryava upahûtâ upahûtâ manushyâ iti tad daxiṇaṃ puroḍâśaṃ caturdhâ kṛitvâ barhishadaṃ karoti. Âp. 3, 2 schreibt hier etwas andres vor: daivyâ adhvaryava upahûtâ ity abhijñâyopahûtaḥ paśumân asânîty adhvaryur japati. Die Viertelung des Kuchens dagegen findet bei ihm erst statt, wenn nach Beendigung der Anrufung Prâśitra, Avântareḍâ, Iḍâ gegessen sind und die Priester sich gereinigt haben. Es heisst 3, 3: — mârjayitvâgneyaṃ puroḍâśaṃ caturdhâ kṛitvâ barhishadaṃ karoti barhishadaṃ vâ kṛitvâ caturdhâ karoti | taṃ yajamâno vyâdiśatîdaṃ brahmaṇa idaṃ hotur idam adhvaryor idam agnîdha — auch Bhâr. und Hir. setzen es erst hier an. Vgl. ferner aus dem Opfererabschnitt 4, 10: cid asi — sûnarîty uccairupahave sapta manushyagavîr (japati) devîr — diśann iti ca | upahûyamânâyâṃ vâyav iḍâ te mâteti hotâram îxamâṇo vâyuṃ manasâ dhyâyet. Bhâr. 4, 15. cf. Seite 128, Anm. 8.

2) Dieser nach dem Comm., wahrscheinlich auf Grund der andern theilweise Anm. 1 citirten Sûtren. cf. ferner aus dem Opfererabschnitt Âp. 4, 10: bradhna pinvasva — kalpatâṃ ma iti barhishi puroḍâśam âsannam abhimṛiśati. ||11|| athainaṃ pratidîśaṃ vyûhaty âśânâm — abrâhmaṇasyâsti. Bei dieser Gelegenheit weist nach Âp. Bhâr. der Adhvaryu auch dem Opferer seinen Antheil an: idaṃ yajamânasyety adhvaryur yajamânabhâgaṃ nirdiśya (darauf folgt die Herstellung des Shaḍavatta). Bhâr. 3, 3. Hir. 2, 8. tasmin (puroḍâśe) vyâdiśyamâna idaṃ yajamânasyety yajamânabhâgam âdiśati.

nend den Priestern zu: „dies dem Brahman", „dies dem Hotṛi", „dies dem Adhvaryu", „dies dem Agnîdh". Er fasst hierauf die Theile an, trägt die Opferschnur von rechts nach links [1]), wendet sein Gesicht nach Süden [2]), und sagt [3]) (Paddh. svareṇa Comm. saṃhitâsvareṇa): „hier o Väter erfreuet euch; wie Stiere macht euch jeder an seinen Theil". Hierauf lässt er die Theile los und sagt (wenn er verreist ist, dann für ihn der Adhvaryu), die Schnur noch von rechts nach links tragend (Paddh. svareṇa, Comm. mantrasvareṇa): „es erfreuten sich die Väter; wie Stiere machten sie sich jeder an seinen Theil" [4]). Da jetzt die Mantren an die Manen zu Ende sind, so bringt er die Schnur wieder auf die linke Schulter und berührt das Wasser [5]). Hierauf gibt er den Priestern einzeln die Theile, wie sie ihnen zugewiesen worden sind [6]).

Wenn der Hotṛi: „hergerufen sind Himmel und Erde" sagt, gibt der

Opferer dem Âgnîdhra das Shaḍavatta.

Âgnîdhra, nachdem er zuvor sein Viertel gegessen hat, verzehrt das erste Shaḍavatta mit: „hergerufen ist die Mutter Erde; her zu sich rufe mich (Mahîdh: haviḥśeshabhaxaṇâyâjñâṃ dadâtu) die Mutter Erde; Agni (seiend) wegen des Âgnîdhradienstes, (esse ich), svâhâ; darauf das zweite mit: „hergerufen ist Vater Dyaus; her zu sich rufe mich Vater Dyaus; Agni (seiend) wegen des Â., (esse ich), svâhâ" [7]). Bei „hergerufen ist der Y." flüstert der

Yajamâna [8]): „in mich gebe Indra diese seine Heldenkraft;

---

1) Kât. 1, 7, 24. 27. Âp. Paribh. bei Max Müller l. c. LIV. Sûtra 52. LVI. Sûtra 59.

2) Kât. 1, 7, 27.

3) Kât. 3, 4, 16: „hier o Väter ..." (V. S. 2, 31) flüstert der Opferer.

4) Kât. 3, 4, 17: nachdem er (den viergetheilten Opferkuchen) losgelassen hat, flüstert er: „es erfreuten sich ..." (V. S. 2, 31).

5) Kât. 1, 10, 14.

6) Kât. 3, 4, 18: Einzeln übergibt er die Antheile.

7) Kât. 3, 4, 19: beim Anrufen von Dyâvâpṛithivî gibt er dem Âgnîdhra das Shaḍavatta. Die andern Schulen schreiben das Anfertigen und Essen desselben erst nach dem Anrufen und Essen der Iḍâ vor. Ueber das Anfertigen cf. S. 123, Anm. 2. Als Spruch beim Essen gibt Âp. 3, 3 an: agner âgnîdhram asy — mâ hiṅsîr ity âgnîdhro bhaxayati. Ebenso Hir. 2, 8.

8) Kât. 3, 4, 21: wenn der Hotṛi wünscht (âśâsâne) flüstert der Opferer: „in mich .... diese ...." (Vâj. Saṃh. 2, 10). Baudh. 1, 18, 12: atha yatra hotur abhijânâty upahûto 'yaṃ yajamâna iti tarhi yajamâno hotâram îxamâṇo vâyuṃ manasâ dhyâyed iti. Âp. 3, 2: upahûto 'yaṃ yajamâna ity abhijñâyaitam eva mantram (upahûtaḥ paśumân asâni) yajamâno (japati); im Yajamânaab-

uns sollen Reichthümer folgen und Vermögende; uns seien Segnungen. Wahrhafte Segnungen seien uns". Ist die Anrufung vollendet, so isst der

Hotṛi sein Viertel, sodann die Avântaredâ mit dem Spruch: „o Idâ, nimm gern an unsern Antheil; lass gedeihen unsre Rinder und fördere unsre Rosse; über Nahrung herrschest du; davon spende uns, davon gib uns. Möchten wir an dir, der so handelnden, Antheil erlangen mit unserm ganzen Wesen und Leibe, mit allen Mannen und Leuten [1])". Darauf isst er die Iḍâ. Ebenso essen die andern Priester, nachdem sie ihr Viertel zuvor gegessen und danach sich den Mund gespült haben, sowie der Opferer ihren Antheil an der Iḍâ, letzterer genau den fünften Theil [2]). Sie thun es, nachdem sie zwischen Praṇîtâ's und Utkara hinausgegangen sind [3]). Nach dem Essen spülen sie den Mund aus, kom-

---

schnitt heisst es: sâ me satyâśîr ity âśîḥshv âśîr ma ûrjam iti ca. Bhâr. hat ebenfalls den ersten Spruch, sonst aber kann ich die hier theilweis lückenhafte Handschrift nicht benutzen.

1) Âśv. 1, 7, 8: nachdem er die Iḍâ angerufen hat, esse er die Avântaredâ: „o Iḍâ — allen Leuten", wobei er „sarvapûrushâḥ" oder „sarvapurushâḥ" sagen kann. Ich weiss nicht genau, ob er mit diesem Spruche die Avântaredâ oder die Iḍâ isst; doch scheint ersteres das wahrscheinlichere, da auch Śâñkh. für das Essen der Avântareḍâ einen Spruch anführt: iḷâsi syonâsi — prâśnâmîty uttareḷâṃ prâśyetarâṃ yajamânapañcamâḥ prâśya. — Nach Âp. 3, 2 wird, wenn die Iḍâ angerufen ist, dem Brahman vor dem Essen der Avântareḍâ das Prâśitra gegeben: upahûtâyâm agreṇâhavanîyaṃ brahmaṇe prâśitraṃ pariharati | tasmin prâśite hotâvântareḍâṃ prâśnâti vâcaspataye — prâśnâmîti | prâśitâyâm etc. siehe folg. Anm. Ausserdem ist der Opferer betheiligt: iḍâyâ ahaṃ — bhûyâsam ity upahûtâm (anumantrayate). Bhâr. 3, 2 und 4, 15 ebenso, desgl. Hir. 2, 8.

2) Kât. 3, 4, 22: die angerufene Iḍâ essen die Betheiligten. 43: und der Opferer. Ich weiss nicht genau zu sagen, ob nach Kât. das Essen der Viertelantheile von den vier Priestern hier stattfindet. Eine Gelegenheit dafür wäre bald nach der Vertheilung derselben, eine zweite hier kurz vor dem Essen der Iḍâ, beim Âgnîdhra vor dem Verzehren des Shaḍavatta. Baudh. sagt nur allgemein: prâśnanti, nachdem er die bei und nach dem Anruf der Iḍâ stattfindende Viertelung des Kuchens, Herstellung und Uebergabe des Shaḍavatta an den Âgnîdhra vorgeschrieben hat. Âp. 3, 2: prâśitâyâm (avântareḍâyâm) iḍe — sarvagaṇâ iti yajamânapañcamâ iḍâṃ prâśya || 3 || vâgyatâ âsata â mârjanât. Bhâr. 3, 2. Hir. 2, 8. Der Opferer ist auch hier wieder betheiligt: iḍâ dhenuḥ — âgâd iti bhaxâyâhriyamâṇâm (anumantrayate). Bei Bhâr. ist im Msc. theilweis eine Lücke.

3) Diese Angabe entstammt der Paddh. und dem Comm. zu Âśv. 1, 8, 2. Mir ist nicht ersichtlich, ob sie erst zum Verzehren der Iḍâ sich hinausbegeben, oder schon zum Essen des Viertelantheils hinausgegangen sind. Wäre

men wie sie hinausgegangen sind wieder zurück, lassen sich hinter der Vedi nieder und reinigen sich, der Brahman zuerst, mit den Worten: „Freundlich seien uns Wasser und Pflanzen, unfreundlich dem, der uns hasst und den wir hassen“ mit den über den zwei Pavitra's befindlichen Wassern [1]). Die beiden Pavitra's legt hierauf der Adhvaryu mitten auf den Prastara leise oder mit den Worten: „des Opferers Ein- und Ausathmen schützt“ [2]). Hat der Brahman vorhin nicht gegessen, sondern sein Prâśitra auf den Añsaplatz gestellt resp. stehen lassen (s. S. 121), so nimmt er dasselbe jetzt zwischen Ringfinger und Daumen aus dem Prâśitragefäss mit den Worten: „auf das Geheiss des Gottes Savitṛi habe ich dich genommen, mit den Armen der Aśvin's, mit Pûshan's Händen“, sagt: „mit Agni's Munde esse ich dich“ und verzehrt es, ohne mit den Zähnen es zu berühren [3]). Nachdem er den Mund gespült

---

letzteres der Fall, so müsste der Âgnîdhra, welcher sein Shaḍavatta nach Kât. 3, 4, 20 vor dem vom Hotṛi gesprochenen Segen isst, demnach auch sein Viertel, schon vor Beendigung der Iḍâ-Anrufung den Opferplatz verlassen. Zu erwägen bleibt, ob nicht die Abweichung der Paddh. von der Reihenfolge Kâtyâyana's überhaupt die richtige ist; dort heisst es nämlich: „dann (nachdem der Opferer: „in mich ... diese ...“ gesagt hat) gehen alle zwischen Praṇîtâ's und Utkara hinaus und essen in der Reihe, wie ihnen zugetheilt ist. Der Âgnîdhra, nachdem er zuerst seinen Viertelantheil gegessen und den Mund ausgespült hat, mit „angerufen ist die Erde ...“ den ersten, dann nachdem er den Mund ausgespült hat, mit: „angerufen ist der Himmel ...“ den zweiten Shaḍavattaantheil, darauf verzehrt er die Iḍâ. Auch alle andern essen, nachdem sie zuvor ihren Vierteltheil gegessen haben, die Iḍâ“ etc. cf. aber Âśv. 1, 13, 2 Comm.

1) Kât. 3, 4, 24: bei den beiden Pavitra's reinigen sie sich hinter der Vedi mit: „freundlich (seien) uns ...“ (V. S. 6, 22). Baudh. 1, 18: mârjayante. Âp. 3, 3 nach dem Essen der Iḍâ, vor der Viertelung des Kuchens und dem Abschneiden des Shaḍavatta (Fortsetz. hinter â mârjanât S. 129, Anm. 2): mano jyotir jushatâm ity adbhir antarvedi prastare mârjayitvâ. Bhâr. 3, 2. Hir. 2, 8. Âśv. 1, 8, 1: nachdem sie sich gereinigt haben (gehen sie mit den Anuyâja's vor). 2. erklärt die Form der Reinigung: nachdem er die hohl gelegten Hände mit den zum Umstreuen (des Âhavanîya) dienenden Halmen verdeckt hat, lässt er sich Wasser hinein giessen. Śâñkh. 1, 12: — itarâm̱ yajamânapañcamâḥ prâśyâmârjanâd vâgyamanam | iḍâm âpa iti tṛiceṇântarvedi pavitravati mârjayante. Erst hier, nach dem Essen der Iḍâ und dem Reinigen schreibt Baudh. das Herumtragen des Prâśitra vor: 1, 18 athâha brahmaṇe prâśitram̱ pariharetị | pari prâśitram̱ haranti.

2) Kât. 3, 4, 25: mit: „des Opferers — schützt“ bringt er die beiden Pavitra auf den Prastara. 26. oder leise.

3) Kât. 3, 4, 27: hier kann der Brahman essen. Die Sûtren hierzu sind S. 121, Anm. 3 citirt.

und die zwei beim Prâśitra verwendeten Gefässe am Utkara gereinigt hat, sagt er: „Welche Gottheiten in den Wassern sind, diese sollen dies gut machen. Gehe in Indra's Leib als mit Svâhâ dargebrachtes. Mische dich nicht mit meiner Nahrung. Oberhalb meines Nabels lass dich nieder. In Indra's Leib setze ich dich" und berührt den Nabel [1]). Darauf trägt für ihn der

Adhvaryu den von jenem Kuchenviertel verschiedenen (aber nur nach Kât.?) Brahmanantheil östlich vom Âhavanîya von links nach rechts herum und gibt ihm denselben [2]). Der

Brahman nimmt ihn und legt ihn in das Prâśitraharaṇa [3]). Ist der Opferer nicht verreist, so trägt der

Adhvaryu dessen Antheil hinter dem Gârhapatya herum und übergibt ihm denselben [4]).

---

1) Kât. 2, 2, 20: nachdem er das Geschirr (pâtram bezeichnet auch den Deckel) gewaschen hat, berührt er den Nabel mit: „welche Gottheiten — setze ich dich". Âśv. 1, 13, 1: — nachdem er den Mund ausgespült hat, soll er (denselben) wieder (so übersetzt Stenzler Âśv. Gṛih. 1, 24, 28 anvâ+cam) spülen mit dem Mantra: „durch die Wahrheit besprenge ich dich; welche Gottheiten in den Wassern sind, diese sollen dies gut machen. Gesicht, Gehör und des Einathmens Züge verletze mir nicht". (Comm.: śaucârtham âcamanaṃ kṛitvâ paścân mantreṇâpaḥ pibet punar api prâgvat śaucârtham âcamanaṃ kuryât). Mit „in Indra's Leib setze ich dich" berühre er den Nabel. Nachdem er das Prâśitraharaṇa abgewaschen hat, giesst er damit dreimal, die Hand auf sich zu gewandt, das Wasser vor sich hin aus. Âp. 3, 20: yâ apsv — svâhety adbhir abhyavanîyâcamya ghasinâ — sâdayâmîti nâbhideśam abhimṛiśati | vâñ ma âsann iti yathâliñgam añgâny arishṭâ viśvânîty avaśishṭâni | praxâlya pâtraṃ pûrayitvâ diśo jinveti parâcînaṃ ninayati mâṃ jinvety abhyâtmam. Bhâr. 3, 17: apa âcamya punar evâpa âcâmati (Mscr. tî) yâ apsv — svâheti. ||18.|| nâbhideśam abhimṛiśati ghasinâ — sâdayâmîti | prâṇâyatanâni saṃmṛiśati vâñ ma — prâṇa (Taitt. Âr. 10, 72) ity etair mantrair yathârûpam | adbhiḥ pâtraṃ praxâlya pûrayitvâ prâñ ninayati diśo jinveti | aparaṃ pûrayitvâbhyâtmaṃ ninayati mâṃ jinveti. Hir. 2, 22.

2) Kât. 3, 4, 28: den Antheil trägt er für ihn herum. Baudh. 1, 18: ... vedena brahmabhâgam. Âp. 3, 3: vedena brahmayajamânabhâgau pariharati pṛithak pâtrâbhyâm itarayoḥ. Ausserdem sagt Âp. 3, 3: pṛithivyai bhâgo 'sîti hotâ bhaxayati | antarixasya bhâgo 'sîty adhvaryuḥ. Bhâr. 3, 3: vedena brahmayajamânabhâgau pariharaty, anyena hotre, 'nyenâdhvaryave | pṛithivyai bhâgo 'sîti hotâ prâśnâty, antarixasya bhâgo 'sîty adhvaryur — die Sprüche für den Brahman siehe später. Hir. 2, 8.

3) Âśv. 1, 13, 2: nachdem er sich gereinigt, lege er den Brahmanantheil in dasselbe (Prâśitraharaṇa). Âp. 3, 20: yatrâsmai brahmabhâgam âharati taṃ pratigṛihya nâsaṃsthite bhaxayati. Bhâr. 3, 18 u. Hir. 2, 22 sachlich ebenso.

4) Kât. 3, 4, 29: und den Opfererantheil wenn der Opferer nicht verreist ist. Die andern Sûtren siehe Anm. 2.

Yajamâna legt ihn auf die Opferstreu, isst ihn aber erst, wenn die Observanz aufhört[1]). Ist er jedoch verreist, so bleibt der Antheil auf der Vedi bis zum Prastarahoma stehen, nach welchem er geopfert wird[2]). Unmittelbar nach dem Herumtragen begiesst der Adhvaryu das am Südfeuer gar gekochten, zur Daxiṇâ dienenden Muss mittelst des Sruva mit Butter aus der Âjyasthâlî und schafft ihn nach Norden fort, indem er es zwischen Gârhapatya- und Südfeuer westlich, dann südlich vom Südfeuer führt, zwischen Brahman und Opferer, südlich von diesem, nördlich von jenem hindurchträgt und östlich vom Âhavanîya, auf dem Wege zwischen Utkara und Praṇîtâ's zur Vedi bringt; dort legt er ihn

1) Kât. 3, 8, 30. Âśv. 1, 13, 3: dahinter (hinter das Prâśitraharaṇa) lege er auf das Kuśagras den Opfererantheil; nach Âśv. thut es also der Brahman.

2) Kât. 3, 6, 10. — Ich will hier noch angeben, in welcher Reihenfolge andre Sûtren die im vorhergehenden dargestellten Handlungen anführen und wähle dazu Pray. B_1 und Âp.; ich muss aber bemerken, dass mir nicht klar geworden ist, ob bei ihnen für den Brahman ausser dem Prâśitra und dem von der Viertelung ihm zufallenden Kuchenantheil noch ein besonderer Antheil abgeschnitten wird. Ich sehe auch nicht, dass er bei Kât. erwähnt wird; der Comm. erwähnt ihn zu 3, 4, 5 u. 7. Indess auch Pray. B_1, der auf Baudh. fusst, schreibt ihn ebenfalls vor und zwar unmittelbar hinter dem Abschneiden des besonderen Opfererantheils für den Opferer und spricht hinter der Kuchenviertheilung davon, dass er vedena brahmaṇe brahmabhâgau prayacchati. Ebenso B_2. Sodann scheint mir, dass das Shaḍavatta bei ihnen aus dem dem Agnîdh zukommenden Theil der Viertelung selbst, (also anders als bei Kât.) hergestellt wird. Pray. B_1: a) Abschneiden des Prâśitra oder erst nach b). b) Abschneiden der Iḍâ. c) Opfererantheil. d) Brahmanantheil. e) Salben der Finger des Hotṛi. f) Avântareḍâ. g) Anfassen der Iḍâ und Anrufung durch den Hotṛi. Während dessen h) Viertelung des Agnikuchens und Niedersetzen auf das barhis. i) Nach dem Anrufen wird ein Fünftel der Iḍâ getheilt, in die Hand des Âgnîdhra Butter aus der Âjyasthâlî untergelegt, ein Theil darauf, darüber ein Butterguss, dann wieder eine Butterunterlage, darauf der zweite Theil, darüber ein Butterguss. k) Essen der Avantareḍâ und Iḍâ. l) Herumtragen und Verzehren des Prâśitra. m) Anweisen der vier Kuchenantheile auf dem barhis durch den Opferer. n) der für den Âgnîdhra wird halbirt, die zwei Theile in des Âgnîdhra Hand gelegt, jedem geht eine Butterunterlage vorher; zuletzt ein zweimaliger Ueberguss; Uebergabe zweier Antheile an den Brahman, der sie ins Prâśitraharaṇa legt, des Antheils an den Hotṛi und Adhvaryu. Âp. a b c oder b c a c f g. Nach dem Anrufen l k h m, darauf Herstellung des Shaḍavatta, welches also mit dem Kuchenviertel (n) identisch zu sein scheint, (cf. auch Hir., welcher nach dem Anweisen der Viertelantheile sagt: 2, 8: vyâdishṭasya sthavishṭham agnîdhe shaḍavattaṃ saṃpâdayati), Essen desselben; Herumtragen des Antheils für Brahman und Opferer; Hotṛi, Adhvaryu, Brahman essen.

nieder und berührt ihn mit den Worten: „Prajâpati's Antheil bist du, an Labung und Milch reich. Meinen Prâṇa und Apâna schütze, meinen Samâna und Vyâna schütze; meinen Udâna und Vyâna schütze. Labung bist du; gib mir Labung. Unvergänglichkeit bist du; nicht schwinde mir, weder in jener Welt, noch hier"[1]).

Yajamâna gibt hierauf den Anvâhârya zu einem guten Abschluss der Neu- resp. Vollmondsishṭi als Daxiṇâ den vier Priestern zu gleichen Theilen. Nach den einen sagt er dabei: „ich habe übergeben; o Brahman, welcher dein Antheil ist, der werde entgegen genommen", „o Hotṛi, welcher dein Antheil ist etc.", „o Adhvaryu, welcher dein Antheil ist etc.", „o Âgnîdhra, welcher dein Antheil ist etc.", oder nach andern: „o Brâhmaṇa's, dies ist euer Muss. Nehmt ihn entgegen"[2]).

Die Priester nehmen ihren Theil entweder leise oder mit

---

1) Kât. 3, 4, 30: nachdem er den Anvâhârya mit Butter übergossen, nach Norden geschafft (und dabei) zwischen Brahman und Opferer hindurch getragen, (schliesslich) auf die Vedi niedergesetzt hat, fasst er ihn an mit: „Prajâpati's — hier". (Für „Labung" (ûrj) tritt je nach der Art der Daxiṇâ ein andres Wort, z. B. „ein erstgebornes Rind", „eine Goldscheibe bist du" etc., ein). Baudh. 1, 18: athânvâhâryaṃ yâcati. Âp. 3, 3: daxiṇâgnâv anvâhâryaṃ mahântam aparimitam odanaṃ pacati | xîre bhavatîty eke | tam abhighâryânabhighârya vodvâsyântarvedy âsâdya. Bhâr. 3, 3: anvâhâryapacane mahântam odanaṃ paktvâbhighârya .... udvâsyântarvedy anvâhâryam âsannaṃ yajamâno 'bhimṛiśati. Hir. 2, 8: mahân aparimito 'nvâhâryo daxiṇâgnâv odanaḥ pakvaḥ | tam abhighârya etc. Auch der Opferer ist nach Âp. (u. Bhâr.) betheiligt 4, 11: bradhna pinvasvety antarvedy anvâhâryam abhimṛiśati | iyaṃ sthâly amṛitasya pûrṇâ — atitarâṇi mṛityum iti ca. Für Bhâr. reicht meine Handschrift nicht aus. Der Brahman berührt den Anvâhârya Âp. 3, 20: brahman brahmâsi — śivo bhavety antarvedy anvâhâryam âsannam abhimṛiśati. Bhâr. 3, 19. Hir. 2, 22. cf. ferner Âśv. 1, 13, 4 wonach der Brahman mit einem Theil des Spruches, mit welchem nach Kât. der Adhvaryu den Brei berührt, denselben anblickt: er soll auf den Anvâhârya blicken mit: „Prajâpati's Antheil bist du; an Labung reich und reich an Milch; Unvergänglichkeit bist du, nicht schwinde mir, weder in dieser Welt noch in jener".

2) Kât. 3, 4, 31: dies ist die Daxiṇâ. Âp. 3, 4, 1: daxiṇasadbhya upahartavâ iti saṃpreshyati | ye brâhmaṇâ uttaratas tân yajamâna âha daxiṇata eteti | tebhyo 'nvâhâryaṃ dadâti brâhmaṇâ ayaṃ va odana iti pratigṛihîta (scil. odana) uttarataḥ parîteti saṃpreshyati. Bhâr. 3, 4, 1 flg. sachlich gleich, z. Th. wörtlich. Hir. 2, 8: daxiṇasadbhya upahartavâ iti saṃpreshyati daxiṇata eteti yajamânenocyamâne — cf. auch Śâṅkh. 1, 12: parihṛite brahmabhâge 'nvâhâryam âharanty, esha daxiṇâkâlaḥ. —

„om“ oder mit: „der Himmel soll dich geben“ [1]). Nach der Uebergabe schafft der

Adhvaryu das Muss von der Vedi nach Norden hinaus, ebenso das in den Gefässen etc. zurückgebliebene havis (also z. B. den Agni-Soma- (Indra-Agni-)kuchen, wenn dieser nicht geviertheilt worden ist, die süsse und saure Milch)[2]).

Es folgen hierauf die

E. Drei Anuyâja's,

(den Hauptopfern nachfolgende Spenden für das Barhis, Narâśaṅsa, Agni Svishṭakṛit)

mit den darauf bezüglichen Vorbereitungen.

Adhvaryu wirft in dem Âhavanîyafeuer für die Anuyâja's zwei Feuerbrände zusammen, ergreift sodann mit der Rechten das vorher bei den Sâmidhenîversen (cf. S. 78) aufgesparte Scheit und sagt zum Brahman: „brahman prasthâsyâmi“ („o Brahman, ich will vortreten“) und dem Âgnîdhra gibt er den Befehl: „lege das Holzscheit an und reinige, o Âgnîdhra, das Feuer“ [3]). Der

Brahman gibt mit folgenden Worten dem Adhvaryu die Erlaubniss: „dieses dein Opfer, o Gott Savitṛi, kündeten sie dem Bṛi-

---

1) Hir. 2, 8: yathâsampraisham kurvanty anvâhâryam pratigṛihya pratyâyanti. Âśv. 1, 13, 5: „Mein Ein- und Ausathmen schütze dich zum Wunsche“ damit beriecht er, ohne anzufassen, nimmt dann mit Daumen und vorletztem Finger das angewiesene (śishṭam. Comm. pulâkakalâmâtram) (von dem Anvâhârya), und legt es zu dem Brahmanantheil. Pâr. Gṛih. S. 3, 15, 22.

2) Kât 3, 4, 32: er schafft (den Anvâhârya) nach Norden. 33. und das havis. Baudh. 1, 18: udvâsayaty etad dhavir ucchishṭam. Âp. 3, 4 haviḥśeshân udvâsya. Bhâr. 3, 4. Hir. 2, 8.

3) Kât. 3, 5, 1: nachdem er zwei Feuerbrände zusammengeworfen und die Samidh genommen, sagt er: „o Br., ich will hintreten“ (und) „nachdem du das Scheit angelegt hast, reinige, o Agnîdh, das Feuer“. Baudh. 1, 19, 1: atha sampraisham âha brahman prasthâsyâmaḥ samidham âdhâyâgnîd agnînt sakṛitsakṛit sammṛiḍḍhîti. Âp. 3, 4, 5 — apisṛijyolmuke b. p. s. â. agnît paridhîṅś câgnim ca sakṛitsakṛit sammṛiḍḍhîti sampreshyati. Bhâr. 3, 4, 5. Hir. 2, 8 (anûyâjârthe ulmuke apisṛijya etc.). Zu bemerken ist, dass diese Anrede an den Brahman sowie dessen Erlaubniss bei den Spenden, wo keine Anuyâja's vorkommen, (weil nur auf diese bezüglich) wegfallen; nicht dagegen die einen Saṅskâra für das Feuer bedeutende Anrede an den Âgnîdhra.

haspati, dem Brahman; darum fördere das Opfer, fördere den Opferherrn, fördere mich. Des Geistes Schnelligkeit (?) erfreue sich an der Butter. Brihaspati dehne das Opfer aus. Auf dass es unverletzt sei [1]), füge er dieses Opfer wieder zusammen; alle Götter sollen hier sich erfreuen". „Oṃ3 pratishṭha" kann er noch hinzufügen oder nicht [2]).   Der

Âgnîdhra, welcher im Norden steht, legt, nachdem er den Befehl empfangen, das Scheit zu dem Âhavanîyafeuer hinzu [3]), worauf der

Hotṛi, oder wenn er es nicht kennt, der Yajamâna über dasselbe folgendes Anumantraṇa sagt: „dies ist deine Samidh, o Agni, wachse durch sie und gedeihe; möchten wir wachsen und gedeihen" [4]). — Der

Âgnîdhra, welcher im Norden steht, wischt nach dem Anlegen des Scheites in früherer Weise (cf. S. 82, Anm. 3) mit den Idh-

---

1) weil das Opfer durch das eben geschehene Essen zerrissen worden ist. cf. Mahîdh. zu dieser Stelle.

2) Kât. 2, 2, 21: nachdem er mit dem Samidh-âmantraṇa („brahman p.") angeredet worden ist, ertheilt er mit „dieses dein ..." (V. S. 2, 12. 13) die Erlaubniss. 22: „pratishṭha" sage er oder nicht. Ich weiss nicht, ob hier mit vâ dies Wort ganz ins Belieben gestellt oder nur eine andere Zeit dafür als möglich angegeben werden soll. Die Worte: „nachdem er von dem Brahman die Erlaubniss erhalten" (3, 5, 5) scheinen darauf hinzuweisen, da sie bei dem knappen Sûtrastil sonst auffallen könnten. Doch ist mir dies auch wieder unwahrscheinlich. Âśv. 1, 13, 6 weicht etwas ab: nachdem er b. p. gehört hat (flüstert er): der Brahman liess sich als Brihaspati nieder auf den Brahmansitz; du schirmtest, o Brihaspati, das Opfer; schütze als solcher das Opfer, schütze den Opferherrn, schütze als solcher mich. 7. „bhûr bhuvaḥ svar —" nachdem er dies geflüstert, gebe er mit oṃ3 p. zur Samidh die Erlaubniss. Âp. 3, 20 a. E.: b. p. ity ucyamâne deva savitar etat te prâha — oṃ pratishṭheti prasauti. Bhâr. 3, 19. Hir. 2, 22.

3) Baudh. 1, 18, 2: prasûto 'traitâṃ samidhaṃ madhyata Âhavanîyasyâbhyâdadhâti. Âp. 3, 4, 6: anujñâto brahmaṇâgnîdhraḥ samidham âdadhâty eshâ te — â ca pyâsishîmahi svâheti. Bhâr. 3, 4, 7. Hir. 2, 8. Kât. hat eine besondere Vorschrift für den Âgnîdhra hierfür nicht.

4) Kât. 3, 5, 2: „dies ist deine ..." (V. S. 2, 14) sagt der Hotṛi darüber als Anumantraṇa. 3. wenn dieser es nicht weiss, dann der Opferer. Die Paddh. lässt das Abwischen des Feuers dem Hersagen dieses Spruches vorausgehen. Bei Âśv. ist nichts davon vorgeschrieben; dagegen heisst es bei Śâṅkh.: âdishṭadaxiṇâsu eshâ te — â ca pyâsishîmahîti samidham anumantrya. Âp. u. Bhâr. schreiben die Recitation dieses Spruches auch im Opferabschnitt vor: Âp. 4, 11: eshâ te agne samid ity ânuyâjikîm samidham âdhîyamânâm (anumantrayate); ausserdem: yaṃ te agna âvṛiścâmi — ye ca mâm ity âhitâyâm (âhavanîyam anumantrayate). Bhâr. 4, 15.

masaṃnahana's (den Gräsern, welche zum Zusammenbinden der Scheite dienten), aber ohne das Feuer zu umschreiten d. h. nur an einer, der Nordseite stehend und stets nur einmal, das Feuer an den den Paridhi's zunächst liegenden Stellen, im Süden, Westen, Norden ab. Jedesmal ist dazu als Mantra zu sagen: „o Agni, Speise ersiegender, dich den nach der Speise geeilten, Speise ersiegenden kehre ich ab". Zuletzt wischt er einmal leise oben über das Feuer hinweg [1]).

Adhvaryu giesst, nachdem er die Erlaubniss vom Brahman erhalten hat, die Butter aus der Upabhṛit so, dass ein Rest bleibt, (saśesham) in die Juhû hinzu und geht nun mit den einzelnen Anuyâja's vor [2]) [3]).

I. Anuyâja
(für das barhis).

Der Adhvaryu nimmt nach dem Zusammengiessen Juhû und Upabhṛit in S. 83, Z. 3 beschriebener Weise, geht an der Vedi nach Süden vorüber nach dem Platz, wo die Yajati's dargebracht werden (cf. S. 85, Z. 5) und sagt zum Âgnîdhra: oṃ3 śrâ3vaya.

---

1) Kât. 3, 5, 4: er wischt in früherer Weise, (aber) ohne zu umschreiten, immer nur einmal und mit (der Veränderung im Mantra:) „den zur Speise geeilten" (für „den zur Speise eilen wollenden") ab. Baudh. 1, 19, 3: athaisha âgnîdhro 'sphyair evedhmasaṃnahanaiḥ paridhîn saṃmârshṭi. 4. sakṛin madhyamaṃ sakṛid daxiṇârdhyaṃ sakṛid uttarârdhyaṃ sakṛid âhavanîyam upavâjayaty agne vâjajid — annâdyâyeti. 5. athaitânîdhmasaṃnahanâny adbhiḥ saṃspṛiśyâhavanîye 'nupraharati yo bhûtânâm — svâheti. Âp. 3, 4, 7: pûrvavat paridhîn sakṛitsakṛit saṃmṛijyâgne vâjajid — annâdyâyeti sakṛid agniṃ prâñcam | idhmasaṃnahanâny adbhiḥ saṃspṛiśya | yo bhûtânâm — svâhety agnau praharaty, utkare vâ nyasyati, śâlâyâṃ balajâyâṃ (Msr. C. valjâyâm) parogoshṭhe parogavyûtau vâ. Bhâr. 3, 4, 7. 8. Die letzten Worte (śâlâyâṃ etc.) fehlen. Hir. 2, 8: asphyair idhmasaṃnahanair aparikrâman paridhîn saṃmârshṭi, madhyamam udañcaṃ, prâñcâv itarâv etc.; er schliesst mit den Worten: saṃmârgân abhyuxyâhavanîye 'nupraharaty utkare śâlâyâṃ balajâyâṃ vodasyet parogoshṭhaṃ vâharet parogavyûtim ity ekeshâm. Ueber die geopferten Wische sagt der Opferer das Anumantraṇa: agniṃ vediṃ barhiḥ — idhmasaṃnahane huta iti. Âp. 4, 11. Bhâr. 4, 15.

2) Vor oder nach denselben soll der Opferer den Saptahotṛi sagen. Âp. 4, 11 a. E.: saptahotâraṃ vadet purastâd anûyâjânâm uparishṭâd vâ.

3) Kât. 3, 5, 4: nachdem er von dem Brahman die Zustimmung erhalten, geht er mit den 3 Anuyâja's vor, nachdem er die Butter in der Upabhṛit hinzugegossen hat. In meiner Baudhâyanacopie finde ich darüber keine Andeutung; dagegen gibt der Comm. dazu S. 31b eine Andeutung: athâdhvaryuḥ pṛishadâjyaṃ vihatya. Âp. Bhâr. Hir. siehe nächste Anm.

Âgnîdhra astu śrau3shaṭ[1]).

Adhvaryu gibt mit „devân yaja“ dem Hotṛi den Befehl die Yâjyâ herzusagen[2]).

Hotṛi sagt als Yâjyâ: „devaṃ barhir vasuvane vasudheyasya vetû3 vau3shaṭ“[3]) und über den Vashaṭkâra wie früher als Anumantraṇa „vâg ojo — prâṇâpânau“.

Yajamâna vollzieht den Tyâga[4]): om3 idaṃ devâya barhishe.

Adhvaryu, welcher bei allen drei Anuyâja's fest an derselben Stelle steht[5]), sich also nicht Homa für Homa weiter nach Westen wendet, senkt gleichzeitig mit oder nach dem Vaushaṭruf[6]) die Juhû über die Spitze der Upabhṛit nach vorn (wie früher) hinab[7]) und opfert auf der vorderen Seite der entflammten Samidh[8]) das erste Drittel der Butter als ersten Anuyâja. Macht

---

1) Pâṇ. 8, 2, 91.

2) Kât. 3, 5, 5: nachdem er (bei der Vedi) vorübergegangen ist und oṃ3 śrâ3vaya gerufen hat, sagt er: „für die Götter sage die Yâjyâ her“. — Dadurch, dass atikramyâśrâvya gesagt wird, werden die bei Yajatispenden sonst eintretenden Puro'nuvâkyâ's ausgeschlossen (cf. den Comm. u. Mahâd.); dementsprechend führen Âśv. und Śâṅkh. auch keine Verse dafür an. Baudh. 1, 19, 6: atha juhûpabhṛitâv âdâyâtyâkramyâśrâvyâha devân yajeti — 9. trîn — anûyâjân yajati. Âp. 3, 5, 1: aupabhṛitaṃ juhvâm ânîya, juhûpabhṛitâv âdâya, daxiṇâ sakṛid atikrântaḥ — trîn anûyâjân yajati | âśrâvamâśrâvaṃ pratyâśrâvite devân yajeti prathamaṃ saṃpreshyati —. Bhâr. 3, 5, 1: juhûpabhṛitâv âdâya, aupabhṛitaṃ juhvâṃ samânîyâtyâkramyâśrâvyâha devân yajeti. Hir. 2, 9, 1: yad upabhṛity-âjyaṃ taj juhvâm ânîya tena sakṛid atikrântas trîn anûyâjân yajati. 2. devân yajeti prathamam anûyâjaṃ saṃpreshyati.

3) Nach Âśv. 1, 5, 4 (cf. S. 95, Anm. 1) fällt bei den Anuyâja's die Âgurformel weg. 1, 8, 3: mit „deva“ fangen die Anuyâja's an. 4: mit einem ein „vîta“ enthaltenden Wort schliessen sie. 5. drei sind es. 6. jedesmal einzeln aufgefordert sagt er die Yâjyâ's. 7. Gott Barhis geniesse damit wir Reichthum erlangen, von des Reichthums Gabe“ (ist die erste Yâjyâ). Die Form einer Yâjyâ ist S. 95 beschrieben. — Śâṅkh. 1, 13 gibt für alle drei Anuyâja's dieselben Verse an, wie Âśv. Der Ton, in welchem sie gesagt werden, ist nach Âśv. 1, 3, 26 der uttama, auch Śâṅkh. (1, 14 a. E.) sagt: anuyâjâdy uttamayâ.

4) cf. S. 83, Anm. 1.

5) Kât. 3, 5, 12: fest (steht der Adhvaryu). Âp. Hir. sagen „sakṛid atikrântaḥ“ cf. Anm. 2.

6) cf. S. 94, Anm. 1. Baudh. sagt auch hier „vashaṭkṛite juhoti“.

7) cf. S. 94, Anm. 2.

8) Kât. 3, 5, 10: er bringt diese drei Anuyâja's westlich dar (den ersten im O., den letzten im W.). Baudh. 1, 19, 9 und 10. Âp. 3, 5, 1: daxiṇâ sakṛid atikrânto 'greṇâghârasaṃbhedaṃ pratîcas trîn anûyâjân yajati. 3. pûr-

er eine Bezauberung, so sagt er als Anumantraṇa für diesen ersten Anuyâja: „Aśanî, schlage NN.“ [1]).

II. Anuyâja
(für Narâśaṅsa).

Adhvaryu bringt wieder die Juhû darüber und sagt: oṃ3 śrâ3vaya.

Âgnîdhra „astu śrau3shaṭ“.

Adhvaryu: „devân yaja“ oder nur „yaja“ [2]).

Hotṛi sagt als Yajyâ: devo narâśaṅso vasuvane vasudheyasya vetû3 vau3shaṭ [3]) und über den Vashaṭkâra als Anumantraṇa: vâg ojo — prâṇâpânau.

Yajamâna vollzieht den Tyâga om3 idaṃ devâya narâśaṅsâya. Gleichzeitig mit oder nach dem Vaushaṭruf, senkt der Adhvaryu, auf dem vorher eingenommenen Platze stehend, in gewöhnlicher Weise die Juhû über die Upabhṛit hinab und bringt auf dem mittleren Theil der Samidh, westlich von dem vorher im Osten geopferten [4]) den Homa dar. Als Anumantraṇa sagt er im Falle einer Beschwörung: „hrâdunî, schlage NN.“ [5]).

III. Anuyâja
(für Agni-Svishṭakṛit).

Der Adhvaryu bringt die Juhû wieder über die Upabhṛit und es wiederholt sich alles bis zur Yâjyâ.

Hotṛi sagt die Yâjyâ: devo agniḥ svishṭakṛit sudraviṇâ man-

---

vârdhe prathamaṃ samidhi juhoti madhye dvitîyam —. Bhâr. Hir. begnügen sich für die ersten beiden mit den allgemeinen Vorschriften: agreṇâghârasaṃbhedaṃ pratîco 'nûyâjân yajati resp. a. âgh. paścâtpaścât samidhi juhoti.

1) Kât. 3, 5, 14: macht er eine Bezauberung, so sagt er als Anumantraṇa für die Anuyâja's: „aśanî, schlage NN“ (resp.) „hrâdunî, schlage NN“ (resp.) „ulkushî schlage NN“. Nach Âp. und Bhâr. ist der Opferer mit einem Anumantraṇa betheiligt. Âp. 4, 12: barhisho 'haṃ devayajyayâ prajâvân bhûyâsam ity etaiḥ pratimantram anûyâjân hutaṃhutaṃ (y. anumantrayate.). Bhâr. 4, 15.

2) Kât. 3, 5, 7: mit jedesmaligem „yaja“ fordert er für die beiden folgenden (Anuyâja's) auf. 8. Oder jedesmal überall „devân“ (yaja) wegen des Wortes der Beschränkung (eva. cf. Śat. Brâhm. 1, 8, 2, 14). Baudh. 1, 19, 8 hat nur yajayajeti; ebenso Âp. Bhâr. Hir. cf. ferner Âśv. 1, 8, 6, wonach der Hotṛi die Yâjyâ einzeln jedesmal aufgefordert sagt.

3) Âśv. 1, 8, 7 — „Gott Narâśaṅsa geniesse, damit wir Reichthum erhalten, von des Reichthums Gabe“ — (lautet die Yâjyâ für den zweiten Anuyâja).

4) cf. S. 137, Anm. 8.

5) cf. Anm. 1; Âp. Bhâr. ebendort.

draḥ kaviḥ satyamanmâyajî hotâ hoturhotur âyajîyân agne yân devân ayâḍ yân apiprer ye te hotre amatsata (hier kann er eine Pause machen) tâṃ sasanushîṃ hotrâṃ devañgamâṃ divi deveshu yajñam erayemaṃ svishṭakṛiccâgne hotâ bhûr vasuvane vasudheyasya namovâke vîhî3 vau3shaṭ[1]). Darauf das Anumantraṇa: vâg ojaḥ — prâṇâpânau.

Yajamâna vollzieht den Tyâga: om3 idaṃ devâyâgnaye svishṭakṛite. Während oder nach dem Vaushaṭruf senkt der

Adhvaryu wieder die Juhû herunter und vollzieht westlich von dem vorher geopferten, an dem Ende der Samidh[2]) den dritten Anuyâja. Macht er eine Bezauberung, so sagt er als Anumantraṇa für diesen Anuyâja: „Ulkushî, schlage NN."[3]), worauf er die Wasser berührt[4]). Nach der Darbringung des dritten Anuyâja geht er von dem Yajatiplatze wieder heran, lässt sich im Norden nieder (dies ist der Juhotiplatz), schüttet die in der Upabhṛit befindliche Butter ganz in die Juhû hinzu (cf. 3, 2, 24) und bringt nachdem der Opferer den Tyâga mit: „om3 idaṃ devebhyaḥ" vollzogen hat, mit „svâhâ devebhyaḥ" eine von Westen nach Osten gestreckte Âhuti dar, welche als 4. Homa bezeichnet ist und darum als ein Añga der Anuyâja's gilt oder deshalb die (Anuyâja?) Götter zur Gottheit hat. Sein Zweck ist offenbar, die drei Anuyâjaspenden zu verbinden[5]). Dann geht der Adhvaryu von dem Yajati-

---

1) Âśv. 1, 8, 7: — „als Gott Agni-Svishṭakṛit, der an Schätzen reiche freundliche Kavi, der wahrhaft denkende, der Vorschrift nach verehrende Hotṛi, besser als jeder Hotṛi der Vorschrift nach verehrend, welche Götter du verehrtest, welche du labtest und welche bei deinem Hotṛidienst sich erfreuten, lasse bei dén Göttern im Himmel (?) diesen Hotṛidienst, der Gaben gespendet hat (havirdattavatîm Comm. zu Taitt. Saṃh. 2, 6, 9 S. 782), der zu den Göttern geht, dieses unser Opfer erreichen; und, o Agni-Svishṭakṛit, zum Hotṛi wurdest du, geniesse, damit wir Reichthum erlangen, von der Gabe des Reichthums beim Namovâka". Dies ohne aufzuathmen oder nicht. Als Stelle für die Pause gibt der Comm. amatsata an; ebenso Śâñkh.

2) cf. S. 137, Anm. 8. Ueber den dritten geben die Sûtren des schwarzen YV. noch eine besondere Vorschrift. Baudh. 1, 19, 10: prâcâ 'ntataḥ saṃbhinatti. Âp. 3, 5, 3: prâñcam uttamaṃ (= tṛitîyam anuyâjaṃ) saṃsthâpayann itarâv anusaṃbhidya. Bhâr. 3, 5, 5. Hir. 2, 9, 4. Pray. B_2: vashaṭkṛite paścâd ârabhya pûrvâhutî saṃbhidya juhoti. Der Comm. zu Baudh. fol. 31[b] sagt: pratyagapavarganivṛittyarthaṃ prâcâñtata iti | saṃbhedas tayor upari nayanam.

3) cf. S. 138, Anm. 1.

4) Kât. 1, 10, 14.

5) Kât. 3, 5, 13: nachdem er den vierten Homa zusammengegossen (bringt er eine Âhuti) ostwärts (dar). Es ist dies eine Juhotispende, die mit svâhâ

platz [1]) wieder heran und legt die beiden Löffel an ihren Platz, worauf er oder der Opferer, welcher von seinem Platz hinter die Vedi herangegangen ist, dieselben in folgender Weise auseinanderbringt [2]). Er nimmt mit der linken Hand den Veda, mit der nach oben gekehrten rechten die Juhû uud bringt sie vom Prastara ostwärts mit dem Mantra: „nach Agni's (leise:) Agni-Soma's, resp. Vishṇu's, resp. Prajâpati's (laut:), Agni-Soma's, resp. Indra-Agni's oder Indra's (Mahendra's) Sieg {möchte ich siegreich werden, ich bringe mich vorwärts / siege dieser Opferer; ihn bringe ich vorwärts} durch der Speise Antrieb (?).

Darauf nimmt er mit der Rechten den Veda und mit der Linken, deren Fläche nach unten gekehrt ist, die Upabhṛit, bringt dieselbe ausserhalb der Vedi in die Westgegend mit der Spitze nach Westen gerichtet. Hierzu sagt er als Mantra: „Agni, (leise) Agni-Soma resp. Vishṇu resp. Prajâpati, (laut) Agni-Soma resp. Indra-Agni oder Indra (Mahendra) sollen den fortstossen, welcher uns hasst und welchen wir hassen (oder „welchen dieser Opferer hasst und wer ihn hasst"); durch der Speise Antrieb stosse ich ihn fort" [3]). Unmittelbar nach dem Auseinanderschaffen besprengt

---

(cf. Comm. u. Paddh.) darzubringen ist. In den andern Sûtren hat die dritte Spende (cf. Anm. 2) den Zweck die einzelnen Anuyâja's zu vereinigen; daher ist eine besondere vierte Spende bei ihnen nicht vorgeschrieben.

1) yajatisthânât hat der Comm. Mir ist dies unklar, da man nach der vorausgehenden Spende juhotisthânât erwarten sollte.

2) Kât. 3, 5, 17: herangegangen bringt er Juhû und Upabhṛit auseinander. 21. oder der Adhvaryu. Baudh. 1, 19, 11: athodaññ atyâkramya yathâyatanaṃ srucau sâdayitvâ vâjavatîbhyâṃ srucau vyûhati. Âp. 3, 5, 4: pratyâkramyâyatane srucau sâdayitvâ vâjavatîbhyâṃ vyûhati. Bhâr. 3, 5, 6. Hir. 2, 9, 5.

3) Kât. 3, 5, 18: mit „nach Agni-Soma's ..." (V. S. 2, 15) schafft er die Juhû mit der R., deren Fläche nach oben gestreckt ist, ostwärts. 22. (Vollzieht dies der Adhvaryu, so tritt) beim ersten Mantra die Veränderung: „siege dieser Opferer, mit der Speise ... ihn ..." (ein). 19. mit „Agni-Soma diesen .." (V. S. 2, 15) schafft er mit der andern, nach unten gewendeten (Hand) den andern (Löffel) nach Westen. 23. (Vollzieht dies der Adhvaryu, so tritt bei dem folgenden Mantra die Veränderung: „welchen der Opferer hasst und wer ihn hasst" (ein). Da Sûtra 20 lautet: „anders je nach der Gottheit", so tritt beim Neumondsopfer für Agni-Soma: Indra-Agni resp. Indra oder Mahendra ein. cf. Kât. 4, 2, 41: mit: „nach Indra-Agni's ..." (V. S. 2. 15) das Auseinanderschaffen (beim Neumond). Neben Agni-Soma, welche in dem Verse allein erwähnt sind, stehen im Comm. und in der Paddh. Agni, Agni-Soma (leise) und neben Indra-Agni: Agni und Vishṇu. Danach habe ich oben die Namen

der Adhvaryu die beiden Löffel und bringt sie wieder an ihren Platz zurück [1]). Hierauf nimmt er die Juhû und salbt mit ihr die Paridhi's, indem er den Veda unterhält, einzeln in der Reihe, wie sie umgelegt wurden; den mittleren mit den Worten: „für die Vasu's (salbe ich) dich"; den südlichen mit: „für die Rudra's salbe ich dich"; den nördlichen mit: „für die Âditya's (salbe ich) dich" [2]). Hierauf bringt er die Juhû nördlich vom Prastara, nicht aber auf diesen selbst [3]). Es folgt der

---

der Hauptgötter in den Text gesetzt. Baudh. 1, 19, 12: vâjasya — udagrabhîd iti daxinena juhûm udgṛihṇâti. 13. athâsapatnân — akar iti savyenopabhṛitaṃ nigṛihṇâti. 14. udgrâbham — avîvṛidhann iti prâcîṃ juhûm ûhati (?). 15. athâsapatnân — vyasyatâm iti pratîcîṃ upabhṛitaṃ pratyûhati. Âp. 3, 5, 5: vâjasya mâ prasaveneti daxinena hastenottânena saprastarâṃ juhûm udyacchati. 6. athâsapatnân iti savyenopabhṛitaṃ niyacchati. 7. udgrâbhaṃ ceti juhûm udyacchati. 8. nigrâbhaṃ cety upabhṛitaṃ niyacchati. 9. brahma devâ avîvṛidhann iti prâcîṃ juhûṃ prohati. 10. athâsapatnân iti savyenopabhṛitaṃ pratîcîṃ bahirvedi nirasitvâ. Auffallend ist mir die zweimalige Wiederholung von udyacchati und niyacchati. Bhâr. und Hir. sind im Wesentlichen gleich; jener setzt für udyacchati beide Male udgṛihṇâti; dieser setzt stets udgṛihṇâti und diesem gegenüber nigṛihṇâti. Vgl. ferner aus dem Opfererabschnitt: Âp. 4, 12, 2: ubhau (er und der Adhvaryu) vâjavatyau japataḥ. Bhâr. 4, 15: srucau vyûhyamâne vâjavatîbhyâm abhimantrayate vâjasya mâ prasaveneti dvâbhyâm.

1) Kât. 3, 5, 24: nachdem er besprengt hat, — Baudh., welcher seine Vorschrift erst nach dem Salben der Paridhi's (cf. Anm. 2) gibt 1, 19, 17: athopabhṛitam adbhiḥ saṃspṛiśya yathâyatanaṃ srucau sâdayitvâ. Âp. 3, 5, 11: proxyainâm abhyudâhṛitya. Bhâr. 3, 5, 10: adbhir abhyuxyopabhṛitam abhyudâhṛitya. Hir. 2, 9, 8: abhyuxyopabhṛitam âhṛitya cf. Manu in der Paddh.

2) Kât. 3, 5, 24: (nachdem er besprengt hat) salbt er die Paridhi's in der Reihe, wie sie hingelegt wurden mit den Sprüchen: „für die Vasu's ..." (V.S. 2, 16) Mantra für Mantra. Baudh. 1, 19, 16: prâcyâ (juhvâ) paridhîn anakti vasubhyas tveti madhyaṃ rudrebhyas tveti daxiṇam, âdityebhyas tvety uttaraṃ. Âp. 3, 5, 11: juhvâ paridhîn anakti vasubhyas tveti madhyam etc. Bhâr. 3, 5, 10: — juhvâ saṃsrâveṇa. — Hir. 2, 9, 8 fügt noch einen Mantra hinzu. Die einzelnen Sûtren unterscheiden sich so, dass Baudh. nach dem Auseinanderschaffen a) die Paridhi's salben, b) die 2 Löffel an ihren Platz bringen lässt, Âp. Bhâr. Hir. nach dem Auseinanderschaffen und Besprengen a) die Upabhṛit wieder heranbringen, b) die Löffel mit der Juhû salben und c) die Juhû nördlich vom Prastara bringen lässt (cf. Anm. 3), während Kât. selbst über das Zurückbringen der Löffel nichts bemerkt. In der oben gegebenen Darstellung folge ich der Paddh.; das Salben der Paridhi's begleitet der Opferer nach Âp. 4, 12, 3. Bhâr. 4, 15 a. E. mit vasûn devân yajñenâpipreṃ, rudrân d. y. a.; âdityân d. y. a.

3) Âp. 3, 5, 12: na prastare juhûṃ sâdayati. Bhâr. 3, 5, 11. Hir. 2, 9, — anyatra prastarâj juhûṃ sâdayitvâ —.

Sûktavâka.

Adhvaryu fasst den ersten Paridhi an und sagt oṃ3 śrâ3vaya.

Âgnîdhra: astu śrau3shaṭ.

Adhvaryu fordert den Hotṛi zum Hersagen des Sûktavâka mit folgenden Worten auf: „aufgefordert sind die göttlichen Hotṛi's zum bhadravâcya (zur günstigen Verkündigung); aufgefordert ist der menschliche zum Sûktavâka (zur Hymnenrecitation?). Die Sûkta's sage her" (brû3hi) [1]). Nach diesem Praisha fährt er fort: „o Himmel und Erde, seid (gegen ihn) eines Sinnes (samyag avagacchatam Mahîdh.); Mitra-Varuṇa sollen dich mit Regen fördern" und nimmt mit der Rechten den Prastara sammt dem Pavitra [2]); die beiden Vidhṛitihalme (s. S. 67) legt er wieder an die Stelle des barhis, von der sie weggenommen wurden und salbt hierauf den Prastara, oben, in der Mitte und unten; den oberen Theil in der Juhû, den mittleren in der Upabhṛit, das Ende in der Dhruvâ. Jedesmal sagt er dazu als Mantra: „wegfliegen (geniessen?) sollen die Vögel, indem sie an dem mit Butter besalbten lecken" [3]). Dann

---

1) Kât. 3, 6, 1: nachdem (der Adhvaryu) den ersten Paridhi genommen, oṃ3 śrâ3vaya gerufen hat, sagt er: „aufgefordert — sage her". Baudh. und die andern nehmen das Salben des Prastara (cf. Anm. 3) voraus, sonst stimmen sie mit Kât. im Wesentlichen überein z. B. Âp. 3, 6, 2: âśîna âśrâvya pratyâśrâvite saṃpreshyatîshitâ — sûktâ brûhîti. Bhâr. 3, 5, 13. Hir. 2, 9 a. E. 10, 1.

2) Kât. 3, 16, 3: mit „habet gemeinsam darauf Acht . . ." (V. S. 2, 16) erfolgt das Nehmen des Prastara. Âp. 3, 5, 10: saṃjânâthâṃ dyâvâpṛithivî — avatâm iti vidhṛitibhyâṃ prastaram apâdâya. Bhâr. 3, 5, 12. Hir. 2, 9, 9.

3) Kât. 3, 6, 4: die beiden Vidhṛiti's an ihre Stelle gebracht habend, salbt er (den Prastara) mit „wegfliegen sollen die Vögel . . ." (V. S. 2, 16). 5. die Spitze in der Juhû. 6. in der Upabhṛit die Mitte. 7. das Ende in der andern (der Dhruvâ). Baudh. vor der Aufforderung zur Recitation des Sûktavâka: 1, 19, 18: sruxu prastaram anakty, aktaṃ rihâṇâ iti juhvâm agrâṇi, viyantu vaya ity upabhṛiti madhyâni, prajâṃ yoniṃ mâ nirmṛixam iti dhruvâyâṃ mûlânîti; hierauf folgt das Entfernen eines Halmes, diesem der Sûktavâkapraisha. Âp. 3, 5, 10: barhishi vidhṛitî apisṛijya sruxu prastaram anakti. 6, 1: aktaṃ rihâṇâ iti juhvâm agraṃ, prajâṃ yonim ity upabhṛiti madhyaṃ, pṛithivyâm añxveti dhruvâyâṃ mûlam, evam punar, athâparaṃ pṛithivyai tveti dhruvâyâṃ mûlam, antarixâya tvety upabhṛiti madhyaṃ, dive tveti juhvâm agraṃ. Bhâr. unterscheidet sich von Â. durch die Wahl der Sprüche: 3, 5, 12: barhishi vidhṛitî apisṛijya s. p. a., aktaṃ rihâṇâ iti juhvâm agraṃ, viyantu vaya ity upabhṛiti madhyaṃ, prajâṃ yoniṃ mâ nirmṛixam iti dhruvâyâṃ mûlam, eva(ṃ) dvitîyam a . . . evaṃ tṛitîyam. Hir. 2, 9 b. v. a. s. p. a. aktaṃ rihâṇâ i. j. a., viyantu vaya i. u. m., prajâṃ yonim i. dh. m., evaṃ punar anakti | tṛitîye dhruvâyâm âdito mûlâny, upabhṛiti madhyâni, juhvâm antato 'grâṇi, divy añxvâ-

ergreift er den Sphya, sagt: „gehe zu den gescheckten Thieren der Maruts (in den Luftraum); zur gescheckten Kuh geworden gehe zum Himmel, von dort führe uns Regen her", und zieht den Prastara südlich und westlich von den Löffeln (welche wegen der in ihnen befindlichen Butter nach Kât. 1, 8, 31 sich dem Feuer näher befinden müssen, als der die Eigenschaft eines Gefässes habende Prastara) behufs seiner Darbringung zu dem Âhavanîya am Boden hin, gleichsam als haftete er auf demselben. Hierauf separirt er von ihm einen Halm [1]).

Hotṛi, zum Sûktavâka aufgefordert, sagt: „dies vollzog sich glücklich, o Himmel und Erde. Wir vollbrachten gut den Sûktavâka und Namovâka; möchten wir gut das Sûktavâcya [2]) vollbringen; o Agni, du bist des Sûkta Stimme (Pause) beim Herhören(?) [3]) von Himmel und Erde. Es seien o Opferer beide dir freundlich, Himmel und Erde bei diesem Opfer (Pause); die dem Hausstand wohlthuen,

---

ntarixe 'ñxva prithivyâm añxveti vâ. Hierauf folgt das Nehmen eines Halmes (siehe folg. Anm.), das Ergreifen des Prastara und Legen desselben in die Juhû. (Âp. 3, 6: — daxiṇottarâbhyâṃ pâṇibhyâṃ prastaraṃ gṛihîtvâ juhvâṃ pratishṭhâpya) darauf die Aufforderung zum Sûktavâka. Der Yajamâna begleitet das Salben des Prastara mit samañktâṃ barhir — yat svâheti. Âp. 4, 12, 4. Bhâr. 4, 15.

1) Kât. 3, 6, 8: nachdem er mit: „der Maruts . . ." (V. S. 2, 16) den Prastara unten hingezogen und einen Halm davon weggenommen hat (wirft er denselben ins Feuer nach; s. unten, da dies erst am Ende der Sûktavâka geschieht). Baudh. 1, 19, 19: atha prastarât triṇaṃ pracchidya juhvâṃ (prastaram) avadadhâti. Âp. 3, 6: âyushe tvety aktasya triṇam apâdâya, prajñâtaṃ nidhâya. Bhâr. 3, 5, 13. Hir. 2, 9. Wie in vor. Anm. angegeben ist die Reihenfolge in diesen Sûtren etwas verschieden. Âp. a) Entfernen des Prastara. b) Legen der zwei Vidhṛiti auf das barhis. c) Salben des Prastara. d) Wegnehmen eines Halmes. e) Wegnehmen des Prastara und Niederlegen desselben in die Juhû. f) Sûktavâkapraisha. Kât.: f a b c d.

2) Ueber diese Ausdrücke cf. den Comm. zu Taitt. Saṃh. 2, 6, 9 (S. 783): te vayaṃ sûktavâkam ârdhma, śraddhâlur ayaṃ yajamânaḥ, samyag anena havirdattam ityâdivâkyâni sûktâni, teshâṃ sûktânâṃ devair manushyair vâ vacanaṃ vâkas tadyathâ bhavati tathâ samṛiddhiṃ gatâḥ smaḥ | athavâ 'gnir idaṃ havir ajushatâvîvṛidhata maho jyâyo 'kṛita ity âdîni sûktâni teshâṃ vacanam atra yathâ bhavati tathâ vayaṃ ṛiddhiṃ gatâḥ | api ca namo devebhyo ity uktir namovâkaḥ, sa yathâ bhavati tathâ vayam ṛiddhiṃ prâptâḥ | he agne tvayâ sûktocyaṃ, yajamânaḥ samṛiddhaṃ havir dattavân ity etâdṛiśaṃ sûktaṃ vaktavyaṃ, tena vayaṃ ṛidhyâsma samṛiddhiṃ prâptâ bhûyâsmaḥ. Klar sind mir die Bezeichnungen nicht geworden. (cf. auch den Comm. zu Śat. Brâhm. S. 129, Z. 16 v. u.)

3) die Taitt. Saṃh. 2, 6, 9, 5 hat upaśṛitaḥ.

schnell spenden, furchtlos und verschwiegen sind, breite Weide besitzen und Furchtlosigkeit gewähren (Pause), die im Regenhimmel wohnen, die Wasser strömen lassen, freundlich sind und Wohlthaten gewähren, die an Milch und Labung reich sind, die gute Wege zum Wandeln unter sich, auf sich gewähren [1]). Mit deren Beistimmung (Pause): Agni nahm dies Opfer an und erfreute sich und schuf sich [2]) höhere Macht [3]). (Pause.)

Soma nahm dies Opfer an und erfreute sich und schuf sich höhere Macht [3]). (Pause.)

Agni nahm dies Opfer an und erfreute sich und schuf sich höhere Macht [3]). (Pause.)

(leise) {Agni-Soma / Vishṇu / Prajâpati} [4]) (laut) [5]) {nahm(en) dies Opfer an und erfreute(n) sich und schuf(en) sich höhere Macht [3]). (Pause.)}

{Agni-Soma (beim Vollmond) / Indra-Agni resp. Indra (Mahendra) (beim Neumond)} [6]) {nahmen dies Opfer an und erfreuten sich und schufen sich höhere Macht [3]). (Pause.)}

Die Devâ âjyapâḥ nahmen die Butter an und erfreuten sich und schufen sich höhere Macht [3]). (Pause.)

---

1) Śat. Brâhm. 1, 9, 1, 8: sûpacaraṇâha te 'sâv astu yâm adhastâd upacarasi svadhicaraṇo ta iyam astu yâm uparishṭâd adhicarasi.

2) Comm. zu Taitt. Saṃh. 2, S. 786 erklärt: âjyabhâgadevo 'yam agnir dattaṃ havir asevata, sevitvâ ca yajamânaṃ vardhitavân tasya ca yajamânasyâdhikaṃ tejaḥ kṛitavân | evaṃ somâdishu svishṭakṛidagniparyanteshu yojyaṃ. Ich ziehe vor das Âtm. auf Agni selbst zu beziehen; cf. auch den Comm. a. E. der Seite.

3) Hinter jeder Gottheit sagt nach Âp. Bhâr. (und Pray. B_1 und $_2$) der Opferer ein Anumantraṇa: Âp. 4, 12, 5: agner aham ujjitim anûjjyesham iti yathâliṅgaṃ sûktavâkadevatâ (yajamâno 'numantrayate). Bhâr. 4, 16.

4) siehe Seite 100. 5) Âśv. 1, 3, 14. 6) siehe Seite 112.

7) Âśv. 1, 9, 1: zum Sûktavâka aufgefordert, sagt er: „dies vollzog sich — mit deren Beistimmung"; nachdem er dort eine Pause gemacht und die Gottheit im Nom. genannt hat, fährt er ununterbrochen fort: „nahm dies havis an — höhere Macht". 2: ebenso die folgenden Gottheiten. 3. (der Dual:) „sie (beide) machten", (der Plur.:) „sie machten" (steht) je nach dem Sinn. 4. für den Upâṅśu ist es schon gesagt cf. 1, 3, 14. Śâṅkh. 1, 14: sûktâ brûhîty ukta idaṃ — sûktavâg asîty avasâya, upaśrutî — stâm ity avasâya, śaṅgayî abhayaṅkṛitâv ity avasâya, vṛishṭidyâvâ — âvidîty avasâyâ, 'gnir havir ajushatâvîvṛidhata — im folgenden nennt Śâṅkh. alle Götter mit Namen, in der Weise wie es oben ausgeführt und von Âśv. mit den hier übersetzten Sûtren allgemeinen Inhalts vorgeschrieben ist. Die Pausen in dem Sûktavâka sind vom Comm. zu Âśv. angegeben, der sich wohl auf Śâṅkh. stützt.

Agni nahm durch den Hotṛidienst dies Opfer an und erfreute sich und schuf sich höhere Macht.

Möchte er bei dieser Opferung, welche zu den Göttern geht, gedeihen. Dies erfleht der Opferer N. N. (gewöhnlicher Name), N. N.“ (Nâxatraname [1]) [2])). (Pause.) (Ist der Guru der Opferer, so soll er die beiden Namen leise sagen.) „Lebensalter erfleht er, Glück in der Nachkommenschaft erfleht er, Reichthum erfleht er, Ansehen bei der Umgebung erfleht er, eine folgende Götterverehrung [3]) erfleht er, ein reichlicheres Havisbereiten [4]) erfleht er, die Himmelswohnung erfleht er; alles, was ihm lieb, erfleht er; was er durch dies Opfer erfleht, möchte er das erlangen, darin Glück haben; das mögen ihm die Götter geben; das erfleht Gott Agni von den Göttern, wir Menschen von Agni“. (Pause.) „Was mit Yâjyâ's dargebracht ist und was mit agne vîhi dargebracht ist (oder was geopfert und genossen ist) (dieses) und Himmel und Erde sollen vor Bedrängniss uns schützen. Hierher sei der Weg (begehrenswerthen) Gutes, diese Verehrung sei den Göttern [5]) [6]).“ Am Ende dieses Sûktavâka vollzieht der

Y a j a m â n a (oder der Adhvaryu?) den Tyâga: „om3 idam agnaye somâyâgnaye (leise:) agnîshomâbhyâm resp. vishṇave resp. prajâpataye (laut:) agnîshomâbhyâm, resp. indrâgnibhyâm resp. indrâya (mahendrâya), devebhya âjyapebhyo agnaye hotrâya“ und der

A d h v a r y u wirft für diese Gottheiten mit der Juhû den Prastara (seine Spitzen nach Ost oder Nord richtend) in das Âhavanîyafeuer. Mit ihm zugleich wird beim Neumondsopfer, wenn dort eine Milchspende dargebracht wurde, der Zweig, welcher zum

---

1) So der Comm.; auch Pray. H. Ueber Nâxatranamen cf. Saṃskârakaustubha 98b. Weber, Naxatr. 2, 319. Ders. Ind. Stud. 9, 379.

2) Âp. 4, 12, 6: yadâ câsya hotâ nâma gṛihṇîyât tarhi (yajamâno) brûyâd: ema — dohakâmâ iti. Bhâr. 4, 16.

3) Comm. zu T. S. II, S. 787: uttarâ devayajyâ = kâlântarabhâvinî seyam ishṭiḥ.

4) ib. bhûyo havishkaraṇam = prabhûtasomayâgâdirûpam.

5) Bei dem Sprechen des Segens sagt auch der Opferer einen Mantra: Âp. 4. 12, 7: sâ me satyâśîr devân — ado ma âgacchatv iti sûktavâkasyâśîḥshu yat kâmayate tasya nâma gṛihṇâti.

6) Âśv. 1, 9, 5: nachdem er (alle) bis zum Ende der Götter, welche eingelegt werden (d. h. die Götter der Hauptspenden) der Reihe nach rasch genannt hat fährt er fort:) die devâ âjyapâḥ — erfleht der Opferer N.N.“; nachdem er dessen beide Namen, leise in der Nähe des Guru, genannt hat, sagt er: „Lebens-

Wegtreiben der Kühe diente, hineingeworfen. Sodann stösst der Adhvaryu den Prastara noch mit den Fingern ganz ins Feuer [1]).

Jetzt ist es nach Einigen Zeit, den Antheil des Yajamâna, wenn dieser verreist ist [2]), im Feuer darzubringen, Andere dagegen wünschen diese Darbringung erst dort, wo der Opferer im Fall seiner Anwesenheit diesen Antheil zu essen pflegt [3]). Ist der

---

alter — den Göttern". Nachdem Śâñkh. 1, 14 die Aufzählung der Götter mit „agnir hotreṇa havir ajushatâvîvṛidhata maho jyâyo 'kṛita" geschlossen hat, fährt er fort: asyâm — yajamâno 'sâvasâv iti nâmanî yajamânasyâbhivyâhṛityottarâṃ devayajyâm âśâste u. s. w., von Âśv. nur durch Kleinigkeiten z. B. die Umstellung einzelner Glieder unterschieden. Hierauf fügt er: nama upeti barhishy añjaliṃ nidhâya japati hinzu.

1) Kât. 3, 6, 8: — wirft er den Prastara nach. 13. am Ende des Sûktavâka. 4, 2, 42: mit dem Zweige zugleich geschieht das Nachwerfen des Prastara. 3, 6, 9: mit der Hand hilft er nach (âcarati). Es scheint damit gemeint, dass er den ins Feuer geworfenen Prastara recht in dessen Mitte rückt. Śat. Brâhm. 1, 8, 3, 18 sagt: tam añgulibhir yoyupyeran. Der Comm. zu Taitt. Saṃh. II, S. 740 erklärt yoyupanam mit viślishṭabhûtasyaikîkaraṇam. Baudh. 1, 19, 21: tam uparîva prâñcaṃ praharati, nâtyagraṃ praharati, na purastât pratyasyati, na pratiśṛiṇâti, na vishvañcaṃ viyauty ûrdhvam udyauty âpyâyantâm — erayeti. Âp. 3, 6, 3: anûcyamâne sûktavâke marutâṃ pṛishataya stheti saha śâkhayâ prastaram âhavanîye praharati, na svâhâkaroti, na vidhûnoti, nâvadhûnoti, na vixipati, na pramârshṭi, na pratimârshṭi, nânumârshṭi, nodañcaṃ praharet tiryañcaṃ hastaṃ dhârayan karshann ivâhavanîye praharati, na pratiśṛiṇâtîty uktaṃ, prathayitvâ prahared yaṃ kâmayeta stry asya jâyetety | âśîḥ prati prastaram avasṛijati ||7|| nyañcaṃ hastaṃ paryâvartayann agnîd gamayeti saṃpreshyati, trir añjalinâgnîdhro 'vishvañcam p. ûrdhvam udyauti rohitena tvâgnir devatâm gamayatv ity etaiḥ pratimantraṃ. Bhâr. 3, 6, 1: saha śâkhayâ prastaram uparîva prâñcam âhavanîye praharati rohitena tvâgnir devatâm gamayatv ity etair mantrair marutâṃ pṛishatayaḥ — erayeti ca, na pratiśṛiṇâti, nâtyagraṃ praharet, na purastât pratyasyej jihmam iva hastaṃ kṛitvâ nyañcam antato niyacchati | yatrâbhijânâty âśâste 'yaṃ yajamâno 'sâv iti (s. S. 126) tat prastaram apisṛijyâgnîd gamayeti, trir añjalinâgnîdhraḥ prastaram ûrdhvam udyauti na vishvañcaṃ viyutya. Hir. 2, 10, 3 ff. âpyâyantâm âpa oshadhaya ity adhvaryuḥ prastaraṃ śâkhâṃ cânupraharaty aktaṃ devânâm — gaccheti vâ | nâtyagram anudagram apratiśṛiṇann agraṃ, jihmam (Msc. ajihmam) iva hastaṃ dhârayan karshann iva nyañcam antataḥ paryâvartayati | âśâste 'yaṃ yajamâno 'sâv ity ucyamâne 'pisṛijya prastaram agnîd gamayeti saṃpreshyati | trir añjalinâgnîdhraḥ prastaram ûrdhvaṃ saṃyauti. Wenn der Prastara ins Feuer geworfen wird, begleitet dies der Opferer mit Mantren Âp. 4, 12, 8: rohitena tvâgnir devatâm gamayatv ity etaiḥ pratimantram agn... prastaraṃ prahriyamâṇam (yaj. anum° oder abhim°?); in meinem Bhâr.-Manuscript finde ich dies nicht erwähnt.

2) Kât. 3, 6, 10: und den Antheil des Opferers (opfert er mit der Hand,) wenn dieser verreist ist.

3) cf. Comm. zu 3, 6, 13 letzte Zeile und Kât. 3, 8, 30.

Opferer kein Brâhmaṇa, sondern ein Xatriya oder Vaiśya, so wird, mag er verreist sein oder nicht, sein Antheil geopfert und zwar, wie aus dem Mantra hervorgeht, dem Agni jâtavedas [1]). Als Mantra wird bei der Opferung dieser Antheile gesagt: „ich bin von dir, du bist von mir; hier mein Schooss bist du; dein Schooss bin ich; mein seiend schaffst du Raum im Himmel unter den Göttern, als Sohn unter der Manenwelt (?), o Jâtavedas. svâhâ!" [2]). Der Tyâga lautet: om3 idam agnaye jâtavedase.

Âgnîdhra (zum Adhvaryu): „wirf nach"!

Adhvaryu nimmt den vorher (S. 143) abgesonderten Halm, wirft ihn in das Âhavanîyafeuer nach, sagt: „ein Schützer des Auges bist du o Agni, schütze mein Auge" und berührt sich dann in der Gegend des Herzens, nach Andern (Vaidyanâtha) seine Augen. Darauf berührt er die Wasser (Kât. 1, 10, 14) [3]).

Śaṃyuvâka.

Âgnîdhra zum Adhvaryu: „saṃvadasva" (besprich dich mit mir)

Adhvaryu fragt den Âgnîdhra: agâ3n agnîd?" (ging er ein, o Âgnîdhra?)

Âgnîdhra antwortet: „agan" (er ging ein)

Adhvaryu: „oṃ3 śrâvaya". Âgnîdhra: „astu śrau3shaṭ"

Adhvaryu: Svagâ sei den göttlichen (!) Hotṛi's (oder göttliche Svagâ s. d. H.?), Svasti den Menschen; śaṃyor brû3hi [4]).

---

1) Kât. 3, 6, 11: für einen Xatriya und Vaiśya (ist das Opfern des Opferertheils) ständig.

2) Kât. 3, 6, 12.

3) Kât. 3, 6, 14: der Âgnîdhra sagt: wirf (den Halm) nach. 15. nachdem der Adhvaryu den Halm nachgeworfen hat, berührt er sich mit: „ein Schützer des Auges ..." (V. S. 2, 16). Die andern Sûtren und den Opferer siehe folg. Anmerkung.

4) Kât. 3, 6, 16: „besprich dich mit mir" „„ging er ein, o Agnîdh?"" „er ging ein" „„om śrâvaya"" „śraushaṭ" „„svagâ sei den göttlichen Hotṛi's, Svasti den menschlichen, sage das Śamyor"", davon sagen sie abwechselnd der Âgnîdhra „besprich dich mit mir", „er ging ein" „śraushaṭ", das übrige der andere. Das „Eingehen" bedeutet das Verbrennen des Prastara, in welchem der Opferer verkörpert ist und das dadurch bewirkte Eingehen desselben in das Himmelszelt. Erwidert der Âgnîdhra: „er ging ein", so heisst dies: wenn dies so ist, so kommt die Zeit für den Śamyuvâka und für das Hineinwerfen der Paridhi's; lasse daher den Hotṛi aufmerken. Der Comm. zu Kât. erklärt svagâ daivyâ hotṛibhyaḥ: svagâ svasthânagâmitvaṃ devebhyo hotṛibhyaḥ paridhiśarîrebhyo hûyantâṃ paridhaya ity arthaḥ. — brû3hi nach Pâṇ. 8, 2, 88.

Hotṛi: „um dies Heil bitten wir: einen Pfad für das Opfer, einen Pfad für den Opferherrn; göttliche Svasti sei uns, Svasti den Menschen. Aufwärts gehe das Heilmittel. Heil sei uns, dem zwei- und Heil dem vierfüssigen“ [1]). Zur Zeit des Śaṃyuvâka (Pray. B_1) wirft der

Adhvaryu mit der Hand die Paridhi's ins Âhavanîyafeuer nach; zuerst den mittleren mit den Worten: „welchen Paridhi du um dich legtest, als die Paṇi's o Gott Agni dich verbargen, diesen dir lieben werfe ich nach; nicht soll er sich von dir fort denken“; den südlichen und nördlichen Paridhi wirft er zugleich mit dem Spruch: „betretet Agni's lieben Ort“ ins Feuer [2]). Mit den

---

Baudh. sowie die übrigen Sûtren weichen von der bei Kât. beobachteten Reihenfolge etwas ab: 1, 19, 22: athâgnîdhram îxate 'gnîd iti, tam âhâgnîdhraḥ saṃvadasvety, agâ3n agnîd ity âhâdhvaryur, agann ity âhâgnîdhraḥ, śrâvayety âhâdhvaryuḥ, śraushaḍ ity âhâgnîdhra, idaṃ brûhîty âhâdhvaryur, anupraharety âhâgnîdhro, 'nupraharati svagâ — śaṃyor brûhîty athopotthâyâhavanîyam upatishṭhata âyushpâ agne 'sy âyur me pâhi caxushpâ agne 'si caxur me pâhîti | athemâm abhimṛiśati dhruvâsîti. Âp. 3, 7, 3: athainam âhâgnîdhro 'nupraharati. 4. yat prastarât tṛiṇam apâttaṃ tad anupraharati svagâ tanubhya ity. 5. etadetad iti trir aṅgulyâ nirdiśyâgnim abhimantrayata âyushpâ agne 'sy âyur me pâhîti. 6. dhruvâsîty antarvedi pṛithivîm abhimṛiśati. 7. athainam âhâgnîdhraḥ —; hier folgt das mit śaṃyor brûhi endende Zwiegespräch. Den Befehl zum śaṃyuvâka gibt er, indem er den mittleren Paridhi anfasst. Bhâr. 3, 6, dessen Text ich nicht correct wiedergeben kann, verbindet mit dem Befehl „anuprahara“ den „saṃvadasva“, lässt darauf das Nachwerfen des Halmes, das Berühren der prâṇâyatanâni und der Erde folgen, dann den Rest des Zwiegesprächs. Hir. 2, 10, 6: anuprahareti sampreshyati. 7. svagâ tanubhyaḥ svâheti prastarasya tṛiṇam apâttam âgnîdhro 'nupraharati. 8. etadetad iti trir aṅgulyânvavadiśati. 9. âyushpâ agne 'sy âyur me pâhîti yathârûpaṃ prâṇâyatanâni sammṛiśati. 10. dhruvâsîtîmâm abhimṛiśati. 11. saṃvadasvety âgnîdhraḥ etc. Nach Âp. 4, 12, 10, Bhâr. 4, 16 ist der Opferer beim Hineinwerfen des Halmes betheiligt. Âp. divaḥ khîlo — ahaṃ śucam iti prastaratṛiṇe prahriyamâṇe. Ebenso Bhâr. purastâdapâttaṃ tṛiṇam anuprahriyamâṇam anumantrayate divaḥ khîlo — śucam iti.

1) Âśv. 1, 10, 1: zum Śaṃyuvâka aufgefordert, sagt er nach Anuvâkyâweise und ohne om: „tacchaṃyor âvṛiṇîmahe“ (T. S. 2, 6, 10, 2. Brâhm. 3, 5, 11) her. „Nach Anuvâkyâweise“ hat dem Commentar zufolge den Zweck Monotonie herzustellen. Śâṅkh. 1, 14 — tacchaṃyor iti śaṃyorvâkam uktvopaspṛiśya —.

2) Kât. 3, 6, 17: die Paridhi's wirft er nach; mit: „welchen Paridhi ..“ (V. S. 2, 17) den ersten; die beiden andern mit: „Agni's lieben ...“ (V. S. 2, 17) zusammen. Baudh. 1, 19, 25: madhyamaṃ paridhim anupraharati yaṃ paridhim — apacetayâtâ iti. 26. athetarâv upasamasyati yajñasya pâthaḥ samitam iti. Âp. 3, 7: anûcyamâne śaṃyuvâka âhavanîye paridhîn praharati yaṃ pa-

Paridhi's zusammen wirft er beim Neumondsopfer den Upavesha ins Feuer, nachdem er gesagt: „ich opfere dich o reicher, dass ich Reichthum erlange, immer wieder häufig gerufener, indem ich nach Ruhm verlange" [1]).

Es folgt die

Saṃsrava-Âhuti
(an die Viśve devâḥ).

Adhvaryu ergreift mit beiden Händen Juhû und Upabhṛit, sagt: „euer Antheil (o Viśve devâḥ), die ihr, durch diese Speise gross, auf dem Prastara euch befindet und wie Paridhi's herumzulegen seid (paridheyâḥ = paridhibhavâḥ Comm.) sind die Neigen; indem ihr alle diese Rede preiset („dieser Opferer verehrt insgesammt" solches unter allen Göttern berichtet Comm.) lasst euch nieder auf die Opferstreu und erfreut euch. Svâhâ! Vaṭ!"

Nachdem er dies gesprochen und der

Yajamâna den Tyâga mit om3 idaṃ viśvebhyo devebhyaḥ vollzogen hat, opfert der

Adhvaryu die Neigen (Saṃsrava) im Âhavanîyafeuer [2]). Hier-

---

ridhiṃ paryadatthâ iti madhyamaṃ yajñasya pâtha upasamitam itîtarâv, uttarârdhyasyâgram aṅgâreshûpohati, yajamânaṃ prathateti paridhîn abhimantrya. Bhâr. 3. 6: (arvâñcam uttarârdham aṅgâreshûpohati). Hir. 2, 10, 14 flg. Aus dem Opfererabschnitt vgl. Âp. 4, 12: vi te muñcâmîti paridhishu vimucyamâneshu (yaj. abhim° oder anum°). Bhâr. 4, 18: paridhishu hriyamâṇeshv âhavanîyam abhimantrayate. — Beide lassen darauf die Vorschrift über ein Abhimantraṇa beim Śaṃyuvâka folgen: Âp. vishṇoḥ śaṃyor iti śaṃyuvâke, yajña namas te — upa te nama iti ca. Bhâr. śaṃyuvâkam abhimantrayate vishṇoḥ śaṃyor aham — gameyam iti.

1) Kât. 4, 2, 43: mit den Paridhi's zugleich opfert er den Upavesha mit: „ich opfre dich — nach Ruhm verlange".

2) Kât. 3, 6, 18: die beiden Löffel nimmt er; mit: „euer Antheil sind die Neigen . . ." (V. S. 2, 18) opfert er die Saṃsrava's. Saṃsrava wird vom Comm. zu Vâj. Saṃh. 2, 17 mit vilînam âjyam erklärt. Der Comm. zu Taitt. Saṃh. 1, 1, 13 (S. 238, Z. 5) sagt: juhûpabhṛidbhyâṃ sicyamâna âjyaśeshaḥ saṃsrâvaḥ. Dass dies der Name bedeutet, erklären die Ausdrücke in den folgenden Sûtren: Baudh. 1, 19, 25: athainânt (die ins Feuer geworfenen Paridhi's) saṃsrâveṇâbhijuhoti 26. juhvâm upabhṛitaṃ sampraśrâvayati saṃsrâvabhâgâḥ — mâdayadhvaṃ svâheti. Der auf Baudh. zurückgehende Pray. B_1 u. $_2$. sagt: B_1: prabhṛitân paridhîn juhvâśrâvitopabhṛitâjyasahitena jauhavenâbhijuhoti. B_2: juhvâm upabhṛitaṃ saṃsrâvya saṃsrâveṇa paridhîn abhijuhoti. Âp. 3, 7: yajamânaṃ prathateti paridhîn abhimantrya juhvâm upabhṛito 'gram avadhâya saṃsrâvabhâgâ iti saṃsrâveṇâbhijuhoti. Bhâr. 3, 6: juhvâm upabhṛito mukham avadhâya saṃsrâvabhâgâ — bṛihanta iti. Ebenso

auf legt er die beiden Löffel, wenn er bei der Entnahme der Haviskörner dieselben vom Wagen genommen hat, auf dessen Deichsel ¹), wozu er den Spruch: „schmalzreich seid ihr ²); beschützt die, welche an der Deichsel gehen; ihr seid freundlich, bringt mich in Freude" recitirt. Hat er dagegen die Körner aus der Schüssel genommen, so legt er zuvor den Sphya auf den Nordaṅsa mit der Spitze nach Norden und darauf die beiden Löffel mit dem nämlichen Spruch (cf. Paddh. und die andern Sûtren)³) in der Weise, dass ihre Spitze nach Osten gerichtet ist. Hierauf berührt der

Opferer (Mah. u. Paddh.) oder der Adhvaryu (Karka) die Vedi mit Unterfassung des Sphya und mit dem Spruch: „o Opfer, Verehrung dir und Mehrung ⁴). Gewinne den Abschluss in einer glücklichen Vollziehung⁵); gewinne den Abschluss für mich in correct vollzogener Opferung (svishṭe)" ⁶). Hierauf werden die

---

Hir. 2, 10 a. E. yajamânaṃ prathateti sarvân anumantrayate | jubvâ bila upabhṛito 'gram avadbâya saṃsrâvabhâgâ iti srucau prasrâvayati. Nach allen dreien essen die Priester hier „havihṣeshân". Hir. fügt „ukte śaṃyuvâke" hinzu. cf. S. 134, Anm. 2. Nach Âp. Bhâr. sagt der Opferer über die geopferten Saṃsrâva's ein Anumantrana. Âp. 4, 12: ishṭo yajño — âgamer (V. S. 18, 56) iti saṃsrâvam hutaṃ (yaj. anum.). Bhâr. 4, 18: saṃsrâvabhâgân ishtân (yaj.) anumantrayata ishṭo yajño — âgamyâd iti yat kâmayate tasya nâma gṛihṇâti.

1) Paddh.: anaḍuhor yojanasthâne.
2) Mahîdh.: ghṛitam añcataḥ prâpnutaḥ.
3) Kât. 3, 6, 19: mit: „schmalzreich seid ihr ..." (Vâj. Saṃh. 2, 19) legt er (die beiden Löffel) auf die Deichsel, wenn das Nehmen (des Havis) im Wagen, 20. auf den Sphya, wenn es in der Pâtrî (stattfand). Baudh. 1, 19, 29: atha pradaxiṇam âvṛitya pratyañ â̂drutya dhuri srucau vimuñcaty agner vâm — pâtam (Taitt. Saṃh. 1, 1, 13 ᵖᵠʳ) iti. 30. yady u vai nâno bhavaty utkara evaine sphye vimuñcaty etenaiva mantreṇa. Âp. Bhâr. Hir. lassen zuvor die Priester ihren Weg hinter das Gârhapatyafeuer behufs Darbringung der Patnîsaṃyâja's zurücklegen (s. S. 151, Anm. 1.2) und erst dann den Adhvaryu die obige Handlung mit den Löffeln vollziehen. Âp. 3, 8: agner vâm apannagṛihasya sadasi sâdayâmîti kastambhyâṃ srucau sâdayitvâ dhuri dhuryau pâtam iti yugadhuroḥ prohati (er theilt also den Spruch) | yadi pâtryâṃ nirvaped etâbhyâm eva yajurbhyâṃ sphye srucau sâdayet. Bhâr. 3, 7. Hir. 2, 11.
4) upa = upacayo vṛiddhiḥ. Dementsprechend könnte man namas auch mit Verringerung wiedergeben. Der Comm. deutet diese Auffassung an.
5) So übersetze ich „śive samtishṭhasva". Mahîdh. sagt: anyûnâtiriktam yajñaṃ kurv ity arthaḥ | yad. vai yajñasyânyûnâtiriktam tacchivaṃ tena tad ubhayaṃ śamayatîti śruteḥ. Die Wahl des Wortes śiva ist also eine Art śânti.
6) Kât. 3, 6, 21: mit „o Opfer, Verehrung dir ..." (Vâj. Saṃh. 2, 19) fasst er die Vedi an. (Aus Kât. geht nicht hervor, dass es der Opferer thut. Die Paddh., welche sich auf den Inhalt des Spruches beruft, und Mahâd. lassen es diesen vollziehen. Mahâd. zufolge ist dies ein Nebenglied des Śaṃyu).

F. Vier Patnîsaṃyâja's

(für Soma, Tvashṭṛi, Devânâṃ patnyaḥ und Agni Gṛihapati) dargebracht.

Hotṛi nimmt den Veda, welchen ihm nach Âśv. Baudh. der Adhvaryu gibt, mit „Veda bist du, möchte ich als Veda kundig sein", und steht auf, nachdem er gesagt hat: „mit dem Leben, mit dem eignen Leben, mit dem Saft der Pflanzen, mit den Wohnungen des Parjanya stand ich auf, zu den Unsterblichen hin" [1]).

Adhvaryu wäscht die mit Butter besalbte Juhû und den Sruva zuvor ab und nimmt dann diese, der

Âgnîdhra nimmt die Âjyasthâlî. Darauf gehen alle, zuerst der Âgnîdhra nach Westen zum Gârhapatyafeuer, um dort die Patnîsaṃyâja's zu vollziehen. Dem Adhvaryu stehen hierzu mehrere Wege frei. Entweder er geht zwischen Gârhapatya und Daxiṇa hindurch oder er umschreitet im Osten den Âhavanîya und geht südlich vom Vitâna also auch vom Daxiṇa oder drittens, er nimmt seinen Weg hinter dem Gârhapatya (Comm. apareṇa, Paddh. uttareṇa) herum auf der Innen- oder auf der Aussenseite der Frau des Opferers, welche im SW. vom Gârhapatya sitzt (d. h. zwischen ihr und dem Feuer oder nicht). Alle drei Priester lassen sich hinter dem Gârhapatya, die Kniee aufrecht, nieder, der Adhvaryu vor der Frau, im Süden, sein Gesicht nach NO. gerichtet und das rechte Knie gebeugt, der Âgnîdhra im N. mit dem Gesicht nach S., der Hotṛi in der Mitte (so Âp.) [2]).

---

1) Âśv. 1, 10, 2: den Veda gibt ihm der Adhvaryu. (Nach dem Comm. nimmt er ihn aber auch selbst, wenn er ihm nicht gegeben wird). 3. den nehme er mit: „Veda — kundig sein". 4. Nachdem er mit: „mit dem Leben . ." aufgestanden ist —. Kât. 3, 6, 22: den Veda erfasst der Hotṛi, die Sruc und den Sruva der Adhvaryu, die Âjyasthâlî der Âgnîdhra. Baudh. 1, 20, 1: athâdatte daxiṇenâjyasthâlîṃ savyena juhûṃ hotre vedaṃ pradâya. Âp. 3, 8, 1: âjyalepân praxâlya sasruve juhûpabhṛitâv adhvaryur âdatte, vedaṃ hotâ, sphyam âjyasthâlîm udakamaṇḍaluṃ câgnîdhraḥ. Bhâr. 3, 7. Hir. 2, 11, 1 etwas in der Vertheilung der Löffel verschieden; den Sphya lässt derselbe ganz weg.

2) Kât. 3, 7, 1: für die Patnîsaṃyâja's gehen sie zum Gârhapatyafeuer. 2. der Adhvaryu ist südöstlich zum Gârhapatya gegangen. 3. (oder) östlich. 4. (oder) westlich, nach einigen auf der Innenseite der Gattin. Das Śat. Br. bekämpft einige dieser Wege (1, 9, 2, 2). 5. nachdem er sich niedergelassen und das rechte Knie gebeugt hat. 6. So überall bei Homa's, die er sitzend vollzieht (1, 2, 7). Baudh. 1, 20, 1 — pradaxiṇam âvṛitya pratyañcâv âdra-

I. Patnîsaṃyâja für Soma.

Adhvaryu nimmt den Veda und sagt (leise:)[1]) „somâya"[2]) (laut:) „anubrû3hi".

---

vataḥ. 2. daxiṇenâdhvaryur gârhapatyaṃ parikrâmaty, uttareṇa hotâ. 3. tau jaghanena gârhapatyaṃ paśćâtprâñćâv upaviśato daxiṇa evâdhvaryur, uttaro hotâ. Hierzu füge ich aus dem Comm. fol. 32a hinzu: vediṃ gârhapatyaṃ câunder daxiṇenâdhvaryuḥ, u. h. | tau jaghanena gârhapatyaṃ paśćâd iti koṇanivṛittyarthaṃ | prâñcau prâñmukhau und aus Pray. B_1: adhvaryur — daxiṇena padâ gârhapatyânvâhâryapacanayor madhye gatvâ patnîgârhapatyayor api madhyena gatvâ gârhapatyasya paśćâd ûrdhvajânur upaviśati und der Hotṛi: gârhapatyasyottarataḥ parikramyâdhvaryor uttarato (conjicirt) jaghanena gârhapatyaṃ prâñmukha ûrdhvajânuḥ. — Vom Âgnîdhra heisst es später in B_2: „sasphyenordhvajânunottarato daxiṇâbhimukhenâgnîdhreṇa". Âp. 3, 8: âgnîdhraprathamâḥ patnîḥ saṃyâjayishyantaḥ pratyañco yanty agreṇa gârhapatyaṃ daxiṇenâdhvaryuḥ pratipadyata uttareṇetarau. Bhâr. 3, 7. Hir. 2, 11. Jetzt erst lassen die letztgenannten drei die beiden Löffel auf die Deichsel oder den Sphya legen cf. S. 150, Anm. 3. Darauf heisst es bei Âp. srugbhyâṃ sruvâbhyâṃ vâ patnîḥ saṃyâjayanti, vedam upabhṛitaṃ kṛitvâ juhvâ sruveṇa cety eke 'pareṇa gârhapatyam ûrdhvajñava âsînâ dhvânenopâṅśu vâ patnîḥ saṃyâjayanti daxiṇâdhvaryur uttarata âgnîdhro madhye hotâ. Bhâr. 3, 7. Hir. 2, 11. Dass am Gârhapatya die Patnîsaṃyâja's vollzogen werden, schreibt auch Âśv. 1, 10, 4 und Śâñkh. 1, 15, 1 vor.

1) Kât. 3, 7, 7: leise gehen sie (mit den Patnîsaṃyâja's) vor. 8. wo „vorgehen" (caraṇa) steht, dort wird alles leise gesprochen. 9. Sonst nur der Name der Gottheit. Ueber das leise Sprechen bemerkt Mahâd. auf Grund der Smṛiti: „leise die Mantra's aussprechend, soll er nur wenig die Lippen bewegen; etwas soll er selbst das Wort verstehen; dies ist als Upâṅśu in der Smṛiti gelehrt". Dass die Befehle laut zu sprechen sind ergibt sich aus Kât. 1, 3, 11. Âp. Paribh. bei Müller 10. Baudh., welcher in der Anordnung sich durch jedesmalige Vorausnahme des Butterschöpfens unterscheidet, führt einzeln aus, wo leise oder laut zu sprechen ist. 1, 20, 4: athâdhvaryur vedam upabhṛitaṃ kṛitvâ catura âjyasya gṛihṇâna âha somâyety upâṅśv anubrûhîty uccair âśrâvyâha somam ity upâṅśu yajety uccair vashaṭkṛite juhoti. In gleicher Weise führt er die Tvashṭṛi gehörige Âhuti an; bei den diesen folgenden Devânâṃ patnîḥ ist die von mir benutzte Handschrift nicht correct, es folgt darauf die ebenso wie bei Soma und Tvashṭṛi lautende Darstellung des Opfers für Agni Gṛihapati: atha catura âjyasya gṛihṇâna âhâgnaye gṛihapataya ity upâṅśv anubrûhîty uccair âśrâvyâhâgniṃ gṛihapatim ity upâṅśu yajety uccair vashaṭkṛita uttarârdhapûrvârdhe, 'tihâya pûrvâ âhutîr, juhoti. Âp. 3, 8: dhvânenopâṅśu vâ patnîḥ saṃyâjayanti — âjyena somatvashṭârâv ishṭvâ jâghanyâ patnîḥ saṃyâjayanty âjyasya vâ yathâgṛihîtena | somâyânubrûhi somaṃ yajeti sampraishâv | uttarârdhe juhoty | evam itarâṅs tvashṭâraṃ ||9|| devânâṃ patnîr agniṃ gṛihapatim iti | daxiṇatas tvashṭâram uttarato vâ, madhye 'gniṃ gṛihapatim, âhavanîyataḥ pariśrite devapatnîr apariśrite vâ. | Bhâr. 3, 7 ist sachlich nicht wesentlich von Âp. verschieden, in sofern ist er ausführlicher als er die Handlungen des Adhvaryu bei jedem Saṃyâja wiederholt; für Soma lässt er daxiṇârdhe,

Hotṛi (leise:) â pyâyasva sam etu te viśvataḥ soma vṛishṇyaṃ bhavâ vâjasya saṃgath — (laut) oṃ3 [1]).

Adhvaryu, welcher nach den Worten „somâyânubrûhi" viermal Butter[2]) aus der Âjyasthâlî [3]) in die Juhû genommen hat, sagt „oṃ3 śrâ3vaya".

Âgnîdhra „astu śrau3shaṭ".

Adhvaryu (leise:) Somaṃ (laut:) yaja.

---

für Tvashṭṛi uttarârdhe opfern; und fügt hinzu, dass bei einigen „uttarataḥ somaṃ yajati, daxiṇatas tvashṭâram". Am knappsten hält sich Hir. 2, 11: dhvânenaiva srugbhyâṃ patnîḥ saṃyâjayanti vedaṃ copabhṛitya patnyâm anvârabdhâyâm uttarârdhe s. yajati, daxiṇârdhe tvashṭâraṃ tâv antareṇetarâ yajati, pariśrite devânâṃ patnîr yajaty apariśrite vâ. Śâṅkh. 1, 15, 1 upâṅśu — caranti.

2) In den vier Namen stimmen, ebenso wie in der Reihenfolge derselben alle Sûtren überein. Kât. 3, 7, 10. Âśv. 1, 10, 4. Śâṅkh. 1, 15, 1 etc.

1) Âśv. 1, 12, 1: (Anuvâkyâ für Soma) „schwill an von Saft, in dich geh ein (o Soma, alle Stieresmacht. Sei da, wo Kraft zusammenströmt". (ṚV. 1, 91, 16). (Yâjyâ für denselben) „dir mögen zugehn alle Tränk und Speisen (und Stiereskräfte, dir, dem Feindbezwinger, zum Göttertrank, o Soma, kräftig schwellend, nimm in Besitz den höchsten Ruhm im Himmel". ṚV. 1, 91, 18). (Anuvâkyâ für Tvashṭṛi:) „hierher den erstgebornen Tvashṭar (den allgegestalt'gen rufe ich; nur uns allein gehör' er an". ṚV. 1, 13, 10 (Yâjyâ:) „diesen unsern Samen, welcher Frucht verschafft (o du Gott Tvashṭar lass uns huldreich strömen, durch den ein Sohn, ein thät'ger wohlgesinnter, ein Kelterer und Götterfreund entspringe". ṚV. 3, 4, 9). Zwei Verse (als Anuvâkyâ und Yâjyâ für die devânâṃ patnîḥ:) „der Götter Frauen mögen gern uns hilfreich sein, zu Kinderschar und reichem Gut verhelfen uns; die ihr auf Erden und im Dienst der Wasser steht, o schenkt uns Schutz, Göttinnen, die ihr gern erhört". Yâjyâ für diese: „die gottvermählten Frauen mögen kommen, Indrâṇî, Agnâni, Aśvinî die Königin, die Welten beide, Varuṇâṇî hör uns, sie all' und, die der Weiber Zeiten regelt". ṚV. 5, 46, 7. 8). (Anuvâkyâ für Agni Gṛihapati:) „Agni ist Hotṛi, des Hauses Herr, er König, (der Wesenkenner kennt alle Wesen. Der unter Göttern und der unter Menschen am besten opfert, opfre nun, der heil'ge". ṚV. 6, 15, 13). (Yâjyâ für denselben:) „er ist uns ew'ger Vater, Opferführer (uns schön zu schaun, gewaltig, hell erstrahlend. O strahl uns Labung her, die lieb dem Hausherrn und miss uns zu o Agni schöne Güter". ṚV. 5, 4, 2). Dies sind die Patnîsaṃyâja's. (Uebersetzung nach Grassmann). Śâṅkh. 1, 15 citirt dieselben Verse mit Ausnahme der Yâjyâ für Agni Gṛihapati, welche „vayam u tvâ gṛihapate" (ṚV. 6, 15, 19) lautet.

2) Dass die Patnîsaṃyâja's mit Butter dargebracht worden, ergibt sich bei Kât. daraus, dass ein andrer Stoff nicht erwähnt ist (1, 8, 38); Âśv. schreibt âjya ausdrücklich für sie vor in 1, 10, 4, die andern Sûtren siehe S. 152, 1.

3) Die Âjyasthâlî selbst, nicht wie früher die Dhruvâ (nach Kât. 1, 8, 40, wo Butter aus der Dhruvâ nur für die am Âhavanîya vollzogenen Yajati's vorgeschrieben wird).

Hotṛi: ye3 yajâmahe (leise:) somaṃ | saṃ te payâṅsi sam u yantu vâjâḥ saṃ vṛishṇyâṅy abhimâtishâhaḥ | âpyâyamâno amṛitâya soma divi śravâṅsy uttamâni dhishvâ3, (laut:) vau3shaṭ. Darauf wie früher das Anumantraṇa: vâg ojo — prâṇâpânau (Âśv. 1, 5, 17).

Yajamâna vollzieht leise (?) den Tyâga: om3 idaṃ somâya[1]), und bei oder nach dem Vaushaṭruf schüttet der

Adhvaryu in gewöhnlicher Weise die Spende ins Gârhapatyafeuer[2]). [Nach Âp. Bhâr. sagt der Opferer hierüber ein Anumantraṇa][3]).

II. Patnîsaṃyâja für Tvashṭṛi.

Adhvaryu (leise:) tvashṭre (laut:) anubrû3hi.

Hotṛi (leise:) iha tvashṭâram agriyaṃ viśvarûpam upahvaye | asmâkam astu keval — (laut:) om3.

Adhvaryu, Âgnîdhra wie vorher. Adhvaryu (leise:) Tvashṭâraṃ (laut:) yaja.

Hotṛi (sagt die Yâjyâ; laut:) ye3 yajâmahe (leise:) tvashṭâraṃ | tan nas turîpam adha poshayitnu deva tvashṭar vi rarâṇaḥ syasva | yato vîraḥ karmaṇyaḥ sudaxo yuktagrâvâ jâyate devakâmâ3[4]) vau3shaṭ. Darauf das Anumantraṇa: vâg — °pânau.

Yajamâna vollzieht den Tyâga: om3 idaṃ tvashṭṛe.

Adhvaryu thut wie oben [und der Opferer sagt nach Âp. Bhâr. sein Anumantraṇa], siehe Anm. 3.

III. Patnîsaṃyâja für die Devânâṃ patnyaḥ.

Adhvaryu macht östlich vom Gârhapatya eine Verhüllung mit einer Matte[5]) oder etwas ähnlichem und die Gattin fasst den Adh-

---

1) Pray. B_1 u. $_2$ führen den Tyâga immer nach der Spende an. Für meine Darstellung berufe ich mich auf die S. 85,$_4$ citirten Aussprüche der Smṛiti. Auch glaube ich bestimmt, dass aus dieser Stellung im Prayoga nicht hervorgeht, dass der Tyâga später sei.

2) Die andern Schulen geben für die einzelnen Spenden verschiedene Stellen an; siehe Anm. 1 auf Seite 152.

3) Âp. 4, 13, 1: somasyâham — dhishîyeti (Taitt. Saṃh. 1, 6, 4[a]) yathâliṅgaṃ patnîsaṃyâjân hutaṃhutam (anu°). Bhâr. 4, 19.

4) Nach Âśv. 1, 5, 12 wird aus devakâma3s devakâmâ3.

5) Kât. 3, 7, 11: beim dritten (Patnîsaṃyâja) macht er eine Verhüllung (antardhânam) im Osten. cf. S. 21[v]. u. Müller, l. c. Seite XXXVIII.

varyu an[1]) (oder wenn sie nicht da ist, dann irgend jemand). Darauf sagt dieser (leise:) devânâm̱ patnîbhyo (laut:) anubrû3hi.

Hotṛi (leise:) devânâm̱ patnîr uśatîr avantu naḥ prâvantu nas tujaye vâjasâtaye | yâḥ pârthivâso yâ apâm api vrate tâ no devîḥ suhavâḥ śarma yachat — (laut:) om̱3.

Adhvaryu, Âgnîdhra wie sonst. Darauf der Adhvaryu (leise:) devânâm̱ patnîr (laut:) yaja.

Hotṛi: (laut:) ye3 yajâmahe (leise:) devânâm̱ patnîr | uta gnâ vyantu devapatnîr indrâṇy agnâyy aśvinî râṭ | â rodasî varuṇânî śṛiṇotu vyantu devîr ya ṛitur janînâ3m̱, (laut:) vau3shaṭ; darauf: vâg —.

Yajamâna vollzieht den Tyâga: om3 idam̱ devânâm̱ patnîbhyaḥ und der

Adhvaryu thut wie oben, (betreffs des Anumantraṇa siehe S. 154, Anm. 3). Hierauf schafft er die Hülle mit der Hand fort und die Gattin lässt ihn los.

Eventuell einzuschiebende Patnîsam̱yâja's.

Vor dem vierten Patnîsam̱yâja können nun, im Fall der Opferer den Wunsch nach Nachkommenschaft hat, noch einige Spenden an andre Gottheiten eintreten; doch weichen die einzelnen Schulen hier nicht unwesentlich ab. Kât. erwähnt dies gar nicht, Âśv. nennt Râkâ, Sinîvâlî und Kuhû als Göttinnen, denen ein nach Nachkommenschaft Verlangender Opfer darzubringen hat, Śâñkh. lässt die dritte fort, Âp. Bhâr. Hir. verbinden nur mit der ersten den Wunsch nach Nachkommenschaft und zwar nach männlicher, mit der zweiten dagegen den nach Vieh und mit der dritten den nach Wohlstand (pushṭi). Auch über den Platz für diese Spenden sind abweichende Ansichten vorhanden[2]). Ich ziehe im folgenden der Kürze halber die natürlich gesondert zu bringenden zusammen:

1) Kât. 3, 7, 12: die Gattin (oder, fehlt sie, dann) fasst (irgend jemand beim dritten P.) den Adhvaryu an.

2) Âśv. 1, 10, 6: Nun nach Nachkommenschaft verlangend soll er „Râkâ, Sinîvâlî, Kuhû" vor Gṛihapati verehren. Śâñkh. 1, 15: râkâsinîvâlyau prajâkâmasya purve gṛihapater (yajati). In meiner Baudh.-Abschrift sind dieselben nicht erwähnt; vielleicht beruht dies auf einer Auslassung in der von mir benutzten Handschrift, welche hier überhaupt Lücken zeigt; denn die auf Baudh. zurückgehenden Pray. B_1 u. $_2$ nennen für einen Nachkommenschaft Verlangenden nicht nur diese drei, sondern auch Anumati. Âp. 3, 9: râkâm̱ putrakâmo yajeta, sinîvâlîm̱ paśukâmaḥ, kuhûm̱ pushṭikâmo, nityavad eke samâmananti, purastâd devapatnîbhya etâ eke samâmananty uparishṭâd vâ. Bhâr. 3, 7 verbin-

Adhvaryu: (leise:) a) râkâyâ, b) sinîvâlyâ, c) kuhvâ, [d) anumatyâ] (laut:) anubrû3hi.

Hotṛi sagt die Anuvâkyâ: a) für Râkâ (leise:) râkâm ahaṃ suhavâṃ sushṭutî huve śṛiṇotu naḥ subhagâ bodhatu tmanâ | sîvyatv apaḥ sûcyâchidyamânayâ dadâtu vîraṃ śatadâyam ukthy — (laut:) oṃ3 [1]).

b) für Sinîvâlî: (leise:) sinîvâli pṛithushṭuke yâ devânâm asi svasâ | jushasva havyam âhutaṃ prajâṃ devi didiḍḍhi (laut:) noṃ3 (aus nas — om).

c) für Kuhû: (leise:) kuhûṃ suvṛitam ahaṃ vidmanâpasam asmin yajñe suhavâṃ johavîmi | sâ no dadâtu śravaṇaṃ pitṛîṇâṃ tasyai te devi havishâ vidhem — (laut) oṃ3.

[d) für die Anumati: (leise:) anu no 'dyâ 'numatir yajñaṃ

---

det dieselben drei Götter mit denselben Wünschen, führt aber die einzelnen Functionen des Adhvaryu (râkâyâ anubrûhîti sampreshyati etc.) aus und lässt diese drei Spenden der für die Götterfrauen vorangehen. Hir. 2, 11: râkâṃ putrakâmo yajeta, s. p., k. p. (wie Âp.) purastâd devânâṃ patnîbhyo râkâsinîvâlyâv eke samâmananti.

1) Âśv. 1, 10, 7: „(die gern erhört) die Râkâ (ruf) ich (mit Gesang, es höre uns die reiche und beacht uns recht. Sie näh ihr Werk und nie zerbrech die Nadel ihr, sie schenk den Mann, der viel besitzt und Lob verdient". ṚV. 2, 32, 4. „Mit reichen Gaben, die dir, Râkâ, eigen sind, durch die du Güter dem Verehrenden verleihst, mit denen komme heut uns wohlgesinnt herbei, o reiche du, uns schenkend tausendfaches Gut"). „(Breitflechtige) Sinîvâli (die du der Götter Schwester bist, geniess den dargereichten Trank und schenk uns, Göttin, Kinderschar". ṚV. 2, 32, 6. „die schön an Fingern, schön an Arm, die leicht gebiert, die viel gebiert, der Hausfrau, der Sinîvâlî, ergiesset euern Opfertrank". 7. „Die Kuhû ich . . ." dies sind je zwei und zwei die Yâjyâ- und Anuvâkyâverse. — Den für Kuhû habe ich dort nicht ganz ausgeführt, weil Âśv. ihn selbst in dem folgenden Sûtra als nicht im ṚV. befindlich ganz citirt. Er lautet Âśv. 1, 10, 8: „die Kuhû, die trefflich gehende, mit Wissen wirksame (viditakarmâṇam Comm. zu Taitt. Saṃh.) rufe ich an bei diesem Opfer, die guten Anruf besitzende. Sie verleihe uns der Väter guten Ruf. Möchten wir dich, die so beschaffen, mit dem havis ehren" (tasyâs liest für tasya Taitt. Saṃh. 3, 3, 11 t). „Kuhû, die Gattin (Comm. zu Taitt. Saṃh. pâlayitrî) des den Göttern gehörenden Unsterblichen, höre die Anrufungen unseres Havis (Comm. fasst havyâ als Nom. Sg. fem., auf Kuhû bezüglich). Dem Spender verleihe sie grossen Reichthum, Wohlstand gebe sie dem Opferer". (cf. Taitt. Saṃh. 3, 3, 11 t. u. AV. 7, 42, 1. 2). Śâṅkh. nennt für die Râkâ und Sinîvâlî dieselben Verse. Kuhû nennt er, wie bereits erwähnt, nicht. Die Verse für Anumati, welche ich aus Pray. B_1 entnehme, stehen Taitt. Saṃh. 3, 3, 11 l. m. AV. 7, 20, 1. 2. „Anumati begünstige heut dies Opfer unter den Göttern und Opferführer Agni werde dem Spender zur Freude". „Sei, o Anumati, günstig gestimmt und bereite uns Heil. Bringe uns vorwärts zu Einsicht und Kraft; führe uns über das Leben hin."

deveshu manyatâm | agniś ca havyavâhano bhavatâṃ dâśushe may (laut:) oṃ3].

Adhvaryu sagt nachdem er viermal Butter aus der Âjyasthâlî in die Juhû genommen hat, jedesmal: oṃ3 śrâvaya. Âgnîdhra darauf: astu śrau3shaṭ.

Adhvaryu (leise:) a) râkâṃ, b) sinîvâlîṃ, c) kuhûm, [d) anumatiṃ] (laut:) yaja.

Hotṛi sagt die Yâjyâ a) für die Râkâ (laut:) ye3 yajâmahe (leise:) râkâṃ | yâs te râke sumatayaḥ supeśaso yâbhir dadâsi dâśushe vasûni | tâbhir no adya sumanâ upâgahi sahasraposhaṃ subhage rarâṇâ3, (laut:) vau3shaṭ [1]). Darauf vâg — °pânau.

b) für die Sinîvâlî: (laut:) ye3 yaj.° (leise:) sinîvâlîṃ | yâ subâhuḥ svañguriḥ sushûmâ bahusûvarî | tasyai viśpatnyai haviḥ sinîvâlyai juhotanâ3, (laut:) vau3shaṭ. Darauf vâg — °pânau.

c) für die Kuhû: (laut:) ye3 yaj.° (leise:) kuhûṃ | kuhûr devânâm amṛitasya patnî havyâ no asya havishaḥ śṛiṇotu | saṃ dâśushe kiratu bhûri vâmaṃ râyasposhaṃ yajamâne dadhâtû 3 (laut:) vau3shaṭ. Darauf vâg — °pânau.

[d) für die Anumati: (laut:) ye3 yaj.° (leise:) anumatim | anv id anumate tvaṃ manyâsai śaṃ ca naḥ kṛidhi kratve daxâya no hinu pra ṇa âyûṅshi târishâ3, (laut:) vau3shaṭ. Darauf vâg —].

Yajamâna vollzieht den Tyâga: om 3 idaṃ a) râkâyai, b) sinîvâlyai, c) kuhvai, [d) anumatyai].

Adhvaryu opfert in gewöhnlicher Weise [und nach Âp. Bhâr. sagt der Opferer und auch seine Gattin über die jedesmalige Spende ein Anumantraṇa] [1]).

IV. Patnîsaṃyâja für Agni Gṛihapati.

Adhvaryu: (leise:) agnaye gṛihapataye (laut:) anubrû3hi.

Hotṛi: (leise:) agnir hotâ gṛihapatiḥ sa râjâ viśvâ veda janimâ jâtavedâḥ | devânâm uta yo martyânâṃ yajishṭhaḥ sa pra yajatâm ṛitâv — (laut) oṃ3.

---

1) Âp. 4, 13: râkâyâ ahaṃ devayajyayâ prajâvân bhûyâsaṃ, sinîvâlyâ a. d. paśumân bh., kuhvâ a. d. pushṭimân paśumân bhûyâsam iti kâmyâ râkâyâ a. d. prajâvatî bh., sinîvâlyâ a. d. paśumatî bh., kuhvâ a. d. pushṭimatî paśumatî bh. iti patny anumantrayate. Bhâr. 4, 19 sagt nachdem er die nämlichen drei Anumantraṇa's (beim letzten fehlt nur paśumân) für den Opferer vorgeschrieben: etâ (scil: râkâṃ, sinîvâlîm etc.) eva tristriḥ patny anumantrayate mantrâṅś ca saṃnamati.

Adhvaryu, Âgnîdhra wie sonst. Adhvaryu (leise:) agniṃ gṛihapatiṃ (laut:) yaja.

Hotṛi: (laut:) ye3 yajâmahe 'gniṃ gṛihapatiṃ | havyavâḷ agnir ajaraḥ pitâ no vibhur vibhâvâ sudriśîko asme | sugârhapatyâḥ sam isho didîhy asmadryak saṃ mimîhi śravânsî3, (laut:) vau3shaṭ. Darauf vâg — °pânau.

Adhvaryu opfert [und nach Âp. Bhâr. sagt der Yajamâna sein Anumantraṇa][1]). Die Patnîsaṃyâja's schliessen mit der Iḍâ, welcher noch ein Śaṃyuvâka folgen kann [2]). Der Adhvaryu legt die beiden Löffel auf die Erde, schneidet in

---

1) Aus dem Inhalt von Taitt. Saṃh. 1, 6, 4ᵘ und aus Bhâr. scheint sich zu ergeben, dass für die Devânâm patnyaḥ und Agni Gṛihapati gemeinschaftlich das Anumantraṇa gesagt wird. Bhâr. 4, 18: uttamau patnîsaṃyâjâv ishṭâv anumantrayate (während es vorher hiess: patnîsaṃyâjânâm ishṭamishṭam anum°) devânâm patnîr — prabhûyâsam iti.

2) Kât. 3, 7, 13: die Ceremonie, welche thatsächlich mit der Iḍâ endet, kann mit Śaṃyu enden. (vâ ist nach dem Comm. mit śaṃyvanta zu verbinden) d. h. die Iḍâhandlung muss den Patnîsaṃyâja's folgen, der Śaṃyuvâka kann noch hinzugefügt werden, braucht es aber nicht. 14: endet die Ceremonie mit Śaṃyu, so nimmt er einen Vedahalm und salbt ihn wie den Prastara in der Sruc, Sruva, Sthâlî. (prastaravat beziehen einige nicht mit auf die Mantra's). Baudh. 1, 20: athâgreṇa hotâram upâtîtya hotur dvir aṅgulâv anakti | jighreṇa bhaxayitvâ catur hasta iḍâm (Msc. hasteḍⁿ) saṃpâdayaty, âjyasyaiva | samanvârabhete adhvaryuś caiva patnî ca | upahûtâyâm iḍâyâm agnîdha âdadhâti shaḍavattaṃ (s. oben 1, 17, 23) | prâśnîtaḥ | mârjayete | Âp. 3, 9. pûrvavad dhotur aṅguliparvaṇî aṅktvopaspṛish ṭodakâya hotur haste catura âjyabindûn iḍâm avadyati | shaḍ agnîdhe | upahûyamânâm anvârabhante 'dhvaryur âgnîdhraḥ patnî ca | upahûtâm prâśnîto hotâgnîdhraś ca. Bhâr. 3, 9 a. E. Hir. 2, 11: hotur aṅguliparvaṇî anakty aparam aṅktvâ(?) 'tha pûrvam itarathâ vâ | tat so 'vaghrâyâpa upaspṛiśati | daxiṇe hotuḥ pânau catura âjyabindûn iḍâm avadyati, shaḍ agnîdhe | upahvayate hoteḍâm | upahûyamânâm adhvaryur âgnîdhraḥ ||11|| patnî cânvârabhante | upahûteyaṃ yajamânety ucyamâna upahûtâ paśumaty asânîti japati | upahûtâm prâśnâti hotopahûto dyauḥ pitâ — puṇyâyeti vâ prâśnâty(?) âgnîdhra upahûtâ pṛithivî mâtâ — puṇyâyeti vâ | prâśya tûshṇîm mârjayataḥ. Bhâr. und Hir. sagen am Ende der Iḍâ, iḍântam bhavati, śaṃyuvantaṃ vâ und beschreiben dies kurz. Bhâr. 3, 10, 1: yadi śaṃyuvantaṃ kuryâd vedât tṛiṇam apâdâya juhvâm agram aṅjyât sruve madhyam âjyasthâlyâm mûlaṃ | tasya sa eva kalpo yaḥ prastarasya. Hir. 2, 11. Âśv. 1, 10, 8: — er lasse die Butter in seine Handfläche abschneiden und, nachdem er die Iḍâ angerufen, esse er diese ganz (also nicht die andern Priester?). 9. der Śaṃyuvâka finde statt oder nicht. Śâṅkh. 1, 15: yad vasava iti (Taitt. Saṃh. 4, 7, 15, 7) japitvelâm upahvayate | upahûteyaṃ yajamânîti vâ vikâraḥ | ilântâḥ patnîsaṃyâjâḥ śaṃyvantâ vâ. |

die Iḍâpâtrî fünfmal Âjya ab [1]), übergibt, sein Gesicht nach W. gerichtet, dieselbe dem Hotṛi und umwandelt ohne sie loszulassen Hotṛi und Gattin von links nach rechts, lässt sodann sich vor dem Hotṛi mit dem Gesicht nach Westen nieder, erfasst wieder die vom Hotṛi übergebene Iḍâ, schneidet von ihr mit dem Sruva Butter ab und salbt damit dem Hotṛi in früherer Weise die beiden obersten Glieder des Zeigefingers, schneidet sodann in die Hand des Hotṛi als Avântareḍâ [2]) viermal Butter ab, während der Hotṛi selbst den fünften (resp. zweiten) Abschnitt nimmt. Wie früher ruft sodann der letztere die Iḍâ an, wobei alle Priester mit dem Opferer ihn oder die Iḍâ anfassen. Hat der Hotṛi „hergerufen ist der Opferer" gesagt (cf. S. 128), so flüstert der Opferer „in mich gebe Indra —" (s. ib.). Alle Betheiligten gehen hierauf auf dem Wege zwischen Praṇîtâ's und Utkara (dem Sañcara) hinaus, verzehren die Iḍâ und kommen auf demselben Wege wieder heran, lassen sich hinter der Vedi nieder, nehmen, der Brahman zuerst, mit Darbhahalmen (da die sonst gebrauchten Pavitra's nicht mehr vorhanden sind), Wasser und reinigen sich, mit demselben Spruch wie pag. 130 [3]). Lässt man noch den Śaṃyuvâka folgen, so nimmt der

Adhvaryu, im N. des Gârhapatya sich niederlassend, von dem Veda einen Halm, salbt seine Spitze in der Juhû, die Mitte im Sruva, das Ende in der Sthâlî mit, nach einigen ohne die Sprüche, welche (S. 142) beim Salben des Prastara gebraucht wurden. Hierauf sagt der

Âgnîdhra zum Adhvaryu: „anuprahara" [4]); der

---

1) Der Opferer ist hier nach Âp. Bhâr. durch ein Anumantraṇa betheiligt. Âp. 4, 13: iḍâsmân — vaiśvadevîty âjyeḍâm (anumantrayate). Bhâr. 4, 19.

2) Der Comm. zu Kât. spricht davon als einer Avântareḍâ, der Comm. zu Âśv. indess sagt, dass dies hier keine Avântareḍâ sei, die in der Hand befindliche Butter heisse Iḍâ.

3) Ich bin mit dieser kurzen Darstellung dem Comm. zu Kât. und der Paddh. gefolgt; diese genügt, da sich hier das oben bereits dargestellte wiederholt.

An dieser Stelle d. h. am Ende der Iḍâ erwähnt Âp. den s. g. Sampatnîyahoma; nachdem Hotṛi und Âgnîdhra die Iḍâ gegessen, heisst es: atra sruveṇa sampatnîyaṃ juhoti patnyâm anvârabdhâyâṃ sam patnî patyâ — ârabhetâṃ svâheti (Taitt. Brâhm. 3, 7, 5, 11) | purastâd devapatnîbhya etâm eke samâmananty, uparishṭâd voparishṭâd vâ pishṭalepaphalîkaraṇahomâbhyâṃ. Bhâr. 3, 9 schreibt diesen Homa hinter der Spende für Agni Gṛihapati vor, bevor der Hotṛi gesalbt wird; ebenso Hir. 2, 11.

4) Kât. 3, 7, 15: der Agnîd sagt (zum Adhvaryu) „wirf nach".

Adhvaryu wirft diesen Halm in das Gârhapatyafeuer und berührt mit dem Spruch: „ein Schützer des Auges . .“ (S. 147), sich in der Gegend des Herzens, nach andern seine Augen, und darauf die Wasser. Es folgt jetzt das schon einmal beschriebene Zwiegespräch zwischen Âgnîdhra und Adhvaryu:

Âgnîdhra: „besprich dich mit mir“.
Adhvaryu: „ging er ein (in die Himmelswelt)“?
Âgnîdhra: „er ging ein“.
Adhvaryu: „(darum:) oṃ3 śrâvaya“.
Âgnîdhra: „astu śrau3shaṭ“.
Adhvaryu: „Svagâ sei den göttlichen Hotṛi's [1]) etc.“ (cf. S. 147).
Hotṛi wie vorher: tac chamyor avṛiṇîmahe —“.
Am Ende des Śaṃyuvâka wird der

Pragrahahoma[2])
(für Agnir adabdhâyur aśîtamaḥ)

vollzogen. Der

Adhvaryu erfasst Juhû und Sruva, sagt: „o Agni, dessen Lebenskraft nicht versehrt ist, der am weitesten reicht, schütze mich vor dem Blitz, schütze mich vor einer Schlinge, schütze mich vor schlechtem Opfer, giftlos mache unsern Trank, in dem Schooss mit trefflichem Sitz. Svâhâ! Vâṭ!“ und opfert, nachdem vom Opferer der Tyâga: „om3 idam agnaye 'dabdhâyave 'śîtamâya“ vollzogen ist, die Reste im Gârhapatyafeuer. Es ist dies also eine Saṃsravaspende. Hierauf kehrt der Adhvaryu, welcher bis jetzt nördlich vom Gârhapatya sass, auf dem Wege zwischen Gârhapatya- und Daxiṇafeuer, wenn er auf diesem behufs Darbringung der Patnîsaṃyâja's herangegangen ist, wieder zurück [3]), indem er das Gârhapatyafeuer von rechts nach links umwandelt [4]), lässt sich hinter dem Daxiṇafeuer (Comm. paścâd, Paddh. uttarataḥ [5]) nieder und bringt dort

---

1) Kât. 3, 7, 16: nachdem er den Halm geworfen hat u. s. w. (Kât. 3, 6, 15—17) in (dieser) früheren Weise (verfährt er).

2) Kât. 3, 7, 17: am Ende des Śaṃyu erfasst er Sruc und Sruva mit: „o Agni, der die Lebenskraft nicht versehrt . .“ (Vâj. Saṃh. 2, 20). Den Namen wähle ich nach Mahâd. 276 [a]. Die Gottheit ist dieselbe, welcher bei Baudh., Âp. etc. der Phalîkaraṇahoma (siehe weiter unten) dargebracht wird.

3) Kât. 1, 8, 25.

4) Kât. 1, 8, 24.

5) „nördlich“ kann dies schwerlich heissen, da der Adhvaryu dem Opferplatz sonst den Rücken kehren würde.

Zwei Juhotispenden.

(eine für Agni saṃveśapati und eine für Sarasvatî) [1]).

Er legt ein Scheit an, schöpft einmal [2]) Butter [3]) aus der Âjyasthâlî, sagt agnaye saṃveśapataye svâhâ, der Opferer (oder der Adhvaryu?) vollzieht den Tyâga: om3 idam a. ś. und der Adhvaryu schüttet die Spende mit der Juhû [4]) ins Feuer. Er schöpft wiederum, sagt: sarasvatyai yaśobhaginyai svâhâ und schüttet nach dem Tyâga, welcher om3 idam s. y. lautet, die Spende ins Feuer. Es folgt hierauf die

Pishṭalepa-Âhuti [5]),

(für die Viśve devâḥ).

Ueber ihre Substanz schwanken die Ansichten. Entweder er opfert als Prâyaścitta viermal geschöpfte Butter allein (1), oder er nimmt von dem Teig, welcher von dem Kuchenmehl herrührt, in welchem Fall das Waschen der Schüssel und Finger (cf. Sûtra 2, 5, 26 oben S. 42) erst zu vollziehen war, nachdem er den an ihnen haftenden Teig genommen und für den jetzt darzubringenden Homa bei Seite gestellt hat. Bei dem zweiten Modus verfährt der Adhvaryu entweder so, dass er viermal Butter

---

1) Kât. 3, 7, 18: nachdem er sich zur Linken gewendet hat, bringt er im Daxiṇafeuer mit: „Agni ..“ (V. S. 2, 20) und „Sarasvatî ..“ (V. S. 2, 20) (je) eine Juhotispende dar. Mit svâhâ und sitzend wird sie vom Adhvaryu nach Kât. 1, 2, 7 dargebracht. Siehe auch Âp. in Anm. 5.

2) Kât. 1, 8, 46.

3) Kât. 1, 8, 38.

4) Kât. 1, 8, 45.

5) Kât. 3, 7, 19: mit „was am Ulûkhala — Svâhâ“ bringt er die Pishṭalepa's als Juhotispende dar. — In dem ersten der oben beschriebenen Fälle ist dies nur ein Prâyaścittahoma zur Sühne, wenn z. B. irgend etwas an einem Gefäss hängen blieb, anstatt geopfert zu werden; in den beiden andern Fällen dagegen eine wirkliche nachträgliche Spende des vorher nicht schon mit dargebrachten. Den ersten Modus befolgt Baudh., der dies auch ein prâyaścittam nennt. 1, 20: atha sruci caturgṛihîtaṃ gṛihîtvâpasalaiḥ paryâvṛityânvâhâryapacane prâyaścittaṃ juhoty ulûkhale — juhomi (den Spruch so weit wie Kât., nur steht hinter dṛishadi noch kṛishṇâjine) svâheti. An diese Spende schliesst sich bei Baudh. sowie bei den übrigen Sûtren des schwarzen Y. V. der s. g. Phalîkaraṇahoma an, welcher, wie ich glaube, hinsichtlich seiner Substanz mit dem bei Kât. erst später vorgeschriebenen Opfer der Kaṇa's identisch ist: aparaṃ caturgṛihîtvânvâhâryapacana evedhmapravraścanâny abhyâdhâya phalîkaraṇân opya phalîkaraṇahomaṃ juhoty agne 'dabdhâyo — svâheti (T. S. 1, 1, 13s). Der Comm. zu Baudh. erklärt fol. 32a phalîkaraṇân als tushâkhyâ-

nimmt und darauf den Pishṭalepa schüttet (2) oder so, dass er eine Unterlage von Butter macht, zwei-, (resp. drei)mal von dem Pishṭalepa abschneidet und darüber einen Aufguss macht (3). Hierauf sagt er: „was an dem Ulûkhala, Musala, was am Śûrpa sich anheftete, am Bodenstein, was am Kapâla, aufspritzendes, wegspritzendes — das opfere ich alles zusammen (saṃjuhomi). Erfüllen sollen sich des Opferers Wünsche. Svâhâ!"

Yajamâna (oder der Adhvaryu?) vollzieht den Tyâga: om3 idaṃ viśvebhyo devebhyaḥ (nach Karka nur „agnaye") und der Adhvaryu schüttet die Spende ins Daxiṇafeuer [1]).

Hierauf gibt der Hotṛi oder Adhvaryu der Gattin den Veda und lässt dieselbe folgenden Mantra sagen: „Veda bist du. Wodurch du, Gott Veda, für die Götter Veda wurdest, dadurch werde Veda auch mir". Damit löst sie den Veda auf. Verlangt sie nach Nachkommenschaft, so berührt sie nach Âśv. mit dem Kopf des Veda ihren Nabel [2]). Hierauf sagt sie (nach Âśv. der

---

phalîk°. Âp. 3, 9 a. E. (nach dem Saṃpatnîyam:) daxiṇâgnâv idhmapravraścanâny abhyâdhâya pishṭalepaphalîkaraṇahomau juhoti. 10, 1: phalîkaraṇahomaṃ pûrvam etad vâ viparîtaṃ | caturgṛihîta âjye phalîkaraṇân opyâgne 'dabdhâyo 'śîtatano iti juhoti | evaṃ pishṭalepân ulûkhale musale — suhutâ juhomi svâheti (er schöpft also wieder viermal Butter und thut die Pishṭalepa's darauf). Hierauf fährt Âp. fort: yâ sarasvatî viśobhâginâ tasyai svâhâ yâ sarasvatî veśabhaginâ tasyai svâhâ; dann nach einem mit Svâhâ endenden Anruf an Indra, den ich nur theilweis verstehe, heisst es: iti daxiṇâgnau pratimantraṃ juhoti. Es sind damit offenbar noch einige Butterspenden gemeint. Diese letzteren sind bei Bhâr. Hir. später erwähnt; bezüglich der Opferung des Phalîkaraṇahoma und der Pishṭalepa's stimmen sie mit Âp. überein. Manu weicht hinsichtlich der Darbringung der letzteren etwas in der Form ab. Comm. fol. 39b: tasyâṃ sruci punar sakṛid gṛihîtvâ pishṭalepaṃ dvir avattaṃ dvir gṛihîtvâ sakṛid abhighârya ulûkhale musala iti juhoti (cf. auch den Comm. zu Kât. 3, 7, 19). — Aus dem Opfererabschnitt vgl. Âp. 4, 13: phalîkaraṇahome hute mukhaṃ vimṛishṭe. Ob ein davorstehender Vers yâ sarasvatî — bhûyâsma dazu gehört, weiss ich nicht anzugeben. Bhâr. 4, 19.

1) Das Daxiṇafeuer wird nicht von allen gewählt; von Pitṛibhûti z. B. (cf. Mahâd. S. 276, 6) das Âhavanîyafeuer.

2) Kât. 3, 8, 1: die Gattin löst den Veda auf mit: „Veda bist du .." (V. S. 2, 21). Einen etwas verschiedenen Spruch wendet Âśv. 1, 11, 1 an: nachdem der Hotṛi oder Adhvaryu der Gattin den Veda gegeben, lässt er sie sprechen: Veda bist du, Wissen (vittiḥ) bist du, möchte ich Wissen gewinnen; Handlung (karma) bist du, Handeln (karaṇa) bist du, möchte ich handeln (kriyâsam); Gewinn bist du (saniḥ), Gewinner bist du (sanitâ), möchte ich gewinnen (saneyam); butterreichen, heimischen, tausendfachen und kräftigen Reichthum gebe der Veda. Von dem viele leben, der ein Herrscher über die Men-

Hotṛi): „ich löse mich (sie) von Varuṇa's Fessel, mit welcher mich (sie) Gott Savitṛi, der freundliche, band; in den Schooss des ṛita, in die Welt des wohlgefügten bringe mich (sie) unverletzt mit dem Gatten" und löst das Band [1]). Nach Âśv. faltet jetzt der Hotṛi dasselbe zusammen, so dass es verdoppelt ist und legt dasselbe westlich vom Gârhapatya nieder, seine Schlinge und demnach auch seine Spitzen nach Osten richtend. Darauf thut er die Vedahalme mit ihren Spitzen nach Norden [2]) und vor dieselben stellt er, mit ihnen

---

schen sei, den möchte ich kennen, Nachkommenschaft möchte ich kennen, dich (ergreife ich?) für meinen Wunsch". 2. Verlangt sie nach Nachkommenschaft, so berühre sie mit dem Vedakopf (dem knieähnlichen Theil desselben) ihren Nabel. — Da ich glaube, dass meine Baudh.-Handschrift eine Lücke hat, so gebe ich Pray. B_1: yathâgatam uttarato gatvâ vedaṃ yajamânâya pradâya yajamânaṃ vâcayati: vedo 'si vittir asi — vâjinam iti (wie bei Âśv.) | punar yajamânahastâd vedam âdâya hotre prayacchati | hotâ vedaṃ nirîxamâṇâṃ patnîṃ vâcayati vedo 'si vittir asi — vâjinaṃ (wie bei Âśv.) | visrasya vedaṃ dvidhâ kṛitvâ 'rvâñ patnyai prayacchati | patny ûrdhvâ nyasya daxiṇenoruṇopagṛihṇâti [hotâ itarad ardhaṃ prâñ âvṛittaḥ prâñmukha savyena hastena gṛihîtvâ daxiṇena hastena stṛiṇann eti tantuṃ tanvann iti mantrânte staraṇârambhaḥ]. Âp. 3, 10: vedo 'sîti vedaṃ hotâ patnyâ upasthe triḥ prâsyati | nir dvishantaṃ nir arâtiṃ nudetîtarâ prâstamprâstaṃ pratinirasyati [tantuṃ tanvann iti vedaṃ hotâ gârhapatyât prakramya saṃtatam âhavanîyât stṛiṇâty â vâ vedeḥ]. Es scheint, als ob auch nach Âp. (wie nach dem Pray. B) der Hotṛi dem Opferer den Veda gibt. Die Belegstelle kann ich zwar nicht finden, aber es dürfte aus folgenden Worten des Yajamâna-Abschnittes hervorgehen: antarvedi vedaṃ nidhâyâbhimṛiśati vedo 'sîti purâ videyeti | yadyad bhrâtṛivyasyâbhidhyâyet tasya nâma gṛihṇîyât | tad evâsya sarvaṃ vṛiktam iti vijñâyate. Bhâr. 3, 10: vedaṃ hotâ patnyâ upasthe trir asyati vedo 'si vittir asi videyety etair mantrair | astamastaṃ patnî pratinirasyati nir dvishantaṃ nir arâtiṃ nudeti | svayaṃ patnyâsyate pumâṅsaṃ ha jânukâ bhavatîti vijñâyate | 'traike patnyâ vimocanaṃ [hotâhavanîyât stṛiṇann eti ghṛitavantaṃ kulâyinam ity anuvâkaśeshena]. Hir. 2, 12.

1) Kât. 3, 8, 2: und das Band (löst sie) mit: „ich löse mich — dem Gatten". Âśv. 1, 11, 3: nun löse er von ihr das Band mit: „ich löse dich von Varuṇa's Fessel" (ṚV. 10, 85, 24). Nach Pray. B_1, Âp. geht das Streuen der Vedahalme dem Auflösen des Bandes vorher, folgt also unmittelbar dem Auflösen des Veda, wie aus den Citaten in voriger Anmerkung zu ersehen ist; dagegen setzt es Hir. (2, 12) an dieselbe Stelle wie Âśv., nämlich vor dem Streuen der Vedahalme an. Für Baudh. führe ich wieder Pray. B_1 an: adhvaryuḥ patnyâ yoktraṃ vimuñcayati imaṃ vi shyâmi — karomi (T. S. 1, 1, 10 g). Âp. 3, 10: imaṃ vishyâmîti patnî yoktrapâśaṃ vimuñcate. Bhâr. sagt an der Stelle nach dem Streuen des Veda nur die in voriger Anm. citirten Worte: „atraike patnyâ vimocanam", selbst schreibt er aber es erst vor, nachdem er die sarvaprâyaścitta's, die Samishṭayajusspenden, das Ausgiessen der Praṇîtâ's behandelt hat (3, 13). Hir. 2, 12: imaṃ vishyâmîti yoktrapâśaṃ vishyate.

2) Âśv. 1, 11, 4: nachdem er das Band westlich vom Gârhapatya verdop-

eng verbunden, ein volles Gefäss[1]). Dieses berührt er, lässt es die Gattin berühren und dazu von ihr folgenden Mantra sagen: „voll bist du, sei es auch mir; regelrecht gefüllt bist du, sei es auch mir; gut bist du, sei es auch mir; unversehrt bist du, sei es auch mir; Unvergänglichkeit bist du, sei auch mir unvergänglich[2]).“ Darauf vollzieht der Hotṛi Himmelsrichtung für Himmelsrichtung eine Sprengung und lässt die Gattin ebenfalls sprengen und dazu folgenden Mantra sagen: „es sollen im Osten sich reinigen Götter und Priester, es sollen im Süden sich reinigen Monate und Manen, es s. im Westen s. r. Häuser und Thiere, e. s. im Norden s. r. Wasser, Pflanzen und Bäume, e. soll (oder: sollen) in der oberen Himmelsgegend s. r. Opfer, Jahr, Prajâpati“[3]). Unter das Band legt die Gattin einen nach oben gerichteten Añjali und der Hotṛi seine mit der Fläche nach oben gekehrte Linke, giesst das volle Gefäss so aus, dass das Wasser auf die Hände läuft und lässt die Gattin als Mantra während dessen sagen: „nicht möchte ich meine Nachkommenschaft vergiessen. Die ihr (o Wasser) mit uns eilet euch will ich in das Meer giessen. Ihr gehet an euern Platz“[4]). Hierauf nimmt der Hotṛi die Vedahalme, sagt:

---

pelt mit der Schlinge nach Osten hingelegt hat, thut er darüber die Vedahalme mit den Spitzen nach N. So nur Âśv. Ueber die andern siehe Anm. 4.

1) Âśv. 1, 11, 5: davor (stellt er) ein volles Gefäss (pûrṇapâtram; cf. S. 21v. Pray. H spricht von der Agnihotrahavaṇî) mit den Vedahalmen eng verbunden.

2) Âśv. 1, 11, 6: nachdem er (das Wasser) berührt hat, lasse er sie sagen: „voll bist du — unvergänglich“. Dass auch die Gattin die Wasser berührt, ergibt sich wie der Comm. zu 7 bemerkt aus dem Inhalt des Mantra.

3) Âśv. 1, 11, 7: nun lässt er, während er aus dem vollen Gefäss Himmelsgegend für Himmelsgegend Wasser sprengt, die ebenfalls Sprengende sagen: „es sollen sich reinigen — Prajâpati“.

4) Âśv. 1, 11, 8: nachdem er nun einen nach oben gerichteten Añjali der Gattin sowie seine eigne Linke unter das Band gelegt, lässt er, während er das volle Gefäss ausgiesst, die Gattin sprechen: „nicht möchte ich — Platz“. Śâñkh. 1, 15: yoktram añjalau patnyâḥ kṛitvâ vedaṃ ca muktam adbhir vedayoktre parishiñcan. Baudh. 1, 20: athâsyai yoktram añjalâv âdhâyodapâtram ânayati sam âyushâ — tanuvâ mameti (T. S. 1, 1, 10, 2h) | atha mukhaṃ vimṛishṭe yad apsu — sarasvatîti (T. Br. 2, 5, 8, 6) | apo ninayaty avabhṛithasyaiva rûpaṃ kṛitvottishṭhatîti brâhmaṇam. Âp. 3, 10 a. E.: tasyâḥ sayoktre 'ñjalau pûrṇapâtram ânayati | sam âyushâ saṃ prajayety ânîyamâne japati | ninîya mukhaṃ vimṛijyottishṭhati pushṭimatî — gṛihamedhinî bhûyâsam iti. Bhâr. schreibt es an der S. 163, Anm. 1 genannten Stelle hinter dem Lösen des Bandes vor. Hir. 2, 12: tasyâḥ sayoktrâñjalau pûrṇapâtram ânayati | sam âyushety ânîyamâne japati | tat sâ ninîya mukhaṃ vimṛijya etc.

„ein Gewebe webend wandle du dem Glanz des Luftreichs nach" und wandelt, indem er die Halme mit der Linken ununterbrochen streut, ohne sie dabei zu schütteln, vom Gârhapatya- zum Âhavanîyafeuer [1]). Jetzt ist die Zeit für die Vollziehung der

Sarvaprâyaścitta's und Yajñasamṛiddhi's [2]).

Ich weiche hier ausnahmsweise von meiner gewöhnlichen Weise, Kâtyâyana voranzustellen, ab, da derselbe von diesen Spenden erst im 25. Adhyâya spricht, während die Sûtra's des schwarzen Yajurveda sie hier einreihen. Ich ziehe vor den letzteren zu folgen, da mir dann über den Umfang, in welchem ich sie hier einzufügen habe, kein Zweifel bleibt und wähle Baudhâyana, den ich

---

Ich füge hier noch dem in dieser Anm. aus Baudh. gegebenen, das Verhalten der Patnî betreffenden Citat die bei ihm darauf folgenden weiteren Vorschriften für die Gattin bei, da sie diese noch vor den Prâyaścitta's auszuführen hat und ich sonst keine Gelegenheit, dies zu erwähnen mehr habe: 1, 21, 1: athainâṃ tathaiva tiraḥ pavitram âcâmayati payasvatîr osh⁰ saṃsṛijeti. 2. athainâṃ gârhapatye samidha âdhâpayaty agne vratapate vratam acârishaṃ tad aśakaṃ tan me 'râdhi svâhâ, vâyo ... vratapate vratam — 'râdhi, âditya vratapate — 'râdhi, vratânâṃ vratapate — 'râdhi svâheti. 3. atha yathâprapannaṃ nishkrâmayati (Pray. B_1 sagt: vedyutkarâv antareṇa, B_2: tîrthena).

1) Âśv. 1, 11, 9: die Vedahalme an der Spitze genommen habend, geht er, indem er sie in einem fort ununterbrochen (saṃtatam) streut, ohne sie dabei zu schütteln (Comm. vishvaktvenâkampayan), von dem Gârhapatya zum Âhavanîya mit dem Spruch: „ein Gewebe — nach". Der Spruch gehört zum Streuen, nicht zum Wandeln (Comm.) Śâñkh. 1, 15: tantuṃ tanvann ity uttareṇa gârhapatyam â barhishaḥ stîrtvâ. Pray. B_1 Âp. Bhâr. siehe S. 162, Anm. 2). Hir. 2, 12 a. E. Dass die Ansichten, ob die Halme bis zur Vedi (incl.) oder nur bis zum barhis zu streuen sind, auseinandergehen, sagt schon der Comm. zu Kât. 3, 8, 3. Kât. „er streut bis zur Vedi".

2) Dieselben folgen jetzt bei Âśv. 1. 11, 10; Âp. 3, 11, 1; Bhâr. 3, 10 a. E.; 11, 1 flg. Davor ist wie Bhâr. erwähnt bei einigen noch die Stelle für die pârvaṇau homau: atraike (d. h. nach dem Streuen des Veda) pârvaṇau homau samâmananti. Hir. schiebt ausserdem noch die beiden „sârasvatau homau" vorher ein, welche, wie ich S. 161, Anm. 5 erwähnte, Âp. auf den Pishṭalepa- und auf den Phalîkaraṇahoma folgen lässt; ebenso den an Indra, wie ich glaube, gerichteten Homa; ferner gehört er zu den von Bhâr. erwähnten „eke", welche erst an dieser Stelle die beiden pârvaṇau, welche ich nach Âp. Bhâr. bereits S. 115 beschrieb, darbringen lassen und fügt, auf die andern Bezug nehmend hinzu: purastât svishṭakṛita eke samâmananti. Auch die Nârishṭha-homa's lässt Hir. erst hier und zwar mit denselben Versen welche Âp. vorschreibt (cf. S. 115, Anm. 4) folgen, ihnen die Prâyaścitta's. Baudh. aber fährt unmittelbar nach dem auf S. 164, Anm. 4, Z. 5 flg. und Z. 14 flg. gesagten fort, wie oben citirt ist: atha prâñ etya u. s. w. 1, 21, 4 flg.

im Text hierhersetze, soweit ich es mit der mir zugänglichen einen Handschrift vermag.

Adhvaryu: atha prâñ etya (Pray. B_1 gârhapatyânvâhâryapacanayor madhyena prâñ etya) dhruvâm âpyâyayaty âpyâyatâṃ dhruvâ — yajñe asminn iti (T. S. 1, 6, 5). 6) athâjyasthâlyâḥ sruveṇopaghâtaṃ prâyaścittâni juhoti [1]). 7) âśrâvitam atyâśrâvitam — kṛitâhutir etu devân, svâhâ! (T. Br. 3, 7, 11, 1). [Nach Pray. B_1 und $_2$ vollzieht der Opferer hier den Tyâga: yajñâyedaṃ na mama, worauf hier wie bei den folgenden der Adhvaryu die Spende ins Feuer schüttet] [2]). 8) atha yajñasamṛiddhîr juhoti. 9) ishṭe-

---

1) Kât. 25, 1, 10: und (überall) opfert er die Allbusse (nach den Vyâhṛitispenden) mit fünf Versen, Vers für Vers (im Âhavanîyafeuer mit einmal gefasster Butter). 11. mit den beiden Versen: „du uns o Agni . .“ (V. S. 21, 3. 4) (mit:) „ayaścâgne — bheshajaṃ svâhâ“, (mit:) „welches dein hundert — die an schönen Liedern reichen Marut's svâhâ“ (und mit:) „löse die oberste . . .“ (V. S. 12, 12). Ob ich auch die bei Kât. vorangehenden, mit den Mahâvyâhṛiti's dargebrachten Spenden (25, 1, 4—9) hierher zu ziehen habe, ist mir aus demselben nicht klar geworden, obwohl Sûtra 9 lautet: caturgṛihîtany etâni sarvatra „diese mit viermal geschöpfter Butter dargebrachten Spenden finden überall statt“ und der Comm. S. 1055, Z. 5 lehrt, dass sarvatra nicht auf caturgṛihîtâni, sondern auf die Spenden selbst zu beziehen ist. Âp. 3, 11: yathetam âhavanîyaṃ gatvâ juhvâ sruveṇa vâ sarvaprâyaścittâni juhoti brahmapratishṭhâ manasa ity eshâ | âśrâvitaṃ atyâśrâvitam — tvam agne ayâsy (T. Br. 3, 7, 11, 1—3) ayâsan manasâhitaḥ | ayâsan havyam ûhishe 'yâ no dhehi bheshajaṃ | prajâpata ity eshâ | ishṭebhyaḥ svâhâ | vashaḍanishṭebhyaḥ — samṛiddhyai svâhâ (T. Br. 3, 7, 11, 3. 4) | ayâś câgne 'sy anabhiśastîśca — bheshajam (wie oben Baudh.) | yad asmin yajñe 'ntaragâma — ghṛitena (wie oben Baudh.) | âjñâtam anâjñâtam amataṃ ca mataṃ ca yat | jâtavedaḥ saṃdhehi tvaṃ hi vettha yathâtathaṃ | yad akarma yan nâkarma yad atyareci yan nâtyareci | agnish ṭat svishṭakṛid vidvân sarvaṃ svishṭaṃ suhutaṃ karotu | yad asya karmaṇo — karotu (wie oben Baudh.) | yata indra bhayâmahe — ritušo yajâti (T. Br. 3, 7, 11, 4. 5) | yad vidvâṅso yad avidvâṅso mugdhâḥ kurvanty ṛitvijaḥ | agnir mâ tasmâd enasaḥ śraddhâ devî ca muñcatâm ||12|| ayâḍ agnir jâtavedâ antaraḥ pûrvo asmin nishadya sanvat saniṃ suvimucâ vimuñca dhehy asmâsu draviṇaṃ jâtavedo yac ca bhadraṃ | ye te śataṃ varuṇa ye sahasraṃ yajñiyâḥ pâśâ vitatâḥ purutrâ tebhyo na indraḥ savitota vishṇur viśve devâ muñcatu marutaḥ svastyâ | yo bhûtânâm udbudhyasvod uttamam iti vyâhṛitibhir vihṛitâbhiḥ samastâbhiś ca hutvâ (darauf folgen die Samishṭayajus's). Von Bhâr. 3, 11 ist nur zu erwähnen, dass er gegenüber T. Br. 3, 7, 11, welchem er zum grössten Theile wörtlich und nur durch die Einschiebungen des Svâhâ unterschieden folgt, noch um einige Spenden reicher ist. Auch was Hir. 2, 14 gibt, ist keiner besonderen Aufführung werth.

2) Pray. B_1 sagt (fol. 52b): yajamânaḥ pratyâhuty uddeśatyâgaṃ karoti. B_2: pratyâhuti yathâliṅgaṃ tyâgaṃ karoti. Der erste Tyâga bei B_1 lautet:

bhyaḥ svâhâ! [Yajamâna: ishṭebhya idaṃ na mama]. 10) vashaḍanishṭebhyaḥ svâhâ [Yajamâna: vashaḍanishṭebhya idaṃ na mama]. 11) bheshajaṃ durishṭyai svâhâ [yaj°: durishṭyâ idam]. 12) nishkṛityai svâhâ [yaj° nishkṛityâ idam]. 13) daurârdhyai svâhâ! [yaj° daurârdhyâ idam]. 14) daivîbhyas tanûbhyaḥ svâhâ [yaj° daivîbhyas tanûbhya idam]. 15) ṛiddhyai svâhâ [yaj° ṛiddhyâ idam. Pray. B_1 und $_2$ und ebenso T. Br. 3, 7, 11 4 führen hierauf in derselben Weise samṛiddhyai svâhâ an]. 16) sarvasamṛiddhyai svâhâ [yaj° sarvasamṛiddhyâ idam]. 17) bhûḥ svâhâ [yaj° agnaya idam] bhuvaḥ svâhâ [yaj° vâyava idam] suvaḥ svâhâ [yaj° sûryâya idam; Pray. B_1 und $_2$, hierauf: bhûr bhuvaḥ suvaḥ svâhâ, prajâpataya idam]. 18) imaṃ me varuṇa (T. S. 2, 1, 11[v]) [svâhâ, yaj° varuṇâya idam] tat tvâ yâmi (T. S. ib.[v]) [svâhâ, yaj° varuṇâya idam]. 19) tvaṃ no agne (T. S. 2, 5, 12[v]) [svâhâ, yaj°: agnîvaruṇâbhyâm idam]. 20) tvam agne ayâsi — bheshajaṃ (T. Br. 2, 4, 1, 9) svâhâ [yaj° agnaye 'yasa idam]. 21) ayâś câgner anabhiśastîś ca satyam it tvam ayâ asi | ayasâ manasâ dhṛito 'yasâ havyam ûhishe 'yâ no dhehi bheshajaṃ svâhâ (die Lesung dieses Verses ist etwas verschieden von der bei Kât. 25, 1, 10 und Âśv. 1, 11, 13 gegebenen) [yaj° agnaya idam]. 22) yad asmin karmaṇy antaragâma mantrataḥ karmato vâ | anayâhutyâ tacchamayâmi sarvaṃ tṛipyantu devâ âv... (âvṛishantâm? so liest Âp.) ghṛitena svâhâ [yaj° devebhya idam]. 23) yad asya karmaṇo 'tyarîricaṃ yad vâ nyûnam ihâkaram | agnish ṭat svishṭakṛid vidvân sarvaṃ svishṭaṃ suhutaṃ karotu me | agnaye svishṭakṛite suhuta âhutînâṃ kâmânâṃ samardhayitre svâhâ (cf. Âśv. Gṛ. S. 1, 20, 23) [Yaj° agnaye svishṭakṛita idaṃ] pajâpate na tvad etâni — rayîṇaṃ (T. S. 1, 8, 14[m]) [yaj° prajâpataya idam]. Soweit Baudhâyana. Am Ende dieser Sprüche, mit denen jedesmal eine Spende verbunden ist, sagt Pray. B_2: „etâni nityâni" und fügt ihnen ebenso wie B_1 noch eine grosse Anzahl einzelner Spenden hinzu, die ich nicht aufzählen will.

So wie der Adhvaryu opfert auch der Hotṛi „sarvaprâyaścittâni" und zwar, wie ich vermuthe zur gleichen Zeit[1]). Nachdem er den Rest der Vedahalme niedergelegt, tritt er nordwestlich vom Âhavanîya hin, schöpft mit dem Sruva aus der Sthâlî Butter und opfert in dem Âhavanîya die Allbussen mit Mantren, denen am

---

yajñâyedaṃ na mama, die folgenden ishṭebhya idam etc. sind wohl nur Abkürzungen von ishṭebhya idaṃ na mama etc.

1) Pray. B_2 sagt: hotṛibrahmaṇor api prâyaścittaṃ yathâliṅgaṃ kâle.

Schluss noch Svâhâ hinzuzufügen ist, sofern nicht schon ein solcher Svâhâ enthält [1]). Sein erster Prâyaścittahoma wird mit dem Spruch „ayâś câgne — bheshajaṃ svâhâ“ [2]) an Agni dargebracht, für welchen der Tyâga om3 agnaya idam lautet [3]). Darauf sagt er: „von dort her mögen uns die Götter schützen, von wo Vishṇu durch der Erde sieben Stätten schritt“ und opfert, nachdem der Tyâga: om3 idaṃ devebhyaḥ vollzogen ist, den Göttern eine Spende; dann eine an Vishṇu mit dem Spruch: „Vishṇu durchschritt die ganze Welt, trat dreimal nieder mit dem Fuss, an seinem Fussstaub ballt sie sich“ und mit dem Tyâga: om3 idaṃ vishṇave; dann sagt er bhûḥ svâhâ, Tyâga: om3 idam agnaye; bhuvaḥ svâhâ, Tyâga: om3 idaṃ vâyave; svaḥ svâhâ; Tyâga: om3 idaṃ sûryâya; bhûr bhuvaḥ svaḥ svâhâ, Tyâga: om3 idaṃ prajâpataye und bringt mit jedem Svâhâ eine Spende an Agni resp. Vâyu, Sûrya, Prajâpati [4]).

Es folgt das

Samishṭayajus (über den Namen s. Śat. Br. 1, 9, 2, 26)
(für Vâta).

Adhvaryu schmilzt Butter in der Dhruvâ, nimmt in die Linke vom Barhis eine Hand voll Kuśagras, mit welcher in Ermangelung des Veda untergefasst wird [5]), sagt aufrecht stehend: „des Pfades kundige Götter, erkennt den Pfad, wandelt den Pfad; o Herr des Geistes, göttlicher, dies unser Opfer, Svâhâ! bringe zum Winde“. Den Tyâga vollzieht der Opferer [6]) mit: om3 idaṃ vâtâya na mama

---

1) Âśv. 1, 11, 10: nachdem er den Rest niedergelegt hat, nordwestlich vom Âhavanîya hingetreten ist und aus der Sthâlî mit dem Sruva Butter geschöpft hat, opfert er mit Mantren, die auf Svâhâ enden müssen, wenn dieses nicht schon im Mantra gesagt ist, die Allbussen.

2) Mir ist der Spruch theilweis unklar, so dass ich ihn nicht zu übersetzen wage.

3) Ich weiss nicht, ob hier und in den folgenden Spenden der Tyâga von ihm oder von dem Opferer zu sagen ist.

4) Âśv. 1, 11, 13: ayâś câgne — bheshajaṃ svâhâ | mit den beiden Versen: „von da sollen uns die Götter schützen“ (ṚV. 1, 22, 16. 17) und mit den Vyâhṛiti's: bhûḥ svâhâ, bhuvaḥ svâhâ, svaḥ svâhâ, bhûr bhuvaḥ svaḥ svâhâ. — Dass die beiden Ṛigverse sich auf zwei Spenden beziehen, die Vyâhṛiti's auf vier, sagt der Comm. Welche Gottheiten mit ihnen verbunden werden, entnehme ich Pray. H.

5) Vorgeschrieben durch Kât. 1, 10, 8.

6) Kât. 1, 7, 20.

und der Adhvaryu schüttet die Spende ins Feuer[1]). Die Hand voll Kuśagras wirft er nach.

Hierauf vollzieht er die

Darbringung des Barhis
(für divyaṃ nabhas oder Barhis).

Er legt das Barhis in die Juhû, sagt: „es salbe[2]) sich das Barhis mit dem Havis, mit dem Ghṛita, mit den Âditya's, Vasu's, Marut's, mit Indra und mit den Viśve Devâḥ. Zum Himmel gehe es, das mit Svâhâ dargebracht ist". Der Tyâga wird mit om3 idaṃ divyâya nabhase na mama oder nach einigen mit om3 idaṃ barhishe na mama vom Opferer dargebracht und hierauf das Barhis ins Feuer geworfen[3]).

---

1) Kât. 3, 8, 5: die in der Dhruvâ befindliche Butter opfert er als Samishṭayajus mit: „des Pfades kundige Götter . . ." (V. S. 2, 21). Baudh. 1, 21: athopotthâya daxiṇena padâ vedim atikramya dhruvayâ samishṭayajur juhoti devâ gâtuvido — vâte dhâḥ svâhâ (bei ihm geht die bei Kât. folgende Barhisspende vorher, siehe Anm. 3). Âp. nach den Prâyaścitta's 3, 13: pûrvavad dhruvâm âpyâyya devâ gâtuvida ity antarvedy ûrdhvas tishṭhan dhruvayâ samishṭayajur juhoti | madhyame svâhâkâre barhir anupraharati | yadi yajamânaḥ pravaset prajâpater vibhân nâma loka iti dhruvâyâṃ yajamânabhâgam avadhâya samishṭayajushâ saha juhuyât. Bhâr. 3, 13 (nach den Prâyaścitta's): antarvedy ûrdhas t. dh. s. j. devâ gâtuvida iti prathamâm âhutiṃ hutvâ barhir anupraharati | vâci svâheti dvitîyâṃ | vâte svâheti tṛitîyâṃ. [Aus dem Opfererabschnitt vgl. Âp. 4, 13: vasur yajño — ado ma âgacchatv iti samishṭayajur hutam anumantrayate | yat kâmayate tasya nâma gṛihṇâti. Darauf schreibt Âp. das Essen des Antheils für ihn vor (Kât. jedoch erst später, s. S. 174): saṃ yajñapatir âśisheti yajamânabhâgaṃ prâśnâti ||13|| dadhikrâvṇo akârisham iti sâyaṃdoham | idaṃ havir iti prâtardohaṃ | nâbrâhmaṇaḥ sâṃnâyyaṃ prâśnîyât. Ich weiss aber nicht, an welcher Stelle dies im Ritual einzufügen wäre, jedenfalls nach dem Samishṭayajus und vor dem Ausgiessen der Praṇîtâ's]. Bhar. 4, 19 (die Vorschrift über die Opferung des Yajamânaantheils, im Fall der Opferer verreist ist, gibt er im Yajamâna-Abschnitt). Hir. 2, 15 (nachdem der Adhv. am Âhavanîya mit der Juhû die Prâyaścitta's dargebracht hat, heisst es: dhruvâm âpyâyayati | devâ gâtuvida ity antarvedy ûrdhvas t. dh. âhavanîye trîṇi samishṭayajûṅshi juhoti | ekaṃ dve trîṇi vâ | saṃtataṃ vigrâhaṃ vâ | dveshyasya nyañcaṃ vicchinatti vâ yaṃ kâmayeta pramâyukaḥ syâd iti jihmas (oder jihmaṃ?) tishṭhan juhuyât | madhyame svâhâkâre barhir anupraharati | barhirmushṭiṃ vâhute vânupraharati prahṛitya vâbhijuhuyât | yadi yajamânaḥ pravaset etc. wie Âp.

2) Diese Uebersetzung gebe ich mit Vorbehalt. Der Comm. gibt samaṅktâm mit samyagañjanopetaṃ karotu wieder; âdityair, vasubhir etc. fasst er als Comitative, havishâ etc. als Instrumentale. Das P. W. fasst samaṅktâm medial. Ich lese „indreṇa" (cf. Anm. 3).

3) Kat. 3, 6, 5: das barhis (opfert er) mit: „es salbe das barhis . . ." (V.

Hierauf nimmt der Adhvaryu die Praṇîtâ's, setzt sie auf die Vedi, umschreitet von links nach rechts das Âhavanîyafeuer, lässt sich auf dem Südtheil der Vedi, das Gesicht nach N. gerichtet, nieder und giesst die Praṇîtâ's dort aus, nachdem er gesagt hat: „Wer befreit dich? Der befreit dich. Für wen befreit er dich? Für den befreit er dich. Zum Reichthum (giesse ich dich aus)"[1]). Darauf geht er von rechts nach links umwandelnd wieder zurück[2]).

S. 2, 22). Baudh. 1, 21 (gleich nach den Prâyaścitta's und vor dem Samishṭayajus): atha barhisho dhâtûnâṃ sampralupya (Msc. â) dhruvâyâṃ samanakti (Comm. fol. 32b: dhâtûnâṃ barhishaḥ sampralupyaikaikasyaikadeśaṃ gṛhîtvâ) samañktâm — devebhir añktâm (indreṇa steht hier für indraḥ in V. S. 2, 22) | athainad âhavanîye 'nupraharati divyaṃ nabho gacchatu yat svâheti.

1) Kât. 3, 8, 6: auf die Vedi giesst er, nachdem er das Âhavanîyafeuer umschritten, die Praṇîtâ's aus mit: „wer dich ..." (V. S. 2, 23). Die Anordnung des Comm. ist hinsichtlich der Einzelheiten von der der Paddh. etwas verschieden. Baudh. 1, 21 ninayati praṇîtâḥ. Âp. 3, 13 (nach den Samishṭayajus) abhistṛiṇîhi paridhehi vediṃ — yajamânasya bradhna (T. Br. 3, 7, 5, 13) iti hotṛishadanair vediṃ abhistîrya | ko vo 'yoxît sa vo vimuñcatv ity antarvedi praṇîtâ âsâdya vimuñcati. Bhâr. 3, 13. Hir. 2, 15. Vgl. aus dem Opfererabschnitt 4, 14: antarvedi praṇîtâsv adhvaryuḥ saṃtatâm udakadhârâṃ srâvayati | sadasi san me bhûyâ ity ânîyamânâyâṃ japati | prâcyâṃ diśi devâ ṛitvijo mârjayantâm ity etair yathâliñgaṃ vyutsicya samudraṃ vaḥ prahiṇomi — paya ity antarvedi śeshaṃ ninîya yad apsu te sarasvati — bhûyâsmeti mukhaṃ vimṛishṭe. (Ebenfalls verwendet den Spruch prâcyâṃ diśi etc. Âśv. cf. S. 164, Anm. 3). Bhâr. 4, 12; bei Âp. Hir. und Bhâr. folgt (bei letzterem nach dem bereits S. 163,[1] erwähnten, von ihm aber hier vorgeschriebenen Auflösen des Yoktra) das Verbergen des Upavesha, der nach Kât. schon früher mit den Paridhi's zusammen (S. 149) ins Feuer geworfen wurde; Âp. 3, 13: yaṃ devâ manushyeshu — anapagân kurviti purastâtpratyañcaṃ utkara upaveshaṃ sthavimata upagûhati. Bhâr. 3, 13. Hir. 2, 15. Bei allen dreien knüpfen sich hieran noch einige Ceremonien und Mantra's, welche in der Absicht einen Feind zu schädigen beim Upaveshaopfer ausgeführt resp. gesagt werden können. Bei Hir. heisst es dann: kas tvâ yunakti sa tvâ vimuñcatv iti yajñaṃ vimuñcati (cf. S. 174,[2]) | sarvam anuvîxate; bei allen dreien werden jetzt die Kapâla's bei Seite geschafft, (Âp. 3, 14: yâni gharme kapâlânîti catushpadayarcâ kapâlâni vimucya saṃkhyâyodvâsayati; der Mantra wird nach Âp. 4, 14 vom Adhvaryu und Opferer geflüstert), was Kât. schon viel früher (S. 71) vorschreibt und das Opfer ist soweit es den Adhvaryu angeht, beendet. Verstehe ich Âp. recht, so kann es noch mit einer Iḍâ oder mit einem Śaṃyu schliessen: śaṃyuvantaṃ vâhavanîye saṃsthâpayed âjyeḍântaṃ gârhapatye | iḍântaṃ vâhavanîye śaṃyuvantaṃ gârhapatye | yadi śaṃyuvantaṃ paścât syâd vedât(?) tṛiṇam apâdâya juhvâm agram añjyât sruve madhyam upabhṛiti vâjyasthâlyâṃ mûlaṃ | tasya prastaravat kalpaḥ sûktavâkâdy â śaṃyuvâkât.

2) Kât. 1, 8, 24.

Darbringung der Kaṇa's
(an die Raxas).

Adhvaryu bringt jetzt die nach dem Phalîkaraṇa niedergesetzten Kaṇa's (cf. S. 31 und 32) auf den ersten Kapâla, hält mit der Linken das schwarze Fell dicht über den Utkara und wirft, nachdem er den Mantra: „der Rakschas' Antheil bist du" gesagt und der Opferer mit: „om3 idaṃ raxobhyaḥ na mama den Tyâga vollzogen, mit dem 1. Kapâla die Kaṇa's unter dem Fell auf den Utkara, worauf er die Wasser berührt [1]).

Hierauf nimmt er ein volles Gefäss, geht im Osten um den Âhavanîya herum, und im Süden [2]), sein Gesicht nach N. richtend, giesst er es in einem Zuge (saṃtatam) nieder [3]); der Opferer recitirt zuvor: „mit Glanz, mit Milch, mit den Körpern, mit dem freundlich gemachten Geiste einten wir uns. Tvashṭṛi, der trefflich spendende vertheile Reichthümer; er glätte, was am Körper zerrissen wurde" [4]) und während das Wasser ausgegossen wird, fängt er es mit einem Añjali auf. Hierauf reinigt er mit diesem Wasser leise sein Gesicht [5]) und nun folgen die

Vishṇukrama's [6]).

Der Opferer steht von seinem Platze auf und von der Südśroṇi der Vedi angefangen schreitet er die drei Vishṇuschritte so, dass Vishṇu's Schritte entweder vom Himmel zur Erde oder von der Erde zum Himmel dadurch dargestellt werden. Er sagt den

---

1) Kât. 3, 8, 7: mit einem Puroḍâśakapâla wirft er unter das schwarze Fell mit „der Rakshas..." (V. S. 2, 23) die Kaṇa's. Sollte dieser Homa identisch sein mit dem S. 161,$_6$ erwähnten Phalîkaraṇahoma der schwarzen Yajurvedasûtra's? Ich glaube es wegen des Namens „Kaṇa" nicht. Sollte es aber doch der Fall sein, so wären wohl die durch das Reinigen von Seiten der Gattin oder des Âgnîdhra losgelösten Hülsen darunter zu verstehen. Vgl. Nachtrag zu S. 30. 31.

2) Kât. 1, 7, 25.

3) Kât. 3, 8, 8: ein volles Gefäss (pûrṇapatram) giesst er, nachdem er (das Âhavanîyafeuer) umschritten, in einem Zuge (saṃtatam) aus.

4) Kât. 3, 8, 9: der Opferer fängt es mit einem Añjali mit: „mit dem Glanze..." (V. S. 2, 24) auf.

5) Kât. 3, 8, 10: er reinigt sein Gesicht.

6) Kât. 3, 8, 11: er schreitet die Vishṇuschritte mit: „am Himmel (schritt) Vishṇu..." (V. S. 2, 25) mantraweise. 12. oder mit „auf der Erde..." (schreitet er) von der Erde (zum Himmel) aufwärts. Baudh. upotthâya (conjic.) yajamâno daxiṇena padâ vishṇukramân kramate. Âp. 4, 14: vishṇoḥ kramo 'siti daxiṇe vedyante daxiṇena padâ caturo vishṇukramân prâcaḥ krâmaty | ut-

Spruch: „am Himmel schritt Vishṇu aus durch das Jagatîmetrum, davon ist ausgeschlossen, „wer uns, wen wir hassen“ und thut mit dem rechten Fuss vom Südende der Vedi den ersten Schritt in die Ostgegend, den linken Fuss stellt er dann herwärts (d. h. wohl: zieht ihn dem rechten nach?), dann sagt er: „im Luftraum schritt Vishṇu aus durch das Trishṭubhmetrum, davon ist ausgeschossen, wer — hassen“ und thut den zweiten Schritt ostwärts, sagt: „auf der Erde schritt Vishṇu aus durch das Gâyatrîmetrum, davon ist ausgeschlossen, wer — hassen“ und thut den dritten Schritt ostwärts. Oder er sagt die Sprüche in umgekehrter Reihenfolge, dann wird dadurch das Hinaufschreiten Vishṇu's von der Erde zum Himmel dargestellt. In beiden Fällen schreitet er beim Âhavanîya nicht vorüber.

An seinem Platze wieder niedergelassen, sieht der Opferer seinen Antheil an mit: „von diesem Antheil (ist der getrennt) wer — hassen“, an, wobei er sein Gesicht abwärts richtet [1]), hierauf die Vedi mit den Worten: „von dieser Stütze (ist der losgetrennt, wer — hassen“) [2]), dann blickt er mit: „wir kamen zum Glanz“ nach Osten [3]), mit „mit dem Licht einten wir uns“ auf das Âhavanîyafeuer, mit „durch dich selbst bist du geworden, (o Sûrya), der beste Strahl“, auf die Sonne und je nach seinen Wünschen fährt er fort: „Glanz gebend bist du, Glanz gib mir“ oder „Reichthum gebend bist du, Reichthum gib mir“ oder „Kühe gebend bist du, Kühe gib mir“ oder, „Söhne gebend bist du, Söhne gib mir“ etc. [4]).

---

taramuttaraṃ jyâyâṅsam | anatiharan savyaṃ nâhavanîyam atikrâmati | avasthâya caturthaṃ japati | vishṇukramân vishṇvatikramân atîmoxân iti vyatishaktân eke samâmananti vinirûḍhân eke | agninâ devena pṛitanâ jayâmiti vishṇvatikramâḥ (Msc. ă) (T. S. 3, 5, 3a) | ye devâ yajñahana ity atîmoxâḥ (atî lesen oben ABC, hier AC) | aganma suvaḥ suvar aganmety âdityam upatishṭhate ||14|| udyann adya mitramahaḥ — samûhatâm (T. Br. 3, 7, 6, 21 flg.) iti caindrîm âvṛitam anvâvarta iti pradaxiṇam anvâvartate | yady abhicared idam aham amushyâmushyâyaṇasya (?) prâṇaṃ niveshṭayâmîti daxiṇasya padaḥ pârshṇyâ nimṛidnîyât | puṇyâ bhavantu — pâpîr ity uktvâ sam aham — prajeti punar upâvartate | samiddho agne — sameddhâ te agne dîdyâsam ity âhavanîyam upasaminddhe vasumân — bhûyâsam ity upatishṭhate ||15|| yo naḥ — kiṃ caneti ca | Bhâr. 4, 20 u. 21 weicht im letzten Theil (von dem Beschwören an) etwas ab und lässt auch an das Anvâhâryapacana Mantren richten. Śâṅkh. s. Paddh. Ṣ. 235.

1) Kât. 3, 8, 13: mit: „von dieser Speise“ (V. S. 2, 25) blickt er auf seinen Antheil herunter.

2) Kât. 3, 8, 14: mit: „von dieser Stütze“ (V. S. 2, 25) blickt er auf die Erde.

3) Kât. 3, 8, 15: mit: „wir kamen zum Glanz“ nach Osten.

4) Kât. 3, 8, 16: mit: „mit dem Licht einten wir uns“ (blickt er) auf das Âhavanîyafeuer. 7. mit: „durch dich selbst geworden ...“ (V. S. 2, 26) auf

Sodann sagt er [1]): „der Sonne Pfad wandle ich nach" und wendet sich von links nach rechts, hierauf wieder von rechts nach links zurück.

Der Opferer geht jetzt zum Gârhapatyafeuer, sagt den Mantra: „o Agni Gṛihapati, ein guter Hausherr möchte ich durch dich den Hausherrn werden, ein guter Hausherr möchtest du durch mich den Hausherrn werden; nicht einseitig sollen unsere häuslichen Geschäfte sein durch hundert Winter" (die beiden letzten Worte können wegbleiben) und verehrt damit den Gârhapatya [2]). Mit „Sûrya's Pfad wandle ich nach" macht er eine Bewegung von links nach rechts [3]), darauf die Gegenbewegung [4]). Hieraut sagt er: „weit, o Vishṇu, schreite aus; schaffe uns Weite zum Wohnen. Trink Butter du, dessen Schooss Butter ist; fördere den Opferherrn; svâhâ!", und geht vom Gârhapâtya nach Osten [5]).

Auf die Vedi niedergelassen, sagt er: „gewebt bist du, ein Gewebe bist du (o Opfer), webe mich entlang (d. h. wohl setze mich in Verbindung mit den gebrachten und zu bringenden Opfern), bei diesem Opfer, dieser Gutthat, dieser Speise, in dieser Welt. Dieses mein Werk, diese meine Kraft setze mein Sohn NN fort". Ist kein Sohn vorhanden, so nennt er dafür seinen eigenen Namen oder er sagt: „diese meine Kraft, dich zum Gewebe, dich zum Glanze setze ich fort" (anusaṃtanomi) [6]). Nachdem er aufgestan-

---

die Sonne. 18. (er sagt): „Glanz gebend . ." (V. S. 2, 26) oder welchen Wunsch er hegt.

1) Kât. 3, 8, 19: mit „der Sonne . . ." (V. S. 2, 26) wendet er sich von links nach rechts. Ueber die Gegenbewegung siehe 1, 8, 24.

2) Kât. 3, 8, 21: zum Gârhapatya tritt er mit: „o Agni, Herr des Hauses . . ." (V. S. 2, 27) heran. 22. „durch hundert Winter" sage er oder nicht. agna âyûṅshi pavasa ity âgnîpâvamânîbhyâṃ gârhapatyam upatishṭhate | agne gṛihapata iti ca sagt Âp. 4, 16.

3) Kât. 3, 8, 23 wie oben 19. Vergleiche auch 1, 7, 26.

4) Kât. 1, 8, 24.

5) Kât. 3, 8, 24: er geht nach Osten mit: „weit o Vishṇu . ." (V. S. 5, 38).

6) Kât. 3, 8, 25: „gewebt bist du — der Sohn setze sie fort", damit nennt er den Namen des Sohnes. 26. Seinen eignen (Namen nennt er), wenn kein Sohn vorhanden ist. 27. Oder „dich zum Gewebe, dich zum Glanze" sagt er dafür. Der Comm. sagt anusaṃtanotu, Mahâd. anusaṃtanomi bei der Besprechung der dritten Eventualität. Âp. 4, 16: nachdem er zum Gârhapatya (cf. Anmerkung 2) herangetreten: putrasya nâma gṛihṇâti | tâm âśisham âśâse tantava ity ajâtasyâmushmâ iti jâtasya jyotishe tantave tvâ 'sâv anu mâ tanv acchinno daivyas tantur mâ manushyaś chedi divyâd dhâmno mâ cchitsi mâ mânushâd iti priyasya putrasya nâma gṛihṇâti | agne vahne — syona iti daxiṇâgnim | jyotishe tantave tvety antarvedy upaviśati pûrvavan nâmagrahaṇam |

den ist, verehrt er leise das Âhavanîyafeuer [1]) und damit ist die „Vishṇuschritte“ benannte Ceremonie zu Ende.

Es folgt jetzt

Die Aufgabe des Gelübdes [2]).

Je nach dem Mantra, mit welchem er es angetreten, gibt er es jetzt wieder auf. Sagte er beim Antritt desselben: „o Agni, Herr des Gelübdes, das Gelübde will ich antreten“ etc. (cf. S. 5), so sagt er jetzt: „o Agni, Herr d. G., mein Gelübde trat ich an, das konnte ich, das vollendete sich mir“, oder sagt er dort: „hier wandle ich von der Unwahrheit“ etc., so sagt er jetzt: „hier bin ich wieder der (in Unwahrheit wandelnde) Mensch, der ich wirklich bin“. Er steht dabei vor dem Âhavanîya.

Darauf geht er östlich vom Âhavanîya, nördlich vom Daxiṇa-Agni und zwischen den beiden hinteren Feuern zum Opferplatz hinaus. Er sagt jetzt: „Mit Segen (verbinde sich) der Opferherr“ und isst seinen Antheil [3]); nach andern Schulen isst jetzt auch der Brahman (cf. S. 131) [4]).

---

jyotir asi tantava ity upaviśya japati. Ausserdem fügt er hinzu: vedam upastha âdhâyântarvedy âsîno 'tîmoxân japati | atra vedastaraṇaṃ yajamânabhâgasya ca prâśanam eke samâmananti. Bhâr. 4, 21 bespricht dies ebenfalls nach dem Abhimantraṇa an Agni Gṛihapati, ist indess kürzer wie Âp.

1) Kât. 3, 8, 28.

2) Kât. 3, 8, 29: mit demselben Mantra, mit welchem er der Observanz sich unterziehen möchte, gibt er sie auf (V. S. 2, 28). Âp. 4, 16: kas tvâ yunakti sa tvâ vimuñcatv iti yajñaṃ vimuñcati | agne vratapate vratam acârisham iti vrataṃ visṛijate | yajño babhûveti yajñasya punarâlambhaṃ japati | gomân iti prâñ udetya gomatîṃ japati. Bhâr. 4, 22: ... sarvaṃ vihâram abhimantrayate kas — vimuñcatv iti | atraike yajamânabhâgasya prâśanaṃ samâmananti | sâṃnâyyayor api brâhmaṇo yajamânaḥ prâśnîyât | idaṃ havir prajananam — dîdharad iti śritasya | dadhikrâvṇo akârisham iti dadhnas | tato vrataṃ visṛijate | daxiṇatas tishṭhann âhavanîyam abhi (conjic.) -mantrayate 'gne vratapate vratam acârisham iti sa esha brâhmaṇasyaiva syât | netarayor varṇayor | vâyo vratapata iti vâyum upatishṭhate etc.

3) Kât. 3, 8, 30: mit: „(es vereine sich) der Opferherr mit dem Segen“ isst er (der Opferer) seinen Antheil. Âp. 4, 16: atra vâ yajamânabhâgaṃ prâśnîyât. Siehe auch S. 169, Anm. 1. Bhâr. siehe vor. Anm. Ausserdem will ich aus dem Opferer-Abschnitt hier noch folgende Worte hinzufügen: yajña śaṃ ca ma upa ca — yajñârishṭo me saṃtishṭhasveti darśapûrṇamâsâbhyâṃ somena paśunâ veshṭvâ japati | vṛishṭir asi vṛiśca me pâpmânam ṛitât satyam upâgâm itîshṭvâpa upaspṛiśati | tad idaṃ sarvayajñeshûpasparśanaṃ bhavati.

4) Ueber den Brahman s. Âp. 3, 20: yatrâsmai brahmabhâgam âharati taṃ pratigṛihya nâsaṃsthite bhaxayati; später heisst es: brahmabhâgaṃ prâśya —

Adhvaryu sagt sitzend zum Opferer: „den Brahman befriedigen!“ [1])

Yajamâna lässt den Brahman, (dessen nothwendige Eigenschaften die von Kât. durch „brahmishṭhaḥ“ (2, 1, 18) angedeutet wurden, hier von der Paddh. angegeben werden) essen bis er befriedigt ist und diese Speisung gilt als ein Theil des Opfers (cf. Comm. zu 3, 8, 31).

Brahman geht nach der Speisung auf demselben Wege auf welchem er nach seiner Wahl zu seinem Sitz herangegangen ist (S. 16) zurück, sagt: „Verehrung sei dem vollbrachten Werke, dem nicht vollbrachten sei Verehrung. Es ehrte der Wesenkenner das Opfer, der sich, als ihm am nächsten stehend, hier zuerst niederliess. Der du trefflich lösest (?), löse für uns den Gewinn; gib uns Reichthum, o Wesenkenner, Svâhâ!“ und wirft entweder ein Scheit von Prâdeśagrösse in das Âhavanîyafeuer oder opfert in demselben mit der Juhû [2]) Butter [3]), welche er aus der Sthâlî einmal [4]) mit dem Sruva geschöpft hat. Der wahrscheinlich wohl von ihm, nicht mehr von dem Opferer, zu vollziehende Tyâga lautet: „om3 idaṃ jâtavedase“; oder drittens, er verehrt nur mit diesem Mantra das Âhavanîyafeuer [5]) (upatishṭhate). Der

---

(âhavanîyam upasthâya). Bhâr. gibt jene Vorschrift ebenfalls. cf. auch Lâṭ. 4, 11, 18. Dass er nach Manu ihn am Ende des Śaṃyu oder nach dem Samishṭayajus isst, citirt die Paddh. S. 287.

1) Kât. 3, 8, 31: „den Brahman befriedigen“ soll (der Adhvaryu zum Opferer) sprechen. In der Śruti heisst es: „das Opfer erfreut er damit“. Ende des Adhyâya. Âp. 4, 16: brâhmaṇâṅs tarpayitavâ iti saṃpreshyati | pravasanakâle vihâram abhimukho yâjamânaṃ japati | prâco vishṇukramâu krâmati | prâñ udetya gomatîṃ japati. Für die Vorschriften des Bhâr., welche einige von Âp. verschiedene Angaben enthalten, mag ich mich der von mir benützten Handschrift nicht anvertrauen.

2) Kât. 1, 8, 45.

3) Kât. 1, 8, 38.

4) Kât. 1, 8, 46.

5) Kât. 2, 2, 23: am Ende der Ceremonie legt er ein Scheit an, oder bringt eine Juhotispende, oder tritt (an das Âhavanîyafeuer) heran, mit „Verehrung — Svâhâ“, nachdem er wie er (zu seinem Sitz) heran- so wieder zurückgegangen ist. Âp. 3, 20: (nach dem Essen des Antheils:) ayâḍ agnir jâtavedâḥ — sṛija sumatyâ vâjavatyety âhavanîyam upasthâya | yathetaṃ pratinishkrâmati. Bhâr. 3, 18: (nachdem er zum letzten Mal mit om3 pratishṭha die Erlaubniss gegeben, heisst es:) so 'traivâsta â yajñasya saṃsthânât | saṃsthite yajñe yathtam upanishkramyâhavanîye samidham âdadhâti namaḥ kṛitâya — namaḥ svâhety âdhâyopatishṭhate ... yajñaṃ jâtavedâḥ — vâjavatyeti. Gemeint scheinen damit

Hotṛi verehrt nachdem er geopfert hat (ich weiss nicht ob unmittelbar darauf oder erst jetzt) mit dem Schlussjapa: „Om sei mir und Svara mir; Mehrung dir und Minderung, o Opfer, dir. Was an dir zu wenig, dem von dir sei Mehrung; was an dir zu viel, dem sei Minderung (namaḥ)" das Feuer, geht auf seinem Wege hinaus und von jetzt ab bestehen keine Beschränkungen mehr für ihn [1]). Ebenso verehren alle andern mit dem Schlussjapa dasselbe [2]) und verlassen den Opferplatz.

saṃtishṭhata âmâvâsyaṃ paurṇamâsaṃ vâ haviḥ.

---

die Prâyaścitta's, welche auch Âśv. 1, 13, 7 für ihn vorschreibt: „wenn das Opfer zu Ende ist, opfert er zuletzt von den Priestern die Sarvaprâyaścitta's. Die andern sollen ihn anfassen. (Hier der Âgnîdhra, cf. den Comm.). 8. Oder den Hotṛi; Sûtra 9 ist mir nicht klar.

1) Âśv. 1, 11, 14: nachdem er geopfert hat und mit dem Schlussjapa herangetreten und auf dem Tîrtha (1, 1, 4. 7) hinausgegangen ist, bestehen für ihn keine Beschränkungen mehr. 15. „Oṃ ca ma — namaḥ" lautet der Schlussjapa.

2) Âśv. 1, 13, 13. Bezüglich der letzten Handlungen ist mir die Reihenfolge nicht ganz klar.

Eine Modifikation des Neu- und Vollmondsopfers ist das

Dâxâyaṇa-Opfer.

Dasselbe ist eine Zusammenfassung beider und wird darum nicht, wie jene dreissig Jahre hindurch oder lebenslänglich, sondern nur fünfzehn [1]) Jahre lang, und im Fall man es während eines Jahres **täglich** [2]) darbringt, nur dieses eine Jahr hindurch geopfert.

Beim **Vollmonds**-Dâxâyaṇa-Opfer wird in selbständiger, d. h. mit Herausnahme der Feuer beginnender und wie jedes Neu- und Vollmondsopfer schliessender Ceremonie ein Kuchen für Agni-Soma und ein Sâmnâyya für Indra [3]), nicht für Mahendra [4]), dargebracht. Dies geschieht, um es kurz anzudeuten, in folgender Weise.

Am ersten Vollmondstage werden die Feuer herausgenommen, Holz nachgelegt und es entwickelt sich eine Opferhandlung, wie sie S. 1 ff. dargestellt ist, nur mit dem Unterschiede, dass erstens der Agnikuchen sowie der Upâṅśuyâjá wegfällt und zweitens als Daxiṇâ für einen Anvâhârya auch Gold [5]) (cf. S. 181, Anm. 4) den Priestern gegeben werden kann. In dem Mantra: „Labung bist du . . .“ (S. 133) tritt dann für „Labung“ „Hiraṇya“ ein.

Ist dieses Opfer zu Ende, so folgen an demselben Tage früh die Vorbereitungen zu dem zweiten Opfer, welche ziemlich genau mit denen übereinstimmen, welche zu einem Sâmnâyya-Opfer getroffen werden müssen: Herausnehmen der Feuer (S. 1); Nachlegen

1) Kât. 4, 2, 47: Dreissig Jahre lang opfere er mit dem Neu- und Vollmondsopfer; oder „yâvajjîvam“ nach Paddh. S. 311, l. Z.; Comm. S. 331, Z. 6 v. u. 48. fünfzehn einer, der den Dâxâyaṇa opfert.

2) Kât. 4, 4, 29. Die Beschreibung siehe unten S. 184, wo ich auch die Angaben der andern Sûtren über den Dâxâyaṇa angeführt habe.

3) Kât. 4, 4, 4: ein Kuchen für Agni-Soma am (ersten) Vollmondstage. 6. Eine mit einem Sâmnâyya versehene Ceremonie früh (am Pratipadtage).

4) Commentar zu 4, 3, 6. Śat. Brâhm. 2, 4, 4, 6.

5) Kât. 4, 4, 28.

(S. 2); Vorsatz des Opferers sich des Genusses von Fleisch und des Beischlafs zu enthalten (S. 3); ev. Scheren (S. 3); am Nachmittag essen Opferer und Gattin die Fastenspeise (S. 4); Abschneiden eines Zweiges (S. 5); Glätten mit „ûrje tvâ" (S. 5); ev. Antritt der Observanz (S. 5); Forttreiben der Kälber (S. 7), wobei nur in dem betreffenden Spruch „indrâya" gesagt werden muss; Verbergen des Zweiges (S. 7); Ausschneiden des Zweiges (S. 8); Herstellung des Upavesha aus der Wurzel (S. 9); Befestigen des Pavitra (S. 9); Darbringung des Agnihotra mittelst einer Yavâgû durch den Opferer selbst (S. 10); Herantreiben, Melken der Kühe etc. (S. 10); Hinstellen der gewonnenen Milch (S. 14); Wegtreiben der Kälber für die Morgenmelkung (S. 14); ev. Essen von Baum- oder wilden Früchten (S. 14); Liegen an einem Agâra (S. 14); am Morgen des Pratipadtages Darbringung des Agnihotraopfers in derselben Weise wie am vorhergehenden Abend (S. 15); nach Sonnenaufgang Wahl des Brahman („mit dem Dâxâyaṇaopfer will ich opfern") (S. 16); hierauf folgt eine mit dem Sâṃnâyya-Neumondsopfer bis auf folgende Ausnahmen identische Ceremonie: beim Devatâvâhana (S. 84) steht nur: agnim, somam, agnim, indram, devân âjyapân; beim letzten Prayâja (S. 99): idam agnaye, somâyâgnaya, indrâya, devebhya âjyapebhyaḥ; der Upâṅśuyâja (S. 111) fällt weg; die Spende von süsser und saurer Milch kann nur Indra, nicht auch Mahendra gehören; als Daxiṇâ (S. 133) darf auch Gold gegeben werden; bei dem Auseinanderschaffen der Löffel (S. 140) sagt er: „Agni's, Indra's Sieg gemäss ..." und: „Agni, Indra ... sollen den fortstossen ....."; bei der Darbringung des Prastara (S. 144) werden dieselben Götter wie beim Devatâvâhana genannt; mit dem Zweige zusammen wird dann wie sonst (S. 145) der Prastara ins Feuer geworfen, mit den Paridhi's zusammen der Upavesha (S. 148).

Das Neumonds-Dâxâyaṇaopfer unterscheidet sich dadurch von dem vorhergehenden Vollmondsopfer, dass am ersten Tage nicht ein Agni-Soma-, sondern ein Indra-Agni-Kuchen auf 12 Kapâla's dargebracht wird [1]) (der Agnikuchen, der Upâṅśuyâja

1) Kât. 4, 4, 5: ein Kuchen für den Indra-Agni am (ersten) Neumondstage. 7. siehe S. 179, Anm. 1. Âśv. 2, 14, 7 sagt: bei dem Daxâyaṇayajña opfere er zwei Vollmondstage und zwei Neumondstage. 8. Ständig sind die beiden ersten; wie für einen kein Sâṃnâyya opfernden beim Neumond (also Kuchen für Indra-Agni). 9. Bei den beiden folgenden gehört beim Vollmondstage das zweite Havis Indra. 10. Beim Neumond Mitra-Varuṇa.

fällt ebenfalls fort), dass an der Pratipad nicht drei Spenden wie beim Vollmondsopfer (Agnikuchen, Dadhi, Payas für Indra), sondern nur zwei: ein Agnikuchen und eine sog. Payasyâ, dargebracht werden [1]).

Nachdem am Vormittag des ersten Tages jenes erste Opfer vollendet, werden wieder die Feuer besonders entnommen, Holz nachgelegt, der Opferer fasst den Entschluss kein Fleisch zu essen und sich des Beischlafs zu enthalten und lässt ev. sich scheren. Dann wird das Manenopfer dargebracht, [hierauf das Darśaśrâddha cf. Paddh.]; es folgt das Essen der Fastenspeise, das Abschneiden des Zweiges, das Saṃnamana, ev. Antreten der Observanz, Ausschneiden des Zweiges, Herstellung des Upavesha, des Pavitra. Abends bringt der Opferer selbst das Agnihotra, welchem jedoch nicht die sonst stattfindende Melkung der Kühe folgt [2]).

---

1) Kât. 4, 4, 7: am Neumond eine payasyâ für Mitra-Varuṇa.

2) Kât. 4, 4, 8: tatraiva dohanaṃ śṛite vâ dadhy ânayati. Dieses Sûtra wird in dreifacher Weise interpretirt: a) nachdem er gewöhnl. saure Milch in den Topf gegossen, ist nach dem Herausnehmen der Butter dahinein die Melkung zu vollziehen oder erst, wenn die gemolkene süsse Milch gekocht ist, wird dahinein die saure gegossen. In diesem Falle ist zu übersetzen: dorthinein (in die gewöhnliche saure Milch) geschieht die Melkung, oder in die gekochte (süsse Milch) giesst er die saure. b) nur am Morgen des Pratipadtages wird gemolken, nicht auch am Abend des ersten. Die saure Milch kann er in die süsse, wenn diese gekocht ist oder noch nicht gekocht ist, giessen. In diesem Fall lautet die Uebersetzung: nur an diesem Tage wird eine Melkung vollzogen. Er kann die saure Milch in die gekochte (oder in die ungekochte süsse) giessen. c) durch Sûtra 6 (S. 177, Anm. 3) ist in beiden Fällen, am Vollmond und Neumond saure und süsse Milch vorgeschrieben. Da die bei letzterem zu bringende payasyâ nur eine Abart von süsser Milch, so wird nur an dem letzteren nach der Herausnahme der Butter eine Melkung, also nur die Morgenmelkung, nicht auch die Abendmelkung vollzogen, oder aber man giesst die saure Milch der Abendmelkung in die gekochte Milch der Morgenmelkung, es wäre also nach dieser Ansicht auch eine Abendmelkung erlaubt. Verstehe ich die dritte Auffassung recht, so ist nach ihr zu übersetzen: nur dort (am Pratipadtage) geschieht die Melkung oder (andernfalls) giesst er die saure Milch (der Abendmelkung) in die gekochte süsse (Milch der Morgenmelkung). Diese letzte Ansicht, „er giesst in die gekochte Morgenmilch die Abendmilch" ist nach einem Citate des Comm., welches ich nicht verificiren kann, die Âpastamba's und des Mânava Śrauta-Sutra. — Wenn nun in die heisse süsse Milch die saure eingegossen ist, so entstehen durch die Mischung beider feste und wässrige Bestandtheile. Jene heissen „payasyâ", diese, die Molken, „vâjina". Comm. zu Kât. 4, 4, 9.

Darauf werden die Kälber behufs der am andern Morgen stattfindenden Melkung fortgetrieben, wobei in dem betreffenden Spruch (S. 7) für Indra: „Mitra-Varuṇa“ eingesetzt wird; der Zweig wird hierauf verborgen, der Opferer kann mit seiner Gattin Baumfrüchte etc. essen, die Nacht liegt er an einem Agâra. Am Morgen des Pratipad-Tages vollzieht er wieder selbst das Agnihotra und noch vor Sonnenaufgang wählt er den Brahman zur Neumondsishṭi. Diese verläuft an diesem Tage in ihrem ersten Theil, die folgenden nothwendigen Unterschiede abgerechnet, wie das gewöhnliche Neumondsopfer.

Beim Ansetzen der Gefässe (S. 20) wird hinter das Śṛitâvadâna das Gefäss (bhâṇḍa) für die Molke (vâjina) ev. das als Daxiṇâ geltende Gold (s. S. 181, Anm. 4) und die zur payasyâ dienende saure Milch gesetzt.

Wenn die süsse Milch gekocht und mit der sauern vermischt ist, sei es dass die süsse sofort in die saure hineingemolken oder letztere mit der gekochten oder ungekochten süssen erst später zusammengegossen wurde, so entstehen feste und wässrige Bestandtheile (s. S. 179, Anm. 2 a. E.). Diese letzteren, die Molken, werden zu der Zeit, wo die Payasyâ fortzuschaffen ist (S. 69) in ein besonderes Gefäss gegossen [1]) und zwar ehe die Payasyâ mit Butter gesalbt wird oder nachher. Im ersteren Falle werden die Molken, ebenfalls ohne mit Butter gesalbt zu sein, in das betreffende Gefäss gegossen, und das Uebergiessen der Payasyâ und der Molken mit Butter wird darauf bei jedem besonders vorgenommen. Nach einer andern Auffassung braucht aber die Molke gar nicht mit Butter übergossen zu werden, sofern er sie abgiesst bevor die Payasyâ mit Butter gesalbt ist. Dann fällt auch das Prâṇadâna (Z. 4 v. u.), der Upastâra und Abhighâraṇa (S. 182, Z. 4) für die Molken weg.

Beim Wegschaffen der einzelnen Opferspeisen (S. 69) werden auch die Molken weggestellt.

Beim Prâṇadâna (S. 70) heisst es der Reihe nach: „agniṃ gaccha“ (zum Kuchen); „mitrâvaruṇau gaccha“ (zur Payasyâ); „vâjino gaccha“ (zu den Molken, wenn diese überhaupt gesalbt werden, s. Z. 8 v. u.).

---

1) Kât. 4, 4, 9: nachdem er die Molke (in ein Gefäss) gegossen (Forts. s. S. 181, $_1$). — 10. nachdem sie mit Butter gesalbt ist oder nicht.

Wenn Kuchen und Payasyâ auf die Vedi gestellt worden sind (S. 71), so setzt er jenes Gefäss mit den Molken auf den Utkara[1]).

Alle Spenden werden angefasst (S. 71); die Molken zuletzt.

Beim Devatâvâhana (S. 84) heisst es agnim — somam — agnim — mitrâvaruṇau (nicht auch vâjinaḥ)[2]).

Beim letzten Prayâja (S. 99) heisst es: „idam agnaye, somâyâgnaye mitrâvaruṇâbhyâṃ devebhya âjyapebhyo vâjibhyaś ca". Nach dem Opfer des Agnikuchens (S. 107), sagt er: „sage die Anuvâkyâ für Mitra-Varuṇa her", der Hotṛi sagt als Anuvâkyâ „â no mitrâvaruṇâ" (ṚV. 3, 62, 16)[3]), der Adhvaryu macht in die Juhû eine Unterlage von Butter, schneidet von der Payasyâ aus der Mitte und von vorn mit dem Śṛitâvadâna oder mit dem Sruva zweimal ab, macht darüber einen Butterguss, übergiesst die Abschnittstellen (wie S. 109), steht auf, geht vorüber, sagt zum Âgnîdhra oṃ3 śrâvaya (S. 110) und fordert den Hotṛi mit „mitrâvaruṇau yaja" zum Hersagen der Yâjyâ auf. Der Hotṛi sagt: „yad baṅhishṭhaṃ nâtividhe sudânû —" (ṚV. 5, 62, 9). Der Adhvaryu bringt, nachdem der Opferer den Tyâga: om3 idaṃ mitrâvaruṇâbhyâm vollzogen, wie sonst mit oder nach dem Vaushaṭruf die Spende. (Der Upâṅśuyâja (S. 111) fehlt.) Es folgt die Svishṭakṛitspende (S. 117), bei welcher wieder die Namen zu ändern sind: ayâḍ agneḥ priyâ dhâmâny, ayâḍ mitrâvaruṇayor dhâmâny, ayâḍ devânâm âjyapânâm etc. Nur bei dem Abschneiden des Prâśitra (S. 120) und der Iḍâ (S. 122) sind die Abschnitte von der Payasyâ zu nehmen. Als Daxiṇâspende (S. 133) gilt ein Muss oder Gold[4]). Beim Auseinanderbringen der Löffel (S. 140) sagt er: „Agni's, Mitra-Varuṇa's Sieg gemäss ..." und „Agni, Mitra-Varuṇa sollen fortstossen ..." Beim Prastarahoma (S. 145) heisst es: „idam agnaye somâyâgnaye mitrâvaruṇâbhyâṃ devebhya âjyapebhyo 'gnaye hotrâya vâjibhyaḥ". Nachdem er den Halm ins Feuer geworfen (S. 147), sich angefasst und die Wasser berührt hat oder nach der Entfernung der Löffel (S. 150)[5]), folgt die Darbringung der Molken.

1) Kât. 4, 4, 9: nachdem er die Molke (in ein Gefäss) gegossen bringt er sie (zu der Zeit, wo die andern Spenden auf die Vedi gesetzt werden) auf den Utkara.

2) Âśv. 2, 16, 13 (?).

3) Ich vermuthe wenigstens, dass Âśv. die Anuvâkyâ und Yâjyâ in 2, 14, 11 angibt. „prâjâpatya iḍâdadhaḥ" gehört doch schwerlich zu diesem Sûtra?

4) Kât. 4, 4, 28: als Daxiṇâ kann Gold (hundert Raktikâ s. Kât. 20, 1, 23. 24.) genommen werden (oder ein Muss).

5) Kât 4, 4, 11: nachdem er den Halm hineiu (ins Feuer) geworfen, geht

Adhvaryu giesst mit der Mündung des Topfes selbst, nicht mit dem Sruva[1]), die Molke in die Juhû, wobei er die Opferstreu begiesst um einen Ausspruch der Śruti zu erfüllen[2]). Ob ein Upastâra, ein Abhighâraṇa stattfindet, hängt nach einigen davon ab, ob man vorher (S. 180, Z. 11 v. u.) ein Abhighâraṇa vollzog. Darauf sagt er zum Hotṛi (leise:) „für die Vâjin's" (laut:) „sage[3]) die Anuvâkyâ her[4])".

Hotṛi sagt als Anuvâkyâ (leise:) „śaṃ no bhavantu vâjino haveshu — (ṚV. 7, 38, 7)[5]), worauf der

Adhvaryu aufsteht, vorübergeht, den Âgnîdhra mit oṃ3 śrâvaya zum astu śrau3shaṭ auffordert und nach seiner Erwiderung zum Hotṛi sagt (leise:) „vâjino (laut:) yaja".

Hotṛi sagt ohne Athem zu holen, (die Kniee aufrecht bis zum Ende der Yâjyâ, nicht bis zum 2. Vashaṭkâra) (laut:) „ye3 yajâmahe" (leise:) „vâjinaḥ | vâje vâje 'vata vâjino —" (ṚV. 7, 38, 8) — devayânâ3 vau3shaṭ[5]). Dann als Anuvashaṭkâra: agne vîhi oder vâjinasyâgne vîhi[6]). Ueber die beiden Vashaṭkâra's sagt er „vâg ojo etc." (S. 95) zweimal als Anumantraṇa.

Yajamâna vollzieht den Tyâga: „om3 idaṃ vâjibhyaḥ".

Adhvaryu bringt mit oder nach dem ersten Vashaṭkâra auf der vorderen Seite des Âhavanîyafeuers die erste, mit oder nach dem zweiten Vashaṭkâra (dem s. g. Anuvashaṭkâra) ebendort die

---

er damit (mit dem Vâjina) vor. 12. Oder nach der Entfernung der beiden Löffel. Âśv. 2, 16, 13 schreibt die Molkenspende nach den Anuyâja's, nach dem Sûktavâka oder nach dem Śaṃyuvâka vor. Zu bemerken ist aber, dass Âśv. das Vâjinaopfer gar nicht mit dem Dâxâyaṇa verbindet, ebensowenig das Vait. Sûtra (cf. 8, 14 flg. und Garbe's Uebers. S. 23, Anm. 15. 16) noch auch Âpastamba, Hiraṇyakeśin.

1) Kât. 4, 4, 13: so dass er das Barhis begiesst, fasst er (gṛihṇâti term.) die Molke. Er meint hier die Sthâlî selbst, da das einmal mit dem Sruva aus dem Topf genommene zu dem Begiessen des Barhis, zum Opfer, zum Besprengen der Gegenden und zum Essen natürlich nicht hinreichen würde.

2) Kât. 4, 4, 14: denn die Śruti sagt: „dann giesst er Samen in die Stiere".

3) Da es heisst: „carati" so ist wohl Kât. 3, 7, 8 anzuwenden.

4) Kât. 4, 4, 15: er lässt (nachdem er die Molke gefasst) für die Vâjins die Anuvâkyâ hersagen.

5) Âśv. 2, 16, 14: ich vermuthe nur, dass dies die zugehörigen Verse sind.

6) Âśv. 2, 16, 15: agne vîhi oder vâjinasyâgne vîhi ist der Anuvashaṭkâra. Wo bei einer Aufforderung (von Seiten des Adhvaryu) zwei Vashaṭkâra sind, über diese zusammen sagt er zweimal das Anumantraṇa (vâg ojaḥ etc.). 16. Nicht tritt beim zweiten die Âgurformel ein.

zweite Spende [1]). Darauf berührt er die Wasser, geht vom Yajatizum Juhotiplatz, lässt sich nördlich vom Feuer nieder und sprengt mit dem in der Juhû befindlichen Molkenreste alle Seiten des Âhavanîya. Dies geschieht so. Er sagt: „diśaḥ svâhâ". Der Yajamâna vollzieht den Tyâga: „om3 idaṃ digbhyah" und der Adhvaryu sprengt auf der Ostseite des Feuers; er sagt: „pradiśah svâhâ", der Yajamâna vollzieht den Tyâga: „om3 idaṃ pradigbhyaḥ", der Adhvaryu besprengt im Süden u. s. w.: ebenso sagt er der Reihe nach âdiśaḥ svâhâ, vídiśaḥ svâhâ, uddiśaḥ svâhâ, digbhyaḥ svâhâ, der Yajamâna vollzieht jedesmal den entsprechenden Tyâga: om3 idam âdigbhyaḥ, vidigbhyaḥ, uddigbhyaḥ, digbhyaḥ und der Adhvaryu sprengt der Reihe nach im Westen, Norden, in der Mitte, auf der Ostseite des Feuers [2]). Darauf essen

Hotṛi, Adhvaryu, Brahman, Âgnîdhra, Opferer den in der Juhû befindlichen Molkenrest. Dies geschieht in folgender Weise. Der Hotṛi nimmt die Molke in die Hand, sagt: „adhvarya upahvayasva, brahmann upahvayasva, agnîd u., yajamâna u.", wodurch er die andern ebenfalls am Essen betheiligten um Erlaubniss fragt [3]). Ich weiss nun nicht, ob hier eine der Iḍâanrufung conforme Antwort der Gefragten erfolgt, was mir das wahrscheinliche ist, oder ob jeder von ihnen nur sich darauf beschränkt, mit: „upahûtaḥ" die Erlaubniss zu geben. Wenn dieses Wort gesagt ist, spricht nach Âśv. der Hotṛi: „mit dem Samen, der mir vergossen wird oder mir zugeht, oder mir aufs neue wieder entsteht, damit kehre du in mich zu meiner Befriedigung ein, mache

---

1) Kât. 4, 4, 16: nachdem er Vashaṭkâra für Vashaṭkâra geopfert hat, besprengt er mit dem Molkenrest die Gegenden mit „über die Gegenden . . ." (V. S. 6, 19) Mantra für Mantra von links nach rechts, zuerst im Osten. cf. Sûtra 18 in folg. Anm.

2) Kât. 4, 4, 17: mit den beiden letzten Mantren (sprengt er) in der Mitte und auf der Ostseite des Feuers. 18. der Svâhâruf tritt überall ein, weil sie einer Ergänzung bedürfen.

3) Kât. 4, 4, 19: wenn (der betreffende Priester) den Rest (in die Hand genommen und) jedesmal (die andern) mit „upahvayasva" angeredet hat (vollzieht er) das Essen, nachdem er die Aufforderung mit: „upahûtaḥ" erhalten hat. 20. (Die Anrede geschieht) nur mit den Namen ihrer Function. — vâ hat nach dem Comm. die Bedeutung einer Einschränkung. 26. (Die Reihenfolge, in welcher sie essen, ist): Hotṛi, Adhvaryu, Brahman, Agnîdh, Yajamâna. Âśv. 2, 16, 17: (nachdem der Hotṛi) die Molkenspeise wie die Iḍâ in die Hand (s. S. 125) genommen, wünsche er den Anruf. 18: adhvarya upahvayasva brahmann u., agnîd u. — Vait. Śr. S. 8, 15 (jedoch nicht beim Dâxâyaṇayajña).

dadurch mich zum Vâjin[1]); von dir, dem von Vâjin's getrunkenen, angerufenen, geniesse ich angerufen"; nach Kât. dagegen: „von den starken Ṛitu's geniesse ich dich, den starken", oder „stark geniesse ich von dem angerufenen starken, selbst angerufen", oder „in Stärke möge ich stark sein"[2]) und geniesst seinen Antheil, nach Âśv. aber nur durch Einziehen seines Geruches[1]). Ebenso thun Adhvaryu, Brahman und Âgnîdhra[3]), bei denen die Frage um Erlaubniss natürlich sich modificirt (also sagt z. B. der Âgnîdhra: hotar upahvayasva, a. u., b. u., y. u.). Zuletzt oder zuerst und zuletzt, in welchem Falle er bei der Frage „upahvayasva" zu Anfang und zuletzt angeredet wird, isst der Opferer[4]), (dieser aber auch nach Âśv. nicht einen blossen Prâṇa-, sondern einen wirklichen Antheil).

Die weitere Ceremonie verläuft ohne Abweichungen.

Es gibt noch eine Art, den Dâxâyaṇayajña zu opfern, nämlich ununterbrochen ein Sonnenjahr von 360 Tagen hindurch, dann kommen so viele Dâxâyaṇaopfer als sonst in fünfzehn Jahren gebracht werden, zu Stande[5]).

Der Vorgang ist dieser: am ersten Vollmondstage wird [nach dem Śrâddha und] nach der Eingangsishṭi in bekannter Weise ein Agni-Somaopfer gebracht. Darauf werden wieder die Feuer herausgenommen, worauf eine Sâṃnâyyaceremonie folgt; in dieser werden am zweiten, dem Pratipadtage ein Kuchen für Agni, sowie eine Spende von saurer und süsser Milch für Indra geopfert. Hierauf werden wieder die Feuer herausgenommen und noch an diesem Pratipadtage ein Opfer an Indra-Agni verrichtet. Wieder werden die Feuer herausgenommen und die Vorbereitungen zu einer Payasyâ für Mitra-Varuṇa getroffen, die früh am folgenden dritten Tage nach einem Kuchen für Agni dargebracht wird. Wieder werden die Feuer herausgenommen, an diesem Tage noch ein Opfer Agni-Soma gebracht, darauf wieder die Feuer heraus-

---

1) Âśv. 2, 16, 19: „mit dem Samen — geniesse ich angerufen" damit geniesse er einen Prâṇabhaxa (d. h. rieche nur daran) Vait. S. 8, 16.

2) Kât. 4, 4, 23—25.

3) Âśv. 2, 16, 20: ebenso Adhvaryu, Brahman, Âgnîdhra (also nur einen Prâṇabhaxa). Kât. 4, 4, 19. 26 siehe Anm. 3 auf voriger Seite.

4) Kât. 4, 4, 26 ist er (s. S. 183, Anm. 3) als letzter aufgeführt. 27. Oder zuerst (isst) der Opferer, dann jedoch auf beiden Seiten. Âśv. 2, 16, 21: wirklich isst der Opferer —.

5) Kât. 4, 4, 29.

genommen und die Vorbereitungen zum Sâṃnâyya von süsser und saurer Milch getroffen, das mit einem Agnikuchen am folgenden vierten Tage dargebracht wird. So geht es ein Jahr hindurch Tag für Tag [1]).

Wenn man das DPopfer zum ersten Mal darbringt, muss es durch die s. g.

Anvârambhaṇiyâ-Ishṭi

eingeleitet werden. Dieselbe ist eine selbständige Opferhandlung von beinahe demselben Ritual wie das Voll- und Neumondsopfer und verlangt eine besondere Herausnahme der Feuer, sofern nicht der Vollmondstag mit dem Unterhalten des Feuers in den „zwölf Nächten" u. s. w. zusammenfällt. Sie wird am ersten Vollmondstage früh nach dem Agnyâdhâna, dem Mâtṛiśrâddha und dem Agnihotra dargebracht, vor den Vorbereitungen zur Vollmondsishṭi. Die Pradhâna's sind: ein Kuchen auf 11 Scherben für Vishṇu, ein Muss für Sarasvatî und ein Kuchen auf 12 Scherben für Sarasvat. In mehreren Einzelheiten unterscheidet sich naturgemäss diese Spende von einem Neu- oder Vollmondsopfer, da die Bereitung eines Musses einige abweichende Ceremonien erfordert. Welche Veränderungen in Betracht kommen, ist in der Paddh. S. 340 ff. so ausführlich angegeben, dass ich hier darauf nicht einzugehen

---

1) Auch Âp. und Hir. nennen den Dâxâyaṇayajña in Verbindung mit der DP-ishṭi (da ich Baudh. und Bhâr. nicht ganz abgeschrieben habe, so kann ich nur sagen, dass sie in den von mir copirten Theilen jenes Opfer nicht erwähnen) und unterscheiden sich von Kât. insofern als sie das Vâjinaopfer nicht nennen. Âp. 3, 17 z. B. sagt: dâxâyaṇayajñena suvargakâmo dve paurṇamâsyau dve amâvâsye yajetâgneyo 'shṭâkapâlo 'gnishomîya ekâdaśakapâlaḥ pûrvasyâṃ paurṇamâsyâm, âgneyo 'shṭâkapâla aindraṃ dadhy uttarasyâm | âgneyo 'shṭâkapâla aindrâgna ekâdaśakapâlaḥ pûrvasyâm amâvâsyâyâm, âgneyo 'shṭâkapâlo maitrâvaruṇyâ mixâ dvitîyottarasyâm | vyâvṛitkâma ity uktam ṛitve vâ jâyâm upeyât | so 'yaṃ darśapûrṇamâsayoḥ prakrame vikalpo 'nena darśapûrṇamâsâbhyâṃ vâ yajeta | tena pañcadaśa varshâṇishṭvâ viramed yajeta vâ | saṃtishṭhate dâxâyaṇayajñaḥ | etenaidâdadhaḥ sârvaseniyajño vasishṭhayajñaḥ śaunakayajñaś ca vyâkhyâtâḥ. Hir. 2, 16, der hinsichtlich der Spenden mit Âp. übereinstimmt, sagt ebenfalls, dass zu Anfang die Wahl beliebig sei: so 'yaṃ darśapûrṇamâsayor âdito vikalpaḥ. Ueber das Vrata heisst es bei ihm: nânṛitaṃ vadet | na mâṅsam aśnîyât | na striyam upeyât | nâsya palpûlanena vâsaḥ palpûlayeyur | nâñjîta nâbhyañjîta | ṛitau jâyâm upeyât. Vait. Śr. S. 4, 24.

brauche und man sich mit Hilfe ihrer Angaben, in Verbindung mit der von mir gegebenen Darstellung der Darśapûrṇamâsa-ishṭi und den Vorschriften Âśvalâyana's (2, 8, 1 flg.) leicht die Form dieser Ishṭi construiren kann. Die Daxiṇâ besteht bei ihr in einer reifen Färse oder einem zeugungskräftigen Rinderpaar. (Kât. 4, 5, 22. 23. cf. Âp. bei Müller, Sûtra 104—109 u. 154—156).

Zum Schluss ist noch ein auf elf Kapâla's Indra Vaimṛidha darzubringendes Kuchen- und zweitens ein Aditi gehörendes Mussopfer zu erwähnen; jenes kann der Vollmondsishṭi, dieses der Neumondsishṭi folgen. Beides sind selbständige, wie das Neu- und Vollmondsopfer beginnende und schliessende Ceremonien, welche der Opferer nur dann darzubringen verpflichtet ist, wenn er sie einmal dargebracht hat [1]).

1) Kât. 4, 5, 24-26. Âp. 3, 15: saṃsthâpya paurṇamâsîm indrâya vaimṛidhâya puroḍâśam ekâdaśakapâlam anunirvapati | samânatantram eke samâmananti | tasya yâthâkâmî prakrame | prakramât tu niyamyate | saptadaśasâmidhenîko | yathâśraddhadaxiṇaḥ | śraddhavatyau saṃyâjye agne śardha mahate — mahâṅsi (T. Br. 2, 4, 1, 1), vâtopadhûta — yaxyasa iti (cf. T. S. 2, 5, 3, 1; 4, 1 u. Comm.) Bhâr. 3, 13. Hir. 2, 16. Hir. schliesst hieran in Kürze die Erklärung der „kâmyâḥ kalpâḥ", Darbringungen des DP oder von Modifikationen desselben zur Erfüllung bestimmter Wünsche, wobei er relativ am ausführlichsten den sâkamprasthâyîya (cf. T. S. 2, 5, 4, 3 u. Comm.) behandelt. Ebenso bespricht Âp. im Anschluss an das Opfer für Indra Vaimṛidha eine Reihe einzelner Opfer, welche an verschiedene Götter, z. B. an Indra Aṅhomuc, Indra Vṛitratur gerichtet werden, um den Opferer gewisser Wünsche theilhaftig werden zu lassen (cf. auch T. S. 2, 5, 4, 2 ff.). Es wird häufig der Ausdruck „anunirvapati" gebraucht; daraus folgt, dass die so gebrachten Spenden nicht allein, sondern im Anschluss an das Vollmonds- oder Neumondsopfer, wenn auch als selbständige Ceremonie dargebracht werden; auch er erwähnt den sâkamprasthâyîya, eine Abart des Neumondsopfers. Des Näheren darauf einzugehen, hat, wie ich glaube, kein besonderes Interesse; auch könnte ich nicht viel mehr thun, als die Texte selbst anführen, da das Ritual das des Neu- und Vollmondsopfers selber ist.

Anhang.

Versuch einer Construction des Opferplatzes nach Baudhâyana.

Pray. B_2 sagt: ishṭadeśe pratyagdaxiṇonnate prâgudagpravaṇe dirghacaturasraṃ samacaturasraṃ vâ 'gâraṃ prâcyâṃ daxiṇasyâṃ (ca?) dvâradvayayuktaṃ kṛitvâ tatra vihâraṃ kuryât. Ich habe demnach in dem Umriss zwei Thore angebracht, jedoch weiss ich nicht, ob sie genau in der Mitte der Seiten liegen.

Das Âhavanîyafeuer befindet sich nach Baudh. Śulva S. 66 (Pandit X, S. 22) für einen Brâhmaṇa 8, für einen Râjanya 11, für einen Vaiśya 12 Prakrama's ostwärts vom Gârhapatyafeuer. Ich habe das erste Mass hier genommen.

Den Mittelpunkt des Daxiṇafeuers kann man in verschiedener Weise finden. Hier ist die Methode gewählt, nach welcher man den Zwischenraum zwischen Gârhapatya und Âhavanîya in fünf Theile theilt, einen sechsten Theil hinzufügt, das Ganze wieder in drei Theile zerlegt und an dem zweiten Theile (von dem Pflock am Ostende an gerechnet), also bei $^{32}/_{5}$ Prakrama's (6 Pr. 12 Aṅg.) ein Zeichen macht. Bindet man die Enden der Schnur an den Mittelpunkt des Âhav. und Gârh., zieht dann die Schnur nach Süden, indem man sie an dem Zeichen fasst und schlägt dort, wo die Marke den Boden berührt, einen Pflock ein, so ist dies der Platz für das Daxiṇafeuer, dessen Mittelpunkt demnach von dem des Gârhapatya in unsrem Fall 3 Pr. 6 Aṅg., von dem des Âhavanîya 6 Pr. 12 Aṅg. weit entfernt ist (cf. Baudh. Śulva S. 68; andere Methoden siehe ib. 67—69).

Man erhält in derselben Weise den Utkara im Norden, welcher demnach von dem Âhav. 3 Pr. 6 Aṅg., vom Gârh. 6 Pr. 12 Aṅg. weit entfernt ist (cf. ib. No. 70 und Comm. zu Kât. Śr. S. 2, 6, 12).

Der Durchmesser der drei Feuerherde ist nach einem Citat

im Comm. zu Baudh. Ś. S. 67 zwei Prâdeśa's (= 24 Añg.); ihre Gestalt ist jedoch verschieden; der für das Gârhapatyafeuer hat derselben Quelle zufolge die Form eines Kreises, der für das Daxiṇafeuer die eines Bogens, der für das Âhav. die eines Vierecks.

Man beschreibt demnach um die Gestalt des Gârhapatya zu erhalten mit 12 Añg. als Radius um Punkt G einen Kreis.

Die Bestimmung, dass der Durchmesser der Herde zwei Prâdeśa's sein solle, hat offenbar die Bedeutung, dass ihr Flächeninhalt gleich sein soll. Dazu stimmt die Angabe des Comm., dass man für das Âhav. ein Viereck von 21 Añg. 9 Tila's machen solle; dieses Mass ergibt sich ungefähr aus der Gleichung $a = \sqrt{12^2 . \pi}$, wenn a die Seite des verlangten Vierecks und 12 der Radius des Gârh. ist. Ueber die Herstellungsmethode sagt Pray. B_2 folgendes: âhavanîyamadhyaśaṅkoḥ paśćât purastâd yo[1]) dvâdaśâṅgulaprâdeśaḥ śaṅkuṃ nihatya | caturviṅśatyaṅgulo 'ratniḥ | dvayâyâmâṃ rajjum ubhayataḥpâśâṃ kṛitvâ pâśâd ârabhya dvâdaśâṅgule 'shṭâdaśâṅgule ca laxaṇaṃ kṛitvâhavanîyapûrvâparayoḥ śaṅkvoḥ pâśau nidhâya dvitîyaṃ laxaṇaṃ daxiṇata uttarataśćety (?) apakṛishya prathame laxaṇe śaṅkuṃ nihatya, pâśau vyatyasya purvavac-chaṅkuṃ nihanyât. Hier ist also ein grösseres Mass gewählt; das oben nach dem Comm. zu S. 67 angegebene führt indess auch Pray. B_2 als Ansicht des Deva an.

Am complicirtesten ist die Herstellung des Daxiṇafeuerplatzes. Nach dem Sûtra „wenn man einen Kreis in ein Viereck verwandeln will" (No. 59, Pandit X, S. 20b) verwandelt man den Gârhapatyafeuerkreis in ein Viereck, dessen Seite 21 Añg. 9 Tila beträgt. Mit der Diagonale (dvikaraṇî) desselben, welche 30 Añg. 4 Tila lang ist, construirt man ein Quadrat und wandelt dies in einen Kreis, dessen Durchmesser dann 34 Añg. 10 Tila ist. Dies ist der Durchmesser für den Kreis um den Mittelpunkt des Daxiṇafeuers. Schlägt man nun nördlich von dem Mittelpunkt des Daxiṇavihâra bei einem Viertel des Durchmessers einen Pflock ein, befestigt daran den halben Durchmesser und beschreibt damit einen Kreis, spannt in der Mitte des Kreises eine Schnur von Ost nach West (wohl dort, wo die Kreise sich schneiden; Pray. B_2 sagt wenigstens: prâcî pratîcî sandhî niyamya), zieht an ihr entlang eine Linie, so ist der südwärts von dieser liegende Theil des ersten Kreises das daxiṇâgnyâyatana, der nördliche fällt weg.

1) Mit kleinen Buchstaben sind hier Conjecturen angedeutet.

Diese Methode ist auch in Pray. B_2 genannt und zwar als Vorschrift des Deva. Ausser ihr gibt Pray. B_2 noch andere an.

Was die Vedi anbetrifft, so ist ihre Prâcî 96 Añgula's lang (Baudh. Śulva S. 71). Ihre Westseite beträgt 64, ihre Ostseite 48 Añgula's. Ihre Construction ist oben (S. 44) näher angegeben. Man schlägt 96 Añgula's hinter dem Âhavanîya, also 96 Añg. + 10 Añg. 21½ Tila hinter dem Punkt Â, dem Mittelpunkt des Âhavanîyafeuers, einen Pflock ein (b), welcher das Ende der Prâcî (ab) markirt und misst mit einem Strick von 144 Añg. Länge, an welchem bei 40 (oder 104) Añg. das Zeichen zum Anziehen, bei 24 die Marke für die Aṅsa's, bei 32 die Marke für die Śroṇi's gemacht ist, die Vedi aus; d. h. man bindet die beiden Schlingen des Strickes an a und b, zieht bei Añg. 40 die Schnur nach Süden und Norden und erhält die beiden Aṅsa's, indem man dort, wo die bei 24 gemachte Marke den Boden berührt, einen Pflock einschlägt. Vertauscht man die beiden Schlingen, so erhält man in gleicher Weise die Śroṇi's, man hat nur anstatt bei 24 den Pflock bei 32 einzuschlagen. 24 + 24, resp. 32 + 32 sind dann die Ost- resp. Westseite der Vedi.

Wie S. 49 beschrieben, wird die Vedi auf allen vier Seiten ausgeschnitten; man nimmt einen Strick von der doppelten Länge der Seite, welche ausgeschnitten werden soll, bindet seine beiden Enden an die zwei Pflöcke, welche am Ende der betreffenden Seite stehen und zieht ihn mit einem an dem Mittelpunkt befestigten Zeichen nach aussen. Wo der Mittelpunkt die Erde berührt, schlägt man einen Pflock ein, bindet die beiden Enden des Strickes dann an diesen und beschreibt mit dem halben Strick einen Kreis, welcher die Vedi ausschneidet. Sie erhält dadurch die Gestalt, welche ich auf der Zeichnung ausgeführt habe. Pray. B_2 schreibt dies mit folgenden Worten vor: dviguṇâṃ pârśamânaṃ (rajjuṃ) madhyacihnavatîṃ kṛitvâ daxiṇaśroṇyaṅsayoḥ pâśau pratimucya laxaṇaṃ daxiṇata âkṛishya śaṅkuṃ nihatya tatra pâśau pratimucya laxaṇena śroṇiprabhṛity aṅsât parilikhet | evam uttarapûrvâparapârśvân api parilikhet.

Zu bemerken ist ausserdem die bereits S. 49 citirte Vorschrift: prâñcau vedyaṅsâv unnayati | âhavanîyasya parigrahaṇâya | pratîcî śroṇî | gârhapatyasya parigrahaṇâya (Comm. zu Baudh. Ś. S. 75; ähnlich Taitt. Brâhm. 3, 2, 9, 9). Der Comm. zu Taitt. Saṃh. I, S. 155 sagt bei diesen Worten: aṅsâkâreṇa śroṇyâkâreṇa ca koṇeshu catursbu aunnatyaṃ vidhatte. Bei Kât. Śr. S. 2, 6, 8 heisst es:

agnim abhito 'ṅsau, was der Comm. mit: aṅsau âgneyaiśânakoṇau âhavanîyam ubhayato bhavataḥ, aṅsayor madhye âhavanîyo bhavatîty arthaḥ erklärt. Der Scholiast zu Śat. Brâhm. 1, 2, 5, 15 (S. 104) sagt: vedyaṅsayor âhavanîyasya sparśaṃ vidhatte. Mir ist diese Eigenschaft der Vedi nicht deutlich und ich habe darum S. 49 auch nur einige Citate angeführt. Eine Erhöhung der vier Ecken ist schwerlich gemeint; unnayati scheint: „er führt hinaus" zu heissen; die Frage ist nur, ob damit eine Verlängerung der Aṅsa's und Śroṇi's über das Mass hinaus gemeint sein kann. Aus praktischen Gründen ist mir dies sehr unwahrscheinlich. Ich glaube, dass das „aunnatyam" schon durch das Ausschneiden der Vedi im Osten und Westen erreicht wird oder auch dieses selbst bedeutet; da dann die Vedi ihre Arme und Schenkel gleichsam ausstreckt und das Feuer, wie die Frau den Mann, umfängt: yoshâ vai vedir vṛishâgniḥ, parigṛihya vai yoshâ vṛishâṇaṃ śete, mithunam evaitat, prajananaṃ kriyate, tasmâd abhito 'gnim aṅsâ unnayati (Śat. Brâhm. 1, 2, 5, 15).

Die Sitze habe ich nach Pray. B_1 u. $_2$ bezeichnet. B_1 fol. 12ᵃ a. E., 12ᵇ a. A: daxiṇenâhavanîyaṃ brahmâyatanaṃ tadapareṇa yajamânasya | uttareṇâhavanîyaṃ praṇîtâsthânam | uttarâṃ śroṇim uttareṇa hotuḥ | utkara âgnîdhrasya. Letzteren habe ich im Süden angesetzt, obwohl ich nicht genau weiss, ob das richtig ist; möglicher Weise sitzt er im N. des Utkara. Für den Adhvaryu, der seinen Functionen gemäss an verschiedenen Stellen sich niederlassen muss, habe ich einen bestimmten Sitz nicht anzusetzen gewusst. Der Platz für Yajamâna und Brahman ist vielleicht etwas weiter südlich oder westlich. Ich kenne keine bestimmte Angabe. Nach Kât. 1, 8, 27. 28 sind die beiden Sitze für Brahman und Opferer südlich von der Vedi gelegen; der Opferer sitzt westlich vom Brahman und berührt die Vedi. Der für den Hotṛi kann nach Comm. zu 3, 1, 1 auch hinter der Vedi, zwischen Âhav. und Gârh. sein. Zweifelhaft ist mir, wie gross der Platz, auf dem der Vihâra gemacht wird, selbst ist; es ist daher möglich, dass die Umrahmung nicht so eng ist, wie ich sie angegeben habe; vielleicht ist ihre Weite ganz ins Belieben des Opferers gestellt. Nicht deutlich ist mir ferner Comm. zu Baudh. Ś. S. 75: daxiṇottarâyataṃ gârhapatyâgâram âhavanîyâgâraṃ pûrvâparâyataṃ tatra vedikaraṇât.

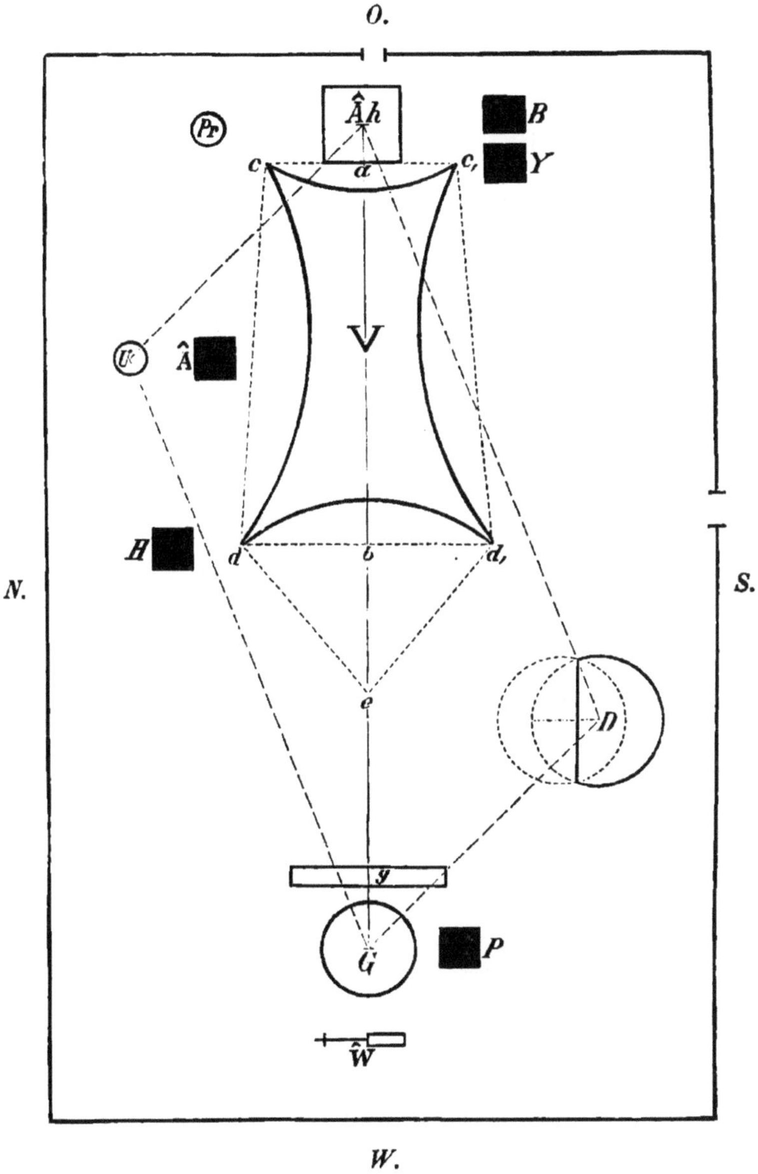

Â = Âgnîdhrasitz. G = Gârhapatyafeuer. U = Utkara.
Âh = Âhavanîyafeuer. H = Hotṛisitz. V = Vedi.
B = Brahmansitz. P = Patnîsitz. W = Wagen.
D = Daxiṇafeuer. Pr. = Praṇîtâplatz. Y = Yajamânasitz.
ab Prâcî. c u. c, = Nord-, resp. Südaṅsa. d u. d, = Nord-, resp. Südśroṇi. d e und d, e = d d,; e d ist der Radius, mit dem vom Mittelpunkt e aus der Bogen d d, beschrieben ist. g = Platz für die Gefässe.

Nachträge und Berichtigungen.

Seite 2. 8. Das Nachlegen der Scheite wird als eine Opferung gefasst. Die Prayoga's fügen darum bei jedem Scheit das am Ende des Spruches vom Adhvaryu zu sagende svâhâ, ferner den vom Opferer zu vollziehenden Tyâga hinzu. Ueber den Platz, von dem aus der Adhvaryu die Scheite anlegt, sagt B_2 (fol. 3^b): gârhapatyasya paścât padmâsanenopaviśya — anvâhâryapacanasya paścâd ûrdhvajânur upaviśya — âhavanîyasyottarapaścimadeśe prahvas tishṭhan —.

Seite 4, Z. 4. Nach Paddh. S. 297, Z. 1 geht dem Manenopfer eine Vaiśvadevaspende voraus. cf. Manu 3, 83. 108. 121. Donner, Piṇḍapitṛiyajña S. 30[1]). 14; dieser Spende folgt ein Darśaśrâddha, cf. Donner ib. S. 14 u. Paddh.

Ib. Anm. 2. Ueber die Zeit des Essens sagt Âp. 4, 2: payasvatîr oshadhaya iti purâ barhisha âhartor jâyâpatî aśnîtaḥ | purâ vatsânâm apâkartor amâvâsyâyâm.

Seite 5, Z. 7: hinter „ab" füge hinzu: „und glättet ihn".

Ib., Z. 9: vor „ishe tvâ" füge hinzu: „chinadmi".

„ „ „ „ „ûrje tvâ" „ „ „saṃnamayâmi".

„ **Anm., Z. 7:** lies ûrje für urje.

„ „ **Z. 3** v. u.: nach dem Abschneiden des Zweiges nennt das Taitt. Brahm 3, 7, 4 (cf. Comm. S. 458) zwei Mantra's für das Herstellen des Idhma, dann den für das Abschneiden der Darbhagräser.

Seite 6, Anm. Z. 16 v. u.: die festliche Schmückung ist auch von Baudh. 1, 1 vorgeschrieben: upavasathasya rûpaṃ kurvanti. Der Comm. erklärt das ähnlich, wie Pray. B_1 und $_2$. Bei Âp. 1, 6 a. E. heisst es (nach dem Anfertigen des Zweigpavitra, vor dem Manenopfer: samûhanty agnyagâram upalimpanty âyatanâny alaṃkurvâte yajamânaḥ patnî ca nave sâṃnâyyakumbhyau yâvaccharkaraṃ gomayenâlipte bhavataḥ.

Seite 7, Anm. 3, Absatz 2. Was die Sûtren des Baudh. Âp. etc. während des Opfers vorschreiben, ordnet Kât., soviel ich sehe, nur durch die allgemeinen Worte: „mit Erwägung seines Vorhabens hat er die nothwendigen Utensilien zu besorgen" (1, 10, 3) an. Nach dem Comm. ist damit gemeint, die Gefässe etc. seien vor dem Beginn der Handlung an Ort und Stelle zu bringen, damit nachher kein Zeitverlust entsteht.

Ueber die Herstellung des Idhma- und Barhisbündels siehe Kât. 1, 3, 12 ff.

Seite 8, Anm. Z. 12 lies: anaḍutparśu.

Seite 8, Z. 12 v. u. Die Angabe über die Anfertigung der Vedi beschränkt sich hier auf die Worte: vediṃ karoti prâg uttarât parigrâhât.

Seite 9, Anm. Z. 16 hinter: „agreṇa gârhapatyam" füge hinzu: „nivapati".

Seite 9, Anm. Z. 21 hinter „parivâsya“ füge hinzu „śâkhâm“.

Seite 10, Anm. 4, Z. 12: die Kühe kehren aus dem Wald jetzt zurück; darauf bezieht sich gâ âyatîḥ pratîxate (cf. Taitt. Brâhm. Comm. III, 465). Die Kühe werden also gemolken, nachdem sie aus dem Walde, in welchem sie ohne die Kälber weideten, zurückgekehrt und mit den Kälbern zusammengelassen sind.

Seite 10, Anm. 2: füge hinzu Âśv. 2, 4, 2.

Seite 13, Anm. 3, Z. 2: füge hinter: „Indra's dich“ hinzu: (V. S. 1, 14).

Seite 13, ib. Mittel zum Gerinnenmachen erwähnt Paddh. S. 309, Z. 8 v. u.; Âp. 1, 14, 1. Bhâr. 1, 14. Hir. 1, 11.

ib., Z. 2 v. u. für „tanajmi“ lies: „tanacmi“.

Seite 14, Z. 1. Wählt er ein Thongefäss zum Zudecken, so muss er einen Halm oder ein Stück Holz dazwischen legen.

ib., Anm. 1, Z. 1: Comm. zu T. S. I, S. 78 liest camasena vâ.

„ „ „ **Z. 4:** hinter deveshu fehlt das Zeichen des abgekürzten Citats „—“.

ib., Anm. 1, Z. 5: lies pariśerata iti.

Seite 15, Z. 14. Yavâgû opfert nur der ein Sâṃnâyya spendende (cf. S. 10).

ib., Z. 17. 18: für zwei Sitze findet sich die Vorschrift bei Kât. 1, 8, 27: im Süden zwei Sitze für Brahman und Opferer. 28: dahinter der Opferer, die Vedi berührend.

ib., Anm. 1. Aus dem Opfererabschnitt des Âpastamba (4, 3) ist hier zu citiren: amâvâsyâṃ râtrîṃ jâgarti | api vâ supyât | upari tv eva na śayîta | api vopari śayîta vratacârî tv eva syât | ubhayatra jâgaraṇam eke samâmananti | âhavanîyâgâre gârhapatyâgâre vâ śete. Bhâr. 4, 4 a. E., 5 a. A.

Seite 16, Z. 8: in der Rechten hält der Opferer Gerste (: yavasahitena, sâxatena) Paddh. S. 177 und Comm. zu 2, 1, 18.

Seite 17, Zeile 13. Ich bin der Auffassung Mahâdeva's gefolgt, welcher sagt: bhâgam asmai pariharatîty ârabhya —.

ib., Anm. 2, Z. 5 vor „nieder“ füge hinzu „auf den Brahmansitz“. Nach dem Chandogasûtra kann er auch auf die Verbindung der Paridhi's, oder die Spitzen der Löffel oder auf den Utkara sein Gesicht richten.

Seite 18, Z. 1: lies „Adhvaryu“ für „Advaryu“. **ib. Z. 11** und überall wo om3 steht lies o3m.

Seite 19, Anm. 2, Z. 9: hinter „viśaḥ“ füge „pâtrâṇi“ hinzu.

„ „ „ „ **Z. 11:** für „saṃmṛijya“ lies: „saṃmṛiśya“.

Seite 20, Zeile 19: hinter „h) der“ füge hinzu: „entweder von dem Zweige gemachte oder“ (aus Varaṇa etc.).

Seite 20, Anm. Z. 11: hinter „a b e c“ füge hinzu: „Herantreten des Brahman (atra brahmâ prapadyate)“.

Seite 22, Z. 22: für „ein jeder Arâti“ lies „eine jede Arâti“.

Seite 23, Z. 4: hinter „berührt er“ füge hinzu: „ebendort stehend“.

„ „ **Z. 5:** tilge: „die“.

„ „ **Anm. 4, Z. 7:** das Mscr. liest „pariṇâham“.

Seite 24, Zeile 5: hinter „wirft“ füge hinzu: „mit dem Gesicht nach Osten sitzend“. Der Mantra ist dreimal zu wiederholen.

ib., Anm. 1, Z. 4: lies: puroḍâśiyebhyas tan.

ib., Anm. 3, Z. 7: füge hinter „nirvapâmîti“ hinzu: „trir yajushâ tûshṇîṃ caturthaṃ“. — Für „Anm. 7“ ist „Anm. 4 (S. 23)“ zu lesen.

Seite 24, Anm. 5: Wie aus den Citaten auf S. 113, Anm. 1 a. E. hervorgeht, bietet das Baudhâyanaritual Anlass zu der Annahme, dass nach ihm gleichzeitig mit dem Sâmnâyya noch ein Kuchen dargebracht wird.

Seite 27. Z. 11 hinter „trinkt" ist wohl noch: „euch wählte Indra beim Vṛitrakampf; ihr wähltet Indra zum Vṛitrakampf" (V. S. 1, 13) hinzuzufügen.

ib., Z. 17 fehlt zum Brahman der Beleg: „Kât. 2, 2, 11: „sprenge! das Opfer . . ." heisst es beim Havis."

ib., Anm. 5. Aus den Hiraṇyakeśin-Paribhâshâ's, 1, 3 füge ich über diesen durch Besprengung vollzogenen Saṃskâra noch hinzu: âdhânaprabhṛiti yâvajjîvaṃ pâtrâṇi dhâryante | teshâṃ pratitantraṃ saṃskâro 'bhyâvartate.

Seite 28, Anm. Z. 1. Hinter „pâtrâṇi" füge „kṛitvâ" hinzu.

„ „ „ **Z. 2:** Vor „pâtrâṇi" füge „uttânâni" hinzu.

„ „ **Anm. 6:** Bhâr. liest: bahirviśasanam; Hir. vahirviśasanam; Âp. bahishṭâdviśasanam.

Seite 29, Anm. 7: Âpastamba verbindet mit dem Vaiśya den Befehl „âdrava", mit dem Râjanya „âgahi".

Seite 30, Z. 14 u. 31, Z. 10. Ich glaube, wir kommen betreffs des Phalîkaraṇa eher zur Klarheit, wenn wir Kât. 2, 4, 14 und 2, 4, 22 verbinden. Dann vollzieht die Gattin oder der Âgnîdhra das Phalikaraṇa, welches in der vollständigen Reinigung der Körner besteht und vom Adhvaryu nur oberflächlich geschah. Die bei der durch diesen vollzogenen Reinigung losgestossenen Hülsen werden auf den Utkara geworfen, die durch den Âgnîdhra oder die Gattin losgestossenen werden „Kaṇa's" genannt und später (s. S. 171) geopfert.

Ist diese Auffassung richtig, so fallen S. 30, Z. 14 die Worte: „von hier ab — Enthülsen" weg; die dazu gehörige Anm. 2 tritt zu S. 31, Z. 10. Demnach modificirt sich auch S. 31, Anm. 1, Z. 6 „es scheint hiernach etc.": nachdem der Adhvaryu zum ersten Mal gereinigt und die Schalen auf den Utkara geworfen (Kât. 2, 4, 10) sondert er (Kât. 2, 4, 21) die enthülsten Körner von den übrigen ab und wirft sie in eine Schale. An den unenthülst gebliebenen Körnern vollzieht nun der Âgnîdhra oder die Gattin dreimal in gleicher Weise die Reinigung. Aus Mahâdeva's Worten geht jedenfalls hervor, dass damit auch eine Absonderung der schlechten, flachen Körner (aniṣhṭha's) verbunden ist.

Seite 30, Anm. 2: lies: „Havishkṛitrufen" für „Haviskṛitrufen".

Seite 32, Anm. 1, Z. 5 v. u.: vor: „ninayati" füge „trir" hinzu.

„ „ „ **3, Z. 3** v. u.: vor: „agne" füge „apa" hinzu.

Seite 33, Z. 19 lies: „Xatra" für „atra"; hinter „Xatra gewinnend" füge: „Nachkommenschaft gewinnend" hinzu.

Seite 38, Anm. 3. Bhâr. sagt, dass an dieser Stelle oder später die Butter herausgenommen werden kann: atrâjyaṃ nirvapaty uparitaraṃ vâ. Die zweite Gelegenheit ist S. 60, Anm. 3 nach dem Fesseln der Gattin, vor dem Anblicken der Butter. 2, 6, 1: tasyâm (âjyasthâlyâṃ) pavitrântarhitâyâṃ prabhûtam âjyaṃ nirvapati mahînâṃ — nirvapâmi devayajjyayâ.

Seite 39, Anm. 2. Âp. sagt über die Morgenmelkung 1, 14: upadhâya kapâlâni sâyaṃdohavat prâtardohaṃ dohayati | âtañcanâpidhâne nidhânaṃ ca nivartate. — Für „Paribhâsha's" lies hier und in Anm. 1: „Paribhâshâ's".

Seite 43, Z. 13. Im Fall ein Sâmnâyya gespendet wird, fällt das Backen des zweiten Kuchens weg; dafür wird mit demselben Spruch die Morgenmilch gekocht, aber nicht wie die Kuchen durch darübergehaltene, sondern durch daruntergehaltene Darbhahalme. (Paddh. S. 310: adhaḥśrapaṇaṃ bhavaty eva noparisrapaṇapraxepaḥ).

Seite 43, Anm. 2, Z. 1: für „des Gottes" lies: „Gott".

Seite 44, Anm. Z. 3: hinter (V. S. 1, 23) füge „Mantra für Mantra" hinzu.

Ib. Anm. 3, Z. 7: für: „saha vottareṇa parigrahât" lies: „saha vottareṇa parigrâheṇa. Beim ersten Mal ist für parigrahât „parigrâhât" zu setzen; ebenso liest Baudh. Z. 1 parigrâhât.

Seite 45, Z. 22: für „ihn" setze „ihr".

Seite 55, Anm. 2. Die Neigung der Vedi nach NO. ergibt sich wohl von selbst dadurch, dass der ausgewählte Opferplatz nach NO. oder O. geneigt ist (cf. S. 187).

Seite 62, Z. 9: füge hinter „leise" hinzu: „oder siebenmal laut, einmal leise".

Seite 64, Z. 7: füge hinter „löst" hinzu: „östlich vom Âhavanîya".

Seite 64, Z. 11: das Fortwerfen von Gras, Laub etc. ist durch Kât. 2, 6, 41 vorgeschrieben.

Seite 66. Dr. Garbe macht mich darauf aufmerksam, dass es Âp. 1, 5, 9 von den Paridhi's heisst: ârdrâḥ śushkâ vâ, wozu Rudradatta bemerkt: ârdrâḥ paridhayo bhavanti śushkâ apishyanta.

Seite 79, Anm. 2. Auch nach Âp. Paribh. No. 110 sind beim Neu- und Vollmondsopfer 15 Sâmidhenîverse. Dieselbe Zahl ergibt sich bei Śâñkh. (cf. S. 77, Anm. 1 a. E.).

Seite 80. Nach Âp. Paribh. No. 45 ist bei den Âghâra's Anfang der Handlung und des Hymnus verbunden.

Seite 84, Anm. 7, Z. 2: lies „Anm. 1" für „Anm. 6".

Seite 88, Anm. 1, Z. 14: lies „brahmâṇam" für „brâhmâṇam".

Seite 90, Z. 3 des Textes v. u. und Anm. 6. Dr. Garbe schlägt mir zu übersetzen vor: „oder den Âgnîdhra mit der linken Hand, so dass diese an dessen Seite sich befindet", fasst also añkadeśena als Bahuvrîhi.

Seite 93, Z. 8: hinter „versehene" füge hinzu: „die zu den Göttern strebende".

Seite 94, Anm. Z. 3: lies „bei den" für „bei dem".

Seite 96, Anm. 6, Z. 4: füge hinter: „angesehen (möchte ich werden)" hinzu: resp. „geehrt" oder besser vielleicht „einsichtig (m. i. w.)".

Seite 99, Anm. 4: lies „84_4" für „84_3".

Seite 103, Anm. 4: hinter „yâjyâpuronuvâkyâvatishu" füge an Stelle des Striches: „caturavattaṃ pañcâvattaṃ vâ pañcâvattaṃ jamadagninâm" hinzu.

Seite 110, Z. 7
Seite 111, Z. 24 } lies „yajâmahe" für „yajâmaha".

Seite 114, Anm. Z. 15 füge hinter: „ekâdaśakapâlaḥ" hinzu: puroḍâśaḥ.

„ „ „ **Z 17** lies: „darśe 'gner" für „darśa agner".

Seite 118, Anm. 4, Z. 4 hinter: „Speisen" füge hinzu: „der verehrenden".

Seite 119, Anm. 3, Z. 9: lies: „yajeti sampraishau |.

Seite 125, Anm. 1. Aus Baudh. 1, 18 (nicht 1, 17) füge ich noch hinzu: jighreṇa bhaxayitvâ catur avântareḍâm avadyati | upastriṇâti, dvir âdadhâti, abhighârayati |. Aus Hiraṇyakeśin vor „purastâtpratyañň": tat (añjanam) so (hotâ) 'vaghrâyâpa upaspriśati | yathetaṃ pratyetya etc. (wie citirt).

Seite 126. Z. 26: für „jushantâm" ist vielleicht besser „ajushantâm" (nahmen gern an) zu lesen.

Seite 127, Anm. 1 a. E.: zu dem Citat aus dem Yajamânaabschnitt des Âpastamba füge hinzu: sâ me —˳ûrjam iti ca. (So ist dieser S. 128, Anm. 8 citirte Spruch zu verbinden) | iḍâyâ ahaṃ — bhûyâsam ity upâhûtâm | iḍâ dhenuḥ — asmân âgâd iti bhaxâyâhriyamâṇâm ukta iḍâbhaxo mârjanaṃ ca

Seite 127, Anm. 2, Z. 4 lies: „pratidiśam“ für „pratidîśam“.

Seite 128. Das Essen des Âgnîdhra wird wohl richtiger gleichzeitig mit dem der andern Priester angesetzt (S. 129). Jedesmal nach dem Essen spült er den Mund.

Seite 132, Z. 5 lies: „gekochtes“; Z. 6 „dienendes“; Z. 11 u. S. 133, Z. 1 lies: „es“ für „ihn“.

Seite 144, Anm. 3, Z. 9: hinter „madhyam“ füge hinzu: „âpyâyantâm âpa oshadhaya iti dhruvâyâṃ mûlam | evaṃ trir | api vâ divy añxveti juhvâm agram antarixe 'ñxvety upabhṛiti madhyam.

Seite 145, Z. 14: ich lese für „vittam“ mit Taitt. Saṃh. II, S. 787, l. Z. „vîtam“.

Seite 146, Z. 4: hinter „im Feuer“ füge hinzu: „mit der Hand“.

Seite 149, Z. 1: das Hineinwerfen des Upavesha geschieht durch den Âgnîdhra. Es gilt dies Hineinwerfen aber nur für den vom Zweige gemachten Upavesha.

Seite 150, Z. 13: hinter „Vollziehung“ füge hinzu: „des Opfers“.

Seite 158, Z. 6: der Yajamâna vollzieht den Tyâga: om3 idam agnaye gṛihapataye.

Seite 159, Z. 19: hinter: „pag. 130“ füge hinzu: „und setzen sich an ihre Plätze“.

Seite 159, Anm. 3, Z. 8. Dr. Garbe theilt mir mit, dass die in mehreren Manuscripten fehlenden Worte „voparishṭâd“ zu streichen sind.

Seite 160, Z. 20 hinter: „schlechtem Opfer“ füge hinzu: „schütze mich vor schlechter Kost“.

Seite 162, Anm. 2: vittiḥ ist besser mit „Erlangen“ zu übersetzen; dementsprechend auch: „videya“, ich möchte erlangen.

Seite 163, Anm. 1, Z. 6: für „dieselbe“ setze „derselben“.

Seite 166, Anm. 1, Z. 4 lies „ayâś ca“.

„ „ „ „ **Z. 6** v. u. lies: „muñcantu“ und „udbudhyasvâgne ud uttamam“.

Seite 169, Anm. 1, Z. 9: lies „ûrdhvas“ für „ûrdhas“.

Seite 170, Anm. 1, Z. 6: lies „vedim“ für „vedim̱“.

Seite 171, Z. 4: lies „raxobhyo“ für „raxobhyas“.

Seite 173, Z. 7: lies „drei“ für „beiden“.

Seite 175. Die Zeit, in welcher der Brahman opfert, ist nach Âśv. früher anzusetzen, als ich nach Kâtyâyana gethan habe.

Seite 185. Ob die Anvârambh. Ishṭi am ersten Tage oder an der Pratipad geopfert wird, hängt davon ab, ob das Vollmondsopfer an 2 oder einem Tage dargebracht wird.

Zu der Zeichnung, Seite 191 bemerke ich, dass die Masse beim Daxiṇafeuerplatz etwa 1/8 kleiner genommen werden mussten, damit dessen Fläche der des Âhavanîya und Gârhapatya entspricht.

Die Paragrapheneintheilung, welche ich bei Citaten aus Âp., Baudh. etc. häufig gegeben habe, rührt nur von mir her und macht keinen Anspruch auf unbedingte Giltigkeit.

Inhalt.

II. Theil.

Anhang.

Druck von A. Neuenhahn in Jena.